버마 고산지대의
정치　체계 :

Political Systems of Highland Burma : a Study of Kachin Social Structure

카　친　족　의
사 회 구 조　연 구

버마 고산지대의
정치 체계 :

Political Systems of Highland Burma : a Study of Kachin Social Structure

카 친 족 의
사 회 구 조 연 구

황소걸음학술총서 1

에드먼드 리치 Edmund Leach

강대훈 옮김

황소걸음
Slow&Steady

일러두기

1. 현재는 미얀마가 공식 국명이지만 이 책에서는 리치의 원제를 존중해 Burma Highland는 '버마 고산지대'로 표기했습니다.

2. 용어는 가급적 한국 인류학계의 관행에 따랐습니다. 아직 정립된 용어가 없을 때는 한글로 출판된 인류학 개론서나 교과서를 참조했고, 그마저 없을 때는 가급적 뜻을 전달하기 쉬운 우리말로 옮겼습니다.

3. system은 '체계'로 표기했습니다. 지은이가 system이라는 용어를 실제 정치체와 이념적 모델에 모두 사용해 실제 정치체를 지칭할 때는 '체제'로, 이념형을 지칭할 때는 '체계'로 표기하려 했으나, 판단의 어려움도 있고 오히려 혼란만 가중될 수 있어 '체계'로 통일했습니다.

4. Shan State는 더 강성한 미얀마 왕조와 대비되는 소국이라는 의미에서 문맥에 따라 '샨 소국'으로 표기하기도 했습니다. 샨 국가의 통치자인 saohpa 역시 같은 원리에 따라 '소왕'으로 표기하기도 했습니다.

5. 인명과 지명 등 중요한 고유명사는 본문 맨 처음에만 영문이나 한자를 병기했습니다.

6. 단행본과 잡지는 《 》로, 논문은 〈 〉로 표기했습니다.

7. 국내에 번역 출간된 책은 번역 제목에 원제를 병기하고, 출간되지 않은 책은 원제에 번역 제목을 병기했습니다.

8. 지은이 주는 미주로, 옮긴이 주는 각주로 처리했습니다.

인류학의 독특한 존재성을 잘 구현한 명작

에드먼드 리치의 《버마 고산지대의 정치 체계》는 인류학의 고전인 동시에 인류학의 고전적 연구를 뛰어넘은 저작이다. 현대 사회 인류학은 정치 체계 연구로 시작했다고 해도 과언이 아니다. 인류학이라 하면 바로 문화라는 개념을 떠올리는 요즘의 정서에는 좀 생경한 말이겠지만 사실이 그렇다. 루이스 모건Lewis Henry Morgan의 《Ancient Society고대사회》(1877)도 그렇지만, 1930~1940년대 영국 인류학자들의 저작을 들여다보면 당시 그들의 궁극적 관심이 정치적 질서와 정치 이론이었음을 쉽게 알 수 있다.

1922년 출간된 말리노프스키Bronislaw Kasper Malinowski의 《서태평양의 항해자들Argonauts of the Western Pacific》은 현대사회의 화폐경제와 다른 선물 경제 체계에 대한 저작이라고 널리 알려졌다. 그러나 그 내용을 곱씹어 보면 이 책이 "선물 교환 자체가 아니라 이 교환 관계를 매개로 해서 이 지역의 다양한 부족과 그들의 섬들 사이에 어떻게 그들만의 거대한 체계가 형성되고 유지되는가?"라는 질문을 던진다는 것을 알 수 있다. 여기서 체계란 현대 정치학 용어로 국제 체계 혹은 세계 체계와 흡사하다.

말리노프스키의 제자 에번스프리처드Edward Evan Evans-Pritchard와 포티스Meyer Fortes 그리고 리치Edmund Leach에게도 정치 체계와 이론에 대한 관심은 계속되었다. 리치가 연구한 버마 고산지대의 '정치 체계'는 말 그대로 특정한 지역의 정치 질서를 실증적이고 이론적으로 논하는, 인류학자가 진행한 정치학 연구로 이해할 수 있다. 버마 고산지대에는 여러 부족과 마을이 있었고, 이들은 자주권을 강하게 주장하면서도 일정한 유대와 연대 관계를 유지했다. 그렇기 때문에 한 마을과 한 부족의 정치 질서를 이해하기 위해서는 이 질서를 더 넓은 영역의 관계적 질서 속에 놓고 봐야 한다. 이는 한 국가 사회의 정치를 이해하기 위해서 지역과 국제적 질서를 고려해야 하는 오늘날 정치학의 입장과 크게 다르지 않다.

그러나 이들의 정치 체계에 대한 관심은 정치학자들의 그것과 비교해서 중요한 차이가 하나 있었다. 인류학의 정치 체계 연구는 정치 하면 국가를 떠올리는 현대인의 정서에는 생경한 이른바 '국가가 없는 사회'에서 정치적 질서와 삶에 관한 탐구로 시작했다. 법과 행정 그리고 통치 권력이 국가에 독점되지 않고, 정치적 권력과 권위가 사회구조와 사회적 관계를 초월하지 않고 오히려 이 관계망에 내재되어 이 관계망을 통해 발현되는 '정치'와 그런 정치로 형성된 체계를 연구한 것이다. 이런 관점에서 에번스프리처드는 수단의 누에르족Nuer의 '무정부적인' 정치 질서를 연구했고, 포티스는 가나 탈렌시족Tallensi에게는 친족 조직이 곧 정치 체계임을 주장했다.

사회가 곧 정치체라는 시각에서 이들이 1940년대에 활발히 진행한 아프리카 정치 체계 연구가 사회인류학의 고전에 해당한다면, 이들보다 조금 늦게 인류학에 입문하여 아프리카 지역 연구에서 벗어나 아시아로 눈을 돌린 리치는 이 연구의 전통에 속하면서도 여기서 벗어나고자 시도한 일종의 탈脫전통주의적인 시각을 견지했다.

독자들은 이 책 중반부에 다다르면 샨, 굼사, 굼라오 같은 용어에 익숙해질 것이다. 이 용어는 어떤 실체를 지칭하는 것이 아니라 어떤 관념이나 이념적 지향성을 나타낸다. 우리가 평등, 정의 혹은 민주주의라는 말을 할 때처럼 말이다. 또 이 관념들은 소통하고 있다. 예를 들어 굼라오는 굼사와, 굼사는 샨과 일종의 말싸움을 하면서 각자 모습을 드러낸다. 우리가 민주주의를 권위주의와 상대된 관념으로, 근대 민주주의를 봉건 왕조 체제와 비교해서 이해하듯이, 책의 후반부로 진입하면 상대적이고 모순적인 관념과 이념들이 (최소한 버마 고산지대에서는) 서로가 서로를 규정하고 나아가 서로 배척하면서도 서로 필요로 하는 정치 체계의 신선한 모습을 경험할 수 있을 것이다. 한 정치 체계에 민주주의와 권위주의가 공존하는 모양인데, 두 이념을 전혀 다른 정치적 형태로 접근하는 종전의 정치학 저술에서는 좀처럼 찾아볼 수 없는 경험이다.

리치가 그리는 버마 고산지대의 정치 체계는 에번스프리처드나 포티스가 그리는 아프리카 부족사회의 정치 질서와 비교해도 상당한 차이를 보인다. 인류학의 아프리카 정치 체계 연구는 (비록 예외가 있지만) 그 체계에 논리적인 조직 이념이 있고, 이 이념에 부합하는 법적 관습과 사회구조적 장치가 있다는 가정 아래 진행되었다. 또 사회적 질서를 이해할 때 갈등과 모순보다 전체적인 체계의 균형에 초점을 두었다. 이에 반해 리치는 균형 이론을 부정하지 않지만, 한 체계에 상반되는 조직 이념이 공존할 수 있다고 보았다. 그는 체계를 모순과 갈등 속에 형성되는 나름의 질서로 이해한 것이다.

이런 시각은 이 책 곳곳에 명시되었다. 굼사와 굼라오의 관념에서도 그렇지만, 의례에 대한 논리 전개에서도 이를 발견할 수 있다. 리치는 의례에 대한 전통적 이론에서 부분적으로 탈피한다. 즉 의례가 사회 구성 원리의 재현이라는 뒤르켐Émile Durkheim의 시각을 유지하는 반면, 의례는 모순적인 사회조직 원리들이 격렬하게 충돌하기도 하고 융합되기도 하는 더 역동적이고 입체적인 인간 행위의 광장으로 접근한다. 뒤르켐은 의례를 통해 재현되는 것이 사회현상이면서 도덕적 사실이라고 이해했다. 이는 사회적 질서가 도덕적 질서라는 그의 믿음을 표현한 것이다.

리치 역시 이 책의 어느 부분에서 '미학과 윤리는 같은 것이다'라고 주장한다(혹자는 리치의 이 말을 두고 비트겐슈타인에서 기원한다고 주장한다). 이때 '미학'이란 의례 행위에서 재현되는 사회조직 원리의 그림 같은 모습이다. 그런데 그가 주장하듯이 이 의례의 미학이 하나의 조직 원리를 질서 정연하게 표상하는 것이 아니라 상반된 원리가 충돌하는 것이라면 윤리의 문제는 어떻게 되는가. 인간의 윤리적 삶이나 옳고 그름에 대한 관념도 유일하고 절대적인 것이 아니라 오히려 의례의 장에서 상대적인 것이라고 이해할 수 있을까.

《버마 고산지대의 정치 체계》는 이렇게 곱씹어 볼수록 속이 깊어 보인다. 인류학이란 무엇인가. 철학자의 추상이 아니라 실제 삶의 현장에서 이 현장의 사회적 사실을 기반으로 '왜 인간은 정치적 존재인가' '어떤 삶이 윤리적 삶인가' 등 철학적인 주제를 탐구하는 학문 아니겠는가. 이 책은 이러한 인류학의 독특한 존재성을 잘 구현한 명작이다. 이 책이 수려한 점에는 또 다른 측면이 있다. 리치가 그리는 정치와 도덕 체계는 일원적이 아니라 입체적이다. 그렇기 때문에 독자는 이 책에서 버마 고산지대의 세세한 모습과 함께 우리가 모더니즘 예술품을 접했을 때 인상도 느낄 수 있을지 모른다. 모더니즘 예술을 좋아하는 독자라면 이 책에서 즐거움을 찾지 않을까.

2016년 5월
영국 케임브리지에서
권헌익

흥미진진한 이론적 설계도 위에 지어진 빼어난 역작

에드먼드 리치 박사에게 이 책의 추천사를 부탁받은 것은 그의 오랜 친구이자 학계 농료로서 영광스러운 일이다. 보통 추천사는 지은이와 친숙하지 않은 일반 대중에게 그 책을 소개하거나 책의 숨은 미덕을 드러내게 마련이다. 그러나 이 글에서는 그럴 필요가 없다. 리치 박사는 영국 학계는 물론 세계적으로 잘 알려진 사회인류학자며, 이 책에 담긴 사고의 힘과 명료함은 스스로 가치를 충분히 증명하고도 남는다.

그렇다면 이 추천사는 왜 필요한가? 우리 학계의 통상적인 관례에 따르면 무릇 추천사를 쓰는 사람은 책의 내용에 논평을 삼가야한다. 책의 논평으로 추천사를 대신할 수 없기 때문이다. 대신 추천사를 쓰는 사람이 해야 할 일은 그 책의 탁월한 성취에 해당하는 몇 가지 중요한 테마에 대해 언질을 주는 일이다.

'역동적dynamic'이란 단어는 남용되고 있다. 하지만 리치 박사가 이 책에서 개진하는 분석의 핵심이 사회인류학을 위한 역동적 이론의 기본 요소를 제공하는 것이라고 누군가 말한다면 요점을 잘 이해하고 한 말이다. 리치 박사가 천착하는 것은 움직임 속에 있는 힘 혹은 행위 속의 원리다. 현재 사회인류학은 변화를 겪는 제도institution에 관심이 많다. 그러나 그 주제를 처리하는 방식은 주로 기술적descriptive이며, 반대로 추상적인 접근법을 채택할 경우 개념이 지나치게 정교하고 인공적으로 바뀌어 특정 사회에서 관찰된 인간 행위의 실제 세계와 동떨어진다. 리치 박사는 이제껏 사회인류학에서 시도된 바 없는 고차원의 추상적인 역동 이론을 다룸과 동시에, 현지 조사 집단에서 수집한 경험적 관찰도 적소에 활용한다.

그의 작업 방식은 우아하고 힘이 넘친다. 그는 논지 전개를 위해 몇 가지 가정을 도입한다. 먼저 사회 체계를 사회적 현실의 모델models of a social reality로 기술하는 점을 들 수 있다. 아직 엉성하긴 하나 최근 사회인류학에서는 논의의 근거로 사용하는 일련의 가정 혹은 추상화를 '모델'이라고 부르는 경향이 증가하고 있다. 학자에 따라 지나치게 특수한 모델을 도입해서 현실 분석에 방해가 되기도 한다. 그렇지만 리치 박사에게 모델이란 부분들parts로 구성된 구조의 재현을 말하며, 이때 부분들은 조작을 통해 추후 관계까지 설명할 수 있도록 연결되었다. 리치 박사는 '민족지적 방정식을 위한 실험'이라 이름 붙인 징포족 친족 용어에 대한 논문[1]에서 탁월한 조작 능력을 보여주었다. 이 분석법의 핵심은 친족 구조에 관한 몇 가지 제한된 가정을 가장 단순한 방식으로 연계해서, 실제 사회에서 발생하는 주요 사건의 이상적 규칙을 적절히 설명할 수 있는 행동 계획을 발견하는 것이었다.

리치 박사의 분석은 결과적으로 말리노프스키와 몇몇 인류학자들이 구분한 '이념적ideal' '실제적real' 행위의 패턴 차이를 강조한다. 그러나 리치 박사의 논의에서 이 구분은 새로운 중요성이 있다. 그는 사회 체계에 대한 구조적 기술structural description인 모델에서 표현된 것이 이념적 패턴—'옳은 것'이라고 여겨지는 사회적 관계—이라고 본다. 그런데 구성물로서 모델이 요구하는 평형equilibrium 개념은 그 자체가 모델에서 역동적 분석을 불가능하게 한다. 여기서 어려움은 단지 시간이라는 변수를 모델에 새로 도입하는 데 있지 않고, 실제 사회적 조건과 진정으로 관계된 것을 참되게 표현할 수 있느냐에 있다. 따라서 역동성에 대한 고려, 즉 구조적 변화를 사유하는 토대를 마련하려면 사람들이 일상생활에서 어떻게 행동하는지 관찰한 자료에 모델 개념을 적용해야 한다. 이 상황은 경제 이론의 상황과도 유사하다. 그렇지만 사회인류학자는 그 학문의 시초부터 경제학자보다 나은 위치에 있는데, 무엇보다 '실제 세계'를 연구해왔기 때문이다. 인류학자는 사회변동이라는 현실 자체에 친숙하다.

실제 삶에서 개인은 지속적으로 여러 행동 대안의 선택에 직면한다. 리치 박사는 개인이 어떤 선택을 할 때 그들의 결정이 주로 권력을 획득하기 위한 것이라고 본다. 즉 직위나 그런 직위로 이어지는 존경을 목표로 한다는 것이다. 리치 박사는 풍부한 자료와 섬세한 해석을 통해 이런 논지를 발전시키는데, 주의 깊은 독자라면 그의 노고에 경의를 표하지 않을 수 없다. 종전의 시각에 대한 그의 도전이 모든 이들을 만족시키지는 않겠지만, 그의 단도직입적인 표현법이나 완벽한 지적 정직성, 참신한 접근법 등에서 독자들은 많은 것을 얻을 수 있다.

예를 들어 우리 학자들 중 일부는 사적인 자리에서 학생들에게 민족지적 사실ethnographic facts은 아무래도 좋다고 말했다. 민족지적 사실이 자신의 이론을 논리적으로 지탱한다면 현실을 다소 틀리게 반영해도 별 상관없다는 뜻이다. 우리 중에는 리치 박사처럼 그런 사실을 공공연하게 출판할 용기가 있는 사람은 거의 없었다. 리치 박사는 인류학계의 동료들이 기술하는 민족지적 사실을 대개 따분해했다. 그리고 지금까지 출판된 거의 모든 연구들과 완벽하게 상충되는 해석을 제시하는데, 우리 중 누가 그렇게 노골적인 주장을 펼치려고 했는가? 이는 신선할 정도로 솔직해서 독자의 기대에 부응할 것이다.

그러나 리치 박사의 역동 이론은 여전히 특수 이론이라 할 수 있다. 그 까닭은 두 가지다. 첫째, 이 이론은 북부 미얀마 주민의 행동을 기술하고 설명하기 위해 고안된 것이다. 다른 지역의 사례도 인용되기는 했다. 영토 경계의 측면에서 (인류학자들이 규정한) 많은 '부족'이 민족지적 허구인 것은 틀림없지만, 전 세계 모든 곳에서 그런 것은 아니다. 이런 상황에서 카친족이 샨족이 되거나 굼사가 굼라오가 되듯이, '다른 무엇으로 되어감'이라는 개념은 오직 다른 지역의 사례와 제한된 유사성을 보이는 특수한 민족지적 현상이다. 이것들은 '또 다른 사회적 존재로 되어감'이라는 현상의 '이념형ideal type'에 가깝다.

둘째, 리치 박사의 개념 중 몇몇은 지나치게 특수하다. 여기서 그가 다시 정의한 신화와 의례 개념을 언급하지는 않겠다. 그 개념은 참신하며 사회관계를 숙고하는 흥미로운 방식을 제공한다. 그가 개인화시켜 사용하는 '사회구조'와 '사회조직'이라는 용어를 언급하지도 않을 것이다. 하지만 개인의 사회적 선택 근거가 권력의 추구라는 논지는 문제 삼고 싶다. 이탈리아 르네상스나 영국의 현대사에도 그의 논거를 뒷받침할 만한 예가 많다. 그의 논지는 오늘날 많은 사상적 조류와도 맥을 같이한다. 그러나 권력과 지위의 문제를 단지 직위를 향한 개인의 위신 추구와 연계하는 해석은 인간의 행동 동기를 부적절하게 좁히거나, 거의 모든 사회적 행위를 포괄할 수 있는 권력이라는 개념을 재해석한 것이다.

티코피아에 대한 내 연구를 기반으로 보면, 나도 집단행동에서 신화의 역할이나 권력 개념이 기본적으로 중요하다는 그의 의견에 동의한다. 사모아인이나 마오리족 같은 다른 폴리네시아 주민에 관한 연구 역시 이런 주장을 뒷받침하리라 믿는다. 한편으로 이런 평면적 설명이 허울뿐이라고 느끼는 사람도 있으리라. 폴리네시아 사회에서 사회적 사건의 작동 방식을 제대로 설명하려면, 개별 집단의 권력 이해관계라는 좁은 테두리를 넘어 이를 가로지르는 충성과 복종의 개념을 경험적으로 고려해야 한다. 폴리네시아 이외 다른 현지 조사 지역에서 도덕적 · 종교적 질서에 대한 개인의 가치 부여가 권력과 위신 추구의 경향에 개입되어 경합을 벌이기도 한다.

이 모든 지적은 리치 박사의 이론이 주는 지적 자극이, 그가 주로 다룬 민족지적 영역보다 넓은 분야에서도 유효함을 보여주기 위한 것이다. 이 책은 저개발 지역의 통치 체제에 관심 있는 이들이나, 더 원시적인 동남아 사회 중 하나에 대한 진정으로 훌륭한 연구서를 원하는 이들에게 어필할 수 있을 것이다. 그러나 내게 이 책의 가장 큰 중요성은 사회 체계 이론에 지대한 공헌을 한다는 점으로 여겨진다. 이 책은 흥미진진한 이론적 설계도 위에 지어진 빼어난 역작이다. 여기에 바칠 수 있는 최고의 찬사는 지은이가 그 설계도를 활용·보완하여, 새로운 자료를 기반으로 이 책만큼 흥미로운 새 책을 다시 써주기 바라는 것이다.

레이먼드 퍼스Raymond Firth[*]

---

[*] 뉴질랜드 출신 영국 사회인류학자(1901~2002). 런던정치경제대학교 사회인류학과 교수를 역임했으며, 태평양 폴리네시아, 티코피아 섬에서 현지 조사를 수행했다. 주요 저서로 《We, the Tikopia우리 티코피아인》(1936)이 있다. —옮긴이, 이하 동일.

1964년판 서문

　레이먼드 퍼스 교수의 관대한 추천사가 탁월한 홍보 효과를 내준 덕분에 이 책의 초판이 예상보다 빨리 소진되었다. 이번 판은 원본을 그내로 다시 인쇄한 깃이다.

　이 책에 대한 초기의 학계 반응은 이례적으로 뜨뜻미지근했지만, 돌아보면 이 책이 한 트렌드의 시발점이 된 것 같다. 당시 나는 영국 사회인류학계가 사회 체계 구조에 대한 유기체 비유에서 끌어낸, 조잡하리만큼 단순화된 평형 가설에 오래 의존한다고 생각했다. 그렇지만 나 역시 이런 평형 모델 분석의 진정한 위력뿐 아니라, 당시 사회학적 이론의 일반적인 체계에서 이를 피해 가기는 어렵다는 사실을 알았다.

　내 책은 이런 딜레마에서 탈출해보려는 시도다. 다시 말해 내 논지는 역사적 사실은 어떤 의미에서나 결코 평형상태에 있지 않을지라도 분석이라는 목적을 위해 이 사실을 이념의 가상 체계, 즉 마치 평형 체계의 일부처럼 다뤄지는 개념이 구성하는 체계의 제한된 틀 안으로 밀어 넣는다면 진정한 통찰을 얻을 수 있다는 것이었다. 더 나아가 나는 이런 허구적 절차가 사회인류학자의 분석적 장치

뿐만 아니라, 카친족이 그들 언어의 범주를 매개로 하여 자신들의 체계를 이해하는 방식과도 상응한다고 주장했다. 이 논의가 완전히 만족스럽지는 않았지만—이 책에는 훨씬 더 잘 표현할 수도 있었을 많은 이야기가 존재한다—1964년인 지금 이 견해가 고립된 것은 아니다.

이론적인 문제에서 나의 가장 열정적인 반대자였고, 동시에 내가 위에서 말한 유기적 평형 이론organic equilibrium theory의 충실한 지지자였던 글럭먼Max Gluckman 교수는 최근 다음과 같이 인정했다. "오랜 세월 동안 나는 지나치게 유기적 분석이라는 견지에서 사고했고, 그에 따라 전체 체계를 유지하는 데 기여할 뿐만 아니라 결과적으로 전체 체계를 강화하는 (아프리카 부족사회의) 일련의 반란을 관찰했다."[2] 그는 두 페이지 뒤에서 내가 학계 동료들을 오해했으며, 몇 가지 개념을 잘못 쓰고 있다는 주장을 펴면서도 이 책의 논지를 조심스럽게 인정한다. 글럭먼 교수는 내가 기술한 카친 사회 체계가 '정적 평형stable equilibrium'의 적절한 예가 될 수 있다고 주장한다.

내가 보기에 이는 개념 차원에서 옳지만 사실 차원에서 틀린 주장이다. "영국 인류학자들은 언제나 이런 평형 개념과 더불어 사고해왔다"[3]는 지적에도 나는 동의할 수 없다. 이 점과 관련해서, 독자들은 내가 이 책에서 제시한 동료 학자들의 연구서에 대한 평가는 1952년 이전에 출판된 책을 대상으로 한다는 점을 기억해야 한다. 글럭먼 교수를 제외한 다른 학자들은 그 이후 입장을 바꿨다.

내가 이 책을 쓸 때 영국 인류학계의 일반적 풍토는 래드클리프 브라운Alfred Reginald Radcliffe-Brown이 조성한 것이었다. 사회 체계는 그 자체로 자연스럽게 존재하는 실체인 듯 언급했고, 그런 체계에는 평형이 자연현상처럼 본질적으로 내재한다고 생각했다. 1940년에 포티스는 다음과 같이 썼다.

> 탈레Tale 사회조직의 모든 층위에서 평형을 향한 경향은 뚜렷하다. 이는 탈레 사회가 침체되었다는 의미가 아니다. 평형 속에도 긴장은 내재한다. 그러나 갈등은 사회의 완전한 와해를 불러오는 수준까지 발전될 수 없다. 탈레 문화의 동질성, 분화되지 않은 경제 체계, 거주 집단의 영토적 안정성, 친족 네크워크, 씨족의 분기, 특히 공공선에 관한 토착 개념을 결정짓는 신비주의적 원칙과 의례 집전, 이 모든 것이 갈등을 제한하고 평형 복원을 촉진하는 원인으로 작용한다.[4]

글럭먼 교수가 카친족이 평형을 이룬 사회 체계를 갖췄다고 하면서 포티스 교수가 위에서 말한 평형 개념을 대략적이나마 생각하고 있었다면, 그는 이 책의 논지를 완벽하게 오해한 것이다. 나는 수준 높고 방대한 사회학적 분석을 거치면 사회 체계는 명백하게 자연적으로 평형을 부여받은 것처럼 보인다는 사실을 인정한다. 그러나 이 책의 논지는 그런 외관이 허상이며, 이 책을 집필한 목적은 특수한 사례를 통해 그런 특수한 허상의 성격을 조사하는 것이었다.

사회인류학이 다루는 자료는 일차적으로 역사적 사건인데, 이것들은 본질적으로 비非반복적이다. 그러나 인류학자가 자신의 관심사는 '역사학'이 아니라 '사회학'에 있다고 주장하면, 그는 즉시 경험적 사실의 혼돈 속에서 체계적 질서가 발견될 수 있다는 가정을 자신의 증거에 강요해야 한다. 그런 체계적 질서는 평형 개념을 도입하지 않고 기술할 수 없으며, 이 책의 논지 역시 그런 한도에서는 평형 분석에 해당한다.

그러나 이 책은 다른 사회인류학자들의 민족지와 두 가지 점에서 다르다. 첫째, 나는 사회에서 평형이 작동한다고 가정되는 기간을 150년으로 늘려 잡았다. 둘째, 나는 평형 개념의 허구적(이념적) 성격을 명확하게 표현하려고 했다. 이런 주장이 새롭지는 않지만, 이 책에서 나는 그런 입장을 견지했다.

나는 실수로 이 책에서 파레토Vilfredo Pareto*의 저작을 언급하지 않았다. 그래서 참고 문헌에도 그의 《Traité de Sociologie Générale 일반 사회학 개론》[5]은 나오지 않는다. 따라서 독자들은 나의 **굼사**gumsa/**굼라오**gumlao 진동oscillation 모델이 파레토가 언급한 '사자파lions'와 '여우파foxes'의 교차하는 정권 획득이나 '움직이는 평형moving equilibrium' 개념에서도 발견된다는 사실을 알지 못했을 것이다. 그의 '움직이는 평형' 모델의 가정에 따르면, 평형을 이루는 총체적 현상은 그 자체가 확장된 시공간 속의 사회 체계다.

한편 포티스 교수의 많은 저작[6]에서도 나의 것과 비교할 만한 모델이 등장하지만, 그와 나의 논지는 크게 다르다. 포티스는 우리가

* 이탈리아의 경제학자, 사회학자, 통계학자(1848~1923).

특정한 순간에 동시적으로 관찰되는 일련의 자료를 이해하려면, 우리가 관찰하는 개인들이 유년부터 성인기를 지나 죽음에 이르기까지 여러 발달 주기를 개별적으로 거치며, 인류학자에게 직접 관찰되는 집단(예를 들면 가족 집단)은 그들 스스로 여러 단계의 파생된 국면을 거친다는 점을 고려해야 한다고 주장한다. 따라서 포티스가 말하는 '움직이는 평형'은 생물학에 뿌리를 둔 것이다. 그가 자신의 자료에서 식별해낸 체계적 질서에 '허상적인' 측면은 전혀 없다.

그러나 포티스의 발달 주기는 역사를 고려하지 않는다. 그 발달 주기란 정적이고 말리노프스키가 말한 의미에서 '통합된' 전체 체계의 각 단계일 뿐이다. 어느 한순간에 관찰된 모든 사실은 논리 정연하게 결합하여 하나의 체계를 구성한다. 이론적으로 여기에는 빈틈이 없다(위에서 인용한 《African Political Systems아프리카의 정치 체계》 단락을 참조할 것).

내가 가정한 **굼사/굼라오** 진동 모델은 그 규모나 성질에서 포티스의 것과 다르다. 먼저 나의 논의에서는 총체적인 동적 평형 체계가 1세기 혹은 그 이상의 주기 내 모든 사건을 포괄한다고 가정한다. 그래서 이 모델에서는 특정한 순간에 관찰된 사실이 아주 다른 여러 '체계'에 속하는 것으로 보일 것이다. 여기서는 공시적 자료를 아무리 재분류해도 말리노프스키가 말한 '통합적' 패턴을 생성해낼 수 없다. 더 나아가 포티스의 분석은 경험적 사실(즉 생물학적 노화 과정)에 근거하지만, 역사적 사건에서 체계적 질서를 발견하려는 나의 시도는 언어 범주verbal categories에 관한 (현지 주민의) 달라지는 평가를 기반으로 한다. 나의 분석에 따르면 이런 질서는 결국 허상이다.

이 책에서 3분의 1은 '카친 굼사 사회의 구조적 범주'라는 제목이 붙은 5장이 차지한다. 이 장은 일련의 현지어 개념에 대한 해석과 그것들의 연관성을 다룬다. 이 긴 장은 내가 직접 관찰한 특정한 카친 커뮤니티를 다룬 상대적으로 짧은 4장과 민족지적·역사학적 2차 자료를 포함한 6~8장 사이에 있다. 사회적 현실의 본성에 관해 이 책과 견해가 다른 평자들은 이런 구성이 적잖이 당혹스러운 모양이다. 그러나 이 구성은 사회 체계를 자연적 현실natural reality로 보지 않는 나의 입장에서 논리적으로 도출된 것이다.

내가 보기에 민족학이나 역사학의 사실은 우리가 그 위에 허구의 논리를 강제할 때만 체계적인 방식으로 정돈된 것처럼 **보일 수** 있다. 말하자면 우리 인류학자들은 훌륭하게 조직된 체계를 구성하는 일련의 언어 범주를 고안한 다음 사실을 이 언어 범주에 끼워 맞춘다. 그러고 나면 그 사실들이 짠! 하고 질서 잡힌 것처럼 '보인다'. 그러나 그 경우 체계system란 개념들의 관계의 문제일 뿐, 날것의 사실 자료 속에 '실제로 존재하는' 관계의 문제가 아니다. 래드클리프브라운과 그의 일부 추종자들이 지속적으로 주장했듯이 말이다. 유기체 유추는 때로 도움이 되지만, 사회는 유기체가 **아니며** 기계는 더더욱 아니다.

나는 역사적 결정주의를 신봉하지 않는다. 또 내가 카친족의 기록된 역사에 존재하는 빈약한 사실에서 영구 존속하는 주기적 과정을 식별할 수 있다는 주장을 펼친다고 믿는 사람은 나의 의도를 크게 오해한 것이다. 나의 논지는 이 책 5장에서 기술한 일련의 언어 범주가 오래 존속하는 구조화된 집합structured set이며, 카친족은 그들이 주변에서 관찰하는 경험적 사회현상을 해석할 때 (그들 자신에게든 타인에게든) 항상 이 범주에 의거한다는 점이다.

카친 자료에서 특별히 흥미로운 점은, 카친족의 언어적 용법이 화자로 하여금 한 가지 방식 이상으로 범주를 구조화할 수 있게 한다는 것이다. 굼사와 굼라오는 그들과 상대방의 정치 체계 범주를 기술할 때 동일한 어휘를 사용하지만, 각각의 경우에서 그 범주의 관계에 대한 견해가 다르다.

범주 구조category structure로서 굼사/굼라오 정치 질서는 모두 이념형으로, 어떤 시간이나 장소에서도 실제 경험적 사실과 잘 들어맞지 않는다. 상황이 이렇다면 실제 현장의 사실과 양극화된 이념적 범주 구조 사이에 지속적인 불일치를 가져오는 일체의 분석 가능한 사회과정이 존재하는지 질문할 수 있다. 이 책 7~8장에 따르면 그런 사회과정의 결과 카친 지역의 특정한 장소에서 장기간에 걸친 정치적 진동political oscillation이 발생한다. 비록 각 주기 끝에서 관찰되는 사실은 주기가 시작될 때의 사실과 달라서, '실제 현장의 체계'는 '개념의 체계'처럼 평형을 이루지 못하더라도 말이다. 이 책에는 지금 대단히 불만스러운 세부 사항이 많다. 논지와 관계없어서가 아니라 잘못된 부분에서 내가 지나치게 강조했기 때문이다.

지난 10년간 나는 일련의 언어 범주에서 발견되는 구조의 존재와, 직접 관찰된 일련의 경험적 사실에서 발견되는 구조 결여의 차이를 (이 책에서는 그 구분이 종종 모호하다) 더욱 분명히 이해했다. 나는 이런 불일치를 이 책에서 강조했지만—뚜렷한 사례는 이 책 pp. 387~390에서 찾아볼 수 있다—그것이 우리 인류학자들에게는 흔한 경험인데도 특이한 일처럼 다루었다. 사건은 언어 범주를 부과하여 질서를 부여받았을 때 구조화될 수 있다.

'의례'에 대한 나의 비정통적인 접근법(이 책 pp. 46~51에 요약된) 역시 이런 견해와 관련이 있다. 인류학자들은 '의례ritual'라는 용어를 다양한 의미로 사용한다.[7] 나는 우리가 이 용어를 몇몇 특정한 범주의 행동에 적용할 경우 역설에 부딪히며, 모든 인간 행위 양상, 다시 말해 의사소통적 양상을 '의례'라고 생각해도 무리가 없다고 생각한다. 문화적으로 정의된 행위의 특징에 언어의 속성을 부여하는 이런 견해는 내가 위에서 개진한 주장—사건(즉 행위 목록)은 언어 범주에 의해 정돈되었을 때 구조화된 것으로 보인다는 주장—과 정확히 동일하다. 내가 이 논지를 초반에 명료하게 발전시켰다면, 5장에서 논한 이념화 과정idealism과 다른 장에서 언급한 사실적 증거의 상호 의존성을 독자들이 좀더 쉽게 이해했을 것이다.

어느 우호적인 평에서 어니스트 겔너Ernest Gellner* 교수는 나의 논지 전체가 '관념론자의 오류'[8]라고 직설적으로 썼다. 진실과 오류를 구별하는 것은 복잡한 문제지만, 카친족이 플라톤과 그리 다르

---

* 체코계 영국 철학자, 사회인류학자(1925~1995). 런던정치경제대학교에서 22년간 사회인류학을 가르쳤으며, 민족주의 이론 연구로 유명하다.

지 않게 '이념idea'과 '현실reality'을 구별하는 단순한 철학이 있음을 내가 암시했다고 해서 플라톤이 옳다는 주장을 편 것은 아니다. 플라톤주의의 오류는 인류학자는 물론, 그들이 연구하는 현지 주민조차 아는 상식적인 오류다.

이 책에서 내가 중점적으로 다룬 테마는 카친 사회에서 발견되는 경험적 차원의 정치적 행위들이, **굼사**와 **굼라오**로 양극화된 정치적 원칙에 대한 일종의 타협적 대응이라는 것이다. 9장에서 나는 이 양극화된 원칙이 상충하는 신화 체계를 통해 개별 행위자에게 어떤 식으로 제시되는지 보여주려 했다. 이 신화 체계는 특정한 사회적 행위를 비호하는 힌장처럼 사용되기 쉽다. 시금 9상을 다시 읽어보니 '유용하지만 부적절한' 장이라는 생각이 든다. 이 책 초판이 나온 이래 신화에 대한 레비스트로스Claude Lévi-Strauss의 방대한 연구가 발표되었고, 그 연구는 분명 카친 사회의 관습을 이해하는 데 상당히 유용할 것이다.

이 책 끝머리에 나는 이 색다른 분석 방식이 카친 고산지대 이외 지역, 더 구체적으로 민족지 기록이 풍부한 미얀마 서부 지역에서도 유효할지 모른다고 조심스럽게 언급했다. 이 언급은 정당한 것으로 밝혀졌다. 레먼F. K. Lehman은 친족Chin에 관한 개인적 연구 결과를 방대한 선행 연구 자료와 결합시켰다.[9] 그 결과 친족에 대한 우리의 이해가 확장되었다. 그의 연구는 카친족에 대한 내 해석의 가치도 다소 간접적으로 입증해주었다. 그가 작업한 친족에 대한 민족지적 사실에서 패턴화된 불일치가 나타났기 때문이다. 전체적으로 볼 때 친족은 우리가 기대한 것 이상으로 카친족과 흡사하다는 것이 밝혀졌다.

그렇다면 카친 고산지대 전역에서 '부족tribe'이란 개념은 사회 분석 측면에서 별 쓸모가 없다는 점이 분명해진 것 같다. 특정 부족 조직의 고유한 특징의 의미는 통상적인 기능주의적 조사를 통해서 밝혀낼 수 없다. 우리가 'A 부족'의 특징을 이해하는 것은 이 특징을 안티테제로 'B 부족'의 특징에 견주어볼 때 가능하다. 시간이 많이 흘렀지만 나는 나가족Naga*에 대한 방대한 민족지적 문헌 역시 이 변증법적인 '통부족적cross-tribal' 시각을 통해 연구할 가치가 충분하다는 나의 예전 견해를 유지하려고 한다.

1964년 1월 케임브리지에서
에드먼드 리치

---

* 인도 북동부, 미얀마 서부에 거주하는 부족.

감 사 의 글

이 책을 준비하는 과정에서 도움을 준 사람들에게 감사 인사를 전하고 싶다. 하비G. E. Harvey, 윌키R. S. Wilkie, 레이든J. L. Leyden 씨가 없었다면 꼭 필요한 몇몇 문서를 입수할 수 없었을 것이다. 그린 J. H. Green 대령과 케임브리지대학교 해든 도서관의 사서들께는 부록 3의 자료를 사용하도록 허락해준 점에 감사를 표하고 싶다. 《영국왕립인류학협회저널》 편집자에게는 표 4를 사용하도록 해준 점, 샤페라I. Schapera 교수에게는 교정과 수많은 조언에 감사를 표한다. 그리고 이 책의 추천사를 써준 레이먼드 퍼스 교수님에게 감사한다. 나는 인류학에 대해 아는 거의 모든 것을 그에게서 배웠다.

에드먼드 리치

지도

도 표

1부

문제와
배경

1장

서론

이 책은 미얀마 북동부의 카친족과 샨족을 대상으로 하지만, 동시에 인류학 이론에 기여할 목적으로 썼다. 이 책은 민족지가 아니며, 내가 언급한 민족지적 사실은 대부분 종전 문헌에서도 찾아볼 수 있다. 따라서 이 책의 독창성은 내가 다룬 사실이 아니라 그들에 관한 해석에서 찾아야 한다.

내가 다루는 주민은 p. 58 지도 1에서 '카친'이라고 표시된 지역에 거주한다. p. 63 지도 2는 이를 확장한 것이다. 이들은 많은 개별 언어와 방언을 사용하고, 지역마다 상당한 문화적 차이를 보여준다. 그런데도 이곳 전체 주민을 크게 샨족과 카친족으로 구분한다. 나는 이 지역을 카친 고산지대Kachin Hills Area라고 지칭할 것이다.

거칠게 일반화하면 샨족은 강이 흐르는 계곡 지대에 거주하고 논농사를 한다. 그들은 (카친족과 비교할 때) 더 세련되었으며, 그들의 문화는 미얀마족의 문화와 다소 비슷하다. 한편 카친족은 고산지대에 거주하며 이동경작과 화전농법으로 쌀을 생산한다. 지난

100년간 간행된 문헌은 거의 카친족을 미개하고 전쟁을 좋아하는 야만인으로 묘사한다. 외모나 언어, 일반적인 문화 역시 샨족과 크게 다르기 때문에 그들의 인종적 기원도 샨족과 다르다고 기술한다.[10]

그게 사실이라면 인류학의 관례에 따라 카친족에 대한 민족지는 샨족을, 샨족에 대한 민족지는 카친족을 다루지 말아야 한다. 그러나 현실에서 카친족과 샨족은 이웃이며, 일상에서도 긴밀히 어울려 살아간다.

예를 들어 다음 문헌 기록을 살펴보자. 이는 1930년 북부 샨 국가Northern Shan States에서 비밀리에 개최된 특별조사위원회에 참석한 증인에 대한 기록이다.[11]

목격자 이름 : 흐파카 룽 흐셍Hpaka Lung Hseng

인종 : 라퉁 카친(포얌, 가짜 샨족)

나이 : 79세

종교 : 좌티 불교

거주지 : 만 흐쾅, 몽 흐코

출생지 : 파오 모, 몽 흐코

직업 : 퇴직한 마을 우두머리

아버지 : 마 라Ma La, 한때 파오 모의 추장

대략 70년 전 내가 소년이었을 때, 몽 마오국Möng Mao을 통치하던 샨족 섭정은 사오 흐캄 흐셍Sao Hkam Hseng이었다. 그는 자기 친척 은가 흐캄Nga Hkam을 몽 흐코Möng Hko에 살던 카친족에게 보내 동맹을 협상하게 했다. 시간이 흘러 은가 흐캄은 몽 흐코의 파오 모에 정착했고, 나중에는 내 조상 흐코 트소 리Hko Tso Li, 내 할아버지 마 노Ma Naw─당시 파오 모의 추장이었다─와 이름을 교환했다. 그 뒤로 우리는 샨족이자 불교도가 됐고 아주 잘살았다. 흐캄 씨족의 일원으로서 우리가 몽 마오에 가면 언제든지 사오 흐캄 흐셍의 집에 머물렀다. 반대로 그들이 몽 흐코에 오면 언제나 우리 집에 머물렀다….

이 기록을 보면 화자는 지난 70여 년간 자신의 모든 가족을 카친족이자 샨족이라고 간주한다. 이 남자는 카친족 출신으로 라탕Lahtawng 씨족의 포얌Pawyam 종족에 속했다. 동시에 샨족으로서 그는 불교도였고, 몽 마오국의 왕족 가문인 흐캄 씨족에 속했다.

게다가 몽 마오국─중국 영토 안에 있던 유명한 샨 국가의 명칭─도 여기서는 몽 흐코와 동일한 종류의, 동일한 위상을 갖춘 정치체로 취급된다. 그러나 1930년대 영국 식민지 행정관의 눈에는 몽 흐코가 북 흐센위국North Hsenwi State에 속한 카친 행정'구역'에 지나지 않았다. 이런 자료는 언어학적 기준에 따라 카친족과 샨족을 다른 '인종' 범주로 구분하는 민족지적 구상과 맞아떨어지지 않는다.

문제는 단순히 카친족을 샨족과 구별하는 데 있지 않다. 카친족에서도 서로 다른 집단을 구별해야 하는 어려움이 존재한다. 종전 문헌 역시 카친족 내의 여러 하위 집단을 구분한다. 이 하위 집단은 대부분 언어학적 기준에 따라 나눈 것으로, 징포어Jingpaw를 쓰는 카친 주민은 아트시어Atsi, 마루어Maru, 리수어Lisu, 눙어Nung 등을 쓰는 주민과 구별된다는 식이다. 또 다른 구분 방식은 영토에 근거한 것이다. 아삼 지역에 사는 싱포족Assam Singpho이 미얀마에 사는 징포족Burma Jinghpaw과 구분되며, 말리 흐카Mali Hka 강 상류에 있는 흐카쿠족Hkahku이 바모 동쪽의 가우리족Gauri과 구분된다는 식이다.

그러나 종전 연구의 일반적 경향은 이런 차이의 중요성을 최소한으로 축소해, 카친 문화의 본질은 카친 고산지대 전역에서 동질적이라고 주장했다.[12] 《The Kachin Tribes of Burma버마의 카친 부족》《The Kachins, their Religion and Mythology카친족 그리고 그들의 종교와 신화》《The Kachins: Their Customs and Traditions카친족 : 그들의 풍습과 전통》《Beitrag zur Ethnologie der Chingpaw (Kachin) von Ober-Burma북 버마 징포(카친)족의 인류학에 대한 공헌》[13] 등에서는 13만 제곱킬로미터가 넘는 지역에 흩어져 사는 30만 명에 달하는 사람을 전부 카친족이라고 부른다.[14]

내가 여기서 제기하려는 문제는 카친 문화의 동질성에 대한 일반화가 정당한지 고찰하는 것이 아니다. 나의 관심은 단일 유형 사회구조가 카친 고산지대 전역에서 어디까지 관철될 수 있는가 하는 점이다. 카친 사회는 특정한 원칙에 따라 조직되었다고 봐야 하는가, 아니면 '카친족'이라는 모호한 범주에 많은 개별 형태 사회조직이 포함되었다고 봐야 하는가?

이 문제를 더 고찰하기 전에 사회 체계의 연속성continuity과 변화가 무엇을 의미하는지 명확히 해보자. 우리는 어떤 상황에서 인접한 두 사회 A와 B가 '근본적으로 사회구조가 다르다'고 할 수 있으며, 어떤 상황에서 두 사회 C와 D가 '본질적으로 사회구조가 동일하다'고 주장할 수 있을까?

이 장에서는 이 근본적 질문에 대한 나의 이론적 입장을 설명하고자 한다. 나의 논지를 간단히 정리하면 다음과 같다. 래드클리프 브라운을 따라 사회구조라는 개념을 한 사회와 다른 사회를 비교하는 범주로 사용하는 사회인류학자들은, 사실 그 사회들이 시간의 흐름에서 내내 안정된 평형상태에 있다고 가정한다. 그렇다면 통상적인 사회학 범주를 사용하여 안정된 평형상태에 있지 않다고 여겨지는 사회까지 설명할 수 있을까?

내 결론은 사회의 개념적 모델은 평형 체계 모델일 수밖에 없지만, 실제 사회는 절대 평형상태에 있지 않다는 것이다. 이런 불일치는 사회구조가 현지의 문화적 형태로 표현될 때, 그런 '문화적 재현'이 과학자로서 사회학자가 사용하는 엄밀한 범주를 통한 '과학적 재현'에 비해 모호하다는 점과 관련이 있다. 나는 문화적 표현(의례 표현)의 논리에서 발견되는 이런 불일치가 모든 사회 체계의 원활한 기능을 위해 언제나 필요하다고 본다.

내 책 내용은 대부분 이 논지를 발전시킨 것이다. 나는 실제 상황에서 (사회학자의 추상적 모델과 대조되는) 사회구조란 개인, 개인으로 구성된 집단의 권력 분배에 관한 일련의 관념으로 구성되었다고 생각한다. 개인은 이 체계에 모순되고 일관적이지 않은 관념이 있으며, 또 그런 관념이 있을 수 있다. 이들은 이런 불일치를 부끄러워하지 않는데, 이들의 관념이 표현되는 형식 때문이다. 여기서 이 형식은 문화적 형식이며, 그 표현은 의례적 표현이다. 이 장 나머지 부분에서는 이 마지막 문장을 자세히 설명할 것이다.

먼저 사회구조와 단위 사회에 대해 살펴보자.

사회구조

—

일차적인 추상성 수준에서 우리는 사회구조를 사회 체계 내 여러 구성 부분을 통합하는 조직 원리로 이해할 수 있다. 이 층위에서 사회구조의 형태는 문화적 내용과 별개의 독립된 실체로 간주된다.[15] 그래서 시베리아 동부의 길랴크Gilyak 수렵민[16]이나 수단의 목축민 누에르족[17]의 사회형태에 대한 지식은 내가 카친족의 사회형태를 이해하는 데 도움을 준다. 비록 카친족은 대부분 울창한 몬순 열대우림 지역에 거주하는 이동 경작자지만 말이다.

이 추상화 단계에서는 공식 패턴 하나를 다른 것과 구별하는 일이 어렵지 않다. 인류학자가 기술하는 구조가 오직 그의 머릿속에 논리적 구축물로서 존재하는 모델이기 때문이다. 더 어려운 과제는 이런 추상성을 현지 조사에서 수집한 경험적 자료와 연관 짓는 일이다. 우리는 특정한 공식 모델 하나가 다른 가능한 모델보다 경험적 사실에 잘 부합한다고 어떻게 확신할 수 있는가?

실제 사회는 시간과 공간 속에 존재한다. 인구학적·생태적·경제적·외부 정치적 상황은 고정된 환경이 아니라 끊임없이 유동하는 환경을 구축한다. 모든 실제 사회는 시간 속에서 진행되는 과정process이다. 이 과정에서 유래하는 변화는 크게 두 가지로 생각할 수 있다.[18] 첫째, 종전에 지속되던 공식 질서와 합치하는 변화가 있다. 예를 들어 추장이 죽었을 때 그의 아들이 추장이 된다거나 한 종족이 두 종족으로 나뉘는 경우, 이런 변화는 종전에 지속되던 과정의 일부다. 즉 여기서는 공식 구조가 변하지 않는다. 둘째, 공식 구조 변경에 따른 변화가 있다. 예를 들어 어느 지역에서 일정 기간 동안 평등한 종족 분절체lineage segment로 구성된 정치 체계가 존재하다가 봉건제적 위계 사회로 대체되었을 경우, 공식 사회구조에 변화가 일어났다고 말할 수 있다.

이 책에서 나는 사회구조의 변화를 언제나 후자의 의미로 사용할 것이다.

단위 사회

—

카친 고산지대라는 맥락에서 '사회' 개념을 사용하는 것은 많은 난점을 불러온다. 이어지는 여러 장에서 이 점이 더욱 명확해질 것이다. 불만족스럽긴 하지만 얼마 동안 래드클리프브라운의 조언에 따라 '사회'를 '편의상의 특정 지역사회'라는 의미로 해석하려고 한다.[19]

대안적으로 네이들Siegfried Nadel의 제안도 받아들이려고 한다. 즉 나는 '사회'를 일체의 자족적 정치 단위self-contained political unit로 이해할 것이다.[20]

카친 고산지대의 정치 단위는 매우 다양하고 본질적으로 불안정해 보인다. 규모 측면에서 볼 때 한쪽 극단에는 독립된 정치 단위로서 권리를 강력히 주장하는 네 가구로 구성된 마을이 있다. 다른 쪽 극단에는 샨족의 흐센위국이 있는데, 이 국가는 1885년 이전에 49개 하위 국가(möng)로 구성되었고, 그중 일부는 100여 개 마을을 포함했다. 두 극단 사이에 다양한 '사회'의 변이형이 존재한다. 이 다양한 정치 체계는 규모뿐만 아니라 사회가 조직되는 공식 원리에서도 차이를 보인다. 우리 문제의 핵심이 바로 여기에 있다.

카친 고산지대의 몇몇 지역에 대한 역사적 기록은 19세기 초끼지 거슬러 올라간다. 이 기록은 지난 130년간 이 지역의 정치조직이 매우 불안정했음을 보여준다. 자율적인 소규모 정치 단위는 종종 뭉쳐서 더 큰 체계를 구성하기도 했고, 커다란 봉건제적 위계사회가 더 작은 사회로 나뉘기도 했다. 정치권력의 전체 판도는 대단히 폭력적이고 빠른 변화를 겪었다. 따라서 카친 고산지대에서 발견되는 다양한 정치 체계를 각각 독립된 유형으로 다루는 것은 방법론적으로 적절하지 않다. 이 체계는 부침浮沈을 겪는 더 큰 전체 체계의 부분으로 간주되어야 한다. 그러나 내 논지의 핵심은 작은 정치 단위가 모여 큰 단위를 구성하거나, 큰 정치 단위가 작은 단위로 나뉘는 과정이 단순히 구조적 연속성structural continuity의 일부가 아니라는 점이다. 이것은 단순히 정치 단위의 분할과 집합 과정이 아니라, 구조적 변화 자체를 수반하는 과정이다. 내가 주목하는 것도 이런 변동 과정의 메커니즘이다.

종전의 인류학적 맥락에서는 사회 변화를 연구하고 기술하는 데 의심할 여지없이 큰 어려움이 따른다. 현지 조사는 보통 짧은 기간에 수행되며, 적절한 세부 사항을 갖춘 알맞은 역사적 기록을 찾기도 힘들다. 인류학자들은 사회변동이라는 주제에 특별한 관심을 자주 표명했지만, 지금까지 진행된 이 문제에 관한 이론적 논의는 그리 자랑할 게 못 된다.[21]

내가 보기에 최소한 몇 가지 문제는 자료의 성격에 관한 인류학자 본인의 그릇된 가정에서 생겨난다.

영국 사회인류학자들은 그들의 주요 개념을 파레토나 베버Max Weber가 아니라 뒤르켐에게서 주로 빌려 썼다. 결과적으로 그들은 '기능적 통합functional integration' '사회적 연대social solidarity' '문화적 동질성cultural uniformity' '구조적 평형structural equilibrium' 등의 조짐을 보여주는 사회에 편견에 가까운 지지를 보내게 되었다. 역사학자나 정치학자들은 거의 소멸 직전에 있다고 보는 이런 사회를 유독 사회인류학자들은 건강하고 이상적일 만큼 상서로운 사회로 바라본다. 반대로 급격한 사회변동을 일으키는 파벌이나 내적 갈등의 징후를 보여주는 사회는 '아노미'라든지 병리학적 부패의 표본으로 의심스러운 눈길을 받아왔다.[22]

'평형' 해석을 선호하는 이런 편견은 인류학자가 다루는 자료의 성격과 그가 작업하는 조건에서 유래한다. 사회인류학자는 보통 특정한 시기에 특정한 장소에서 살아가는 사람들을 연구하며, 그 지역이 나중에 다른 인류학자들에 의해 다시 연구될 수 있으리라는 사실은 크게 신경 쓰지 않는다. 그 결과 우리는 '1914년의 트로브리안드 사회' '1929년의 티코피아 사회' '1935년의 누에르 사회'에 대한 연구가 아니라, 트로브리안드 사회, 티코피아 사회, 누에르 사회에 대한 연구를 갖게 된다. 인류학적 연구 대상이 되는 사회에서 이런 식으로 시공간적 맥락이 제거되면, 자료에 대한 해석은 어쩔 수 없이 평형 분석이 되고 만다. 그렇지 않으면 독자들에게 그 분석이 불완전한 것으로 비칠 것이기 때문이다. 그보다 더한 것은 대다수 민족지적 연구에서 현지 조사는 한 번 진행되며 반복의 여지가 없기 때문에, 그 결과물도 안정적stable 평형의 사례 중 하나가 된다는 점이다. 저자들은 트로브리안드인, 티코피아인, 누에르인이 현재는 물론 영원히 그 모습일 것처럼 묘사한다. 사실 평형 개념과 안정성stability 개념에 대한 혼동은 인류학적 문헌에 깊이 뿌리박혀서, 둘 중 어느 용어를 쓰든 애매모호함은 피하기 어렵다. 그러나 두 개념은 동일한 것이 아니다. 나의 입장은 다음과 같다.

모델 체계

—

인류학자가 사회 체계를 기술할 때는 '사회적 현실의 모델model of the social reality'을 기술할 수밖에 없다. 이 모델은 '사회 체계가 어떻게 작동하는가'에 대한 인류학자의 가설을 보여준다. 따라서 모델 체계의 개별 부분은 일관성 있는 전체를 구성한다. 평형상태에 있는 체계 말이다. 그렇다고 사회적 현실이 일관성 있는 전체를 구성하지는 않는다. 반대로 현실 상황은 대부분 불일치와 모순으로 가득하고, 이 불일치와 모순이 우리에게 사회변동 과정에 대한 통찰을 제공한다.

카친 고산지대와 같은 상황에서는 어떤 개인이라도 동시에 여러 사회 체계에서 나름의 지위를 보유할 수 있다. 개인에게는 이런 각각의 체계가 그가 견지해온 가치 체계의 또 다른 대안이거나 불연속 혹은 단절일 수도 있다. 구조적 변화의 전 과정은 개인이 사회적 향상의 수단으로 이런 대안들을 조작하면서 야기된다. 한 사회의 개인은 자기 이익을 위해 그가 인지하는 상황을 최대한 이용하려고 노력하는데, 그 과정에서 개인들의 공동체가 사회 자체의 구조를 바꾼다.

다소 복잡한 이 개념은 앞으로 자주 설명할 것이다. 그러나 나의 논지는 다음과 같이 간단한 사례로 설명할 수 있다.

카친족은 정치적 문제에서 대조적인 두 이념적 삶의 양식이 있다. 하나는 샨 통치 체계로 이는 봉건제적 위계 사회를 닮았다. 다른 하나는 이 책에서 **굼라오**라고 부르는 정치조직인데, 이는 무정부주의적이며 평등주의적이다. 카친족의 어느 야심가가 자신의 귀족 혈통을 주장하기 위해 샨 국왕의 명칭과 직함을 보유하면서, 전통 추장에게 봉건적 공물을 바쳐야 한다는 의무를 피하기 위해 **굼라오**적 평등성 원리에 호소하는 것도 드문 일은 아니다.

카친인은 '도덕적으로 무엇이 옳은가'라는 선택에 자주 직면하기 때문에, 카친족의 모든 커뮤니티 역시 그들이 '어떤 정치 체계를 이상적이라고 여기는가'라는 선택의 기로에 놓였다고 볼 수 있다. 즉 나의 논지는 카친 커뮤니티는 정치조직과 관련해 두 극단적 유

형—굼라오 '민주주의'와 샨 '귀족주의'—사이에서 진동한다oscillate
는 것이다. 실제로 대다수 카친 커뮤니티는 유형적으로 굼라오도
샨도 아니며, 이 책에서 굼사[23]라고 부르는 체계다. 굼사 체계는 그
효과상 굼라오와 샨 이념형의 절충안에 해당한다.

　이어지는 장에서 나는 굼사 체계를 굼라오와 샨 모델 중간에 위치
한 제3의 정적 모델static model처럼 기술하지만, 독자들은 실제 굼사
커뮤니티가 정적이지 않다는 것을 분명히 이해해야 한다. 경제적
상황이 유리할 경우 몇몇 굼사 사회는 점차 샨 모델에 근접해간다.
앞서 p. 2에서 본 몽 흐코 노인처럼, 카친족 상류층이 그들 스스로
'샨족이 되었다(sam tai sai)'고 느낄 때까지 말이다.

　한편 다른 굼사 커뮤니티는 반대 방향으로 움직여 굼라오로 변해
간다. 현존하는 민족지 기록에서 묘사된 카친 사회조직은 언제나
굼사 체계다. 그러나 내가 보기에 굼사 체계를 그 자체로 고찰하는
것은 의미가 없는데, 그 체계가 내재적인 모순으로 가득하기 때문
이다. 단순히 모델 구상 차원에서 보면 굼사도 평형 체계[24]로 표현
될 수 있다. 그러나 레비스트로스가 눈치 챘듯이 이렇게 재현된 구
조는 "체계에 내포된 모순에 따라 그 체계는 파멸에 이를 수밖에
없는(en contradiction avec le système, et doit donc entraîner sa ruine)" 요소
를 포함한다.[25] 사회적 현실의 장에서 굼사 정치 구조는 본질적으로
불안정하며, 이는 오직 굼라오와 샨 조직이라는 양극화된 유형과
대조를 통해서 충분히 이해할 수 있다는 것이 내 입장이다.

　구조적 변동 현상을 다루는 또 다른 방법은 특정 체계 내의 정치
적 권력에 초점을 맞추고 그 변화에 주목하는 것이다.

사회 체계에 대한 구조적 기술은 우리에게 이념화된 모델idealized model을 제공한다. 이런 모델은 전체 체계 내의 집단과 집단 사이, 특정 집단을 구성하는 사회적 개인 사이에 존재하는 '올바른' 지위 관계를 정초한다.[26] 이런 모델에서는 어떤 사회적 개인의 위치라도 어쩔 수 없이 고정되고 만다. 개인이 경력의 서로 다른 단계에서, 서로 다른 직업을 통해 서로 다른 위치를 점유한다고 가정할 수는 있지만 말이다.

구조적 변화를 고찰할 때 우리는 지위 관계의 이념적 체계와 관련된 개인의 위치 변동뿐만 아니라, 이념적 체계 자체의 변화를 고려해야 한다. 다시 말해 권력 구조상의 변화를 고려해야 한다.

권력은 어떤 체계에서도 '직위 소유자office holder', 즉 권력이 따라붙는 직책을 점유한 사회적 인간의 속성으로 여겨진다. 개인은 오직 사회적 인간으로서 그들의 역량에 따라 권력을 행사한다. 나는 원칙적으로 사회인류학자가 개인의 행위를 어떤 모호함도 없이 특정한 목표 하나를 위한 것이라고 해석해서는 안 된다고 본다. 바로 이 점 때문에 나는 말리노프스키나 탤컷 파슨스Talcott Parsons[27]가 제기한 '욕구needs'나 '목표goals'와 관련된 기능주의적 논의에 항상 불만이 있다. 그러나 권력을 획득하고자 하는 의식적·무의식적 욕구가 인간사에서 대단히 일반적인 동기라고 가정하는 것은 정당하며, 필요한 일이라고 본다.

나는 이와 더불어 특정한 행위의 선택에 직면한 개인은 권력을 얻기 위해 이런 선택권을 사용하리라고 가정한다. 즉 그들은 권력을 가진 사회적 인간으로 인정받기를 원할 것이다. 다시 말해 그들은 직위를 얻기 위해 노력하고, 이런 직위에 접근하기 위해 다른 이들에게 존경 받으려고 할 것이다.

존경esteem은 문화적 산물이다. 한 사회에서 찬탄되는 것이 다른 사회에서는 규탄될 수 있다. 카친 고산지대의 상황이 특이한 것은 한 개인이 하나 이상의 위신 체계에 속할 수 있고, 이런 체계들이 상충될 수 있다는 점이다. 샨족에게 칭찬할 만한 행동이 굼라오 사회에서는 모욕적일 수 있다. 따라서 특정 상황에서 개인이 존경을 얻는 가장 좋은 방법이 무엇인지 분명하지 않다. 어렵게 들리지만 이런 불확실성이 특이한 것은 아니다. 우리 사회에서도 기독교도인 사업가에게 윤리적으로 옳은 행동이 무엇인지 분명히 말하기는 어렵지 않은가.

의례
—

논의를 전개하기 전에 의례ritual 개념을 설명하고 싶다. 나는 의례를 '사회적 인간으로서 한 개인이 특정 순간에 몸담고 있는 구조적 체계 내의 지위를 표현하는 데 쓰이는 것'으로 이해한다. 이 구절은 의례라는 용어에 덧붙은 원래 의미에 기대고 있다.

영국 사회인류학자들은 대부분 사회적 행위를 범주화할 때 뒤르켐을 따른다. 즉 종교적 의례는 신성하며, 기술적 행위는 속되다는 것이다. 이 견해에서 도출되는 여러 난점 중 가장 중요한 것은 주술magic의 정의와 분류 문제다. 과연 주술적 행위라고 부를 만한 특

1부 ǀ 문제와 배경

별한 행위가 존재하는가? 그렇다면 이 행위는 '성'과 '속' 중 어느 범주에 속하는가? 주술은 종교 행위와 기술 행위 중 어느 것의 속성과 기능이 더 많은가?

이 질문에는 여러 대답이 제안되었다. 예를 들어 말리노프스키는 주술을 성의 영역에 배치하며,[28] 모스Marcel Mauss는 이를 속의 영역으로 본다.[29] 그러나 둘을 가르는 경계를 주술 종교적인 것(성)과 기술적인 것(속) 사이에 두거나, 종교적인 것(성)과 주술 기술적인 것(속) 사이에 두거나, 성스러운 상황과 속된 상황이 구별된다는 전제는 그대로 남는다. 그렇다면 의례는 성스러운 상황에서 일어나는 사회적 행위를 기술하기 위한 용어가 된다. 나는 의례라는 용어를 이와 다르게 사용한다.

관찰자의 입장에서 개인의 행위는 목표를 위한 수단으로 보인다. 그래서 말리노프스키의 충고에 따라 사회적 행위를 그것의 목표—즉 그 행위가 충족하는 것으로 보이는 '기본 욕구'—와 관련해 분류하는 것도 그럴듯하다. 그러나 말리노프스키의 분석에서 드러나는 사실은 기술적 사실technical facts이다. 그의 분석은 한 문화나 사회의 특이점을 식별하는 어떤 기준도 제공하지 못한다. 사실 근본적이리만큼 기능주의적으로 규정된 사회적 행위는 거의 없다. 예를 들어 벼를 키우려면 논을 갈고 볍씨를 뿌려야 한다. 이는 분명 본질적이고 기능적으로 필요한 행동이다. 논둑을 쌓고 가끔 잡초를 뽑으면 벼의 수확은 더 늘어날 것이다. 카친족은 이 모든 일을 한다. 이때 그들은 단순한 기술적 행위를 수행하는 셈이다. 이 행위는 '기본적 욕구' 충족에 기여한다.

그러나 여기에는 그 이상의 무엇이 있다. 카친족의 '관습적 절차'에 따르면 논을 정리하고 볍씨를 뿌리고 논둑을 쌓고 잡초를 뽑는 행위는 전통적 관례에 따라 정형화되었다. 여기에 기술적으로 쓸모없는 온갖 잉여와 장식이 끼어든다. 카친족의 경작 행위를 단순히 기능적 행위로 볼 수 없게 하는 것이 바로 불필요한 잉여다. 사실 모든 기술적 행위가 그렇다. 언제나 기능적으로 필수적인 요소가 존재하며, 거기에 단순히 지역적 관습 혹은 미적인 잉여라고 부를 만한 요소가 더해진다. 말리노프스키는 이런 미적 요소를 '중립적 관습neutral custom'[30]이라 불렀고, 자신의 기능주의적 분석에서 하찮은 것으로 취급했다.

나는 이런 관습적 잉여customary frills가 사회인류학자에게 중요한 자료를 제공한다고 생각한다. 논리적으로 미학과 윤리학은 동일한 것이다.[31] 우리가 한 사회의 윤리적 규칙을 이해하려면 그 사회의 미학을 연구해야 한다. 어떤 관습적 디테일은 역사적 우연에서 탄생했을 수도 있다. 그러나 사회에서 살아가는 개인에게 그런 디테일은 결코 무의미한 것일 수 없고, 집단 내 개인 간 의사소통 체계의 일부다. 그것은 상징적 행위, 재현representations이다. 인류학자의 임무는 이 상징화된 혹은 재현된 것이 무엇인지 발견하여 자기만의 전문용어로 번역하는 것이다.

물론 이 모든 것은 뒤르켐의 입장과 아주 유사하다. 그러나 뒤르켐과 그 추종자들은 집합 표상collective representations이 성스러운 영역에 국한된다고 믿은 것 같다. 그들은 성과 속의 이분법을 보편적이고 절대적인 것으로 여겼기 때문에 오직 성스러운 상징이 인류학

1부 | 문제와 배경

자의 분석을 요청한다고 생각했다.

그러나 나는 성과 속을 가르는 절대적 이분법을 강조하는 뒤르켐의 입장을 받아들일 수 없다.[32] 차라리 사회적 행위는 연속체 위의 한 점으로 간주되어야 한다. 한쪽 극단에는 완전히 속되고 기능적이며, 순수하게 기술적인 행위가 있다. 다른 극단에는 완전히 성스럽고 순전히 미적이며, 기술적으로 비非기능적인 행위가 있다. 우리는 두 극단 사이에서 부분적으로 양쪽 영역에 모두 걸친 대다수 사회적 행위를 발견할 수 있다.

이런 견해에서는 기술과 의례, 성과 속의 행위가 유형type이 아니라 거의 모든 행위의 양상aspects을 의미한다. 기술적인 것에는 측량과 예측 가능한 경제적 · 물질적 결과가 포함된다. 반면 의례는 의례 행위에 참여한 개인에 대해 뭔가 '말해주는' 상징적 표현이다. 어떤 의미에서는 카친족의 종교적 희생 의례를 순수하게 기술적이고 경제적인 행위로 간주할 수 있다. 이 의례는 가축을 죽여 고기를 분배하는 절차이며, 내가 보기에 대다수 카친인에게 의례에서 가장 중요한 문제는 고기 분배인 것 같기 때문이다.

이때 희생 의례(nat galaw)는 훌륭한 잔치와 거의 동의어가 된다. 그러나 관찰자의 입장에서 이 의례에는 도축, 요리, 고기 분배와 별 관련이 없는 행위가 상당히 많이 등장한다. 이 또 다른 양상은 사회적 지위의 상징이라는 의미가 있으며, 나는 이 양상을 의례적인 것이라고 생각한다. 거기에 초자연적 · 형이상학적 존재에 대한 일체의 개념화가 개입되든 말든 상관없이 말이다.[33]

나의 용법에서 신화는 의례의 대응이다. 신화는 의례를, 의례는 신화를 암시하고, 이 둘은 하나이며 동일하다. 이런 견해는 인류학 교과서에 나오는 제인 해리슨Jane Harrison, 뒤르켐, 말리노프스키의 이론과 조금 다르다. 영국 사회인류학의 고전적 신조에 따르면 신화와 의례는 개념적으로 다른 실체이며, 기능적 상호 의존성을 통해 서로 영속시킨다. 의식rite은 신화를 극화한 것이며, 신화는 의식을 위한 근거sanction 혹은 헌장charter이 된다. 이런 접근법에 따르면 신화를 신앙 체계를 구성하는 독립된 실체로 떼어 논의할 수 있다. 실제로 종교에 관한 상당수 인류학적 문헌은 신화를 다룰 때 거의 신앙, 합리성 혹은 그와 비슷한 논의로 채운다. 내게는 그런 논지가 대부분 학문적 헛소리로 들린다. 내가 보기에 말words에 근거한 표현인 신화는, 행동에 근거한 표현인 의례와 동일한 사물을 '말한다'. 따라서 의례 내용에 포함되지 않은 신앙의 내용에 대해 질문하는 것은 난센스다.

칠판에 자동차의 대략적인 윤곽을 그리고 그 밑에 '이것은 자동차다'라고 쓴다고 하자. 두 가지 표현—그림과 문자—은 동일한 것을 '말한다'. 어느 것도 다른 것보다 많은 내용을 말하지 않으며, '그 차는 포드인가, 캐딜락인가?'라는 질문은 난센스다. 같은 방식으로 내가 한 카친 주민이 돼지를 죽이는 것을 보고 그에게 무얼 하는지 물었더니, 그가 '나는 신령에게 (공물을) 바치고 있다(nat jaw nngai)'고 답했다고 하자. 이 진술은 단순히 그가 하는 일을 묘사한 것이다. 여기서 '그 신령은 다리가 있는가? 살을 먹는가? 하늘에 사는가?' 같은 질문을 하는 건 난센스다.

이 책에서 나는 카친족의 신화를 여러 번 언급하겠지만, 그 신화

사이의 논리적 일관성을 찾으려는 시도는 하지 않을 것이다. 내게 신화는 특정한 인간 행위를 기술하는 한 가지 방식이다. 인류학자의 전문용어와 구조적 모델 역시 동일한 인간 행위를 기술하는 또 다른 도구일 뿐이다. 우리는 사회학적 분석에서 인류학자의 이 대안적 언어를 자주 사용할 필요가 있지만, 기술 수단descriptive device이 그 자체로 자율성을 획득할 수 없음을 기억해야 한다. 우리의 재현물이 얼마나 추상적이든 우리가 다루는 것은 언제나 관찰 가능한 인간 행위가 존재하는 물질적 세계지, 형이상학적이거나 그와 비슷한 개념 체계가 아니다.

해석

—

요약하면 내 입장은 의례 행위와 신앙을 모두 사회질서에 관한 상징적 표현의 한 형태로 이해하자는 것이다. 인류학자가 항상 그런 상징을 해석하는 존재라고 주장할 마음은 없지만, 내가 보기에 그런 해석을 시도하는 것이 사회인류학의 주요 과제 중 하나다.[34]

여기서 나는 기본적인 심리학적 가정을 한다. 나는 모든 인간은 문화나 정신적 수준과 상관없이 상징을 구축하며, 그와 비슷한 방식으로 정신적 연상mental association을 하는 경향이 있다고 가정한다. 모든 인류학자들이 그러고 있지만, 이것은 상당히 대담한 가정이다. 상황을 예로 들어보자. 나는 끈기만 충분하다면 영국인인 나도 다른 언어—예를 들어 카친어—를 배울 수 있다고 가정한다. 나는 카친족이 사용하는 일상적인 언어 표현을 근사적인approximate 영어 표현으로 번역할 수도 있을 거라고 가정한다. 언어적이긴 해도 전적으로 상징적인 표현―예를 들어 시詩―은 번역하기 어려울 텐데, 단순한 단어 대 단어 번역은 일반적인 영국 독자들에게 어떤 연상 작용도 일으키지 못하기 때문이다. 그렇지만 역시 끈기가 있다면 나는 타 문화권의 시라도 근사적으로 이해할 수 있고, 그 이해를 다른 이들과 나눌 수 있으리라고 생각한다. 같은 방식으로 나는 의례 집전 같은 비언어적인 상징 행위에도 근사적인 해석을 할 수 있으리라 가정한다. 이 가정을 완벽히 정당화하기는 힘들지만, 이런 가정 없이는 인류학자의 모든 활동이 무의미해질 것이다.

이 장 앞부분에서 제기한 문제로 돌아가자. 이념적 사회의 추상적 모델로 간주되는 사회구조와 실제 경험적 사회의 사회구조의 관계 말이다.

나는 어디든 (내가 정의한 용법대로) '의례적인 것'과 맞닥뜨리는 곳에서는 인류학자로서 그 의례를 해석할 수 있을 것이라고 생각한다.

문화적 맥락에서 의례란 상징의 패턴이다. 그 의례를 해석하는 나의 언어는 또 다른 상징 패턴으로, 대다수 인류학자들이 고안한 전문용어―종족, 서열, 지위 같은 단어―로 구성된다. 의례와 인류학자의 언어라는 두 상징체계에는 공통점이 있다. 바로 공통 구조가 있다는 점이다. 같은 방식으로 음악에서 악보와 실제 연주 역시 공통 구조가 있다.[35] 내가 의례는 사회구조를 드러낸다고 할 때 의미하는 바가 이것이다.

의례에서 상징화된 구조는 사회적으로 승인된 개인과 집단의 '적절한' 관계의 체계를 말한다. 이 관계가 어느 때나 공식적으로 인정되지는 않는다. 사람들이 말리노프스키가 '기본 욕구'라고 부른 것을 충족하기 위한 실제적 행위를 할 때, 내재된 구조적 관계는 무시될 수 있다. 카친족 추장이 가장 비천한 노예와 자기 논에서 일할 때처럼 말이다. 나는 일상적이고 비공식적인 사회적 행동을 수행하려면 이런 공식 구조를 무시하는 것이 필수라고 주장하고 싶다.

그런데도 무정부 상태를 피하려면 사회를 구성하는 개인은 때때로 상징의 형태라도 자신의 사회적 행위를 인도하게 되어 있는 근본적 질서를 상기해야 한다. 의례 수행은 참여하는 모든 구성원에게 바로 이런 기능이 있다.[36] 의례는 순간적이나마 다른 때라면 허구였을 무엇을 명시적으로 드러내는 것이다.

사회구조와 문화

—

사회구조와 문화의 관계[37]에 관한 내 견해도 위 논의에서 바로 도출된다. 문화는 형태form, 다시 말해 사회적 상황의 '의상'을 제공한다. 나는 문화적 상황이 주어진 원인given factor으로, 역사의 산물이자 우연이라고 생각한다. 나는 카친족 여자들이 왜 결혼 전에 짧은 머리를 하고 모자를 쓰지 않다가 나중에 터번형 모자를 쓰는지 알지 못한다. 비슷하게 영국 여자들이 왜 결혼에 따른 사회적 지위 변화를 표현하려고 특정 손가락에 반지를 끼는지 모른다. 내게 흥미로운 것은 카친족의 문화적 맥락에서 여자가 착용하는 터번형 모자에 상징적 중요성이 있다는 사실이다. 그것은 여자의 지위에 대한 표현이다.

그러나 상황의 구조는 대체로 문화적 형태와 별개다. 동일한 구조적 관계가 서로 다른 문화에 존재할 수 있고, 상응되는 서로 다른 방식으로 상징화될 수도 있다. 위 사례에서 결혼이란 영국과 카친 사회에 공통적인 구조적 관계다. 그것은 한 사회에서는 반지로, 다른 사회에서는 터번형 모자로 상징화된다. 이것은 동일한 사회구조의 요소가 A 지역에서는 A 식 문화적 의상으로, B 지역에서는 B 식 문화적 의상으로 발현될 수 있음을 의미한다. 여기서 A와 B는 인접한 지역일 수도 있다. 다시 말해 사회 체계의 주요 경계가 항상 문화적 경계와 일치해야 할 본질적인 까닭은 없다.

문화의 차이가 구조적으로 중요하다는 것을 나도 인정한다. 그러나 단순히 두 집단의 문화가 다르다고 해서 필연적으로—지금까지 거의 그렇다고 여겨졌지만—그들이 서로 다른 두 사회 체계에 속하는 것을 의미하지는 않는다. 이 책에서 나는 반대 논지를 펼칠 것이다.

결정적인 자연적 경계가 존재하지 않는 지역에서는 인접한 지역 주민이 그 문화적 속성과 관계없이 최소한 어느 수준까지 교류한다. 이런 관계에 질서가 존재하고 그것이 마구잡이식이 아닌 이상, 그 관계에는 사회구조가 함축되었다. 그러나 다음과 같은 질문이 떠오를 수도 있다. '사회구조가 문화적 상징 속에서 표현된다면

서로 다른 문화 집단의 구조적 관계는 어떻게 표현되는가?' 이 질문에 내 대답은, 이 경우 문화적 차이를 강조하고 유지하는 자체가 사회적 관계를 표현하는 의례적 행위가 된다는 것이다.

이 책이 다루는 카친 고산지대에서는 집단 사이의 문화적 변이가 두드러지고 매우 다양하다. 그렇지만 언어가 다르고, 의상이 다르고, 숭배하는 신령이 다른 주민이라도 완전한 이방인으로 간주되지는 않는다. 카친족과 샨족은 상대를 업신여기지만, 두 집단은 조상이 같다고 간주된다. 이런 맥락에서 언어, 의상, 의례 절차 같은 문화적 특성은 방대한 구조적 체계의 서로 다른 부분을 나타내는 상징적 표지일 뿐이다.

나의 논의에서 진정 중요한 것은 기저에 깔린 구조적 패턴이지, 명시적으로 드러난 문화적 패턴이 아니다. 나는 특정 문화의 구조적 해석에는 별 관심이 없다. 대신 특정한 구조들이 어떻게 다양한 문화적 해석을 얻고, 서로 다른 구조들이 어떻게 동일한 문화적 상징으로 재현될 수 있는가에 관심이 있다. 이 주제를 추구하면서 나는 사회변동의 기본적 메커니즘을 밝혀내려고 한다.

2장

카친 사회의 생태적 배경

논의를 더 전개하기 전에 카친족과 그 이웃 샨족이 영위하는 경제생활에 대한 일반적인 설명을 할 필요가 있다.

지도 1은 카친 고산지대의 위치와 함께 카렌족Karen, 친족, 나가족, 팔라웅족Palaung, 와족Wa 등 미얀마 주요 고산 부족[38]의 지리적 영역을 보여준다. 미얀마는 실질적으로 이라와디Irrawaddy 강과 살윈Salween 강 저지대 배수 지역에 위치한 국가다. 이 큰 강과 주요 지류 옆으로 평평하고 지대가 낮고 비옥한 땅이 펼쳐진다. 미얀마는 강 주변을 제외하면 대부분 산악 지형으로 종종 험준한 지형이 나타난다. 강우량이 많은 곳의 일반적 식생은 빽빽한 아열대우림이다. 더 건조한 지역에서는 관목 숲, 초지, 솔숲이 나타난다.[39]

강우대에서는 빽빽한 이차 열대림이 버려진 공터를 재빠르게 뒤덮는다는 점이 특이하다. 반면 건조한 지역에서는 원시림이 한번 베이면 초지나 듬성듬성한 관목 숲으로 바뀐다. 가축을 방목하거나 체계적인 거름주기를 하지 않기 때문에 토지는 건조한 지역보

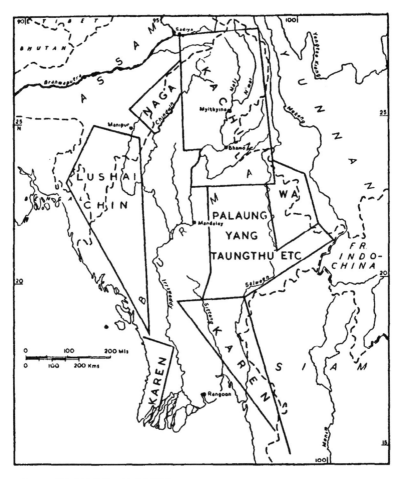

지도 1. 미얀마 국경의 고산지대 주민

다 강우대가 훨씬 비옥하다.

논농사는 계곡 아래쪽 논에서 수월하며, 이 지역에는 우마차가 다닐 만한 길이 있다. 골짜기 사이에 위치한 산악 지형에서는 도로나 계단식 논을 지으려면 상당한 공학적 수고가 필요하다. 따라서 고산지대 주민의 기술이나 경제조직이 비옥한 계곡 지대 주민과 크게 다르다는 건 그리 놀랍지 않다. 미얀마의 다른 고산지대 주민도 환경적 난점을 극복하기 위해 대부분 동일한 기술적 도구를 사용한다는 것 역시 그리 놀랍지 않다.

고산지대와 저지대 주민의 차이는 일단 생태학적인 것이다. 그렇다면 두 지역 주민이 동일한 언어를 쓴다 해도 두 집단 사이에 뚜렷한 문화적 차이가 관찰되리라 기대할 수 있다. 스코틀랜드나 북부 이탈리아와 마찬가지로 라이벌 세력 간의 질투나 경멸도 관찰할 수 있을 것이다. 미얀마에서도 사정은 동일하다. 하나 독특한 점은 고산지대와 저지대 주민의 문화적 차이가 뚜렷하다는 것이다. 두 집단은 공통 언어를 쓰지 않으며, 물질문화의 특징도 거의 공유하지 않는다. 가재도구나 기술적 장비와 관련해 카친 고산지대 두 집단 사이에서 거의 유일하게 공통된 도구는 쇠로 만든 냄비와 냄비를 올려놓는 삼발이다. 이는 두 집단 모두 중국인에게서 구입한다. 그렇지만 기술 도구는 결국 주민의 생활 조건이 결정하기 때문에, 고산지대와 저지대의 생활양식이 뚜렷이 다르다는 것도 충분히 이해할 수 있다.

여기서 '기술적'이 아닌 '의례적' 문화 양상을 살펴보면 문제는 조금 달라진다. 예를 들어 고산지대 남자 의상은 어느 곳이나 인근 저지대 남자 의상을 꾀죄죄하게 모방한 형식이다. 그렇지만 여자 의상은 고지대와 저지대에서 날카로운 대조를 보이며 두 집단 모두 다양한 지역적 변이형이 관찰된다. 성별에 따른 의복 차이에는 사회학적 의미가 있다. 이것은 이 책에서 되풀이되는 테마로, 고산지대 카친족은 저지대 계곡에 거주하는 이웃을 지속적으로 모방하면서 동시에 거부하려는 모순된 압력에 시달린다. 공교롭게도 미얀마에 대한 민족지는 대부분 의상의 차이를 '인종'의 차이라고 간주한 학자들이 썼다. 이렇게 본다면 북부 샨 국가들에서 5일마다 열리는 남캄Namhkam 시장에는 10개가 넘는 '인종'이 등장한다고 말해야 한다.

그렇지만 이 장에서 우리가 다루는 것은 정치나 인종이 아니라 생태다. 간단히 말해 이 지역의 기술적 상황은 다음과 같이 요약할 수 있다.

계곡에 거주하는 '미얀마족'과 '샨족'에 속한 주민은 대부분 논농사를 지으며, 그 생산 효율은 무난한 수준이다. 그래서 연간 강우량이 상대적으로 적은 곳에서도 지속적인 농사와 정주가 가능하다. 계곡 주민은 대부분 식량과 운송 수단으로 가축을 기른다. 미얀마 중심부 '건조 지대Dry Zone'를 제외하면, 어디든 인구밀도가 낮아 육상 자원은 풍부하다. 계곡 주민은 정상적인 조건—전쟁이나 전염병, 그와 비슷한 재난이 없는 상황—에서 언제나 실제 소비에 필요한 양보다 많은 쌀을 생산한다. 이런 확실한 경제적 토대 덕분에 무역이나 소규모 도시화, 어느 정도 문화적 세련이 가능해진다. 계곡 주민은 대개 간단한 읽고 쓰기를 할 줄 아는 소작농이다.

경제적 측면에서 이들은 주변 산악 지대 이웃보다 상당히 수준 '높은' 사회조직에 도달했다.

대조적으로 고산지대 주민이 하는 이동경작에서는 인구밀도가 낮거나, 토양이 기름진 상황에만 잉여 생산이 발생한다. 이런 경작법이 잘 먹히지 않는 곳에서 고산지대 주민은 다양한 생존 방편을 찾아내는 수밖에 없다. 중부 친족Central Chin 같은 집단은 정교한 윤작법을 발전시켰고,[40] 앙가미 나가족Angami Naga[41]과 몇몇 카친족은 산등성이를 깎아 계단식 논을 만들었다.

그 밖에 평원 지대의 좀더 윤택한 이웃 부족과 정치적·경제적 동맹으로 어려움을 해결하는 사람들도 있다. 이런 공생은 시기와 장소에 따라 다양한 형태를 취해왔다. 예를 들어 때로 고산지대 주민이 계곡 지역을 정치적으로 지배하여, 계곡 주민이 고산지대 추장들에게 봉건제적 지대를 바치기도 했다.[42] 또 고산지대 주민이 한 계곡과 다른 계곡 주민의 교류를 통제할 수 있음을 이용해, 오가는 상인에게 통행세를 부과하기도 했다.[43] 계곡 주민이 고산지대 주민에게 자신들의 곡식을 강탈하지 않는다는 조건으로 자진해서 뇌물을 준 적도 있다.[44] 때로는 계곡 부족의 추장들이 고산지대 남자를 대규모 용병으로 고용하기도 했다.[45]

이 모든 거래는 일반적으로 계곡 주민이 필요한 것보다 많은 쌀을 생산하며, 고산지대 주민은 부족한 쌀을 외부에서 충당할 필요가 있다는 사실과 관련되었다. 이런 경제적 사실은 미얀마 전역의 장기적인 사회적 발전을 이해하는 데 중요하다. 특히 내가 카친 고산지대라 부르는 지역에서 그 중요성은 더하다.

여기서 우리는 일단 샨족이라는 언어적·영토적 범주는 '논농사를 짓는 계곡 주민'에 대응하며, 카친족이라는 모호한 범주는 고산지대 주민에 대응한다고 말할 수 있다.

그러나 고산지대에 거주하는 카친족이 모두 같은 방법으로 자구책을 찾지는 않는다. 우리는 각 집단이 채택하는 경작 방식과 그로 인해 생겨나는 경제 체계를 모두 고려해야 한다.

나는 고산지대 농업 유형을 세 가지로 나누고 각각 (a) 몬순 타웅야taungya, (b) 초지 타웅야, (c) 계단식 관개 논이라고 부를 것이다. 이 농업 방식의 장단점은 우리의 논의와 밀접한 관련이 있다.

여기서 타웅야(언덕 밭)는 미얀마어로, 아삼 지방에 대한 문헌에 등장하는 즈훔jhum, 말레이반도 문헌에 나오는 라당ladang과 비슷한 농업 방식이다. 학계에서 많이 오용되었지만 주의 깊게 조사된 주제는 아니다. 최근의 한 지리학자는 타웅야의 절차를 다음과 같이 기술했다.

> 타웅야 경작에서는 먼저 큰 나무를 베어 넘어뜨리고 정글을 불태운다. 그렇게 생긴 공터에 고산 벼, 옥수수, 수수, 메밀, 양귀비 등을 경작한다. 화전에서 남은 재와 종전 토양의 지력이 고갈되면 (1~4년에) 공터는 버려지고, 그 자리에 뒤엉킨 관목 숲과 고사리가 들어선다. 화전을 일군 뒤에 자란 이차림보다 원시림을 소각하기가 쉽기 때문에, 타웅야가 같은 곳에서 반복되는 일은 드물다. 인근의 적당한 토양이 전부 사용되면 마을도 종종 다른 곳으로 옮겨 간다. 이런 과정에는 심각한 삼림 훼손과 토양 유실이 수반된다.[46]

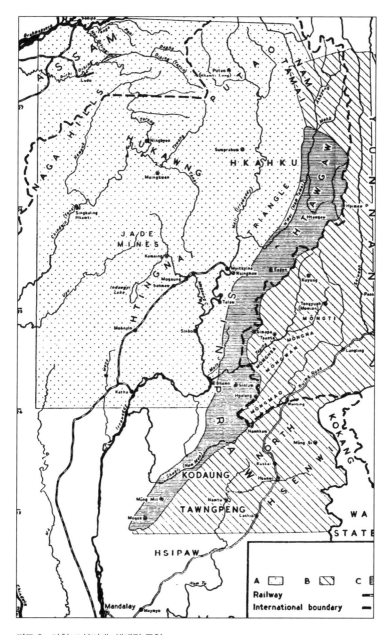

지도 2. 카친 고산지대. 생태적 구역

확고한 선입관이 깃든 이 설명은 현실을 왜곡한다. 지도 2는 기후에 따라 세분한 카친 고산지대를 보여준다.

A 지역은 전형적인 몬순 삼림이다. 여기서는 높은 기온과 많은 강우량 덕분에 버려진 화전 터는 지나치게 지력이 고갈되지 않았다면 빽빽한 이차림으로 빠르게 덮인다. 이 지역에서 카친족은 타웅야 경작에 분명한 원칙이 있다. 나는 이 타웅야 경작법을 몬순 타웅야라 부른다. 첫째 원칙은 특정한 땅을 1년만 화전으로 일구다가 버려야 한다는 것이다. 둘째 원칙은 한번 버린 화전 터는 12~15년 안에 다시 소각해서는 안 된다는 것이다.[47] 이 원칙을 지키면 삼림이 파괴되지 않을뿐더러 토양 유실이 적어, 밭에서 기르는 고산지대용 벼가 물을 댄 논에서 기르는 벼와 엇비슷한 소출을 낸다.[48]

이 절차는 한 번 화전을 일군 땅은 최소한 12년 정도 놀려야 한다는 의미다. 따라서 각 단위 집단은 엄청나게 넓은 총 경작지가 필요하고, 사람들이 조밀하게 모인 큰 마을은 외곽 토지가 때로 마을과 수 킬로미터 떨어진 곳에 있을 수도 있다. 이를 피하기 위해 카친족은 대부분 작은 마을 단위로 카친 고산지대 전역에 흩어져 살아간다.

이런 상황에는 요새로 둘러싸인 대규모 거주 방식을 요구하는 군사적 방어라는 의무와, 경작지 가까이 작은 집단으로 흩어져 사는 것이 유리한 경제적 편의성 사이에서 갈등이 발생한다. 영국 식민지 행정관들은 더 작은 마을 단위로 분화하려는 카친족의 성향에 불만을 표했다. 사실은 강화된 팍스 브리태니카* 체제가 카친

---

* 영국의 식민지 확장을 옛 로마의 식민지 경영(팍스 로마나)에 빗댄 말.

1부 | 문제와 배경

마을의 분화를 촉진했을 것이다. 예전에는 공동 방책 내에 상호 보호를 위해 뭉쳐 살았을 집단들이 영국의 식민 지배 아래서는 분할되어 자기 땅에 사는 걸 선호했기 때문이다. 그러나 영국 통치 이전에 공동 방호하던 카친족 마을의 규모에 대한 몇 안 되는 자료를 봐도, 당시의 정주 패턴이 지금과 크게 달랐다는 내용은 없다.[49]

핵심은 여기에 있다. 카친 고산지대 전역의 평균 인구밀도는 매우 낮고, 주민이 넓게 퍼져 살아간다면 각자 사용할 땅이 충분하다. 그러나 실제 카친족 집단은 균등하게 퍼져 있지 않고, 상대적으로 높은 인구밀도를 보이며 사람들이 모여 사는 지역이 존재한다. 이런 인구 집중은 전쟁이나 외부의 행정적 간섭 같은 과거 정치적 사건의 결과다. 그렇지만 기원이 무엇이든 현재 이런 인구 집중 지역이 상당히 많다. 심지어 타웅야 경작 주기가 12년보다 훨씬 짧고, 같은 땅에서 한 번에 한 계절 이상 작물을 기르는 비옥한 A 지역도 상황은 마찬가지다. 이런 상황에서 타웅야 경작은 장기적으로 토양 유실과 지력 감소를 불러올 수밖에 없다. 카친족도 이 점을 잘 안다. 그래서 의도적으로 토지를 남용하는 일은 없으며, 토지가 부족해서 불가피한 상황일 때만 경작을 위한 휴한기를 줄인다.

게다가 A 지역 내 몇몇 마을의 번영은 과거 지역 특산품의 교역과 그에 따른 우여곡절에 큰 영향을 받았다. 지금은 중요하지 않지만 최근까지 호박琥珀, 소금, 천연고무는 후쾅Hukawng 계곡 경제에 상당히 중요했다. 비슷하게 비취 교역도 놀랄 만큼 불규칙적이었고, 한때 지역 경제에 큰 보탬이 된 흐캄티 롱Hkamti Long 지역의 철과 은 채굴도 이제 수지가 맞지 않는다. 이런 자원은 카친 고산지대 생태적 환경의 일부지만, 자원의 중요성은 특정한 시기에 카친 고산지대 외부에 형성된 경제적·정치적 원인에 따라 결정된다.

B 지역은 몬순 지역에서 다소 벗어나, A 지역보다 기온이 낮고 강우량도 훨씬 적다. 식생도 우림 대신 소나무, 관목 숲, 초지로 구성되었다. 여기서는 한 번 화전을 일군 뒤 버려진 땅은 설사 회복되더라도 매우 느리게 정글로 변한다. 이런 고장에서 타웅야 경작은 윤작 형태를 띤다. 고산지대는 벼의 경작이 대개 불가능한데, 강우량이 불규칙하거나 고도가 높아 여름 기온이 낮기 때문이다. 그런데도 조건이 맞으면 쌀을 경작하고 싶어 한다.

B 지역 전체에서 (계곡 지역의 논벼를 제외하면) 주요 곡물류는 옥수수, 메밀, 수수, 밀, 보리다. 새로 개간한 초지에서는 보통 처음에 콩을 심지만, 그 뒤에는 땅을 놀릴 때까지 여러 가지 곡물을 이어서 경작한다. 미얀마 서쪽의 중부 친족처럼 이 지역에서도 윤작이 체계화되지 않았다.[50] B 지역에서는 보통 곡물 재배가 힘들고 소출도 적기 때문에 환금작물을 재배하는 것이 유리하다. 그래서 주식이 되는 곡물보다 차나 양귀비, 황 리엔hwang lien[51]* 같은 교역 작물을 기르며, 이는 종종 큰 성공을 거둔다. 예를 들어 퉁펭Tawngpeng의 팔라웅족은 고산 부족이지만 오랫동안 차 교역을 한 덕분에 샨족과 맞먹는 생활수준을 유지한다.[52] 차는 플랜테이션 작물이라 타웅야 농업으로 기르지는 않는다.

---

* 우리말로는 황련(黃連). 미나리아재빗과의 늘푸른여러해살이풀로 뿌리를 말려서 약재로 쓴다.

일반적으로 B 지역의 초지 타웅야는 앞에 인용한 스페이트Oskar Hermann Khristian Spate의 글에서도 볼 수 있듯 경멸의 대상이 된다. 이 타웅야에 배타적으로 의존하는 마을은 주식이 되는 곡물을 거의 자급할 수 없다. 결과적으로 A 지역보다 B 지역의 고산과 계곡 마을이 영구적인 경제적·정치적 상호의존관계로 묶인 경향이 있다.

기후와 생태 측면에서 C 지역은 이곳에 위치한 흐피묘Hpimaw 지구에 대한 다음 설명이 보여주듯이, A 지역과 B 지역의 중간적 성격을 띤다.

> 북쪽 사면은 숲으로 우거졌고, 남쪽 사면은 초지다. 따라서 북쪽을 바라보면 남쪽 사면 경사지가 한눈에 들어오는데, 이때 산의 풍경은 다소 헐벗은 듯하다. 그렇지만 남쪽을 바라보면 북쪽 사면이 그대로 노출되어 무성한 수목이 보인다.[53]

이 지역의 카친족은 모두 몬순이나 초지 타웅야 경작을 하지만, 넓게 흩어진 각 마을에서 벼를 기르기 위한 계단식 관개 논이 발견되기도 한다.

계단식 논은 중국의 여러 지역에서도 흔히 발견된다. 그러나 '원시적'인 사람들이 이런 논을 보유하고 있으면 어김없이 민족지학자들의 놀라움 섞인 경탄이 터져 나온다. 앙가미 나가족과 필리핀의 이고로트족Igorot이 계단식 논을 만든다는 사실은, 까마득한 선사시대에 일어난 대이주에 관한 가장 공상적인 이론의 증거로 쓰이기도 했다.[54]

영국 식민지 행정관들도 깊은 인상을 받았다. 그런 공학적 성취를 보여준 부족이라면 타웅야 경작만 하는 인접한 이웃보다 뛰어난 농부라고 본 것이다. 계단식 논 건설이 반복되는 타웅야 경작이 야기하게 마련인 토양 침식의 위협에 대처하는 유일한 방안이라는 믿음 아래, 영국인은 계단식 논 면적을 늘리라고 카친족에게 끊임없이 권고했으나 실패로 돌아갔다. 영국 식민 정부의 보조금으로 가망 없는 한두 군데에 새로운 계단식 논이 들어섰지만, 1870년보다 1940년에 계단식 논 이용률이 낮았다는 증거 자료가 상당하다.

이는 영국 식민 정부가 계단식 논에 열광한 것이 경제 현실에 부합하지 않았다는 점을 보여준다. 일반적으로 계단식 논 경작은 그리 경제적이지 않다. 계단식 논 경작은 지역의 인구밀도가 아주 높아 토지 부족이 심각할 때 경제적일 수 있다. 카친족은 영국 식민 지배 아래 그들의 전체 거주 구역에서 좀더 넓게 흩어져 살려는 경향을 보였다. 그 결과 예전에는 수익성 있다고 여겨진 계단식 논이 버려졌다. 고산지대의 계단식 경작지는 만드는 데 시간과 노동력이 많이 들고 유지하기도 어렵다. 종종 들인 시간과 에너지에 비해 보잘것없는 소출을 내기도 한다. 한 집단이 타웅야와 계단식 논을 동시에 운영할 때, 사람들은 타웅야가 좀더 이득이 되는 경작법이라고 여겼다.[55] 한편 계단식 논은 휴한기가 아주 짧거나 거의 없어 해마다 경작이 가능하므로, 상대적으로 인구밀도가 높고 밀집된 거주 형태가 가능하다. 계단식 논이 한 지역에 영구적으로 사는 유례없이 큰 공동체에서 자주 발견되는 것도 이 때문이다.

계단식 논 경작의 장점은 경제적인 면보다 군사적이고 정치적인

데 있는 것 같다. 이 지역의 가장 주목할 만한 계단식 논이 흐피묘, 사돈Sadon, 신룸Sinlum 근처의 중국 윈난雲南에서 미얀마로 들어오는 동서 교역로에 있거나, 그것과 매우 가까이 있다는 점이 중요하다.[56] 이 지역에 상대적으로 카친족이 밀집한 이유는 이 교역로를 군사적으로 통제하기 위해서다. 카친족이 생각하는 계단식 논의 가치도 교역로에서 얻는 통행세 수익에 있었다.

카친족은 영국 식민 통치가 시작되고 몇 년 지나지 않아 자신들의 영토를 가로질러 가는 교역상에게 통행세를 물릴 수 없게 되었다. 그러면서 계단식 논을 만든 본래 동기도 거의 사라졌다. 계단식 논을 만드는 데 상당한 시간과 노동력이 필요했기 때문에, 완전히 폐기하지는 않았다. 카친 고산지대에서 가장 큰 마을(대략 150가구)은 흐피묘 교역로 근방에 있다. 이 지역의 경사면은 대부분 타웅야 경작을 하기에 너무 가팔라서, 계단식 논이 없으면 사람이 거주하기 힘들다. 단순히 살기 위한 장소로는 형편없지만, 훌륭한 군사적 요충지다.

따라서 우리는 생태적 원인이 카친족과 샨족의 서로 다른 생업 양식과 중요한 관계가 있으며, 이곳의 정치적 역사도 중요한 영향을 미친다고 결론 내릴 수 있다. 이런 생태적 상황은 사회질서의 제한 인자limiting factor지 결정 인자는 아니다.

나는 8장에서 이 주제로 돌아올 것이다.

3장

샨족과 카친족, 그 하위 종족들

여기까지 다룬 내용에서 다음과 같은 점이 분명해졌
을 것이다. 우리는 이 책의 논지를 이해하기 위한 기본 요건으로
카친족과 샨족, 그들의 하위 종족 범주 그리고 대조되는 **굼사** 카친
족과 **굼라오** 카친족이 무엇인지 개념화할 수 있어야 한다. 이번 장
은 아주 피상적인 민족지 기술의 층위에서 이런 차이를 설명할 것
이다. 한편 사회구조 층위에서 각 범주가 어느 정도까지 구분될 수
있는지는 이 책 후반부에서 밝혀질 것이다.

샨족
—

먼저 샨족이라는 범주를 살펴보자. 이 용어는 미얀마어에서 유
래했고 영어식 지명인 아삼Assam, 시암Siam과도 관련이 있다. 미얀
마어 샨shan에 해당하는 카친족(징포어) 용어는 삼sam이다. 미얀마인

은 미얀마의 정치적 영역에 거주하는 모든 사람이고, 자신을 타이족Tai이라고 칭하는 중국 윈난과 미얀마 국경에 거주하는 사람을 통틀어 샨족이라고 부른다. 미얀마 서부와 남서부에서는 약간 애매한데, 미얀마인이 샨족과 시암족을 구분하기 때문이다. 비록 두 집단은 모두 자신을 타이족이라고 부르지만 말이다. 그러나 미얀마 북서부에서 샨이라는 용어의 정의는 분명하다.

샨족은 흩어져 살지만 문화적으로 상당히 동질적이다. 지역 간 사투리의 변이는 상당해도 몇몇 특수한 경우를 제외하면 미얀마 북부와 윈난 서부에 사는 샨족은 같은 언어, 즉 타이어를 사용한다고 말할 수 있다. 여기서 예외가 되는 집단은 몽 흐사Möng Hsa에 거주하는 샨족(마잉타족Maingtha 혹은 아창족A'chang)으로, 이들은 마루어 방언으로 보이는 언어를 사용한다. 한편 쿠보Kubaw 계곡에 거주하는 샨족 역시 변질된 미얀마어를 사용하며, 친드윈Chindwin 강 상류와 후쾅 계곡에 사는 여러 샨족 집단은 현재 카친어를 기본으로 하면서도 타이어와 아삼어가 상당히 혼합된 언어를 사용한다. 카두족Kadu도 대부분 이들과 비슷한 상황으로 보인다.[57] 신보Sinbo 근처의 이라와디 강가에는 샨족처럼 생활하지만 흐폰어Hpon를 쓰는 소규모 집단이 있다. 흐폰어는 마루어와 미얀마어의 중간 형태를 띤다. 생존하는 흐폰어 사용자는 수백 명 정도인데, 자신을 타이족으로 간주하는 듯하다.

샨족의 집단 정체성을 정의하는 가장 중요한 기준은 그들이 불교도라는 점이다.[58] 대부분 그리 독실하지 않고 샨 불교 내에 여러 이교 종파가 존재하는 것도 사실이지만, 불교도가 된다는 것은 샨족의 문화적 세련성을 보여주는 지표로 상징적인 중요성이 있다. 자주 있는 일은 아니지만 카친족이 '샨족이 되면(sam tai)', 필수적으로 불교를 받아들여야 한다. 1951년 현재 미얀마 '카친 주의 수장'을 맡은 인물은 불교도이자 카친족과 샨족을 겸하고 있다.

　두 번째 기준은 '샨족의 모든 거주지는 논농사와 연관되었다'는 점이다. 여기서는 샨족이라는 개념을 2장에 인용한 자료들과 연결시킬 수 있다. 미얀마 북부는 구릉지와 고산지대로 구성된다. 샨족은 이 지역에 흩어져 살지만 아무렇게나 분포하는 것은 아니다. 샨족의 거주지는 강 유역이나 구릉지 중에서도 평평한 고장에 있다. 그런 거주지에서는 언제나 물을 댄 논이 발견된다. 따라서 여기에는 문화와 세련성 사이에 거칠게나마 한 가지 방정식이 성립한다. 이 지역에서 논농사가 가져다주는 번영은 불교문화를 시사하며, 불교문화는 다시 샨 국가의 구성원임을 암시한다. 이런 일반화에서 유일한 예외 지역은 우리가 다루고자 하는 카친 고산지대 바깥에 있다. 팔라웅족은 경제적 부를 논농사 대신 차 경작에서 얻는다. 그들도 불교도이며 사회 체계 역시 샨족 유형이지만 고산지대에 거주한다.[59] 그리고 와 소국 중에도 양귀비 재배로 부를 축적한 세련된 주민이 존재한다. 그들도 산에 살지만 불교를 도입했고, 타이 로이Tai Loi(산에 사는 샨족)라고 알려졌다.

　위 명제('샨족의 모든 거주지는 논농사와 연관되었다')의 역은 대략적으로 옳다. 카친 고산지대에서 전적으로 논농사에 의지하는 집단은 대부분 샨족(혹은 미얀마족)이다. 그러나 다음과 같은 예외가 있다. 텅구예Tengyueh 북부와 스웰리Shweli 배수지 상부의 동쪽에서 논

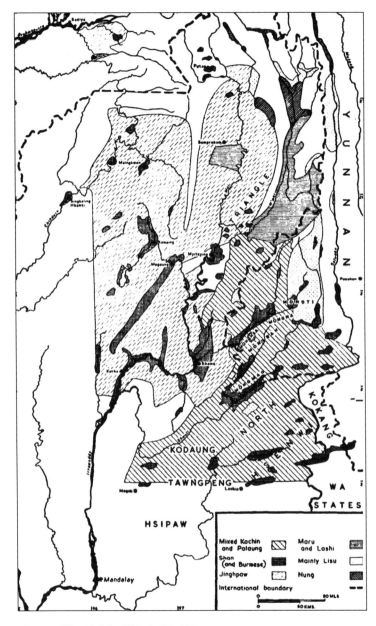

지도 3. 카친 고산지대. 카친족과 샨족의 분포

농사하는 집단은 대부분 중국어를 사용한다. 후쾅 계곡에서 서쪽으로 멀리 떨어진 곳에도 논이 있는데, 이곳 주민은 오늘날 자신을 카친족(징포족)으로 여긴다. 마지막으로 카친 고산지대의 최서단에 위치한 아삼 지역에서도 논농사하는 사람들은 대부분 아삼농부다. 여기서 미얀마의 행정구역 중 하나인 바모Bhamo와 미치나Myitkyina에 존재하던 샨 국가들이 독립된 정치 단위가 아니라는 점도 언급할 필요가 있다. 이 지역의 계곡 거주민은 이제 샨족과 미얀마족으로 뚜렷이 구분되지 않는다.

샨족은 거의 언제나 물소로 쟁기를 끌고 써레질을 할 수 있도록 평지에서 논농사한다. 샨족도 때때로 2장에서 언급한 계단식 논 시스템을 보여주지만, 카친 고산지대의 계단식 논은 대부분 카친족이 경작한다.

나는 지도 3~4에서 샨족의 거주지 분포를 대략적으로 표기했다. 그러나 샨족의 거주지 규모가 대체로 작기 때문에, 지리적으로 카친족과 샨족이 어느 정도 '혼합되었는지'는 대축척지도에서나 알아볼 수 있다.

미얀마인은 미얀마계 샨족Shan B'mah[60]과 중국계 샨족Shan Tayok, 흐캄티 샨족Hkamti Shan을 구분한다. 거칠게 말해서 미얀마계 샨족은 미얀마 샨 국가의 샨족이다. 이들은 대개 미얀마 불교를 믿고, 각국가의 소왕(saohpa)은 명목상으로 미얀마 왕에게 종속된다. 중국계 샨족은 윈난 성에 있는 샨 국가의 구성원인데, 가장 중요한 국가는 텡구예 남쪽과 살윈 서쪽에 위치한다. 오늘날 미얀마의 바모와 미치나 지구에 거주하는 많은 샨족은 최근 윈난 성에서 이주해 왔다.

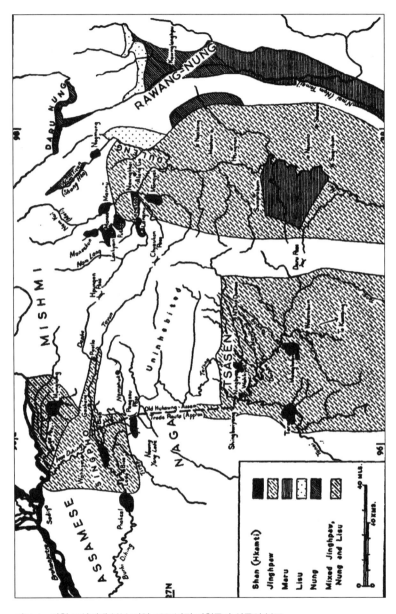

지도 4. 카친 고산지대 북부 지역. 1825년경 카친족과 샨족의 분포

1부 ᅵ 문제와 배경

미얀마인은 이들을 중국계 샨족으로 취급한다. 흐캄티 샨족은 미얀마계 샨족의 하위 종족으로 간주된다. 이들은 역사적으로 과거 모가웅국Mogaung에 정치적 충성을 바친 듯하다.

18세기 중반까지 미얀마 북부의 샨 국가들은 자치성이 상당한 수준이었고, 미얀마보다 중국에 충성하는 경향이 있었다. 18세기 후반 뚜렷하게 결판이 나지 않은 중국과 미얀마의 여러 전쟁 뒤, 이라와디 강 상류 지역(모가웅, 몬인, 와잉묘, 바모)의 샨 국가들은 중국 편에 섰다. 그 결과 미얀마 왕조의 군대에게 정복되고 말았다.[61] 18세기 말부터 이 국가들에서는 공식적인 소왕이 배출되지 않았고, 각 국가들은 미얀마 왕궁의 봉건적 속국으로 취급되었다. 그때부터 지역 우두머리(myosa) 직함은 미얀마 왕이 하사했고, 통치 관료(myowun) 역시 미얀마 왕궁(Ava)에서 직접 임명했다.

흐캄티Hkamti[62]는 원래 모가웅국의 왕가와 관계된 명칭으로 보인다. 모가웅국이 독립된 정치 단위로서 힘을 잃은 뒤에도 흐캄티 샨족은 과거 봉건제적 의미로 모가웅 왕가의 속령이던 샨 국가들을 위해 계속 봉사했다.

이 흐캄티 국가들은 카친족의 정치사에서 중요한 역할을 했기에 자세히 설명할 필요가 있다.

a. 흐캄티 롱국('위대한 흐캄티'). 현재 7개 소국의 연방체로 이라와디 강 상류에 위치한다. 처음에 중국의 지배를 받았지만, 17~18세기에는 모가웅국의 속령이 된 것으로 보인다.[63] 흐캄티 롱국은 지도 2에서 푸타오Putao로 표기되었다. 세부 소국은 지도 4에 있다.

b. 후쾅 계곡에 사는 샨족으로 특히 마잉콴국Maingkwan, 닝브옌국 Ningbyen, 타로국Taro이다. 이들은 오늘날 대부분 정치적으로 이웃한 카친족에 의존한다. 전해지는 말에 따르면 이들은 한때 봉건제적 추종 관계를 이룬 훨씬 큰 공동체의 잔여 집단이다.[64] (지도 4)

c. 싱카링 흐캄티국Sinkaling Hkamti. 이 작은 샨 국가는 친드윈 강 상류에 있다. 거주민은 카친족과 나가족이 대부분이며, 지배 가문을 포함해 샨족의 문화 요소는 후쾅 계곡의 닝브옌국에서 전해진 것으로 보인다.[65] (지도 3~4)

d. 아삼의 흐캄티국. 이 국가는 사디야Sadiya 동쪽, 레도Ledo 근방의 다이힝Dihing 강가에 있다(지도 4). 사디야 주민은 1795년에 이삼 지역으로 들어간 흐캄티 롱국 정복자들의 후손이다. 반면 다이힝 주민은 18~19세기에 후쾅 계곡에서 아삼 지역으로 들어간 여러 샨족 집단의 후손이다.[66] 지난 120년간 아삼 흐캄티국 주민은 아삼족, 미슈미족Mishmis, 나가족, 카친족(싱포족)과 뒤섞였다.[67]

e. 18세기 모가웅 왕들의 몰락에 핵심적 역할을 한 비취 광산은 지난 60여 년간 카친족 추장들의 지배 아래 있었다. 이 추장들은 영국 식민지 행정관들에게 카친족으로 여겨졌지만, 샨족의 관습을 모방했고 샨족과 혼인했다. 이들은 샨족 영토의 정식 상속인으로서, 칸시 두와Kansi duwa라는 직함이 있었다.[68] (지도 2)

위 목록을 보면 흐캄티라는 용어가 동일한 인종에 속한다고 간주되는 특정 집단을 가리키는 말인지, 정치적 국가를 지칭하는 말인지 혼란스러운 구석이 있다. 이런 애매함은 좀더 일반적인 용어인 샨Shan에도 존재한다. 카친 고산지대에 위치한 거의 모든 샨 국가들은 항상 샨족이 아닌 구성원을 품고 있다. 비–샨족 구성원이 샨족보다 훨씬 많을 때도 있다. 샨 국가의 정치적 수도는 모든 경우에 관개된 논 근처에 있는 시가지였지만, 그 국가의 봉건제적 속령에는 논농사를 짓는 다른 샨족 집단뿐 아니라 비–샨족이 거주하고 타웅야 경작을 하는 다양한 고산 마을이 포함되기도 했다.

그 결과 어떤 지역의 정치적 위계는 상당히 복잡해졌다. 예를 들어 1895년 이전에 중국계 샨 국가인 몽 완국Möng wan은 남 완Nam Wan 계곡의 샨족 마을은 물론, 오늘날 미얀마 국경 지역에 위치한 여러 카친족 마을을 포함했다. 남 완 평야 지역의 샨족 주민은 대부분 몽 완 소왕들에게 봉건지대를 직접 지불하는 대신 카친족 추장 가운데 한 명에게 바쳤다. 그러면 카친족 추장들이 몽 완 소왕들에게 지대를 전해주었다. 샨족 주민은 쌀로 지대를 바쳤고 카친족 추장은 화약으로 바쳤는데, 이는 양측에게 경제적으로 만족스러운 거래였다.[69]

《Shan States Gazetteer샨 국가 관보》[70]에 보면, 1900년경에도 카친족의 정치 영역이 더 큰 샨 국가의 봉건제적 구조에 통합되는 경우가 많았다. 따라서 영국의 미얀마 식민 통치 후반부에 일상화된 카친족과 샨족 영토의 완전한 정치적 분리는 자연스러운 현상이 아니고, 영국 식민 정부가 현지 최고 추장에게 압력을 가한 산물이다.

타이어를 쓰고 불교를 믿으며 논농사를 짓는 사람들이 분산되어 거주하는 모습은 종종 학자들의 주목을 끌었고, 사이비–역사적pesudo-historical 추론의 주제가 되었다. 티베트 – 미얀마어 사용자와 타이어 사용자가 서로 다른 인종 집단이라는 이론이 가장 흔하게 제기되었다. 티베트 – 미얀마계 주민은 북에서 남으로 이주하려는 경향이 있다고 여겨졌다. 이 이론에 따르면 이들의 남진은 서기 8~12세기에 타이어를 쓰는 샨족이 서쪽으로 세력을 확장하면서 일시적으로 저지되었다. 샨족의 서진은 남조南朝, Nanchao 지역에 있던 샨 '제국'의 정치적 팽창과 일치하는데, 당시 이 제국의 수도는 탈리Tali 근처였다. 그 후 샨족의 정치력이 약해지면서 티베트 – 미얀마계 주민의 남진이 다시 시작되었다는 것이다. 이 이론에서 징포어를 쓰는 카친족은 북쪽에서 가장 늦게 남진한 이들이다. 18~19세기에 이들은 종전의 샨족보다 많아졌는데, 오늘날 미얀마 북부의 샨족은 이 이방인의 침공에서 살아남아 흩어져 사는 사람들처럼 생각되었다.[71]

사실 이렇게 복잡한 역사적 해석은 필요 없다. 에곤 폰 아이크슈테트Egon von Eickstedt가 분명히 인정했듯이[72] 샨족(타이) 문화의 본질은 논농사와 연계성에 있기 때문이다. 카친 고산지대에서 거의 예외 없이 논농사에 적합한 시골 지역에는 샨족이 살거나 아무도 살지 않는다. 우리는 예외적인 경우 평원과 계곡에서 거주하는 '카친'족을 발견할 수 있다. 반대로 **타웅야** 경작에 적합한 지역에서는 카친족만 발견되거나 아무도 살지 않는다. 여기서 추론할 수 있는 점은 분명하다. 샨족 거주지 분포는 샨족 문화가 처음 전파된 후 어떤 시기라도 지금과 근본적으로 다르지 않았을 것이다. 지금보다 과거에 샨족이 많았다고 해도—이는 충분히 가능한 일이지만,

이들이 지금보다 넓은 지역에 퍼져 살았음을 의미하지는 않는다
—이는 오늘날 샨족의 거주지가 예전에는 좀더 컸음을 의미할 뿐
이다. 샨족 집단이 산악 지역에 거주한 예는 없다. 우리는 카친족
이 샨족의 경작법으로 논농사하는 후쾅 계곡 같은 지역에서 카친
족이 샨족보다 '많았거나' 샨족을 몰아냈으리라는 가능성을 생각
할 수 있다. 이 문제에서도 우리가 샨족의 경작법을 써서 벼를 기
르는 카친어 사용자를 만나본다면, 이 카친 주민이 '샨족이 되어가
는' 과정에 있다고 추측해도 좋을 것이다.

지난 수천 년간 카친 고산지대 전역의 주민 사이에서는 중대한
이주와 인구학적 변화가 일어났을 것이다. 그러나 평원과 계곡 지
역 샨족 집단의 입지에 영향을 주지 않고도 이런 변화가 일어날 수
있었다는 점을 기억해야 한다. 전체 주민 중 일부 집단에 관한 역
사적 사실이나 추론은 다른 집단의 역사에 거의 확실한 증거가 되
지 못한다.

카친 고산지대에서는 어떤 지역을 대상으로 한 사실적 역사라도
단편적이다. 나는 이 공인된 역사를 8장에서 요약하고, 순수한 상
황적 증거일 뿐 입증 자료가 없는 몇몇 중대한 문제에 관한 추측도
실었다. 8장에서 주로 다루는 것은 카친족의 '역사'이며, 샨족의 역
사를 다룰 때도 그 방점은 카친족에 있다.

확실하다고 간주할 수 있는 역사적 사실 중 하나는, 서기 1세기경
중국인이 윈난 성과 인도를 잇는 다양한 교역로를 잘 알았다는 점
이다. 이 길들이 정확히 어디에 있었는지 확인할 수는 없다. 그러나
주요 산맥을 통과하는 루트는 그 숫자가 극히 제한되므로, 오늘날

의 루트와 크게 다르지 않았으리라 추정할 수 있다. 샨족이 강 유역에 처음 정착한 것도 이 교역로의 유지와 관계있다는 추측 역시 터무니없지 않다. 중국이 이 교역로의 적절한 위치에 요새를 지어 소규모 주둔군을 배치하고 통신했다는 증거가 있다. 주둔군도 생활해야 하니 논농사에 적합한 지역에 터를 잡을 필요가 있었다. 이렇게 형성된 주거지가 세련된 문화가 꽃필 수 있는 요충지를 제공했고, 시간이 흘러 샨 유형의 소국으로 발전했다는 추정이 가능하다.

특정 소국이 어느 정도까지 발전할 수 있는가는 지역 상황이 결정했다. 예를 들어 흐캄티 롱국에는 논으로 쓸 수 있는 토지가 상당히 많고, 과거에 지금보다 훨씬 넓은 지역에서 논농사한 것으로 보인다. 흐캄티 롱국을 관통하는 교역로는 100년 이상 거의 사용되지 않는데, 옛날처럼 더 많은 무역상이 이 길을 이용했다면 그곳의 인구는 훨씬 증가했을 것이다.

대조적으로 시마 파Sima-pa에 있는 샨족 집단은 수백 년간 규모가 거의 변하지 않았다. 이곳은 해발고도 1650미터 고지대에 위치하며, 논이 7.8제곱킬로미터 정도 있다. 공교롭게도 이 지역은 윈난 성에서 미얀마 북부로 이어지는 핵심 루트 중 하나이자, 옛날 모가웅국에서 텡구예국으로 이어지는 비취 교역로에 있다. 전략적으로 가장 중요한 위치에 있는 만큼 샨족도 아주 오래전부터 그곳에 거주했을 것이다. 현재 시마 파는 작은 마을이지만 과거에도 더 컸을 것 같지 않다. 가장 가까운 샨족이나 중국인 마을도 최소한 하루는 가야 하는 거리에 있었고, 이 지역에서 경작 가능한 모든 논은 사용되고 있었기 때문이다. (p. 63 지도 2)

교역로의 전략적·경제적 측면이 샨족 마을의 위치와 규모를 결정지었다는 설명은 추측이지만, 이는 오늘날 샨 거주지의 분포를 믿기지 않는 대규모 군사적 정복의 결과로 설명하는 이론보다 역사적 사실에 잘 부합한다.[73] 추측했겠지만 내 논지의 중요한 함의는, 대다수 학계 전문가들이 가정하듯이 샨 문화가 외부에서 완성된 형태로 이 지역에 유입되었다고 봐서는 안 된다는 것이다. 샨 문화는 소규모 주둔지와 토착 고산지대 주민의 오랜 경제적 상호작용에서 자생적으로 성장한 것이다.

샨 문화의 발전 과정은 몽 카Möng Ka 지역에 대한 데이비스의 설명에 잘 드러난다. 오늘날 몽 카 지역 거주민은 중국어를 사용하는 리수족이다. 이들의 문화적 특징은 비슷한 샨족 집단, 예를 들어 시마 파 주민과 매우 흡사하다. 지명인 몽 카 역시 샨 어휘다. 데이비스는 다음과 같이 썼다.

> 몽 카의 작은 평야(해발 1650미터)에는 중국인과 리수족이 산다. 토지는 전부 경작되지만 비옥하지 않아서 소출은 생계를 겨우 유지하는 정도다. 몽 카의 우두머리는 양싱콴Yang-hsing-kuan이라 하는데, 이는 '성이 양씨인 관료'라는 뜻이다. 그의 직책은 세습된다. 예전에 양씨 조상이 중국 정부를 위해 리수 주민을 정복한 대가로 그와 그의 군대가 여기에 주둔한 것 같다. 이곳의 통치권은 그와 그의 후손에게 세습된 것으로 보인다. 리수족과 중국인은 현재 사이좋게 지낸다. 초기 정착민이 리수족 여자를 취한 것은 의심할 여지가 없으며, 따라서 그들의 후손도 인종적으로 리수족이면서 중국인이다.[74]

오늘날 샨족으로 알려진 사람들이 대부분 비교적 가까운 과거에 좀더 세련된 불교식 샨 문화로 동화된 고산지대 부족민의 후손이라는 다양한 증거도 있다. 예를 들어 흐캄티 롱을 처음 방문한 영국인 윌콕스Richard Wilcox는 "노동인구는 거의 카폭족Khaphok 출신으로, 그들의 방언은 싱포어Singpho와 밀접하게 연관되었다"[75]고 썼다.

샨어로 카폭kha-phok 혹은 흐카포hka-hpaw는 '카친족 노예'라는 뜻이다.[76] 이 지역에 대한 또 다른 전문가 바너드Joseph Barnard는 흐캄티 사회의 두 하층계급 집단이 흐삼프옌Hsampyen과 샤레Share라고 썼다.[77] 이는 징포어로 각각 '샨족 용병'과 '고용 군인'을 의미하며, 이 하층계급 샨 주민이 징포어를 쓰는 카친족에서 유래했음을 암시한다. 비슷하게 1824~1940년에 쓰인 아삼 지역의 흐캄티국에 관한 방대한 영어 문헌─공식적이든 아니든─을 조사해보면, 오늘날 흐캄티(즉 샨족)로 분류되는 많은 주민의 조상이 100년 전에는 싱포족이나 리수족, 눙족(즉 카친) 같은 집단에 속했다는 결론을 피할 수 없을 것이다.

문화 정체성의 변화에 대한 세부 사항은 부록 1에 실었다. 나는 여기서 영토적 위치, 상대적 세련성, 오늘날 샨 사회가 보여주는 경제조직의 주요 특징이 대부분 환경에 따라 결정되었다는 점을 강조하고 싶다. 평지에서 쌀 경제에 필요한 요건을 감안할 때, 샨족의 거주지가 지금과 다른 모습일 확률은 거의 없을 것이다. 그렇다면 카친 고산지대의 끊임없는 총체적 격동 속에서, 샨족의 사회 체계를 상대적으로 안정된 지점으로 취급해도 무방할 것이다.

이 책 후반부에서 나는 카친족의 사회 체계―**굼라오 유형과 굼사 유형**―를 본질적으로 불안정한 것으로 보며, 그와 대조적인 샨족의 사회 체계를 본질적으로 안정적인 것으로 다룬다. 여기에 대한 근거는 내가 위에서 언급한 경험적 자료에 있다. 오늘날 샨 문화는 아삼에서 통킹Tongking 만, 남쪽으로 방콕과 캄보디아에 걸쳐 여러 지역에서 소규모로 발견된다. 샨족 이웃인 고산 부족은 놀랄 정도로 다양한 문화를 보여주지만, 샨족의 문화는 널리 분산된 거주지를 감안할 때 놀랄 정도로 동질적이다. 나는 샨 문화의 동질성이 샨족 정치조직의 동질성과 관련 있다고 보는데, 이런 정치적 동질성은 대부분 샨족의 특수한 경제적 조건에 따라 결정된 것이다. 나의 역사적 가정에 따르면 계곡에 살던 샨족은 지난 수백 년 동안 이웃인 고산 부족과 어디서나 뒤섞였지만, 바뀔 수 없는 경제적 원인 때문에 이런 동화 패턴이 어디서나 매우 비슷했다. 즉 샨 문화 자체는 상대적으로 거의 바뀌지 않았다.

카친족

―

지금까지 샨이라는 용어의 기본적 의미를 살펴보았다. 카친이라는 범주는 좀더 복잡하다. 먼저 말 자체를 살펴보자. 카친Kachin은 미얀마어 ကချင်를 로마자로 표기한 것이다. 카친이라는 철자는 1890년경부터 사용되었는데, 그 전에는 보통 카크옌Kakhyen이라고 썼다.

미얀마인에게 원래 카친이란 범주는 북동쪽 변방에 사는 야만인을 가리키는 애매한 용어였다. 영국 문헌에는 1837년에 처음 등장한다.[78] 그 후 카친이란 용어는 바모 지역과 북 흐센위국에 거주하는 고산 주민—팔라웅족 제외—을 가리키는 일반 명칭으로 쓰였다. 그 고산 주민은 당시에도 여러 언어를 사용했다. 징포어, 가우리어, 마루어, 아트시어, 라시어Lashi, 리수어를 쓰는 주민이 그 지역에 살았다. 따라서 일단 카친은 언어적 범주가 아니다.

또 다른 미얀마어의 집단 범주는 처음에 테인보Theinbaw라는 로마자로 표기된 것이다. 문헌에서 발견되는 이 용어의 다른 버전은 싱포, 칭포Chingpaw, 징포 등이 있다. 이것은 오늘날 징포어라 불리는 언어를 사용하는 주민이 자신을 가리키는 명칭이다. 그렇지만 영어에서 '우리 영국인We Britons'이라는 말이 사용자의 기분에 따라 스코틀랜드인, 웨일스인, 캐나다인을 포함하기도 하고 제외하기도 하듯이, '우리 징포인(anhte jinghpaw ni)'이라는 표현도 의미가 애매모호하다. 보통 이 말은 징포어를 사용하지 않는 주민도 포함하며, 인류 전체를 의미할 때도 있다. 미얀마인은 테인보라는 용어를 주로 모가웅 지역과 후쾅 계곡의 야만인을 지칭할 때 사용했다. 그들은 이 용어를 카크옌이라는 말과 다른 의미로 쓴 것 같다.

영국인은 1824년경 아삼 지역에서 징포어와 기타 '카친어'를 사용하는 주민들과 처음 접촉했다. 당시 그 주민은 싱포족, 카쿠족Kakoo이라고 불렸다. 그러다 1837년 무렵에는 영국 군사정보부가 아삼 지역 싱포족뿐 아니라 후쾅 계곡과 모가웅 북동부 종족에 대한 정보도 상당히 수집했다.[79] 이 기록에서 싱포족은 후쾅 계곡에 사는 징포어 사용자와 아삼에 거주하는 종족 그리고 **카쿠족**은 트라이앵글 지역과 숨프라붐Sumprabum 지역의 징포족, 마루족과 라시족, 리수족, 눙족, 둘렝족Duleng을 포괄하는 의미로 사용되었다. 여기서 '카쿠족'은 싱포족의 변종이지만, 좀더 열등한 종족으로 여겨졌다. [80]

당시에는 영어 범주인 싱포와 미얀마어 범주인 테인보가 동일한 것으로 여겨졌지만, 카크옌은 여전히 다른 범주로 취급되었다. [81] 10년 뒤 영국 군사정보부 자료를 일부 작성한 한나이S. F. Hannay는 〈The Singphos or Kakhyens of Burma버마의 싱포족 혹은 카크옌족〉[82]이라는 논문을 출판해 바모 지역 동부의 고산 주민, 즉 후쾅 계곡과 아삼의 싱포족, 말리 흐카와 은마이 흐카N'mai Hka 계곡의 여러 '카쿠족'을 한 명칭으로 통합했다. [83]

한나이의 논지에 따르면 바모 북부의 전체 미얀마인은 샨족과 카크옌족으로 나뉜다. 한나이에게 가장 인상적인 점은 서로 다른 고산 부족 사이에서 발견되는 문화적 유사성이다. 그는 그들이 다른 언어를 사용하는 것을 중요하게 생각하지 않았다.

한나이의 견해는 19세기 말까지 널리 받아들여졌다. 예를 들어 1891년에 나온 출판물의 저자[84]는 징포어 방언을 사용하는 가우리족과 마루어 방언을 사용하는 스지족(아트시족)이 동일한 '카친족의 하위 부족'으로 '긴밀히 연관되었다'고 보았다. 여기서도 카친은 언어적 범주가 아니라 문화적 범주다.

그러나 이 시기에 **카친 고산지대**가 미얀마 영국 식민청의 공식 용어 중 하나가 되었다. 그러자 카친족이 특정한 문화적 성향이 있는 사람이 아니라, 특정한 지역에 거주하는 사람이라는 인공적인 개념이 도입되었다. 이는 1892~1893년 영국 식민청의 상반된 지시사항을 살펴보면 알 수 있다.

> [1892년] 영국 식민청의 관리 아래 있는 카친 부족과 씨족, 마을은 그들이 어울려 사는 미얀마 샨족이나 다른 부족과 동일한 지역에 위치해야 한다.

여기서 카친은 문화적 범주지만, 다음에서 카친은 지리적 범주다.

> [1893년] 카친 고산지대 주민은 영국 식민청이 저지대부터 설정한 선을 따라 그 임시 구역에서 행정관리 되어야 하며, 그 안에서는 보통법과 보통세가 적용되어야 한다.[85]

1900년경부터 언어학자들의 민족학적 개념이 최고 권위를 자랑했다.[86] 그리어슨George Abraham Grierson과 다른 학자들은 오늘날 언어와 방언 분포를 분석하면 현대인의 조상으로 여겨지는 잡다한 '인종'의 역사적 이주 과정을 밝혀낼 수 있다고 생각했다.

이런 이론의 결과로 1911~1941년에 실시된 모든 미얀마 인구조사에서 현지인은 '인종'에 따라 분류되었다. 여기서 '인종'은 언어와 동의어다.[87] 비슷하게 《The Tribes of Burma버마의 부족들》[88]과 《The Races of Burma버마의 인종들》[89]에서도 현지 거주민은 언어에 따라 분류되었다.

카친 지역에서 이런 원칙은 모순을 불러왔다. 카친족은 '인종'으로 간주되었으니 그들의 특별한 언어가 있어야 했다. 그래서 징포어 사전은 《A Dictionary of the Kachin Language카친어 사전》[90]으로 명명되었다. 여기 내포된 논리에 따르면 징포어를 사용하지 않는 카친 지역의 고산 부족은 카친족이 아니다. 따라서 영국 식민청이 1911~1941년에 발간한 모든 공식 문헌을 보면 마루어, 라시어, 스지어, 마잉타어, 흐폰어, 능어, 리수어를 사용하는 부족을 카친(징포)어를 사용하는 부족과 다른 장에 배치했다.

이런 상황이 언어학자들에게 논리적으로 보였는지 몰라도 민족학적으로 터무니없는 소리다. 선교사,[91] 군인들,[92] 각 지역의 식민지 행정관[93]은 모두 한나이가 말한 의미로 카친이라는 용어를 사용해왔다. 나 역시 이 의미로 '카친'을 사용할 생각이다.

영국의 식민 지배가 종식되고 예전의 바모와 미치나 행정 지구는 카친 주(Jinghpaw Mungdan)라는 준자치적 정치 단위로 통합되었다. 그 결과 샨족도 미얀마족도 아닌 이 지역의 모든 인구는 공식적으로 그들이 쓰는 언어와 상관없이 카친(징포)족으로 간주된다. 그럼에도 랑군대학교*에서는 아직 카친족을 '징포어를 쓰는 사람'이라고 주장한다. 상황은 여전히 복잡한 것이다.

내가 사용하는 카친이라는 용어의 하위 범주는 (a) 언어적 (b) 지리적 (c) 정치적인 것이다. 이 책은 대부분 정치 체계의 구분, 특히 카친족이 **굼사**와 **굼라오**라 칭하는 체계의 구분을 다룬다. 나는 이

---

* 현재는 양곤대학교(University of Yangon)다.

논의에서 언어적 구분은 거의 다루지 않을 것이다. 언어적 차이를 하찮게 여긴다는 뜻이 아니라, 그 주제를 상세히 논의할 만큼 내 전문 분야가 아니라고 느끼기 때문이다.

그러나 이 지역을 다룬 현존하는 민족지들이 언어적 범주에 근거해서 쓰였기 때문에 이 범주를 언급할 필요가 있다. 나는 이 언어적 범주가 정치적 차이와 어떻게 연계되는지 대략적으로 밝히려고 한다.

카친 고산지대에서 사용되는 구별 가능한 방언의 총 숫자는 엄청나다. 언어학자들은 타이어를 제외하고 보통 네 개 언어군과 그 아래 속한 수많은 방언을 구분한다. 아트시어, 마잉타어, 흐폰어 같은 이 세부 방언의 정확한 분류법은 학자마다 조금씩 다르지만, 다음 구분이 일반적이다.

1. 징포어 : 모든 방언이 대부분 소통 가능하다.

   a. 표준 징포어 : 미션스쿨에서 가르친다.

   b. 가우리 방언

   c. 차센Tsasen 방언

   d. 둘렝 방언

   e. 흐카쿠 방언

   f. 흐팅나이Htingnai 방언

2. 마루어 : 많은 방언이 소통되지 않는 것으로 알려졌다(마루어는 징포어보다 미얀마어에 가깝다).

   a. 표준 마루어 : 학교에서 가르친다.

b. 라시 방언

c. 아트시 방언 : 마루어와 징포어의 혼종으로 보인다.

d. 마잉타(아창) 방언 : 아트시어와 샨어의 혼종으로 보인다.

e. 흐폰 방언 : 마루어의 방언으로 보인다.

3. 눙어 : 서로 구별되는 여러 방언이 있다. 라왕Rawang 방언과 다루Daru 방언은 소통되지 않는 것으로 알려졌다. 언어학적으로 눙어는 징포어보다 티베트어에 가깝다. 남부 눙 방언은 북부 마루어와 어우러진 것으로 보인다.[94]

4. 리수어 : 지역적으로 구별되는 여러 방언이 있다. 리수어는 징포어나 마루어와 크게 다르지만, 문법은 미얀마어 식이다. 리수어 사용자는 이 책에서 다루는 '카친 고산지대' 변방에 있다.

카친 변방 지역에는 위의 언어 범주 어디에도 쉽게 포함할 수 없는 중요한 방언 집단이 있다. 예를 들어 이라와디 강 서부 카타Katha 지구에는 현지어로 카두족이라고 불리는 주민 4만 명이 있다. 그들의 문화는 대체로 미얀마 식이지만, 그들의 언어는 징포어와 기타 카친 방언이 혼합된 형태다. 이 책 후반부에서 내가 시도하는 일반화가 카두족에게는 어디까지 적용되는지 알 수 없다. 비슷하게 카친 고산지대 서쪽 경계에서는 징포어가 나가 방언이나 쿠키Kuki 방언과 뒤섞인다. 이런 언어적 혼합은 샨족, 카친족, 나가족의 복잡한 정치적 상호 관계와 맞물렸지만, 그 세부 사항은 지금까지 알려진 바 없다.[95]

가우리 방언, 차센 방언, 흐폰 방언 등 몇몇 카친 방언은 한 지역에서 발견된다. 그 외 다른 방언은 널리 퍼졌으며, 지리적으로도 다른 방언과 섞였다. 마루 방언, 아트시 방언, 표준 징포어 등이 그 예다. 지도 3~4에 지금까지 알려진 언어 분포를 표기했지만, 이 정보는 대략적인 것이다. 첫째, 모어mother tongue가 다른 집단들이 표준 징포어를 **공통어**로 널리 사용하기 때문이다. 예를 들어 카친 고산지대 북서부 변방에 있는 나가족 마을들이 그렇다. 둘째, 각 언어 집단이 종종 소규모 차원에서 뒤섞여 소축척지도에도 표기할 수 없기 때문이다. 그 증거로 1940년 흐팔랑Hpalang에 거주한 카친족—이들에 대해서는 4장에서 자세히 분석한다—의 예를 들 수 있다. 130가구로 구성된 흐팔랑 커뮤니티에서 주민은 무려 6개 방언을 '모어'로 사용했다!

언어학자들이 흥미를 보일 이런 상황은 역사적인 문제와 관련이 있다. 어떻게 이런 놀라운 언어 분포가 나타났을까? 이 질문은 여러모로 상상력을 자극한다. 나는 여러 가능성을 떠올릴 수 있으나 그중 어느 것도 뒷받침할 만한 증거가 없으므로 언급하지 않겠다. 그러나 이런 언어 분포의 또 다른 측면은 많은 주목을 받지 못했다. 즉 오늘날 주민의 일상생활에서 이런 언어적 차이는 무엇을 의미하는가? 이들은 문화가 거의 동일하면서도 상대에게 대단한 불편을 초래할 정도로 언어적 이질성을 유지하는데, 그 원인은 무엇인가?

언어학자들은 객관적으로 보았을 때 동일한 언어를 사용하는 집단은 모두 개별 단위로 취급한다. 그들은 마루족the Maru, 라시족the Lashi, 징포족the Jinghpaw이라고 말하며 이들을 개별 '인종'으로 가정한다. 이런 언어 집단이 **지역적으로** 중요한 것은 사실이다. 리수어, 아트시어, 마루어, 징포어 사용자들이 섞여 사는 지역에서, 하나의 **집단으로서** 징포어를 사용하는 주민은 나머지 주민과 달리 그들의 유대감이 있을 것이다. 그러나 카친 고산지대 전역에서 발견되는 징포어를 쓰는 모든 주민이, 모든 아트시어 사용자나 마루어 사용자와 다른 집단을 구성한다고 주장할 수는 없다. 정치적으로 말해서 아트시족은 **굼사** 징포족과 거의 구별이 불가능하다.

동일한 언어를 사용하는 데서 오는 유대감도 엄연한 사실인 양 간주할 수는 없으며, 좀더 조사가 필요한 문제다. 내가 현지 조사한 경험에 따르면 평균적인 영국인과 같이 평균적인 카친인도 각 방언의 언어적 차이나 억양 등에 대단히 민감하다. 그러나 카친족이 언어적 차이에 부여하는 의미는 문법학자들의 그것과 동일하지 않다. 나는 이 모든 상황을 영국에 속한 각 섬의 상황과 비교하면 이해하기 쉬울 거라고 생각한다.

영국에서 우리는 언어 정체성이라는 개념을 여러 가지 다른 의미로 사용한다.

첫째, 언어의 공통성unity of language은 사회적 계급의 표식으로 사용될 수 있다. 이 측면에서 영국의 '공립학교 식 억양'은 대단히 민감한 기준이다. 이 영국 상류계급의 언어에서 우리는 다음을 확인할 수 있다. 이 언어는 (a) 특정 지역에서만 사용되지 않고, (b) 이 언어를 쓰는 사람들이 서로 다 알지 못하더라도 이 언어 표식으로 상대의 지위를 쉽게 알 수 있으며, (c) 이런 언어 형태는 상류층이 아닌 사람들이 모방하는 경향이 있어 다른 방언 형태가 점진적으로 사라지는 결과를 낳고, (d) 이런 모방을 의식한 상류층은 지속적으로 평범한 대중과 자신을 구분하기 위해 새로운 언어적 고안물을 만들어내리라는 것이다.

미얀마 북부에서 현재 타이어의 위상이 하락하는 추세지만, 타이어와 징포어는 모두 '상류계급' 언어로 간주될 수 있다. 역사적으로 타이어와 징포어 사용자는 이웃에 있는 나가어, 마루어, 팔라웅어 사용자를 지속적으로 자신들에게 동화시키는 경향이 있었다. 이런 노력은 능동적인 정복 때문이 아니라, 여러 언어가 혼재한 이 지역에서 수백 년간 타이어나 징포어를 쓰는 귀족이 권력을 잡았기 때문이다. 따라서 '타이족이 된다' 혹은 '징포족이 된다'는 것은 정치적 · 경제적 권력을 획득한다는 의미였다. 종전의 타이족과 징포족 상류층은 다시 고유한 화법을 개발했다. 그들은 일상적으로 사용하는 말에 종교 의례 언어에서 따온 장식적이고 시적인 표현을 추가했다. 그래서 처음 보는 징포어 사용자 두 명이 만났을 때, 억양과 어법으로 상대의 출생지와 사회적 계급을 짐작했다.

둘째, 언어의 공통성은 정치적 혹은 '국가적' 유대감의 표식으로 사용될 수 있다. 영국에서 웨일스어를 사용할 수 있다는 것이 그런 표식이다. 민족주의적인 웨일스어 사용 집단은 일상생활에서 공식 영어를 쓰지만, 상당한 불편을 감수하면서도 그들의 '모어'를 계속 사용한다.

미얀마 북부에서도 흐폰어, 마잉타어, 가우리어, 둘렝어 (그밖에 언어학자들이 알아채지 못한 수많은 방언을 포함하여) 사용자는 이런 정치적 유대감이 있다. 이런 집단은 일반적으로 공통 직계 조상이 있고, 폭넓은 풍습을 공유한다. 그러나 여기서 언어의 공통성은 '우리'와 '그들'을 구분하는 데 쓰이는 문화적 표식 중 하나일 뿐이다.

셋째, 언어의 공통성은 역사적 잔여물일 수 있다. 현재 대다수 아일랜드인이 영어를 사용한다는 것은 객관적 사실이다. 그러나 그 이유는 역사적이다. 나는 이 경우 언어적 공통성이 깊은 사회적 유대감을 표현한다고 생각하지 않는다. 그러나 아일랜드와 영국 본토의 공통 언어 사용이 사회학적으로 별 의미가 없는 역사적 우연이라고 생각하지도 않는다. 아일랜드어를 쓰는 영국인에 관한 역사적 사실은 오늘날 아일랜드의 사회조직에서 발견되는 많은 것을 설명할 수 있다.

오늘날 미얀마 북부의 언어 분포는 역사적 잔여물로 간주되어야 한다. 현재 징포어, 마루어, 눙어, 리수어, 타이어 사용 커뮤니티는 뒤섞였다. 과거에는 이 언어 집단의 거주지가 영토상 분리된 적도 있었을 것이다. 현재의 거주 분포가 어떻게 생겨났는지 알아낼 수 있다면, 오늘날 이 지역의 사회적 상황을 이해하는 데 큰 도움이 될 것이다. 그러나 이 문제에 관한 역사적 추론은 대단히 어렵고, 예전에 제안된 흔한 가정은 대부분 터무니없는 것이다.

앞서 언급했듯이 특정 언어를 사용하는 집단은 그 자체로 독립 단위를 구성하며, 이 집단에 공통된 문화와 역사가 있다는 가정은 거의 도그마처럼 받아들여졌다. 이 논리에 따르면 특정 언어의 역사를 기술하는 것은 현재 그 언어를 사용하는 집단의 역사를 기술하는 것이다. 우리가 미얀마 관련 문헌에서 발견하는 '인종'과 '부족'이라는 용어도 모두 이런 집단을 의미한다.

이 편리한 학문적 신조는 실제 주민의 현실과 별 관련이 없다. 개별 '인종'과 '부족'으로 간주된 집단이 대부분 서로 혼인한다는 사실은 잘 알려졌다. 게다가 이 집단 중 상당수가 19세기에도 한 언어 집단에서 다른 집단으로 오갔다는 명백한 증거가 있다.[96] 그 러므로 언어 집단은 세습적으로 구성되지 않으며, 통시적으로 안 정적인 것도 아니다. 이 진술은 종전의 모든 언어적 · 역사학적 논 의를 무효화한다.

예를 들어 언어적 기준에 따르면 팔라웅어는 오스트로−아시아 어에 속한다. 그러므로 언어학자의 논지에 따르면 팔라웅족은 카 친 고산지대에서 발견되는 가장 고대적인 '인종'이어야 하고, 타이 어를 쓰는 샨족은 이 지역에 들어온 최근의 '인종'이어야 한다. 인 종, 문화, 언어가 합치한다고 가정되므로, 팔라웅족은 이웃의 샨 족과 문화적으로 매우 다르리라는 추정도 가능하다. 그러나 현실 에서 샨족과 팔라웅족은 혼인 관계를 맺으며, 차를 재배하는 팔라 웅족은 고산지대의 어떤 부족보다 샨족과 문화적으로 가깝게 지낸 다. 게다가 팔라웅족과 샨족은 정치 체계가 동일하다.

카친 고산지대의 언어 분포에 대한 나의 주된 관심사는 역사적 증거로서 가치가 아니다. 다만 어떤 경우에는 카친족이 언어에 극 도로 보수적인 듯한데—즉 이웃에 살고 동일한 샨족 시장을 오가 는 소집단이 완전히 다른 언어를 계속 사용하는데—어떤 경우에 는 영국인이 매일 정장을 갈아입듯 언어를 바꾸는 데 아무 거리낌 없는 표면상의 역설에 관심이 있다.[97]

이런 역설의 양면은 동일한 사회적 사실을 예시한다. 즉 나의 용어로 하면 카친족이 저 언어가 아니라 이 언어를 사용하는 것은 의례적 행위며, 행위자의 개인적 지위를 표현하는 것이다. 이웃과 동일한 언어를 사용하는 것은 그 이웃과 연대감을 표현하는 것이고, 이웃과 다른 언어를 사용하는 것은 사회적 거리감(심지어 적대감)을 표현하는 것이다.

어떤 정치 체계든 파벌 구도를 형성하는 하위 집단이 있게 마련이다. 이 하위 집단은 동등한 지위나 우열 관계를 형성할 수 있다. 이런 하위 집단의 통합을 표현하는 수단이 공통 언어다.

그렇다면 예를 들어 흐팔랑 커뮤니티에 방언 집단이 여섯 개 존재할 때, 이 커뮤니티가 여섯 개 하위 파벌로 구성되었다고 말할 수도 있다. 이때 흐팔랑 커뮤니티의 여섯 개 언어 집단은 집단 유대와 차별성의 표식으로 개별 언어를 사용하는 여섯 개 파벌 세력이 된다.

이 견해에 따르면 카친 고산지대 몇몇 지역에서는 언어적 파벌주의의 극단적 사례가 발견되며, 다른 몇몇 지역에서는 '잡다한' 카친족 하위 집단이 공통으로 징포어를 수용한다는 경험적 사실은 대조되는 정치적 이데올로기의 표시나 징후로 여겨져야 한다. 이것이 내가 나중에 자세히 설명할 **굼사** 대 **굼라오**의 테마다. 지금은 이 둘을 간략하게 설명한다.

굼사 이데올로기는 거칠게 말해서 대규모 봉건국가feudal state로서 사회를 대표한다. 이는 계층화된 위계와 대규모 정치적 통합을 함축하는 사회 체계다. 여기서 각 집단은 다른 집단과 고정된 관계가 있다. 이 체계는 로마가톨릭교회처럼 모든 것을 포용하며, 이론상 파벌주의는 배척된다. 그렇지만 중앙에 집중된 정치권력의 효율적 운영과 이질적인 지역 방언의 장기적 존속에는 모순이 있다. 우리는 여러 다른 언어 집단을 포용하는 동시에, 이 언어 집단이 계급 위계에 따라 상위 집단과 하위 집단으로 구별되는 정치 체계를 생각해볼 수 있다. 일단 이런 언어 상황은 불안정하며, 서열이 높은 언어 집단이 서열이 낮은 언어 집단을 동화시키려는 경향이 있으리라는 추정이 가능하다. 이 추정은 내가 경험한 유럽 사회에서는 분명한 진실이며, 아주 단순한 경제적 이유에서 기인한다. 즉 개인에게는 정치적·경제적 영향력이 있는 사람들의 언어를 사용하는 것이 이익이다.

이를 카친족 사회에 적용하면 귀족적이고 위계가 잡힌 **굼사** 정치 체계가 이론적 가정에 따라 효율적으로 작동되는 곳에서는, 특정한 **굼사** 추장의 정치적 영역에서 언어적 동질성을 향한 움직임이 있으리라는 추정이 가능하다.

한편 **굼라오**라고 불리는 상반된 정치 이론은 그 극단적인 형태에서 일종의 무정부주의적 공화주의와 일맥상통한다. 여기서 모든 개인은 이웃과 동등하며, 계급 차나 추장이 존재하지 않는다. 가톨릭교회와 대조되는 프로테스탄트 원리다. 물론 파벌주의는 **굼라오** 내에도 만연해서 각각의 작은 지역 단위가 그 자체로 정치체가 된다. 나는 작은 마을의 우두머리도 이웃과 다를 게 없다고 말하는 이런 조건에서는, 공식적으로 중앙에 집중된 정치권력에 대항하면서 완강하게 존속되는 언어적 파벌주의를 발견할 수 있으리라고 주장한다.

그렇지만 이런 이론에서 가정된 언어나 방언 분포는 실제 현실의 분포와 다르다는 점을 인정한다. 여기에 대해서는 나중에 자세히 설명할 생각이다.

이런 사실을 염두에 두고 지도 2~3을 보자. 영토적·언어적 집단 구성과 관계된 **굼사**와 **굼라오** 정치 체계 분포는 다음과 같다.

A **지역**의 카친족은 거의 징포어를 사용한다. 마루족과 리수족 출신 소규모 집단이 한두 개 있고, 후쾅 계곡에는 '아삼' 출신이라고 주장하는 집단이 많다. 그러나 이 집단도 모두 징포어를 채택하는 경향을 보인다. A 지역에서는 **굼사**와 **굼라오**가 동시에 발견되지만, 방언과 정치적 형태에 뚜렷한 연관성은 없다. 따라서 징포어 중에서도 독특한 형태는 후쾅 계곡 북부와 아삼 지역의 차센족이 사용하는 것이다. 그런데 차센어 사용자는 부분적으로 **굼사**, 부분적으로 **굼라오** 체계를 보인다.

B **지역**은 언어적 다양성이 매우 높다. 이 지역은 크게 세 부분으로 나뉜다고 볼 수 있다.

i. **미얀마 북부 샨 국가 지역** : 여기서는 징포어, 아트시어, 마루어, 라시어, 리수어, 팔라웅어, 샨어를 사용하는 집단이 놀라운 방식으로 혼합되었다. 이 지역은 모두 정치적으로 **굼사**에 해당한다. 영국 식민 정부가 행정구역을 자의적으로 나누기 전에 이

고산 마을은 이론적으로 각 지역 샨 소왕의 속령이었다(지도 2, B구역. 북위 24도 아래).

ii. **중국계 샨 국가 지역** : 여기서도 비슷한 언어적 혼합이 발견된다. 이곳의 카친족은 대부분 아트시어를 사용한다. 모두 **굼사** 체계이며, 이론적으로 샨 소왕의 통치를 받는다. 카친족에 대한 중국인의 행정 통치는 영국보다 간접적인 것으로 보인다. 이 지역의 중국계 샨 소왕들은 중국 왕조에 가혹한 세금을 바쳐야 했지만, 영국보다 중국의 통치 아래 있을 때 자신들의 영역에 정치적 영향력을 크게 행사했다(지도 2, B구역. 북위 24~26도).

iii. **남 타마이 지역** : 여기서는 리수어와 눙어가 혼합되었으며, 그 중간 형태 방언인 탕세르어Tangser와 퀸흐팡어Kwinhpang가 발견된다. 이곳의 눙족은 **굼라오** 체계이며, 리수족과 눙족이 섞여 사는 마을도 마찬가지다. 리수족 마을은 대부분 계급 체계가 카친족의 **굼사** 체계와 상당히 다르다. 이 때문에 나는 살원 계곡에 있는 리수족 마을을 카친 고산지대에 포함하지 않았다.

C **지역** 남부는 대부분 사돈과 남캄의 경계다. 이곳에서 언어적 혼합 양태는 B 지역과 비슷한데, 이 지역에는 팔라웅족이 거의 없다는 점이 다르다. 1940년에 이 지역의 모든 마을은 명목상 **굼사**인데, 나는 그것이 영국 식민 정부가 세습 추장을 선호했기 때문이라고 생각한다. 이 '추장' 중 상당수는 카친 현지 주민이 인정하지 않았다.

C 지역 북부는 은마이 흐카 계곡을 포함하며, 동쪽은 카친 고산지대와 접한다. 이곳 주민은 다양한 마루어와 라시어 방언을 사용한다.

이곳에는 많은 리수족과 중국인이 거주한다. 그러나 징포어나 아트시어를 사용하는 주민은 없다. 이곳의 마루족과 라시족 마을은 대부분 **굼라오** 체계를 보이는 듯하다. 현재로서는 이 지역에 관한 민족지가 매우 부족한 실정이다.

이 모든 사실에서 세 가지 일반적 원리가 도출된다. 첫째, 모든 아트시어 사용자는 **굼사** 체계이며, 은마이 흐카와 말리 흐카 강 합류 지점 북부에서는 아트시어가 사용되지 않는다. 둘째, 징포어가 사용되는 곳에서는 일부 주민이 **굼사** 원리를 채택한다. 셋째, 이 책에서 기술한 **굼사** 체계는 징포어나 아트시어 외 언어를 사용하는 지역에서는 발견되지 않는다.

나는 마지막 장에서 이 주제로 돌아와 이 사실이 내 논지와 어떻게 합치되는지 설명할 것이다. 그리고 새로운 언어의 채택이나 종전 언어의 유지가 어떻게 의례 행위 중 하나로 간주될 수 있는지 논의할 것이다.

카친족의 하위 집단 구성이 모두 언어에 근거한 것은 아니다. 그 중 일부는 영토 범주이며, 일부는 영토 범주이자 언어적 범주다. p. 90에 나열한 방언 중에서 가우리어, 차센어, 둘렝어, 마잉타어, 흐폰어, 능어의 여러 방언은 거의 전부 지역 방언이다. 그래서 가우리 출신, 차센 출신, 둘렝 출신이라고 말하는 것은 영국에서 어떤 사람을 요크셔 출신이라고 말하는 것과 비슷하다. 핵심은 그가 특정한 장소 출신이라는 것, 즉 당신이 그를 런던에서 우연히 만났고 그가 요크셔 방언을 쓰지 않더라도 그는 여전히 요크셔 사람이라는 것이다. 카친족이 사회를 친족 집단에 따라 개념화하는 경향이 있다는 점이 문제를 더 복잡하게 만든다. 따라서 차센이나 둘렝이라는 범주는 공통 조상이 있는 암유amyu(씨족)로 묘사된다.

여기서 이 방언 집단이 특정한 지역에 국한되고 특정한 친족 유대감으로 이어진 듯하기 때문에, 얼핏 우리가 통상적인 민족지적 용례에서 '부족'이라 부르는 집단을 다루는 것처럼 보인다. 그렇다면 나는 왜 예를 들어 가우리족을 독립된 민족지적 단위로 취급하지 않는가? 왜 다른 카친 방언과 언어를 끌어들여 문제를 더 복잡하게 만드는가? 그 해답은 아트시족의 집단 구성에서 잘 드러난다. 다음 사실에 주목해보자.

앞서 보았듯 아트시어는 개별 방언이다. 언어학적으로 아트시어는 마루어와 징포어에서 태어난 잡종이다.[98] 모든 아트시 마을은 굼사 조직이 있다. 아트시어를 쓰는 주민은 말리 흐카와 은마이 흐카 강 합류 지점 남쪽에 거주하며, 넓은 지역에 퍼져 산다. 징포어를 쓰는 주민은 아트시족이 다른 언어를 사용한다는 것을 인정하지만, 자신들도 많은 아트시 관습(htung)을 따른다고 말한다. 따라서 모든 아트시족이 아트시어를 사용하는 것은 아니다. 모가웅 남부에 거주하는 아트시족은 거의 징포어를 사용한다.[99] 아트시 추장들은 자신을 라파이 – 샤단 – 아우라족의 구성원이라고 여긴다. 아우라족을 한 지파로 하는 라파이 – 샤단족에는 징포어를 쓰는 강력한 추장이 다수 포함된다. 아우라족에는 가우리족의 추장도 포함된다. 결과적으로 징포어 방언을 쓰는 가우리족 추장과 마루어 방언을 쓰는 아트시족 추장은 가까운 종족 형제로 간주된다. 게다가 징포어를 쓰는 가우리족과 마루어를 쓰는 아트시족의 연대가 상류층에 국한된 것은 아니다. 대다수 평민 종족 역시 양측 모두 '동일'하다.

가우리 종족명	아트시 종족명
다시Dashi	도시Dawshi
장마Jangma	장모Jangmaw
마카Mahka	마코Mahkaw
숨눗Sumnut	숨룻Sumlut

이런 동일성은 사회적으로 인정된 사실이다. 다시족은 도시족의 형제 종족이다. 가우리 다시족은 아트시 장모족과 결혼할 수 있지만, 아트시 도시족과 결혼할 수 없다.

가우리족의 영토와 아트시족의 영토가 인접하다는 점, 가우리족이 징포어를 쓰지만 보통 징포족보다 아트시족과 정치적 동맹을 맺는다는 점을 고려하면, 가우리족이 개별 영역이 있는데도 결코 분절된 민족지적 단위가 아님을 알 수 있다. 다른 언어 집단에 속해도 아트시족과 가우리족을 별개 사회로 취급할 수 없다. 따라서 가우리족을 별개 '부족'이라고 간주할 수도 없다.

지역 언어 집단을 씨족clan처럼 취급하는 것 외에도, 씨족을 지역 집단local group처럼 지칭하는 카친족의 성가신 버릇 때문에 문제가 더욱 복잡해진다. 1885년 이후 짧은 기간 동안 영국의 식민지 행정관들은 이런 사태에 어리둥절한 나머지, 카친 고산지대를 개별적인 '부족' 구역으로 분할하려고 시도했다. 여기서 '부족'이란 마립, 라토, 라파이, 느쿰, 마란의 징포 왕족을 지칭한다.[100] 이 설명에 따르면 카친족의 **굼사** 체계에서 한 추장의 영토는 그 추장의 씨족이 '소유한다'. 예를 들어 흐팔랑 마을 추장은 마란-늠웨 종족 출신이다. 따라서 흐팔랑의 영토는 마란 영토나 늠웨 영토라고 묘사되기 쉽다. 이것은 흐팔랑 주민 중에서 특별히 늠웨족이나 마란족 후손의 비율이 높다는 의미가 아니다.

카친족 사회에서는 주요 혈연집단 중 (차센과 둘렝족은 제외하고) 어떤 집단도 특정 지역에 국한되지 않는다. 아삼 지역에도 라파이족, 라토족, 느쿰족이 살고, 북부 켕퉁Kengtung 지역에도 라파이족, 라토족, 느쿰족이 산다. 이런 친족 체계의 그물망은 카친 고산지대 전역으로 확장되며, 카친족과 샨족의 경계를 제외하고 모든 정치적·언어적 경계를 넘어선다. 이 사실 때문에 언어적 다양성이 높은 이 지역에 관한 인류학적 분석에서 카친족이라는 개념을 사용할 수 있는 것이다.

언어 외에 카친 고산지대 곳곳에서 발견되는 가장 뚜렷한 문화적 변수는 의복이다. 리수족을 제외하면 카친족은 어디서나 동일한 가옥에 거주하고, 동일한 방식으로 토지를 경작하며, 거의 동일한 종교 의례를 고수하고, 상당한 수준에 이르기까지 신화와 전통을 공유한다. 그러나 의복과 물질 문화의 디테일에서는 폭넓은 다양성을 보인다. 이런 다양성은 대부분 지역적인 것이며, 언어적 차이와는 연관성이 희박하다. 의복은 의심할 여지없이 개인의 지위를 보여주는 상징으로 사용될 수 있지만, 나는 카친족의 의복이 왜 이렇게 다양한지 전부 이해하지는 못한다. 왜 능족은 카친족이 검은 옷을 입는 상황에서 흰옷을 입는가? 왜 몇몇 카친족은 옷을 고급스런 양단으로 장식하고, 다른 이들은 단순한 줄무늬 천으로 장식하는가? 왜 북부 카친족(흐카쿠족)은 튜브형 스커트를 입고, 남부 카친족은 사각형 스커트를 입는가? 나는 이에 대해 아는 바가 없다. 물질 문화를 공부하는 학생이라면 여기서 상당한 연구 주제를 발견할 수 있을 것이다.

내가 지도 2에서 표기한 구역은 기후에 따른 것이다. 카친족은 여러 지역을 칭하는 이름이 따로 있다. 싱프로 가Singpraw Ga(동쪽 땅)라고 하면 대략 바모와 사돈 지구를 말한다. 시닐리 가Sinli Ga(북쪽 땅)는 북부 흐완시 주를, 흐팅나이 가Htingnai Ga(저지대)는 모가웅과 카타 사이의 저지대를, 흐카쿠 가Hkahku Ga(강가 마을)는 은마이-말리 흐카 강의 합류 지점 상류를 가리킨다. 내가 p. 20에서 설명한 의복 차이는 카친족의 이런 지역 구분과 대략 일치한다. 그 까닭은 알지 못한다.

이제 앞서 다소 산만하게 설명한 개념을 요약하며 이 장을 마치려고 한다. 다음은 내가 사용하는 몇몇 용어의 의미다.

샨

샨족은 계곡에 거주하고 논농사하며 불교도다. 계급은 귀족, 평민, 하층계급으로 나뉜다. 하층계급 평민을 제외하고 모든 샨족은 타이어를 사용한다. 정치적으로 작은 국가(möng)로 조직되며, 각 국가는 자체의 소왕(saohpa)이 있다. 국가는 때로 고립되어 존재하며, 때로 더 큰 국가(möng)의 일부인 연방이 되었다.

큰 국가 가운데 중요한 국가는 크게 세 부류로 나눌 수 있다(나는 여기서 카친 고산지대의 국가만 언급한다).

i. 미얀마 북부의 샨 국가 : 특히 북 흐센위, 남 흐센위, 몽 밋, 흐시포, 망룬국. (일부 카친 부족은 켕퉁국 같은 남부 지역에서 발견되기도 한다.)

ii. 중국계 샨 국가 : 특히 몽 마오, 셰팡, 멩판, 멩팅, 켕마, 망시, 난티엔, 캉가이, 루치앙파, 몽 완, 멩리엔, 샨시, 첸캉, 멩멩, 호사, 라사, 샨타국. 중국은 정책적으로 기회가 있을 때마다 샨 소왕들을 중국 관료로 대체하려고 노력해왔다. 위 국가 중 몇몇은 고립된 정치체로서 멸망했다. 1900년경에는 중국 영토에 고립된 국가가 30여 개 존재했다는 기록이 있다.

iii. 미얀마 강 상류의 흐캄티 샨 국가 : 여기에는 흐캄티 롱(푸타오), 후쾅 계곡, 싱칼링 흐캄티(친드윈 강 상류)의 샨 국가들이 포함된다. 아삼의 사디야 근처에도 몇몇 흐캄티 샨 국가가 있다. 역사적으로 이런 샨 소국들은 한때 강력했던 미얀마 강 상류의 샨 소국들과 연계되었는데, 그 가운데 중요한 국가는 바모, 모가웅, 몬인, 와잉묘(미치나)국을 들 수 있다. 이 지역에는 여전히 상당한 샨족이 거주하며, 과거 모가웅국 소왕의 전통적 권력은 지금도 미얀마 북부의 정치 구도에 일정한 영향력을 행사한다.

팔라웅

이 책에서 팔라웅족을 다루지 않지만 샨족이나 카친족과 그들의 유사성은 언급할 가치가 있다. 팔라웅족은 전형적으로 퇑펭국(미얀마, 북부 샨 국가)에 소속된 고산지대 주민이다. 그들은 **타웅야**(이동경작)로 쌀을 경작하지만 생계는 대부분 차 재배에 의존하고, 차를 쌀이나 현금과 교환하여 살아간다. 팔라웅족은 공통어인 팔라웅어와 여러 방언을 사용하는데, 팔라웅어는 이 책에서 언급한 다른 집단의 언어와 상당히 다르다. 퇑펭국의 정치조직은 샨 국가의 조직과 동일하지만, 마을 단위에서는 샨 국가의 조직과 크게 차이가 난다.

팔라웅족은 불교도다.

퇑펭국 바깥에도 다른 샨 국가의 일부인 팔라웅 마을이 있다. 이 마을들은 지리적으로 종종 카친족 마을과 뒤섞인다. 그러나 카친족과 팔라웅족은 거의 혼인하지 않는다. 로위스Cecil Champain Lowis(1903)는 과거에 팔라웅족이 오늘날 카친족 영토를 상당 부분 점유했다고 말한다. 그러나 이 견해를 뒷받침할 만한 확실한 증거는 없다.

카친

나는 카친이라는 용어를 카친 고산지대에 거주하며 불교를 믿지 않는 모든 사람을 지칭하는 일반 범주로 사용한다. 이 범주는 다양한 방언 집단을 포함하며, 그 가운데 중요한 집단은 앞서 언급했다(pp. 44~45).

카친 사회에는 많은 개별 정치조직이 있지만, 크게 **굼사**와 **굼라오**라는 정반대 유형으로 나눌 수 있다.

i. **카친 굼라오** : '민주주의적' 정치조직으로 그 정치체는 한 마을 이며, 귀족과 평민의 계급적 차이는 존재하지 않는다.

ii. **카친 굼사** : '귀족주의적' 정치조직으로 그 정치체는 **뭉**mung(샨 국가는 **몽**möng)이라 불리는 영토다. 그 정점에는 **두와**duwa라 불리며 직함은 **자우**Zau(샨 국왕은 **사오**Sao)인 귀족 혈통의 군주가 있다.

모든 카친족은 정교하게 분절된 부계 씨족제를 채택한다. 이 씨족 체계 내 종족은 카친 고산지대 전역에서 분파를 이루어 뻗어가는데, 이는 모든 언어와 지역적 관습의 경계를 넘어선다.

징포

나는 이 용어를 엄격하게 언어적 범주로 사용한다. 징포족은 징포 방언을 사용하는 카친족을 말한다. 카친족도 종종 징포족이라는 말을 쓰는데, 이는 내가 사용하는 '카친족'이라는 말과 그 의미가 같다. 그러나 이 책에서 나는 징포 대신 카친이라는 용어를 사용할 것이다.

둘렝

둘렝족은 징포어를 사용하는 카친족으로 이라와디 강 동편, 남 티상Nam Tisang 북부에 거주한다. 따라서 이들은 흐캄티 롱에 거주하는 샨족의 가장 가까운 이웃인 셈이다. 이들은 뛰어난 대장장이를 배출하는 종족으로 이름이 높다. 정치적으로 굼라오 조직이 있다. (지도 4)

차센

후쾅 계곡 북부와 서부에 거주하며 징포어를 사용하는 카친족이다. 아삼 동부에 거주하는 차센족은 싱포족이라 불린다. **굼사와 굼라오** 조직이 모두 나타난다. (지도 4)

가우리

징포어를 사용하는 카친족으로 카친 고산지대, 바모 동부의 작지만 중요한 지역에 거주한다. 그 외 다른 곳에도 몇몇 고립된 가우리족 마을이 있다. 정치적으로 **굼사** 조직이 있다. (p. 118 지도 5)

아트시

카친족 가운데 중요한 하위 범주로, 마루어와 징포어의 중간 형태를 띠는 아트시어를 사용한다. 아트시족 마을은 널리 흩어져 있지만 은마이−말리 강 합류 지점 북쪽에서는 발견되지 않는다. 정치적으로 **굼사** 조직이 있다. 아트시 추장들의 종족을 포함해 여러 아트시족은 가우리족의 종족과 '동일하다'.

마잉타(아창, 몽 흐사)

샨 국가인 마잉타(몽 흐사)국 주민은 윈난에 거주한다. 정치조직은 샨 유형이며, 주민은 명목상 불교도다. 언어는 아트시어나 아트시어와 흡사한 언어를 사용한다. 몇몇 아창족은 이웃한 카친 아트시족과 친족 관계를 형성한다. 의아하게도 스콧J. G. Scott과 하디먼J. P. Hardiman(1901, 1부, 1권, p. 390)은 마잉타족과 둘렝족을 타렝족Tareng이

라는 명칭으로 묶었다. 이 실수는 최근 토머스W. L. Thomas(1950, p. 10)
의 저작에서도 발견된다.

마루

여러 방언으로 구성된 마루어는 은마이 흐카 강 동부와 중국 국경 서
부에 거주하는 카친인이 사용한다. 이 지역 외에도 마루어를 사용하
는 여러 마을이 있다. 그중 일부는—아마 마루족이 대부분 그럴 텐
데—굼라오 패턴의 정치조직이 있다. 그러나 마루족 추장(예를 들면
다방Dabang 씨족)도 존재하며, 다른 카친 집단과 뒤섞여 사는 곳에서
마루족 마을은 굼사 조직을 보인다. 마루족은 다른 카친 집단과 자유
롭게 혼인한다.

라시

라시어는 마루어의 방언으로 은마이 흐카 강 서부의 몇몇 마을과 그
외 거주지에서 사용된다. 라시어와 마루어의 차이점은 가우리어와 아
트시어의 차이점과 유사하다. 즉 두 언어는 거의 동일하며, 같은 친족
체계에서 유래한다. 라시족은 대부분 굼라오 조직이 있다.

눙

눙족은 은마이 흐카 강 상류, 은마이 강과 멕 강의 합류 지점 북부 고
산지대에 거주한다. 이 지역은 의사소통이 매우 어렵고, 언어적 변이
도 심하다. 눙족은 남쪽으로 마루족과 뒤섞이며, 북쪽으로 살윈 강 상
류와 티베트 국경에 거주하는 거의 알려진 것이 없는 '부족들'과 접한

다. 카친 고산지대의 눙족은 살윈 강 북부에 거주하는 더 강력한 리수족과 롤로족, 흐캄티 롱의 샨족, 북부 트라이앵글 지역의 징포 카친족에게 공물을 바치는 관습이 있다. 마루족처럼 눙족 역시 언어를 제외하고 문화적 측면에서 징포족과 유사하다. 다른 카친 부족과 혼인도 빈번하다. 영토 내 일부 지역에서는 눙족 마을이 리수족 마을과 섞인다. 정치 체계는 대내적으로 **굼라오** 유형을, 샨족과 징포족 등에게 바치는 공물의 의무와 관련해서는 **굼사** 유형을 보인다. (지도 4)

리수

리수어는 마루족의 거주지 동쪽, 살윈 계곡에 거주하는 고산 주민이 사용한다. 리수어 사용 주민과 훨씬 남쪽에 거주하는 리소족Lisaw은 카친 고산지대에 속하지 않는다. 그들의 정치조직도 계층화의 원칙을 따르지만, 카친 **굼사** 패턴과 근본적으로 다르다.

카친 고산지대의 동쪽 변방에는 소규모 리수어 사용 주민이 거주한다. 이 마을들은 보통 이웃한 카친족과 혼인해서 정치적 관계를 맺는다. 리수 씨족은 허구적 이야기로 자신을 카친 씨족이나 종족과 동일시하는데, 카친족의 확장된 친족 네트워크에 포함하려는 것이다.

나는 이 책에서 카친족의 친족 조직과 관계되는 한 리수족에 대해 언급할 것이다.

중국인

이 책에서 언급하는 중국인은 대부분 스웰리 동부 고산지대에 거주하는 윈난 주민이다. 그중 일부는 이슬람교를 믿는다. 중국인은 민족학적으로 이웃한 부족과 크게 다르지 않으며, 민 치아Min Chia 혹은 중국계 리수족이라고 불린다. 카친 고산지대 중국인 마을은 대부분 트럭이 도입되기 전, 노새를 이용한 미얀마와 중국 윈난 성의 마방 교역에 그 뿌리를 둔다. 말몰이꾼의 기착지가 중국인 마을로 발전한 것이다. 중국인과 이웃한 카친족의 혼인은 이례적이지만 드물지는 않다.

이제 이 책에서 다루고자 하는 문제가 분명해졌다. 우리는 카친 고산지대 전역에서 문화적으로 구별되거나 부분적으로 구별되는 상당한 집단을 발견할 수 있다. 어느 곳에서는 이 집단들이 비교적 뚜렷하게 분할된 영토에 거주하지만, 어느 곳에서는 뒤섞였다. 따라서 카친족의 사회조직 연구가 문화 집단을 사회적 고립체social isolate로 보는 고전적 방법으로 진행되어서는 안 된다.

인류학의 고전적 방법론은 다음과 같이 요약할 수 있다. 다소 자의적인 지리적 범주에 한 사회 체계가 존재한다고 가정한다. 이 사회 체계 내 주민은 문화를 공유하며, 이 사회 체계는 동질적이다. 따라서 인류학자는 자신의 편의를 위해 '어떤 편리한 규모의any convenient size' 한 지역을 선택할 수 있으며, 이 지역에서 어떤 일이 일어나는지 세부적으로 조사할 수 있다. 그는 이 조사에서 그 사회에 작동하는 조직 원리에 대한 결론에 도달하기를 바란다. 그 다음 이 결론에서 일반화를 이끌어내 하나의 총체로 간주된 그 사회의 조직을 책으로 기술하는 것이다.

카친족에게 이런 일반화가 유효하지 않다는 것은 분명하다. 그들의 사회 체계는 동질적이지 않다. 인류학자가 내리는 결론도 그가 어떤 지역을—분명 가능한 여러 지역이 있을 텐데—우연히 조사하게 되었는가에 따라 크게 달라질 것이다. 내가 이 책에서 따르려고 하는 방법론은 다음과 같다.

나 역시 자의적으로 규정된 특정 지역—여기서는 카친 고산지대—에 한 사회 체계가 존재한다고 간주한다. 이 지역은 산맥과 그 사이에 위치한 계곡으로 구성되며, 이런 생태적 층위에서 샨족과 카친족은 단일한 사회 체계의 일부다. 이 주요 사회 체계에는 어떤 시점에서든 중대한 차이를 보이며 서로 의존하는 하위 체계가 있다. 그런 세 하위 체계를 이 책에서는 샨, 카친 굼사, 카친 굼라오 체계로 지칭했다. 단순히 서로 다른 정치조직 패턴인 이 하위 체계는 주제곡에 대한 변주곡으로 생각할 수 있다. 카친 굼사 조직을 한쪽으로 변형하면 샨 조직과 분간할 수 없어진다. 카친 굼사 조직을 또 다른 방향으로 변형하면 카친 굼라오와 유사해진다.

역사적으로 볼 때 이런 변형은 실제로 일어났고, 샨 체계로 변해가는 카친족이나 카친 체계로 변해가는 샨족에 대해서 언급하는 것은 충분히 타당하다. 따라서 내가 인류학자로서 특정한 카친족이나 샨족의 거주 지역을 연구할 때, 실재하는 것처럼 보이는 평형 상태가 사실은 덧없고 불안정한 것임을 명심할 필요가 있다. 이런 하위 체계의 상호 의존성도 지속적으로 자각해야 할 것이다. 특히 내가 카친 굼사 커뮤니티를 조사할 때 발견한 상당 부분은 그와 관련된 다른 정치조직 패턴, 즉 샨 체계나 카친 굼라오 체계와 비교하지 않고 이해할 수 없으리라는 점도 인정해야 한다.

카친 굼사
사회의 구조

4장

흐팔랑 — 불안정한 카친 굼사 커뮤니티[101]

이제 다루고자 하는 전체 문제는 다음과 같이 기술할 수 있다. 내가 카친 고산지대라고 부르는 자의적으로 정의된 지역에서 주민은 문화적으로 다양하고, 정치조직 역시 구조적으로 다양하다. 이때 문화적 다양성이 정치조직의 구조적 다양성과 합치하지 않으며, 문화나 구조의 다양성이 생태 환경의 다양성에 정확히 부합하지도 않는다. 그렇다면 문화, 구조, 생태라는 세 가지 원인은 카친 고산지대에서 어떻게 연관되는가?

대다수 민족지학자나 사회인류학자들과 달리 나는 이런 다양한 체계에 시간상으로 어떤 안정성stability도 없다고 가정한다. 끊임없는 부침 속에 존재하는 사회적 총체의 순간적인 배열momentary configuration이 관찰될 뿐이다. 하지만 이런 총체를 기술하기 위해서는 그 체계를 안정적이고 일관된 것처럼 재현할 필요가 있다는 주장에는 동의한다.

나는 2부(4~5장)에서 굼사 카친족이 자신들의 사회가 어떻게 기

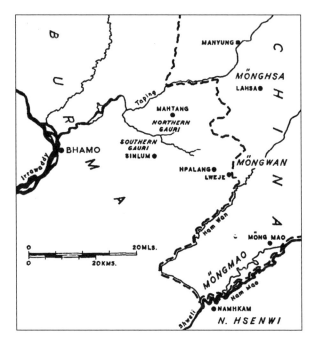

지도 5. 바모-몽 마오 경계 지역

신성림(눔샹numshang)의 위치

N1. 마란 라가. 예전에는 전부 흐팔랑 마을에 속했음.
N2. 라파이-숨눗-가우리-나포
N3. 구미에
N4. 예전의 마란-구미에-라가

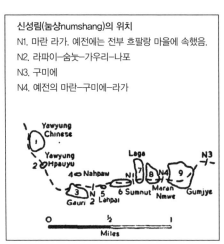

지도 6a. 흐팔랑

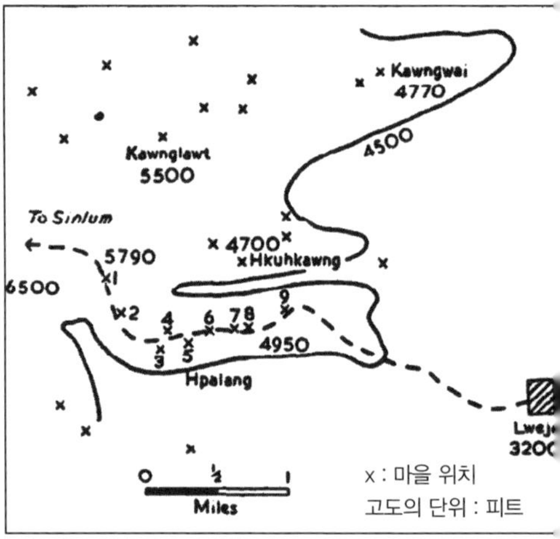

지도 6b. 흐팔랑 마을과 인근 마을

능한다고 생각하는지, 이 패턴이 어째서 허구일 수밖에 없는지 설명할 것이다. 3부(6~10장)에서는 1부(1~3장)에 개괄한 전체 체계의 다양한 변이형을 이해하는 데 이런 허구가 어떤 의미가 있는지 논의할 것이다.

아울러 카친족과 샨족의 사회조직 유형의 구조적 연관성을 논의하기 전에, 특수한 카친 **굼사** 커뮤니티에서 발견되는 구조적 관계에 주목하려고 한다. 흐팔랑의 근거 자료를 인용하는 것은 내가 가장 잘 아는 커뮤니티이기 때문이다. 흐팔랑에서 **굼사** 조직의 규칙이 매끄럽게 작동하지 않지만, 흐팔랑 마을이 카친 고산지대 전체에서 특별히 비전형적이지도 않다. 이 책을 관통하는 주요 논지 중 하나도 카친족의 사회조직에서는 이런 기능적 불일치functional inconsistency가 본질적이라는 점이다. 카친족의 여러 **굼사** 마을이 지금 내가 기술하려는 사례보다 피상적으로 훨씬 잘 '통합된' 것은 확실하다. 하지만 이 모든 마을에서도 파벌을 향한 경향이 나타나며, 좀더 극단적 형태가 흐팔랑 마을에서 관찰된다.

나는 흐팔랑 커뮤니티를 다음 순서에 따라 설명할 것이다. 먼저 이 지역의 지형적 배경과 함께 기본적인 민족지적 사실을 간략하게 제공할 것이다. 그다음 흐팔랑의 카친족이 가장 일상적으로 언급하는 구조적 관계의 공식 체계, 즉 소규모 부계 친족 집단 사이에서 끈질기게 지속되는 인척 관계를 기술할 것이다. 마지막으로 카친족이 이런 친족 구조가 최근의 역사적 과거에서 유래한 것이라며 어떻게 합리화하는지 설명할 것이다. 나는 친족 구조의 규칙에 사람들 사이에 합의된 신조가 있다 해도, 높은 사회이동social mobility 비율이나 구조 체계 자체의 근본적 변화는 막을 수 없다는 점을 강조하고 싶다.

카친 고산지대의 현실에 익숙하지 않은 사람이라면 한 커뮤니티에 대략 500명이 거주하고, 그 안에 9개 마을과 6개 방언 집단이 존재하는 상황이 무시무시할뿐더러 쓸데없이 복잡하게 여겨질 것이다. 그러나 현실은 그리 나쁘지 않다. 서구인이 사회구조를 이해하는 데 언어(방언)에 따른 문화적 차이가 상당히 중요한 듯 보이지만, 일상생활에서는 그리 중요하지 않다. 1939~1940년 흐팔랑 커뮤니티의 일상생활은 다양한 언어 집단이 존재하는데도 문화적으로 동질적인 하나의 실체entity처럼 유지되었다.

흐팔랑은 오늘날 미얀마와 중국의 국경 가까이 위치한 지역이다.[102] 영국이 미얀마를 병합한 1885년, 흐팔랑은 윈난에 있는 몽완국(룽츠완)의 일부였다. 이 지역은 1896년까지 미얀마 영토에 속하지 않았으며, 영국의 실제적인 식민 통치는 1898년부터 시작되었다.

1940년에 흐팔랑 커뮤니티는 징포어, 가우리어, 아트시어, 마루어, 리수어, 중국어를 사용하는 하위 집단을 포함했다. 그러므로 어떤 의미에서 500명으로 구성되고, 이웃의 샨족 마을과 접한 이 커뮤니티는 카친 고산지대의 총체적인 사회 체계에 관한 모델을 제공한다. 나는 앞 장에서 이 지역의 문화적 차이가 사회 체계의 중요한 구조적 경계와 일치하지 않는다고 주장했다. 여러 방언 집단으로 구성된 흐팔랑 지역은 이 주장을 뒷받침하는 훌륭한 자료를 제공한다.

1940년에 흐팔랑은 130가구로 구성된 커뮤니티였다. 주거지는 매우 분산되었고, 집은 대부분 남 완 계곡과 르웨제Lweje(지도 6)의 샨족 마을로 뻗어 내려가는 약 3.2킬로미터 길이 산등성이 근처에 자리했다. 마을의 서쪽 끝은 고도가 약 1770미터, 여기부터 마을의 동쪽 끝까지 고도가 1500미터 정도 되었다. 거기부터 산등성이는 가파르게 떨어지기 시작해 르웨제는 고도 약 980미터다. 이 산등성이 위쪽(서쪽) 양안은 매우 가파르고 이차 열대림으로 뒤덮였다. 이 열대림은 몬순 타웅야 경작을 위해 주기적으로 베인다. 르웨제를 향해 뻗어 나가는 산등성이 아래쪽(동쪽) 기슭은 한때 삼림지였으나 지금은 초원이다. 이곳 역시 이동경작에 사용되지만 여기서는 초원 타웅야 경작법이 쓰인다. 한편 남 완 계곡 아래쪽에는 평평한 충적평야가 있어 물을 댈 수 있는 논이 펼쳐진다. 1940년에 이 논은 대부분 샨족이 경작했다. 그러나 흐팔랑 커뮤니티 일부 주민도 이 논을 소유·경작했다.

인접한 고산 커뮤니티는 대부분 흐팔랑보다 작지만, 다른 면에서 흐팔랑과 유사하다. 그 커뮤니티는 산등성이의 다른 쪽 사면에 있어, 흐팔랑 주민은 계곡 아래 르웨제에 있는 샨족 마을보다 접근하기 어렵다. 르웨제에서는 오일장이 서는데, 이는 카친족과 인근 샨족이 일상적으로 만나는 장소였다. 흐팔랑의 카친족은 샨족이나 순회하는 중국 마방들과 교역하고, 다른 고산 마을에서 온 친구를 만나고, 소식을 주고받기 위해 오일장을 찾았다.

카친족은 흐팔랑을 마레mare라고 불렀는데, 나는 이것을 '마을 군락village cluster'으로 번역한다. 카친족은 흐팔랑에 규모와 중요성이 다른 9개 하위 집단이 있다고 보았다. 이 하위 집단은 **카퇑**kahwawng 이라고 불리며, 나는 이것을 '마을'이라고 번역한다. 흐팔랑의 가장 작은 마을에는 1가구가 살았고, 가장 큰 마을에는 31가구가 살았다. 각 마을의 모든 주민은 같은 언어를 사용했다.

마을에는 세습 우두머리가 있는데, 그가 속한 종족의 성씨가 마을 이름이 되는 경우가 대부분이었다. 그렇다고 마을 사람이 모두 우두머리와 같은 종족은 아니다. 대다수 마을에는 5~6개나 그보다 많은 종족이 살았다. 마을 내 개인은 서로 잘 알았지만, 공통 씨족보다 인척 관계로 묶였다.

다음은 각 마을 현황과 마을 우두머리의 종족을 나타낸 것이다. 지도 숫자는 지도 6a, 6b에 표기된 것이다.

지도 숫자	마을 이름	우두머리 종족	언어 집단	가구 수
1	요웅(중국인)	?	중국어	14(16)
2	요웅(마루족) 혹은 흐파유	흐파유	마루어	4(6)
3	가우리(다시족)	다시	가우리어	17(29)
4	나포	나고 흐파	리수어	3(5)
5	라파이	라파이-아우라	아트시어	1(3)
6	숨눗	숨눗	아트시어	20(18)
7	라가	느쿰-라가	징포어	22(27)
8	마란	마란-늠웨	징포어	18(25)
9	굼즈예	마란-굼즈예	징포어	31(26)

가구 수 항목에서 괄호 안에 표기된 숫자는 1921년 인구조사 결과다(《Burma Gazetteer버마 관보》, 바모 지구, B권, 28호, p. 51). 이에 따

르면 1920~1940년 가우리 마을 주민이 상당수 흐팔랑을 떠난 듯하나, 다른 마을은 큰 차이를 보이지 않는다.

공식적으로 흐팔랑은 **굼사** 커뮤니티였다. 그렇다면 이론적으로 흐팔랑은 특정한 고위 종족의 영역(mung)[103]이어야 하며, 이 종족에서 주기적으로 지역 추장(mung duwa)이 배출되어야 한다. 한 영역에는 추장이 한 명만 존재할 수 있는데, 이 사실 때문에 추장이 특정 마을의 우두머리라면 다른 마을의 우두머리는 모두 추장의 소작인인 셈이다. 다른 식으로 표현하면 토지에 대한 권리는 개인이 아니라 종족에 부여된다. 영역 내의 전체 영토는 한 고위 종족이 '소유하며', 이 종족을 대표하는 존재는 추장이라는 개인이다. 다른 종족은 역사적 관례에 따라 이 영토에서 토지사용권을 얻을 수 있을 뿐이다. 이 하위 종족의 대표는 각 마을의 우두머리다. 그 마을에는 다시 마을의 우두머리에게서 토지사용권을 부여받는 소종족이 존재한다.

그러나 흐팔랑에서 **굼사** 이론은 원활하게 작동하지 않았다. 아홉 개 마을 우두머리 중 네 명이 그나마 '귀족(du baw amyu)' 혈통을 주장할 수 있었다. 그중 세 명이 추장(duwa) 직함을 주장했다. 설상가상으로 영국 정부는 새로운 네 번째 남자를 추장으로 임명했지만, 현지인은 그의 권한을 인정하지 않았다. 이는 입지가 비슷한 사람들의 경쟁의식이 아니다. 흐팔랑에 존재하는 주요 파벌은 마란 마을(마란-늠웨 종족)의 우두머리가 이끄는 징포어 사용 집단과 (명목적으로) 라파이 마을의 우두머리(추장)가 이끄는 아트시어 사용 집단으로 나뉜다. 그렇지만 라파이 추장은 백치에 가까워서 숨늣 마을 우두머리의 꼭두각시에 불과했다. 숨늣 마을 우두머리는 평민이라 추장 권한을 주장하지는 않았지만, 마란 마을과 협력하면서 라파이 추장에게 충성을 표명하고 그의 대변인(bawmung)[104] 역할을 했다.

흐팔랑의 여러 마을 우두머리는 씨족과 인척 관계로 엮였다. 굼즈예와 마란 마을의 우두머리는 씨족 형제고, 굼즈예와 늠웨 역시 동일한 마란 씨족의 지파로 간주된다. 라가 마을의 우두머리는 마란 마을 우두머리의 처남(dama)이며, 흐파유 마을 우두머리의 매제(mayu)고, 나포 마을 우두머리는 가우리 마을에 있는 다시족 우두머리의 처남이다. 이런 친족 네트워크는 개별 방언 집단의 경계를 자유롭게 넘나든다. 잠시 뒤에 보겠지만, 흐팔랑의 파벌주의는 어느 정도 방언 집단 사이에서 형성되며, 경쟁 구도에 있는 집단끼리 혼인하지 않는다. 그러나 이론적·실제적으로 카친 고산지대 전체에서 한 언어 집단이 다른 언어 집단과 혼인하지 않는 경우는 드물다.

흐팔랑의 정치적 파벌 싸움은 종종 격렬하지만, 일반 주민은 이런 속사정을 르웨제의 샨족이나 영국 식민지 행정관 같은 외부인에게 거의 드러내지 않는다. 나는 흐팔랑에 거주한 지 넉 달이 지나서야 사람들이 과거의 일로 즐겁게 묘사한 불화가 현재의 쓰라린 문제임을 알았다. 르웨제의 오일장에서 모든 흐팔랑 주민은 단일한 집단으로 취급된다. 즉 그들은 흐팔랑 부 니Hpalang bu ni(흐팔랑 사람들)로서, 이때는 아트시나 징포, 늠웨 혹은 굼즈예 출신이라고 구분하지 않는다.

카친족의 논이 샨족의 논과 뒤섞인 평지에서는 원수지간인 숨눗과 늠웨 마을 우두머리가 이웃한 논에서 일하며, 심지어 밭 가는 가축을 서로 빌려주기도 한다. 논에서 일하는 카친족은 물 사용권을 두고 끊임없이 논쟁을 벌인다. 이런 갈등은 대부분 마을 우두머리의 중재로 해결된다. 그러나 이런 다툼에 카친족과 르웨제 샨족까지 개입될 경우, 영국 식민지 행정관이 조사에 나서기도 한다. 이때 흐팔랑 사람들은 내부의 모든 차이점을 무시하고 샨족에 맞서 공공선을 위해 입을 맞춘다.

흐팔랑 주민은 유별나게 부유하거나 궁핍하지 않다. 물론 그들도 영국인이 도착하기 전 황금시대에 대해 으스대는 경향이 있다. 당시 카친족 추장은 몽 완에 있는 샨 소왕에게 화약을 공물로 바쳤지만, 르웨제 충적평야가 카친족의 소유라서 샨족이 카친족에게 지대를 지불하고 논을 빌려야 했다. 이는 경제적으로 모두 흡족한 거래였다.

그러나 영국인은 종전의 관습을 무시하고 계곡 아래쪽에 있는 논을 대부분 샨족에게 부여했다. 이는 한동안 흐팔랑 경제를 뒤흔들었지만, 추후 이 조치에 따른 보상이 주어졌다. 1915년부터 카친족이 미얀마 정부군과 경찰에 복무하는 일이 크게 늘었기 때문이다.[105] 카친족의 군 복무가 가져온 효과는 다양하지만, 전반적으로 카친 고산지대의 중요한 현금 수입원이 되었다. 그 외에도 흐팔랑은 정확히 중국과 미얀마의 국경 지대에 위치한다. 영국 정부의 식민 통치가 효율적일수록 아편이나 주류 같은 밀수품도 비싸졌다. 1940년에 밀수는 흐팔랑 주민의 주요 수입원이었다.

나는 앞에서 영국 정부가 임명한 추장이 항상 현지인에게 인정받는 것은 아니라고 말했다. 내막은 이렇다. 1940년에 영국 식민정부는 흐팔랑을 마란−늠웨족의 영토에 속한다고 보아, 늠웨 종족에서 추장이 나와야 한다고 생각했다. 늠웨 종족 우두머리는 인성에 문제가 있지만, 흐팔랑 주민에게 지지를 받았다. 지역에서 유능한 밀수꾼으로 악명이 높았기 때문이다. 그러나 영국 정부 역시 그 남자가 악명 높은 밀수꾼임을 알았기에, 그의 아버지가 몇 년 전에 사망했는데도 추장 권한을 물려주지 않았다. 대신 영국 정부는 카친 고산지대의 다른 지역에서 그 종족의 먼 형제(사실은 육촌 형제)를 데려와 흐팔랑 추장으로 임명했다.

이렇게 불려 온 가엾은 남자(자우 리Zau Li)는 가구마다 세금을 징수해서 영국 식민청에 보고하는 것 외에 아무런 사회적 기능을 하지 못했다. 흐팔랑 주민에게 늠웨 종족의 우두머리는 이전 추장의 아들인 자우 노Zau Naw였다. 내가 이 책에서 늠웨 추장이라고 할 때는, 특별한 언급이 없는 이상 자우 노를 가리킨다.

흐팔랑의 '부유한 사람들'은 물소 두세 마리와 그밖의 가축 여러 마리, 계곡에 논 한두 뙈기를 소유했다. '가난한 사람들'은 산등성이 사면에 타웅야 경작을 위한 공터 하나, 물소는 없지만 돼지나 닭 두세 마리는 있었다. 이 지역에서는 화폐가 거의 통용되지 않았다. 르웨제 오일장에서는 대부분 물물교환을 했다. 소유한 가축과 논을 제외하면 흐팔랑 주민에게 부贐는 상징적인 것이었다. '부자들'은 큰 집과 고풍스런 징과 엽총이, 그 아내들은 과시하기 위한 아름다운 보석이 있었다.

하지만 일상적인 삶은 부자나 빈자나 비슷했다. 대부분 하루에 두 번 밥과 채소로 식사하고, 추수하기 전에는 숲에서 캔 알뿌리식물과 옥수수로 연명했다. 고기는 사냥 때를 제외하면 의례에서 희생 공양을 한 뒤에 먹을 수 있었다. 희생 공양은 모든 질병에 대한 일상적인 처방이기 때문에 자주 있었다. 희생 공양을 한 뒤에 고기는 너나없이 나눠 먹었기에, 부자나 빈자나 먹는 음식은 비슷했다. 부자들이 술을 좀더 마셨을 뿐이다.

이곳에서 한 해의 리듬은 계절풍이 결정했다. 벼는 비가 내리기 시작하는 5월에 파종하며, 건기가 시작되는 10~12월에 추수한다. 1~4월은 휴한기로 이때 집을 짓고 결혼식이나 장례를 치렀으며, 과거에는 전쟁에 몰두했다.

1940년 흐팔랑 주민 중 5분의 1은 명목적으로 기독교도였는데, 로마가톨릭과 미국 침례교도가 거의 반반이었다. 둘 중 하나에 가입하는 것은 파벌을 나타내는 표지였지만, 선교 활동이 이곳 주민을 구조적으로 조직하는 데 기대한 만큼 영향을 미치지는 않았다. 가톨릭교도와 침례교도, 나머지 이교도의 간극이 매우 컸지만, 기독교가 도입되기 전에도 이들은 골육상잔의 전쟁을 벌였다.

의학적 치료나 결혼, 죽음 등과 관련된 주기적인 종교적 의식을 제외하면, 흐팔랑의 전통적 구성원(비기독교 구성원)은 커다란 공동 축제 두 개를 치렀다. 하나는 파종기에, 다른 하나는 벼가 익어가는 8월 말에 행했다. 정통적인 **굼사** 원리에 따르면 이 축제는 추장의 공식적 지위를 명시적으로 드러내기 위한 것이었다. 축제에서 실제로 드러난 것은 파벌 간의 강렬한 적개심이었다. 추장직을 향한 라이벌 세력의 경쟁이 불거지는 것도 그 자리였다. 그 외 경우에 라이벌 세력은 대부분 원만하게 지냈다.

흐팔랑의 마유-다마 체계

—

이 장에서 카친 사회 기저에 존재하는 구조적 원리를 자세히 설명하지는 않겠지만, 흐팔랑 커뮤니티가 어떻게 작동하는지 이해하려면 그 원리 중 하나는 분명히 언급해야 한다. 징포어로 마유-다마mayu-dama라 불리는 관계다.

카친족은 부계 혈통을 따른다. 남녀 상관없이 개인은 아버지에게서 종족 성씨를 한두 개 물려받는다. 이 성씨가 항상 사용되는 것은 아니지만, 모두 그 성씨를 안다. 카친 사회에서 다시, 라가, 흐푼라우, 흐파유 등 가족 이름은 영국인이 사용하는 스미스, 브라운, 로빈슨 같은 성씨에 상응하며 그와 동일한 방식으로 세습된다.

성씨(htinggaw amying : 가족 이름)를 공유하는 개인은 같은 집에 살지 않더라도 부계 친족으로 간주되며, 한 가족htinggaw으로 여겨진다. 카친족의 언어 사용이 항상 일관된 것은 아니지만, 지금 우리가 사용하는 가족이라는 용어의 의미는 '주기가 짧은 족외혼을 하는 부계 종족' 정도가 될 것이다. 이런 부계 종족의 규모는 정확히 밝혀지지 않았다. 어떤 마을이든 한 종족에 가장(가구 우두머리)이 열 명 이상 있을 확률은 높지 않다. 이 가장은 보통 고조부 이

상까지 올라가지 않는 공동 조상이 있다. 반대로 이 종족 집단은 종종 한 가구로 구성되기도 한다.

카친인은 모든 사회 활동에서 자신을 부계 종족 집단과 동일시한다. 여러 권리와 의무의 맥락에서 카친인이 오직 자신에게 속하는 무엇을 주장하는 일은 드물다. 그는 항상 '우리(anhte)'라고 말한다. '우리'는 보통 부계 종족 집단을 가리킨다.

카친 커뮤니티에서 가장 중요한 인간관계는 커뮤니티 내 다양한 부계 종족 집단의 상호 지위를 확립하는 관계다. 개인의 관점에서 커뮤니티 내 모든 부계 종족 집단은 다음 네 범주 중 하나에 속한다.

i. 카푸-카나우 니kahpu-kanau ni는 에고의 씨족에 속한다고 간주되는 종족으로, 에고의 종족과 족외혼 규칙이 성립할 만큼 가깝다.

ii. 마유 니mayu ni는 에고의 종족 남자들이 최근 신부를 취한 종족이다.

iii. 다마 니dama ni는 에고의 종족 여자들이 최근 신랑을 취한 종족이다.

iv. 라우-라타 니lawu-lahta ni는 친척으로 간주되는 종족이다. 적이 아니고 친구로 간주되지만, 그 관계가 상당히 멀고 딱히 규정되지 않았다. 에고의 종족 구성원은 라우-라타 관계의 친척과 결혼할 수 있지만, 그 경우 해당 종족은 에고의 라우-라타가 아니라 마유나 다마로 변한다.

이 체계의 핵심은 (i) 카푸 카나우 니 (ii) 마유 니 (iii) 다마 니가 엄격히 구별된다는 것이다. 남자는 자신의 다마와 결혼할 수 없고, 여자는 자신의 마유와 결혼할 수 없다. 분석적 입장에서 보면 이 체계는 모계 측 교차 사촌혼의 형태[106]지만, 카친족 남자가 자신의 마유 니 종족 여자와 결혼할 경우 그는 모계 측 교차 사촌이 아니라 유별적 교차 사촌classificatory cross cousin과 결혼한다는 점을 강조해야 한다. 이런 공식 규칙의 실제적 의미를 설명하려면 카친 사회에서 '결혼'의 성격을 이해할 필요가 있다.

징포어로 눔num(여성)은 '법적인 아내'와 '첩'을 동시에 의미한다. 카친족 남자는 두 지위 차이에 민감하지 않다. 가친 사회에서는 법적으로 결혼하지 않아도 남자와 여자가 함께 살며 가정을 꾸리는 것이 수치스러운 일이 아니다. 여기서 '법적 결혼'이란 여자가 눔 샬라이num shalai라는 의식을 치렀다는 의미다. 이 의식은 보통 신부대의 구체적 항목이 최종 합의되고 그 총액 가운데 상당 부분을 신부 측 친척에게 지불했을 때 치러진다. 눔 샬라이 의식은 여자가 낳은 자식이 신부대를 지불한 남자의 종족으로 귀속됨을 보장한다. 여기서 남편과 아내가 성적으로 관계했다는 것은 큰 의미가 없다. 부부는 어린아이일 때 결혼할 수도 있다. 한편 가우리 지역은 상황이 반대라서 어른이 된 여자라도 실제 '결혼한' 시점에서 수년 뒤 남편과 합류한다.[107]

부모와 한집에 사는 '결혼한' 여자는 남편 아닌 남자와 동침하는 것도 암묵적으로 허용된다. 그 사이에서 생긴 자식은 법적 남편의 자식이 아니라는 것이 확실해도 법적 남편의 정당한 후손으로 간주된다.[108] 하지만 이는 수치스러운 일이며, 부끄러운 스캔들이 있었을 경우 거기서 태어난 자식은 법적 부부에게서 태어난 자식보다 지위가 낮다. 이런 성적 관계에 대한 비난은 보통 남자에게 돌아가서, 불륜(num shaw)은 불륜 남자가 해당 여자의 남편에게 저지른 과오가 된다. 여기서 여자의 지위는 큰 영향을 받지 않는다.

반대로 눔 샬라이 의식을 치르지 않은 여자가 자식을 낳으면, 법적 남편의 아이라도 합법적으로 인정받지 못한다. 이런 자식은 남자가 개인적으로 숨라이 흐카sumrai hka라는 벌금을 지불하거나, 공동으로 신부대를 지불하고 눔 샬라이 의식을 치러야 부계 종족에 합법적으로 편입될 수 있다. 여자가 눔 샬라이 의식을 치르면 이전에 낳은 비합법적 자식이나 앞으로 태어날 모든 자식은 자동적으로 남편 측 종족에 귀속된다.

남자가 여자와 결혼하지 않더라도 그 자식을 합법화할 수 있는 숨라이 흐카 체계는, 카친 사회구조 작동에 중요한 영향을 미치는 다소 기이한 결과를 만든다. 많은 카친족 가정은 기혼도 미혼도 아닌 다소 모호한 사회적 지위다. 남자는 실제 생활에서 자신의 아내로 간주되고 법적 자식의 어머니인 여자와 함께 살 수 있지만, 공식적 의미에서 이 커플은 미혼일 수도 있고, 엄밀한 의미에서 여성 측 종족은 남성 측 종족의 마유가 아닐 수도 있다. 이는 인척 관계에 대한 의무가 자발적으로 이행되지 않더라도 강제할 수 없음을 의미한다.

흐팔랑 마을의 한 사례가 이를 보여준다. 남자와 여자 그리고 여자의 여섯 아이 중 다섯 아이로 구성된 가족이 있었다.[109] 나는 우연히 이 커플이 '결혼한' 사이가 아님(다시 말해 여자가 **눔 샬라이** 의식을 치르지 않았음)을 알게 되었다. 질문을 통해 다음과 같은 사실이 밝혀졌다.

> **맏이**: 남자아이. 다른 마을에 사는 남자와 낳은 비합법적 자식. 그 남자는 **숨라이**를 지불. 현재 쾅롯Kawnglawt에서 생부와 거주.
>
> **둘째와 셋째 아이**: 하나는 남자, 하나는 여자아이. 현재 미얀마 군대에서 근무하는 남자와 낳은 비합법적 자식. 생부는 둘째 아이의 **숨라이**만 지불. 따라서 둘째는 합법, 셋째는 비합법적 자식. 두 아이 모두 현재 생모와 그들이 '아버지'라 부르는 생모의 동거남과 거주.
>
> **넷째부터 여섯째 아이**: 하나는 남자아이, 둘은 여자아이. 모두 현재의 동거남과 낳은 비합법적 자식. 동거남은 둘째·셋째 아이의 생부와 사촌. **숨라이**는 아직 지불하지 않음.

들리는 말에 따르면 이 동거남은 당시 신부의 아버지를 위해 일했으며,[110] 결국 그 여자는 동거남과 공식적으로 결혼하고 자식들 역시 남성 측 종족의 합법적 일원이 되었다고 한다. 이런 합법화가 셋째 아이에게도 적용되었는지 알 수 없으나, 아마 그랬으리라 생각한다. 앞서 말했듯 둘째 아이는 남성 측 종족의 일원이었다.

기독교도는 완전한 결혼을 위한 핵심 조건으로 **눔 샬라이** 대신 기독교식 혼례를 치른다. 그렇지만 나는 '미혼 상태 부부들'이 기독교도 카친족에서도 전통 카친족만큼 흔하다고 생각한다.

결혼 상태의 이런 모호성에 있는 함의는 상당히 크다. 카친 사회의 마유–다마 체계를 공식적 구조로 바라보려고 하면, 지나치게 경직되고 복잡해서 실제로 작동할 수 없는 듯 보일 것이다.[111] 하지만 카친족이 실제로 그렇지 않으면서 마유–다마 규칙을 준수하는 듯이 보이게 하는 두 가지 요소가 존재한다. 이론적으로 혼인에 의해 성립한 두 종족의 마유–다마 관계는 시간상 쭉 지속되며, 추후의 혼인에 의해 유지되어야 한다. 이는 개인의 짝 찾기 선택지를 심각하게 제한하는 결과를 낳는다. 따라서 실제로 라우–라타 친척과 법적으로 결혼할 수 있는 가능성과 더불어, '시험결혼'이 광범위하게 채택되어 이런 제약을 없애준다.

현실에서 마유–다마 규칙을 엄격하게 지켜야 하는 사람은 추장이나 종족 우두머리의 아들처럼 지위가 높은 이들뿐이다. 이들의 혼인은 장중하게 치러진다. 흐팔랑에서 늠웨족과 라가족이 마유–다마라고 선포했을 때, 이론적으로 양측의 관계가 영구적으로 이어져야 한다는 뜻이 포함된다. 하지만 모든 라가족 남자가 늠웨족 여자와 결혼해야 한다는 의무가 있는 것은 아니다. 이 관계는 세대마다 최소한 이런 공식 규칙을 따르는 부부가 한 쌍만 탄생해도 이어질 수 있다.

법정 기록과 같은 잡다한 문헌 증거를 통해 흐팔랑 지역의 과거를 추적해보면, 커뮤니티 내에서 일반적으로 인정되는 마유–다마 관계는 최소한 40년 정도 안정된 상태로 유지된 듯하다. 이곳 노인들은 과거에 어떤 종족 간에 마유–다마 관계가 존재했는지 훤히 알았다. 주요 종족 사이에는 지난 40년 동안 공식 패턴을 따른 혼인이 반복되었다는 사실도 밝혀졌다. 하지만 단순히 개인의 연애에서 파생한 우발적인 혼인도 많았다. 이 결혼은 장기적으로 유지되지 않았고, 친족 집단의 공식적인 구조 관계에도 항구적인 영향을 미치지 않았다.

1940년 흐팔랑 커뮤니티는 크게 보아 오랫동안 지속된 주요 파벌 두 개로 나뉘었다. 양측 모두 **굼사** 체계를 주장했으나 서로 다른 추장을 내세웠다. 한쪽 파벌은 마란, 라가, 굼즈예, 요웅(마루족), 요웅(중국인) 마을로 구성되었고, 다른 쪽 파벌은 라파이, 숨눗, 가우리, 나포 마을로 구성되었다. 요웅(마루족) 마을의 흐파유족이 숨눗족이나 라가족과 혼인한 것을 제외하면, 오랫동안 두 파벌 사이에 결혼은 없던 것으로 보인다.

내가 흐팔랑을 떠나고 얼마 안 되어, 숨눗 마을의 가톨릭교도인 장모족과 굼즈예 마을의 가톨릭교도인 굼즈예족 사이에 혼인이 성사되었다. 이 혼인은 상당한 흥분을 불러일으켰다. 주민 사이에서 과연 이 결혼을 성사시켜야 하는가, 성사된다면 경쟁 구도를 이룬 두 파벌에 어떤 의미가 있을까 하는 토론이 많았다. 이 혼인은 그 자체가 숨눗 마을 내부의 경쟁 구도를 반영했다. 숨눗 마을 우두머리의 종족은 침례교도, 장모족은 가톨릭교도였기 때문이다.[112]

마란족 마을과 라파이족 마을의 갈등은 영국인이 오기 전부터 지속된 불화의 결과다. 이런 커뮤니티 분열이 지금처럼 오래 계속된 것은 부분적이나마 한 영국 식민지 행정관의 미숙함 탓이다. 그는 1900년 이들의 불화에 판결을 내리면서 양측이 모두 잘못했으니 경쟁 구도에 있던 마란족과 라파이족의 추장이 동등한 직함을 사용하라고 했다.[113] 이 역사적 사고 탓에 1940년 명목상 **굼사** 커뮤니티였던 흐팔랑에서도 추장 직함을 주장하는 여러 라이벌이 존재하게 되었다. 통상적인 **굼사** 이론에 따르면 한 마을 군락에 한 추장만 존재할 수 있고, 보통 그 군락의 모든 주요 종족은 혼인 관계를 맺는다.

나는 흐팔랑 전역이나 그 일부 지역 혼인에서 유래한 총체적인 마유-다마 네트워크를 철저히 분석할 수 있는 자료가 없다. 그러나 라가 마을 부계 종족 집단과 그들의 주요 인척 관계를 나타낸 다음 표는 이 지역의 전체 친족 구조 패턴을 보여준다.

1940년 라가 마을(흐팔랑) 내 종족의 **마유-다마** 네트워크

라가 마을 외부의 다마 종족 (실제 거주 마을)	라가 마을 내 다마 종족	종족명 (라가 마을 내 가구 수)	라가 마을 내 마유 종족	라가 마을 외부의 마유 종족(거주 마을)
굼즈예(굼즈예), 흐파유(흐파유)와 흐팔랑 외부 기타 종족	라토, 마코, 파시, 카렝	라가(7)	흐푸콘	늠웨(마란), 흐푸콘(후쾅)과 흐팔랑 외부 기타 종족
굼즈예 마을 내 하위 종족	카렝	마코(4), 자우지(2)	라가, 카렝	늠웨(마란), 굼즈예(굼즈예)
	파시, 자우지, 흐팅린	카렝(4)	마코, 라가	굼즈예 마을 내 종족
		파시(2)	카렝, 라가	
		라토(1)	라가	
굼즈예(굼즈예) (혼인 예정)		흐팅린(1)	카렝	
	라가	흐푸콘(1)		흐파유(흐파유)

표의 내용을 정리하면 라가 마을 내 라가 종족은 7가구다. 이들은 라가 마을에서 라토족, 마코족, 파시족, 카렝족이 다마, 라가 마을 외부에서는 굼즈예 마을의 굼즈예족, 흐파유 마을의 흐파유족, 흐팔랑 외부의 다른 종족이 다마다.
라가 종족은 또 라가 마을에서 흐푸콘족이 마유, 다른 지역에서는 마란 마을의 늠웨족, 후쾅 마을의 흐푸콘족, 흐팔랑 외부의 여러 종족이 마유다.

많은 경우에 마유 종족과 다마 종족의 뚜렷한 서열은 존재하지 않는다. 그러나 특정 커뮤니티 내의 마유-다마 관계에서는 언제나 은연중에 다마가 마유에 종속된 관계임이 드러난다. 마유와 다마 측은 결혼, 장례, 경제활동, 전쟁 같은 모든 사건에서 자신의 요구를 관철할 수 있다. 그러나 경제적 측면에서는 항상 귀중한 가치재가 다마에서 마유 쪽으로 전해진다. 따라서 어느 마을이나 고위 종족의 마유-다마 관계에서는 그 종족의 지위적 우월성이 반영된다.[114]

이 경우에는 라가족이 지배적인 종족이고, 라토족과 마코족, 파시족, 카렝족은 라가족에 종속된다. 라가족과 마유 관계에 있는 종족은 대부분 다른 마을에 거주하므로 마을 내 라가족 우두머리의 지위에 영향을 미치지 않는다. 마을 우두머리는 자신과 마유 관계에 있는(다시 말해 그보다 우월한) 주민을 통치하는 일이 곤혹스러울 수밖에 없다. 라가 마을에도 이런 주민이 하나 있는데 바로 흐푸콘족 가구다. 이 흐푸콘 가족은 마란족에 속하며 늠웨와 콩와이 Kawngwai 마란족 추장의 먼 씨족 형제로, 어떤 경우에도 라가족보다 우월한 지위에 있다고 간주된다.

내가 들은 바에 따르면 라가 마을은 라가족이 세웠고, 마코족이 그들의 가신으로 함께 왔다. 나중에 마코족의 다마였던 카렝족이 함께 왔는데, 카렝족은 라가족의 다마였다. 마코족의 씨족 형제인 자우지족도 나중에 가우리 지역에서 옮겨 와 카렝족과 혼인했다. 흐푸콘 가족의 집에는 라가 마을 우두머리의 전 아내의 동생이 살았는데, 그는 산등성이 반대 사면의 후쾅 마을에서 왔다. 그들이 왜 라가에 사는지는 나도 모른다. 라토족 가구는 라가 마을 우두머리의 여동생과 결혼한 라토 마을 추장의 서자로 구성되었다. 흐팅 린족 가구는 카렝족에 대해 다마였고, 명목적으로 카렝족보다 아래다.

마유-다마 관계가 부계 종족 집단 수준에서는 유효하지만, 씨족 수준에서는 일관성 있게 작동하지 않는다는 점을 강조해야 한다. 카친인은 그렇지 않다는 식으로 말하지만 말이다. 따라서 라가 마을은 굼즈예족, 늠웨족, 흐푸콘족은 모두 씨족 층위에서 '형제(kahpu kanau ni)'였고 마란족에 속했다. 늠웨족과 흐푸콘족이 라가족에게 마유인 데 반해, 굼즈예족은 라가족에게 다마였다. 비슷하게 라코족과 자우지족도 '형제'라고 간주했지만, 라가 마을에서 마코족은 카렝족에게 마유였고, 자우지족은 카렝족에게 다마였다.

이런 사실에서 한 마을 내의 영속적인 마유-다마 관계는 서로 다른 부계 종족 집단의 공식적인 지위 관계를 보여준다는 것을 알 수 있다. 이 공식 체계에서는 다마가 마유에 정치적으로 종속되었다. 그러나 마을 내에서 이런 종속 관계는 실제적이라기보다 이론적인 것임을 강조해야 한다. 어떤 명목적인 열세라도 마을 밖에서 전략적 혼인으로 대부분 상쇄되기 때문이다. 위에서 소개한 흐팅린족 가구는 최근에 라가 마을로 이주해서 주요 라가족 집단과 직접적인 인척 관계가 없었다. 라가 마을에서 그들의 공식적 지위도 낮았다. 그러나 실제적으로 그 집의 가장인 흐팅린 감 씨는 마을 문제 처리에 유능했고, 영향력이 상당한 인물이었다. 이는 굼즈예 마을에 사는 그의 딸이 굼즈예 마을 우두머리의 조카(아버지 형제의 아들)와 동거한다는 사실과 무관하지 않았다. 신부대를 완전히 치르면 흐팅린족 가구는 굼즈예족에게 마유가 되고, 그 결혼이 지속되는 한 그들의 공식 지위도 상당히 높아질 것이 틀림없기 때문이다.

공식적 의미에서 마을 군락 내 여러 마을의 상호 관계는 마을 내부계 종족 집단의 관계와 유사하다. 이론적으로 특정 마을이 마을 군락에서 차지하는 지위는 그 마을의 주요 종족이 그 마을 군락의 최고 추장 종족과 맺는 공식적 관계에 달렸다.

흐팔랑 지역의 상황은 다소 특이한데, 추장 직함을 주장하는 사람들이 여럿이었기 때문이다. 단순히 분석하면 전체 흐팔랑 커뮤니티는 크게 두 세력으로 나뉜다.

한쪽 세력에서 추장은 마란 마을의 우두머리이자 마란－늠웨족의 일원이다. 라가 마을의 느쿰－라가족은 늠웨족에게 다마, 굼즈예족과 흐파유족에게 마유다. 굼즈예 마을의 마란－굼즈예족은 늠웨족의 '형제(hpu nau)'이며, 라가족에게는 다마, 흐파유족에게는 마

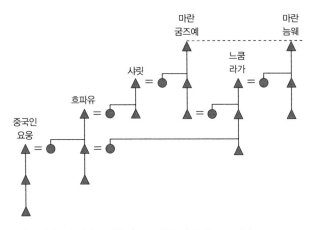

도표 1. 흐팔랑 지역 5개 마란족 마을의 주요 종족 간 공식 구조 관계

유 관계다. 흐파유 마을의 흐파유족은 라가족과 굼즈예족에게 다마, 중국인 요옹 마을의 우두머리에게 마유다.

이런 관계의 공식 패턴은 도표 1에 있는데, 이런 추상적 층위에서도 마유-다마 관계가 서로 다른 종족의 지위를 정확히 규정하기에는 불충분함을 알 수 있다. 마유-다마 규칙에 따른 지위 체계에는 논쟁의 여지가 많다. 이 경우 라가족은 늠웨족에게 열등한 위치에, 굼즈예족에게 우월한 위치에 있는데, 굼즈예족이 라가족에게 다마이기 때문이다. 하지만 굼즈예족은 자신들이 늠웨족의 씨족 형제이므로, 마란족에게 다마 관계인 라가족보다 우월하다고 주장한다. 이런 논의를 정교하게 발전시켜 굼즈예족의 우두머리 역시 추장 직함을 주장했는데, 늠웨족은 마란 씨족의 맏아들 지파지만, 굼즈예족은 마란 씨족의 막내아들 지파(ma gam amyu)라는 것이 그 근거다.[115] 늠웨족은 굼즈예족이 그들의 '형제'임은 인정하지만, 이런 주장은 강력하게 부인한다.

흐팔랑의 또 다른 세력은 라파이, 숨늣, 가우리, 나포 마을로 구성된다. 여기서는 라파이 마을의 라파이-아우라족에서 추장이 배출된다. 숨늣족은 라파이-아우라족에게 다마다. 가우리 마을의 다시족은 숨늣족에게 다마, 은가우 흐파족(리수 종족)은 다시족에게 다마다. 여기서는 권력의 공식 구조가 명쾌하지만, 실제 라파이 '추장'이 숨늣족 평민 출신 우두머리의 무능한 꼭두각시라는 사실 때문에 문제가 복잡해진다. 다시족은 라파이 추장은 인정할 수 있어도 숨늣족의 노예가 되기 싫었으므로, 1940년에는 숨늣족과 다시족의 마유-다마 관계가 곧 종결되리라는 조짐이 있었다. 숨늣족은 대부분 침례교도지만, 다시족의 권력층이 최근 가톨릭으로 개종했다는 사실도 중요하다.

마유의 다마에 대한 공식적 우월성 덕분에 마유 측이 예전에 가지고 있던 토지에 대한 재소유권을 주장할 수 있다. 일부 인척 관계는 토지 문제와 얽혔고, 일부는 아니지만 더 중요하고 오래 지속되는 것은 토지 문제와 얽힌 인척 관계다. 다마의 지위가 열등한 것은 마유와 다마가 같은 영토 단위의 구성원일 때, 다마 측에서 부계 거주라는 일반 규칙을 깨뜨려야 한다는 사실에 근거한 것 같다. 이 경우 다마가 마유와 나란히 거주하므로 다마 부계 종족 집단의 창시자는 장인과 더불어 모계적으로 거주하는 셈이다. 이것이 그 열등한 지위의 징표다.[116]

부계 거주와 신부대의 완벽한 지불이 수반되는 정통 혼인에서는 다마 측의 정치적 열세가 강조되지 않는다. 예를 들어 흐파유족이 처음에 흐팔랑으로 온 이유는 그들이 굼즈예 마을 하위 종족의 다마였고, 흐파유족의 친척인 요응 중국인이 흐팔랑으로 이주했기 때문이다. 그들은 흐팔랑에 정착하면서 마란족에 종속되었다. 나중에 그들은 숨늣족에게 마유, 라가족에게 다마가 되었지만 이 결혼에서 주거지 이동은 일어나지 않았고, 흐파유족이 정치적으로 라가족에 복속되거나 숨늣족보다 우월하지도 않았다. 비슷하게 숨늣족도 원래 라파이족에게 다마였고, 이 사실로 라파이 추장에게 그들이 바치는 정치적 충성을 설명했다. 1940년에 숨늣족은 흐파유족에게 다마였지만, 정치적으로 종속되지 않았다.

마유가 다마에 비해 우월하다는 원리는 논리적으로 확장되어 '마유의 마유'가 공식적으로 마유보다 위에 있고, '다마의 다마'는 다마보다 아래 있다. 이것은 친족 용어에서 명확히 밝혀진다. 다마의 의미를 문자 그대로 보면 '영구적인 자녀'다. '다마의 다마'는 슈shu라고 하는데, 이는 손녀-손자 급으로 취급된다. '마유의 마유'는 지ji라고 하는데, 이는 할아버지 급으로 분류된다.[117]

그러나 이론과 실제는 큰 간극이 있다. 이런 '손자'와 '할아버지'는 나의 진정한 씨족 형제가 아니고 '손아래 형제와 손위 형제(hpu nau lawu lahta)'를 말한다.[118] 이 친척들과 결혼은 허용된다. 결과적으로 남자의 먼 친척(lawu lahta)은 대부분 멀리 떨어져 산다. 대신 남자는 자신의 커뮤니티에 있는 부계 종족 집단과 보통 흐푸-나우, 마유 혹은 다마의 형태로 밀접한 관계를 맺는다. 이 상황에서 라우-라타 관계가 끼어들면 개인의 지위가 어떻게 되는지 보여주는 예가 있다. 가우리 마을의 우두머리 다시 감Dashi Gam의 아내는 가우리족 출신 라마이 코라는 소녀였다. 그녀의 삼촌(어머니의 오빠)이 흐팔랑에서 48킬로미터 정도 떨어진 마탕Mahtang의 라파이-아우라족 추장이었다. 다시 감과 마탕족 추장 사이에 이차적인 친족 관계는 없지만, 먼 친척이라는 의미에서 마탕족 추장은 다시 감의 지(할아버지)가 된다. 이런 관계 덕분에 다시 감은 마탕 지역에서 거래할 때, 그곳 추장의 우정과 보호를 요청할 수 있다.

그러나 현재 우리는 흐팔랑 지역의 관계 체계만 고려하므로, 먼 친척(라우-라타) 관계는 별로 중요하지 않다. 여기서 마유-다마 구조의 공식 패턴이 중요한데, 굼사 정치 위계에서 부계 종족 집단의 서열을 결정할 때 이를 활용하기 때문이다.

흐팔랑 불화에 관한 구전신화

—

카친인은 주요 종족 사이의 공식적 마유-다마 관계 패턴을 언제나 내게 신화 형태로 들려주었다. 나는 이 신화를 여러 버전으로 수집했으며, 그 내용을 설명해보려고 한다. 주민에 따르면 이 신화는 먼 과거가 아니라 19세기 후반 30년 사이에 실제로 일어났다고 여겨지는 역사적 사건에 대한 것이다. 실제 일어난 사건과 관련된 구전신화의 디테일을 이해하려면, 이런 이야기의 구조적 의미에 관한 나의 이론적 입장부터 밝혀야 한다.

여기서 말하는 '신화'는 일반적으로 통용되는 신화가 아니다. 이는 터부라는 울타리로 감싸인 신성한 이야기가 아니다. 곧 밝혀지겠지만 내가 이를 신화라고 부르는 것은 그 이야기 전체나 일부의 진실성 혹은 비진실성이 별로 중요하지 않기 때문이다. 이런 이야기가 존재하고 보존되는 것은 현재 사람들이 취하는 태도와 행동을 정당화하기 위해서다. 그렇지만 이 구전신화에 함축된 의미는 범주적이거나 확정적이지 않다. 많은 인류학자들은 신화를 '사회적으로 승인된 행동의 근거sanction for socially approved behavior'라고 규정하는 경향이 있다. 우리가 여기서 다루는 신화는 '사회적 논쟁을 유지하기 위한 언어'라는 표현이 더 나을 것이다.

이런 해석에는 흐팔랑 개별 집단들의 사회구조에 대한 생각이 본질적으로 모순된다는 나의 논지가 있다. 이 모순은 궁극적으로 카친족이 그들의 사회구조에 대해 진술하기 위해 채택하는 '언어'가 비과학적이라는 데서 발생한다. 사회인류학자라면 감정 요소를 배제하고 순수하게 추상적인 용어를 구사할 수 있을 것이다. 그가 서로 비슷하나 구별되며 관계가 있는 두 집단, 즉 때로는 독립적으로 때로는 통일체로 행동하는 두 집단을 관찰한다면 이 집단을 '상보적 상동 분절체complementary homologous segments'라고 기술할 수 있다. 이런 전문용어는 종종 번거롭고 괴상하지만, 적절하게 정의된다면 정확하고 명료한 추상적 기술을 할 수 있다. 전문용어를 사용하면 앞뒤가 맞지 않는 진술을 대번에 알아챌 수 있다.

나는 앞에서 카친 주민은 인류학자가 전문용어로 표현하려고 애쓰는 사회구조의 특징과 정확히 동일한 추상적인 현실 질서를 의례 행위와 신화에서 '표현'한다고 말했다. 그러나 인류학자의 언어가 적확한 데 비해(그리고 적확해야 하는 데 비해), 현지인 행위자의 언어는 본질적으로 시적이며 모호하다. 두 독자가 훌륭한 시를 읽을 때 모두 뛰어난 시로 평가하면서도 완전히 다른 의미로 읽을 수 있는 것처럼, 두 개인이나 두 집단은 의례에서 무엇이 표현되는가에 이견을 보이면서도 의례의 유효성을 인정할 수 있다.

따라서 인류학자가 '관계성being in relation'에 대해 말할 때, 현지인 행위자는 이를 날마다 일어나는 친족 생활이나 우정과 연계된 개념으로 상징화할 것이다. 반대로 '변별성being distinct'은 적대감이나 대립을 나타내는 이미지로 표현할 것이다. 추상화된 전문용어에서는 관계성과 변별성이 동일한 사물의 두 측면에 지나지 않는다. A와 B를 유사한 것으로 분류하는 정신 작용은 A+B를 C와 구별하는 정신 작용과 정확히 같다. 의례 언어의 이런 특징은 역설적 요소를 끌어들인다. 비슷한 사회적 상황이 어느 순간에는 사회적 연대의 체계로, 다른 순간에는 상호 적대의 체계로 기술될 수 있다. 이것이 사실이라면 모든 사회집단은 집단으로 존속하기 위해 어느 순간 다른 집단과 차이를 강조하는 동시에, 이 상반되는 집단과 동맹도 유지해야 할 것이다.[119]

이런 적대감과 우정의 상보적 역할은 최근 아프리카 민족지 저자들이 반복해서 강조한 것이며, 흐팔랑에 대한 내 설명에도 뚜렷이 드러나는 특징이다. 그렇지만 내 해석은 아프리카 민족지학자들과 중요한 지점에서 다르다. 에번스프리처드, 특히 포티스에게 적대감과 우정, 사회적 연대와 불화는 필연적으로 균형을 유지해 장기적인 관점에서 구조적 평형structural equilibrium을 이루는 체계를 구성한다. 그러나 내 연구에서 흐팔랑 주민이 평형을 향해 가는 체계의 일부라는 인상은 받지 못했다. 그런 평형이 존재하기는 했지만 본질적으로 불안정한 평형이었다. 내 논지는 이런 사태가 카친 **굼사** 커뮤니티에서 항상 발견된다는 것이다. 내가 보기에 흐팔랑의 모든 영향력 있는 리더는 종전의 정치적 구도가 변하기를 원했고, 더 나은 대안이 없어서 일종의 타협으로 현상 유지를 해왔다.

아프리카 민족지 자료와 이런 차이점을 잘 이해해야 한다. 아프리카에서는 파벌이 궁극적으로 분열 과정process of fission을 거쳐 해결되지만, 거기서 태어나는 새로운 사회구조는 종전의 분절체들이 다른 방식으로 배열된 것에 불과하다. 카친족의 경우 파벌은 여러 다른 방식으로 해소되지만, 가장 전형적인 방식을 보면 각 분절체의 재편성은 일어나지 않고 근본적으로 다른 새로운 사회구조가 나타난다.

내가 생각하기에 1940년 흐팔랑은 굼사에서 굼라오 조직으로 변해가는 과정이었다. 이런 변화가 억제된 것은 영국 식민지 행정관들이 원칙적으로 굼라오 원리에 반대하여 그 지역에서 추장제를 인정했기 때문이다.

논의를 더 전개하기 전에 구조적 지속성structural continuity이라는 개념에 대해서 언급할 필요가 있다. 카친족이 대를 이어 지속된다고 간주하는 사회적 실체는 무엇인가?

여기서 나는 특별히 세 가지 개념이 중요하다고 본다. 첫째, 주민과 연관된 영토적 지역성territorial locality이라는 개념이다. 우리 예에서 지역은 흐팔랑이라고 부르는 산등성이가 된다. 흐팔랑 주민은 현재 '흐팔랑 사람들(Hpalang bu ni)'로 불리지만, 흐팔랑은 거기 어떤 친족 집단이 거주하고 어떤 집단이 정치적 실권을 장악했는가와 무관하게 나름의 지속성이 있다.

둘째, 마을(kahtawng) 개념이 있다. 마을 주민이 모두 같은 종족 구성원은 아니지만, 마을은 특정 종족의 구성원이 창시하고 우두머리 역시 그 종족에서 배출된다. 마을의 지리적 위치도 바뀔 수 있지만 토지에 대한 권리(즉 토지 경작권)는 마을을 창시한 종족에게 영구적으로 귀속된다. 따라서 마을 창시 관련 구전신화는 중요하게 여겨지며, 이런 이야기는 해당 사건이 최근에 일어났을 때조차 부분적으로 신화적 색채를 띤다.

셋째, 앞에서 언급한 지역적 종족 분절체localized lineage segments, 즉 부계 종족(htinggaw) 집단이라는 개념이 있다. 앞서 보았듯 이는 소규모 집단으로, 독립된 5~6가구 이상인 경우가 거의 없다. 내 경험에 따르면 이런 지역 종족들은 공적인 모든 문제에서 놀랄 만한 연대감으로 행동한다. 다음에서 나는 특정 종족의 모든 구성원은 사실상 권리와 견해가 동등한 듯, 그 종족은 종족 우두머리라는 존재를 통해 인간화되는 듯 기술할 것이다. 이는 현실 왜곡이지만, 분석의 일차 층위에서는 무리한 시도가 아니다.

독자들은 앞에서 언급한 흐팔랑 지역의 일반적 지형을 떠올려주기 바란다. 앞으로 전개될 이야기에는 여러 마을의 우두머리가 속한 종족이 각각 커다란 게임의 주인공이 될 것이다. 이를 간략히 정리하면 다음과 같다.

A. 마란족과 그들의 동맹 세력

   i. 늠웨족(마란 씨족, 징포어를 사용하며 특권 계층)

   ii. 라가족(느쿰 씨족, 징포어를 사용하며 특권 계층으로 추정됨)

   iii. 굼즈예족(마란 씨족, 징포어를 사용하며 특권 계층)

   iv. 흐파유족(마루어를 사용하며 평민 계층)

   v. 요웅 중국인 마을

B. 숨늣족과 그들의 동맹 세력

   i. 아우라족(라파이 씨족, 현재 세력도 없고 무능한 남자가 추장으로 추대됨. 아트시어를 사용하고 특권 계층)

   ii. 숨늣족(아트시어를 사용하고 평민 계층)

   iii. 다시족(가우리어를 사용하고 평민 계층)

   iv. 나포족(리수어를 사용하고 평민 계층)

이 마을들의 토지에 대한 권리는 19세기 말에 유명한 집단 간 불화와 긴밀히 결부되었다. 주요 종족들은 이 사건에 대해 각자 이야기가 있다. 이 사건에 대한 공식 기록 역시 모든 종족 혹은 라이벌 종족의 이야기 버전과 합치한다.

나는 중복을 피하기 위해 이 이야기의 통합 버전을 소개하고, 라이벌 버전에서 두드러진 몇 가지 차이점도 언급할 것이다. 그 이야기는 다음과 같다.

옛날 흐팔랑은 아트시-라파이족의 영토로 알려졌다. 당시 산등성이에는 징포어를 쓰는 마을이 없었다. 현존하는 아트시 마을 주변에 아트시 마을이 몇 개 더 있었을 뿐이다. 당시 최고 추장은 현재 무능한 라파이 추장의 조상이었다. 오늘날 쾅와이 마을 군락이 위치한 북쪽 산등성이는 그때도 징포족의 영토였다. 당시 징포족 추장들은 현재 흐팔랑의 징포족 구역을 다스리는 마란-늠웨족 출신이었다.

그러다 정확한 날짜가 알려지지 않은 어느 날, 흐팔랑의 라파이 추장들과 쾅와이의 마란 추장들 사이에 불화가 싹텄다. 여기서 오래 지속될 '전쟁(majan)'이 시작되었고, 라파이 추장들이 패했다.[120] 그 결과 마란-늠웨 추장들이 흐팔랑 지역의 주인이 되었다.

이런 불화의 기원에는 오늘날 최소한 두 가지 다른 이야기가 전해진다. 마란족 버전은 다음과 같다. 라파이족과 마란족은 한때 마유-다마 관계였다. 라파이 추장의 아들이 마란 추장의 딸을 유혹한 것이다.[121] 마란 추장의 딸이 임신했고, 아이 아버지가 라파이 추장의 아들이라고 말했다. 라파이 추장의 아들은 책임을 거부하며 그 소녀와 결혼하지도, 숨라이 흐카를 지불하지도 않겠다고 했다. 설상가상으로 그는 저주까지 퍼부었다. "그 아이가 내 아이라면 입술이 찢어진 언청이로 태어나기를."[122] 소녀는 아이를 낳다가 죽었다. 사람들은 책임 관계를 묻기 위해 소녀의 시신을 부검했고, 사산된 아이가 언청이라는 조짐이 발견되었다. 이 일로 양측에 혈투(ndang bunglat)가 시작되었다.

이 이야기는 절묘하게 꾸며져서 카친족은 (이 이야기를 듣고) 양측의 불화를 중재할 수가 없다. 여기서 오늘날 마란-늠웨족 추장들이 이전 라파이 추장들에게 땅을 훔친 것을 인정한다는 점을 기억해야 한다. 이는 과거 양측의 불화가 심각했다는 사실로 이해할 수 있다.

카친족은 모든 범죄를 중재와 보상 과정을 거쳐 해결할 수 있는 빚(hka)으로 본다. 그렇지만 벙글랏bunglat(불화)이라 불리는 특정한 범죄는 아주 무거운 처벌을 요구하며, 모욕당한 자가 폭력으로 보복하는 것도 허용된다. 살인, 인신매매, 추장에게 상해를 가하는 것 등은 모두 벙글랏이다. 가장 흔하고 전형적인 카친족의 불화는 은당 벙글랏ndang bunglat으로, 이는 결혼하지 않은 처녀가 아기를 낳다가 죽는 경우에 발생한다.[123] 이때 추장 종족 구성원에 대한 범죄는 평민을 대상으로 한 것보다 두 배 심각하게 처벌된다.[124] 따라서 추장 가문 사람이 다른 추장 가문 사람에게 피해를 끼쳤거나, 마유-다마 관계인 양자 간에 이런 일이 벌어졌다면 해결은 더 어렵다. 여기에 빤한 위증죄까지 더해진다면 카친족의 시각으로는 도저히 합의가 불가능하다. 따라서 종족 간 불화의 기원에 관한 늠웨족 버전 이야기는 단순히 라파 추장들을 비난하는 게 아니라, 모든 합의와 중재가 불가능한 상황임을 명료하게 보여준다.

숨늣족 버전 이야기는 완전히 다르다. 한때 쾅와이 마란 추장들의 보호 아래 아트시 혈통의 흐푸콘족[125]이 살았다. 쾅와이의 흐푸콘족은 흐팔랑 지역 숨늣족에게 다마였다. 쾅와이 흐푸콘 마을에는 사별한 남편의 가족과 거주하는 숨늣족 과부가 있었다. 관습에 따르면 이 과부는 남편 측 친족이 보살펴야 한다. 다시 말해 역연혼逆緣婚*으로 남편 측 남자가 그녀를 아내로 맞아야 한다.

그녀는 설명되지 않은 이유로 '과부 취하기(gaida kahkyin)' 없이 혼자 살았다. 어느 날 그녀는 들판에서 돌아오다가 늠웨 추장 가족이 설치한, 팬지panji(불로 그을린 뾰족한 대나무)라는 멧돼지 덫의 일부에 발이 찔려 죽고 말았다. 흐푸콘족은 그 과부에게 적절한 장례식을 치러주지 않았다. 늠웨족 역시 장례식은 물론, 불운을 가져오는 마로maraw 혼령을 위해 바칠 가축을 제공하지 않았다. 라파이족 추장들도 동반자인 숨늣족의 선택을 지지했다. 마란족과 흐푸콘족 역시 요지부동이었고, 그렇게 불화가 시작되었다.

이 이야기는 불필요하게 복잡하고, 세부 정황도 진짜처럼 보이지 않는다. 내가 보기에는 설사 그런 일이 일어났다 해도 큰 불화로 이어졌을 것 같지 않다. 이 이야기의 요점은 숨늣족과 마란-늠웨족 사이에 큰 갈등이 있음을 보여주고, 모든 비난을 마란 측에 뒤집어씌우는 데 있는 듯하다. 처음에 갈등이 평민 사이에서 일어

---

* 미망인이 죽은 남편의 형제와 혼인하는 것.

났기 때문에 추장들이 그 갈등을 중재해야 했다. 이 사건이 불화로 발전한 것은 추장들의 오만 때문이다.

그 후 이어진 '전쟁'의 성격은 내게 정보를 제공한 사람들도 뚜렷이 설명하지 못했다. 있을 법하지 않은 이야기라도 자세히 말해보라고 요구하자, 영국 식민 지배 이전에는 세상이 지금과 달랐다고 말했을 뿐이다. 주민은 이 '전쟁' 1단계는 20년 정도 지속되었다고 생각하는 듯했다. 이 전쟁은 양측의 암묵적 합의에 따라 곡물 추수와 파종 사이 휴한기(12~5월)에 치르기로 했다. 많은 사람이 죽었다고 이야기한 사람은 없다. 두 집단은 기습을 감행했지만, 가축을 훔치고 집을 불태우는 것이 주요 목적이있다.

길고 격렬하게 이어진 전쟁에서 살육이 별로 없다는 것이 이상하지만, 카친족에게 모든 혈투는 결국 보상으로 해결된다는 점에 주목해야 한다. 이들의 분쟁 해결 방식은 피해를 끼친 자의 인생을 대단히 불쾌한 것으로 만들어 보상하지 않을 수 없게 하는 것이다. 추가적인 살상 행위는 그 해결을 어렵게 할 뿐이다. 위 사건은 1940년에 두 라이벌 집단이 같은 커뮤니티에서 대체로 화목하게 지냈고, 피를 피로 갚아야 한다는 주장은 실제로 일어났을 가능성이 거의 없었다는 것을 짐작하게 해준다.

이 전쟁의 결과 라파이 추장들은 흐팔랑을 떠났고, 마란-늠웨 추장들이 그 자리를 대신했다. 나는 마란족이 어떻게 최후 승리를 차지하게 되었는지 여러 가지 이야기를 들었다.

마란-늠웨족은 단순히 그들과 그들의 동맹 부족이 강력해서 라파이족이 도망쳤다고 말했다. 더 나아가 긴 분쟁이 종결되고 그들은 승리의 축제(padang manau)를 벌였는데, 라파이족 역시 분쟁의 종식을 축하하는 공식 축제(nat hpungdunjaw)에 참석했다고 말했다.[126] 그 증거로 마란－늠웨족은 흐팔랑에 정착한 최초의 늠웨 추장 무덤 주위로 둥근 배수로를 건설했다. 분쟁이 계속되었다면 배수로는 완성되지 못했을 것이다. 그들은 이를 승리의 증거이자, 분쟁이 공식적으로 종결된 표시라고 했다. 하지만 늠웨족이 그 행위를 통해 흐팔랑의 '주인'임을 입증했다는 암시가 깔려 있다. 토지를 소유한 종족의 구성원이 무덤 주위에 둥근 배수로를 팔 수 있기 때문이다.[127]

늠웨족의 동맹인 라가족은 약간의 요소를 덧붙였다. 그들은 처음에 늠웨족이 라파이 추장들 밑에서 대단히 고생했고, 멀리 북쪽 지역에 사는 그들의 다마 부족인 느쿰－라가족 추장들에게 도움을 청했다고 말했다. 이 라가 추장들은 강력하고 영향력이 있다. 라가 추장의 맏아들이 전쟁에 참여할 전사 집단을 꾸리고, 다마 부족인 굼즈예－마란족과 다른 인척에게 도움을 요청했다. 강력한 부대의 도움에 힘입어 늠웨족이 마침내 승리했다. 도움에 대한 보답으로 라가족과 그들의 다마였던 굼즈예족은 정복된 흐팔랑 지역의 몇몇 마을을 받았다. 우리는 라가족과 굼즈예족이 받은 토지가 리가우 가regau ga[128]*에 해당하며, 양도 불가능한 것임을 알 수 있다.

이 버전에서 라가족이 늠웨족에게 다마지만(따라서 종속되지만),

---

* 6장에서 리치의 설명에 따르면, 리가우 가는 전쟁을 위해 고용한 자객이나 전사들이 임무를 성공적으로 치렀을 경우 상으로 내리는 토지다. 이때는 토지의 소유권을 물려준다.

귀족 혈통이라고 주장한다는 점이 특징이다. 또 굼즈예족은 라가족에게 다마로서 이 지역에 왔기 때문에, 오늘날에도 사회적 서열이나 토지에 대한 권리 측면에서 굼즈예족이 라가족 아래 있다고 주장한다.

굼즈예족은 이 논지를 조소하듯 반박한다. 그들 역시 분쟁 초기에는 늠웨족이 아트시−라파이 추장들과 그들의 동맹에 상대가 되지 않았음을 인정한다. 굼즈예 버전에 따르면, 늠웨족은 멀리 있는 모든 마란족 추장들에게 전령을 보내 라파이족과 맞서는 공동 전쟁에 참여해달라고 요청했다. 이에 굼즈예족이 응답한 것이다. 그 결과 문제가 해결되고, 라파이 추장들은 완패했다. 참전에 대한 보답으로 굼즈예족은 흐팔랑에 있는 마을 하나를 할당받았다. 굼즈예족은 마란 씨족 내에서 자신들의 부족 지위가 늠웨족과 비슷하거나 높다고 주장한다. 따라서 자신들이 늠웨족과 더불어 흐팔랑의 공동 주인이라는 것이다. 굼즈예족에게 흐팔랑은 마란 씨족의 영토지, 단순히 늠웨족의 땅이 아니다. 흐팔랑에서 굼즈예족의 지위가 늠웨족만큼 높다는 점을 인정하면서, 늠웨 추장들 역시 굼즈예족에게 도살된 가축의 넓적다리(magyi)를 요구하지 않았다. 이 넓적다리는 **굼사** 추장들('넓적다리를−먹는−추장들')에게 바치는 일반적인 공물이다.[129]

이 이야기의 라파이족 버전은 **빠졌는데**, 라파이족의 유일한 생존자가 천치였기 때문이다. 그러나 숨눗족은 앞의 두 버전에 동의하지 않았다. 숨눗족은 자신들이 지속적으로 라파이 추장들을 도와주었다면 그들이 패배하지 않았으리라고 말한다. 그렇지만 시간이 흘러 라파이 추장들의 다마였던 흐푸콘족이 (추장의 딸을 죽게 한) 실수를 인정하고, 쾅와이 늠웨족 역시 논란이 된 희생용 가축 (maraw nga)을 제공했다. 늠웨족은 한 발 더 나아가 숨눗족에 신부를 제공했다. 따라서 숨눗족은 늠웨족에게 다마가 되었다. 정황상 전쟁은 여기서 멈췄어야 하지만, 거만한 라파이 추장은 늠웨족에게 '전쟁에 따른 피해 배상'을 요구했다. 늠웨족이 거절하자 숨눗족은 늠웨족의 편을 들었고, 라파이 추장들은 도망갔다.

다시족(가우리 마을) 버전은 라가족 버전의 반대 짝이다. 다시족은 자신들의 토지에 대한 권리의 기원이 '전쟁' 이전으로 거슬러 올라가는지 잘 몰랐지만, 모든 가우리족 추장들이 라파이-아우라 종족의 일원이며, 라파이 종족의 충성스런 지지자로서 이 동맹에 참여했다는 사실을 지적했다. 게다가 자신들의 마유였던 숨눗족이 배반한 것과 달리 다시족은 라파이 추장들에게 끝까지 충성을 지켰으며, 라파이 추장이 흐팔랑을 떠나 도망칠 때 같이 달아났다. 그들은 라파이 추장들의 직위가 복구된 1900년에야 흐팔랑으로 돌아왔다.

그 밖에도 다시족은 여러 방식으로 숨눗족에 대한 파벌적 적대감을 강조했다. 나는 앞서 1940년경, 침례교도로 개종하는 숨눗족에 대항하여 다시족도 가톨릭으로 개종하는 경향이 있다고 말했다. 그러나 다시족이 끈질기게 가우리족의 일원으로 인정받기를 원했다는 사실은 중요하다. 숨눗족과 라파이 추장들은 모두 아트시어를 사용했다. 가우리 마을에서는 누구나 아트시어를 사용했지만 공식 언어는 가우리어(징포어의 한 방언)다. 가우리 마을에 살던 종족의 이름 중에는 다시족, 말랑족, 장마족이 있다. 이 종족의 아트시어 이름은 도시, 말랑, 장모인데, 두 가지 이름은 동일한 부족을 가리킨다.

이들은 평민 부족이지만 가우리 마을 주민이 자신을 아트시족이라고 여겼다면, 다시족은 그들의 마유 집단인 숨눗족보다 지위가 낮게 매겨져야 한다. 따라서 다시족은 가우리족과 먼 관계를 강조함으로써 혈통을 거슬러 올라가면 숨눗족보다 우월함을 강조하고 싶어 한 것이다. 가우리–다시족은 자신들의 조상이 라토 씨족(징포)의 특권층이라고 주장할 수 있지만, 숨눗족은 기껏해야 평민 부족인 마루족과 관계가 있었기 때문이다. 이는 사람들이 집단의 위세를 위해 문화적 · 언어적 차이를 강조하는 것을 보여주는 예다.

흐팔랑 지역의 불화로 돌아와 보자. 모든 사람들은 라파이족이 도망치고 늠웨족이 추장으로서 흐팔랑을 다스렸다는 데 동의한다. 이때 흐팔랑에 존재한 마을은 늠웨, 라가, 굼즈예, 숨눗으로 보인다. 그들은 **눔샹**numshang(신성림)을 공유했다. 사람들은 입을 모아 당시 숨눗족의 우두머리가 대단히 공격적이고 지배욕 있는 인물이었다고 말한다. 숨눗족은 그가 전체 마을의 대변인(bawmung)[130]으로 여겨졌으며, 늠웨 추장은 나쁜 사람이 아니지만 꼭두각시였다고 말한다. 마란족은 숨눗족의 우두머리가 강도(damya) 같은 인물이어서, 가축을 습격하고 계곡 아래 샨족 마을에서 그들을 보호해준다며 갈취한 돈으로 생계를 꾸렸다고 한다. 그래서 도둑맞은 가축을 처분하는 문제로 결국 늠웨족과 숨눗족 사이에 다툼이 벌어졌다는 것이다.

숨늣족이 다소 불쾌한 이야기는 건너뛴 것 같지만, 당시 마란족의 불만은 대단히 컸던 모양이다. 몇몇 의심스런 상황에서 마란족이 지나가는 중국 행상의 가축을 몇 마리 훔쳤는데, 숨늣족이 그 가축을 다시 훔쳐서 국경 너머에 팔아버렸기 때문이다. 마란족은 그 가축 값도 받아낼 수 없었다.

한편 숨늣족은 새로운 분쟁이 여자 때문에 일어났다고 말한다. 숨늣족이 늠웨족에게 다마였기 때문에, 늠웨족은 숨늣족과 협의하지 않고 자기 종족 여자를 다른 종족에 시집보낼 수 없었다. 숨늣족은 마유-다마 관계를 유지하고 싶어 했고 추가적인 혼인도 원했지만, 숨늣족이 제안한 신부대를 늠웨족이 모욕적으로 거절했다는 것이다.

늠웨족과 숨늣족의 이 새로운 분쟁에 대해, 숨늣족은 영국 식민청 사법부와 1대 영국 총독 라에 씨에게 중재를 요청했다. 이 이야기는 역사적 사실이다. 1900년 라에 총독은 흐팔랑 지역의 주요 불화를 중재하면서 놀라운 판결을 내렸다. 그는 라파이 추장들이 흐팔랑 고산지대의 상부(서쪽) 끄트머리를 지배하고, 늠웨 추장들은 하부(동쪽) 끄트머리를 지배하라고 명했다. 나는 그런 '솔로몬의 판결'을 기대한 카친족은 없었으리라고 확신한다. 이는 카친족이 가장 원하지 않는 판결이다. 하지만 오늘날 늠웨와 숨늣 마을 우두머리들은 라에 총독의 최종 판결문 사본을 소중히 간직한다. 내게도 이 흥미로운 문서의 복사본이 있었는데 지금은 없다. 이 사건에 대한 문헌 기록은 부록 2에 소개한다.

오늘날 흐팔랑에 거주하는 세 종족—'중국계' 요웅족, 마루-흐파유계 요웅족, 나포의 리수족—의 이야기는 수집하지 못했지만, 몇몇 역사적 사실은 확인 가능하다. 중국인은 자신들이 늠웨족 편이라고 생각했다. 그들은 마란 영토에 있는 쾅롯의 중국인과도 관계가 있었다. 이 중국인은 1911년 인구조사를 할 때 흐팔랑에 정착한 상태였다.[131] 한편 마루-흐파유 집단은 쾅롯 근처의 팡갸오 Pangyao[132]에 살다가 1913년 요웅으로 이주했다.[133] 그들은 중국인 우두머리 가족에게 마유였고, 굼즈예 마을의 하위 종족(샤릿족)에게 다마였다. 그들은 요웅으로 온 지 얼마 안 되어 라가족에게 다마가 되었다. 그리고 1911년에 나포 집단은 흐팔랑에 있었는데, 가우리 마을의 일부로 취급되었다.[134] 그들은 카친 고산지대 여러 곳에 흩어져 살면서 이웃한 종족 집단에게 다마 관계를 맺은 소규모 리수족과 비슷한 지위였다.

수십 년 동안 흐팔랑 커뮤니티는 단순히 두 패로 갈려 있었던 것 같다. 한쪽에서는 라파이족과 숨눗족, 가우리족이 한 패를 이루어 **눔샹**을 가꾸고, 다른 쪽에서는 늠웨족과 라가족, 굼즈예족이 한 패를 이루어 **눔샹**을 공유했다. 그러다 1930년경 늠웨족의 늙은 추장이 사망했다.

앞에 설명했듯이, 영국 식민 정부는 이 사망한 추장의 아들 자우 노를 밀수 경력 때문에 인정하지 않았다. 그래서 그와 먼 육촌 관계인 자우 리가 공식 추장으로 임명되었다. 1940년경에 자우 리는 영국 식민 정부의 대리인이었지만, 공식 인정을 받지 못한 자우 노의 지위는 점차 낮아졌고 그에 따라 늠웨족에 종속된 부족 우두머리들의 지위가 상대적으로 높아졌다. 굼즈예족의 우두머리는 요령 있게 영국 식민 정부에서 '독립된' 리더로 인정받았다. 현재 그는 자신을 추장(duwa)이라고 칭한다.[135] 굼즈예족은 현재 마란족이나 나가족과 눔상을 공유하지 않고 자체적으로 가꾼다.

따라서 1940년의 의례 상황을 보면 굼즈예족이 독립된 눔상이 있으며, 마란족과 나가족이 다른 눔상이 있는데 여기에 요웅의 흐파유족이 참여했다. 한편 라파이족과 숨눗족, 가우리족은 세 번째 눔상이 있는데 나포의 리수족도 이를 공유할 권리가 있었다. 중국계 요웅족은 그 우두머리가 주요 축제(특히 늠웨족의 축제)에 자주 참여했지만, 일상적인 의례에는 참여하지 않았다. 여기서 우리는 추장 직함과 의례용 눔상의 소유권에 대한 주장이 커뮤니티 내의 정치적 분열과 정확히 대응하는 것을 볼 수 있다.[136]

우리는 커뮤니티 내의 친족 구성은 지난 40년간 거의 변하지 않았지만, 내적인 권력 구조는 급변한 것을 알 수 있다. 커뮤니티 내의 우두머리들은 특정 집단과 사람들의 상대적 지위를 설명할 때 굼사 범주를 사용했는데, 특권계층과 추장 직함, 추장들의 권리(고기 분배, 무덤 주변의 배수로 공사, 대규모 역참 건설 등)에 중요한 의미를 부여했다. 그들은 마유에 대한 다마의 의무를 열정적으로 강조했고, 눔상 의례에서 크고 화려한 희생 공양을 중요시했다. 그러나 이 모든 것은 가식에 불과했다. 커뮤니티가 귀족이나 추장, 공물 의무가 없는 굼라오 원리에 따라 조직되었다 해도 실제 상황은 지금과 거의 같았을 것이다. 이는 굼사와 굼라오의 대립이 경험적 사실 차원이라기보다 이념적 질서 차원의 차이임을 보여준다.

앞서 살펴본 이야기를 검토하면, 우리는 흐팔랑의 불화가 역사적 기록으로 남은 카친 지역의 다른 모든 분쟁과 놀라울 정도로 다르다는 것을 알 수 있다. 보통 불화 이야기에는 싸움(gasat : 문자 그대로 해석하면 살인)에 대한 자랑, 고조된 전투와 영광스런 승리에 대한 내용이 포함된다. 카친족은 분쟁에서 언제나 용기가 아니라 간교로 복수한 듯하다. 혈투가 벌어졌을 때 카친족은 보통 자객(share)을 한두 명 고용하여 적의 환심을 사고, 적당한 기회가 왔을 때 그 종족의 구성원을 죽이게 했다. 종족 내 누구라도 자객이 될 수 있지만, 마을 내 실세와 가깝지 않은 자들이 선발되었다. 그렇지 않으면 적 종족의 의심을 살 수 있기 때문이다. 고용된 자객은 살인에 죄의식을 느끼지 않았다. 모든 책임은 그를 고용한 사람에게 돌아갔다.

그런데 흐팔랑의 구전신화에서 '자객'에 대한 언급이나 주요 추장들이 죽음을 당했다는 이야기는 없다. 실제로 일어난 죽음도 우발적인 것으로 보인다. 대립하는 종족의 보복 행위도 카친족의 불화에서 흔한 의도적 암살보다 주로 가옥 태우기, 가축 훔치기 등이었다. 여기서 모든 사람이 혈투나 '전쟁'으로 기억하는 역사적 사건이 사실은 토지에 대한 권리나 마을 경계를 둘러싼 가벼운 말다툼이었을지 모른다는 설명이 가능하다. 이 경우 숨늿족의 구전신화가 역사적 사실에 가까울 확률이 높다. 라파이 추장들은 단순히 추종자였던 숨늿족이 자신에게 등 돌리고 늠웨족을 섬겼기 때문에 흐팔랑을 떠났을 수 있다. 그러나 우리의 관심은 과거에 일어난 일이 아니라, 동일한 사건에 다양한 이야기가 존재하는 원인이 무엇인가 하는 점에 있다.

분명 각 종족의 우두머리는 자신과 집단을 가장 영광스럽게 만드는 이야기를 했을 것이다. 나는 앞에서 명백한 사례를 제시했다. 여러 버전 이야기는 서로 다른 요소를 강조하지만, 모순되지 않는다. 그것들은 모두 진실이거나 거짓이다. 나는 특정 종족의 이야기꾼이 라이벌 종족의 이야기에 담긴 진실을 부정하는 것을 보지 못했다. 중요하지 않거나 방향이 맞지 않다고 했을 뿐이다. 각 버전의 이야기는 각 집단의 자산이며, 라이벌 집단은 자기 버전 이야기를 소유할 권리가 있다는 암묵적인 합의가 존재하는 것처럼 말이다. 이 사실은 각각의 이야기가 1890년대 일어난 사건과 관계 있지만, 내용상 역사적이라기보다 신화적이라는 나의 논지와 합치한다.

앞에서 내가 소개한 이야기는 한편으로 아트시족, 다른 한편으로 마란-징포족의 갈등을 다루지만, 실제 재현된 내용은 단순히 두 반족moieties의 명백한 분열이 아니다. 모든 주요 종족은 이런 이야기를 다른 종족에 맞서기 위한 파벌의 근거로 활용한다. 다시족과 슘눗족도 동맹 관계지만 같은 이야기를 하지 않는다.

이 마지막 지적의 가장 훌륭한 사례는 구전신화가 늠웨족과 라가족 사이에 잠재된 적대감을 드러내는 방식이다. 흐팔랑 전체에서 가장 가깝고 끈끈한 동맹 관계는 늠웨족과 그들의 다마인 라가족 사이에 맺은 것이다. 평소 라가족 우두머리 라가 노Laga Naw와 늠웨족 우두머리 자우 노가 행동하는 것을 보면, 그들이 가장 가까운 친구이자 의형제 혹은 조력자라고 생각할 것이다. 자우 노가 그의 버전 이야기를 들려줄 때, 라가 노는 내내 자우 노의 말을 긍정해주었다.

그렇지만 라가 노는 다음 날 그 이야기에 보충할 것이 있다면서, 늠웨족이 라가족에 진 매우 긴 빚(hka) 목록에 대해 언급했다. 여기에는 과거 늠웨족이 죽였으나 보상하지 않은 한 남자와 한 노예의 목숨, 여러 신령을 위한 희생 의례 동물, 수 킬로그램에 달하는 화약, 적이 훔쳐간 말, 동맹 세력에게 주었으나 늠웨족이 되갚지 않은 여러 의례 선물 등이 포함되었다. 라가 노는 50년 전에 발생한 이런 채무가 배상되리라고 기대하지 않았다. 그는 단지 논쟁을 위한 불쏘시개로 이런 사건을 기억하고 있었다. 라가족과 늠웨족 사이에 이해관계가 얽힌 문제가 발생할 경우, 이런 채무 목록을 들고 나와 마을 원로와 재판관에게 라가족에 대한 공감을 요청하리라는 것은 의심할 여지가 없었다.

이런 논쟁은 이야기를 듣는 사람들이 토지에 대한 권리, 서열, 인척 관계 등에 대한 카친 사회의 통념에 친숙할 거라는 가정을 기반으로 한다. 따라서 카친족이 '빚'에 대해 말할 때는 사회적 삶의 전 영역과 관계된 한 개념을 사용하는 것이다. 우리가 '빚'과 관련해 카친 사회가 구전신화에서 재현하는 전 영역을 이해하려면 카친 사회의 핵심적인 어휘 개념을 상세히 조사해야 한다. 이 장에서 카친족이 마유-다마 관계를 어떻게 이해하는지 분석했다. 다음 장에서 징포족의 언어 개념을 상세히 분석할 것이다.

5장

카친 굼사 사회의 구조적 범주

I. 서론

이 장에서는 카친족의 의례 행위를 구성하는 요소와 그 의미를 살펴볼 것이다.

우리는 오직 우리 말을 이해하는 사람과 논쟁할 수 있다는 점을 새삼스레 언급할 필요는 없을 것이다. 마찬가지로 흐팔랑의 카친족은 라이벌의 논지를 잘 이해했다. 이들이 논쟁을 위해 사용한 언어는 의례와 신화의 언어다. 서열과 위세, 권위 문제에서 모든 흐팔랑 주민이 동의하는 사항은 드물었지만, 서열이 평가되는 이론적 원리에는 완벽한 의견 일치를 보였다. 흐팔랑 지역의 카친족은 ―그들이 징포어를 쓰든, 아트시어나 마루어를 쓰든 상관없이― 자신을 **굼사** 체계의 일원으로 간주했다. 즉 그들은 흐팔랑의 추장(duwa)이 **굼사** 추장으로서 권리와 직함을 갖춰야 하며, 커뮤니티의 다른 이들의 지위와 의무는 추장을 중심으로 하는 위계질서에 종속되어야 한다는 데 동의했다. 주요한 의견 불일치는 단순히 어떤 인물이 왜 추장으로 추대되어야 하는가에 대한 것이었다.

4장에서 우리는 파벌 간 의견 불일치factional disagreements의 지표로 사용된 여러 세부 사항을 살펴보았다. 이 장에서는 **굼사** 카친 사회가 합의하는 카친 의례 표현의 근본적 원칙, 다시 말해 카친 의례 행위의 '문법'을 살펴볼 것이다.

최근 영국 인류학의 기능주의적 신조에 따르면, '카친 문화의 총체'에 대한 세부적 기술 없이는 이런 분석에 도달할 수 없다. 그렇다면 나의 과제는 절망적일 수밖에 없는데, '카친 문화의 총체'란 수많은 문화적 변이형의 혼합체이기 때문이다.

나 역시 의례적으로 중요한 문화 행위가 다양하고, 누가 그것을 전부 기술하고 분석하는 것이 이상적이라는 점도 인정한다. 그렇지만 현실에서 이는 불가능한 과제다. 내가 보기에 카친족은 의례적 표현물의 기본 요소는 많지 않고, 별 어려움 없이 기술될 수 있다. 이는 복잡한 문화적 상황의 부산물로 보인다. 엄밀한 문화적 기준에서 카친 사회의 다양한 언어 집단은 서로 구별되지만, 이들의 통합은 문화적 층위가 아니라 정치적 층위에서 진행된다. 문화적 의미에서 흐팔랑 커뮤니티는 징포족, 아트시족, 마루족, 리수족과 중국인으로 구성되며, 이들은 각기 고유한 관습적 행위가 있다. 그러나 카친 사회구조의 원리를 논의하면서 나는 이런 변이형의 세부 항목은 다루지 않을 것이며, 이들에게 공통되는 문화 요소만 고려할 것이다.

흐팔랑 커뮤니티의 구성원은 모두 단일한 정치 체계의 부분을 담당하기 때문에 정치적 지위에 대해 의사소통해야 하며, 그 수단이 의례 행위의 언어다. 전체로서 카친 사회가 다른 언어를 사용하는 많은 하위 집단으로 구성되었다는 점 때문에, 의례적 층위에서는 각 하위 집단이 모두 이해할 수 있는 단순하고 정형화된 의례 '언어'가 존재하며, 각 집단의 정치적 지위 역시 이 언어를 통해 거의 동일한 방식으로 표현된다고 가정할 수 있다. 카친족의 의례 표현은 상대적으로 단순한데, 이는 카친 문화가 복잡하기 때문이다.

내가 흐팔랑 카친족의 의례 행위를 해석하고 이해할 수 있다면, 나는 어떤 근거에서 그들의 의례 언어가 '전형적으로 카친적'이라고 주장하는가? 나는 균일한 카친 문화라는 개념을 거부했다. 그렇다면 나는 어떤 근거에서 균일한 카친 의례 표현 체계가 존재한다고 주장하는가?

이는 증명하기 어려운 문제다. 그러나 내가 보기에 콸루 마 낭의 《History of the Kachins of the Hukawng Valley 후쾅 계곡 카친족의 역사》에 중요한 증거 하나가 있다.[137] 콸루 마 낭은 신룸 지역의 가우리 카친족 출신이다. 그는 흐팔랑 지역과 매우 흡사한 문화적 토양에서 성장했다. 그는 책에서 카친 고산지대 북부를 다루는데, 후쾅 계곡과 북부 트라이앵글 지역의 유명한 징포족과 차센족 추장들 그리고 이야기꾼(jaiwa)들을 인터뷰한 내용을 근거로 썼다. 이 책은 영어로 출판되었지만 징포어로 쓰인 원문을 충실히 번역한 것이다. 주요 논의는 카친족 용어로 전개된다.

책의 핵심 테마는 현재 후쾅 계곡에 거주하는 **굼사/굼라오** 카친족의 라이벌 집단 간 불화와 파벌이다. 이 책의 내용은 흐팔랑 구전신화처럼 부분적으로 역사적이지만, 그 역사에는 오늘날의 정세를 정당화하기 위한 신화적 색채가 있다. 나는 이 책이 후쾅 계곡의 카친족을 다뤘는데도, 모든 세부 사항이 흐팔랑과 인근 지역 카친족에게 적용될 수 있다는 점에 놀랐다. 이는 신룸 카친족과 후쾅 계곡 카친족의 문화적 차이가 상당한데도 콸루 마 낭과 그에게 정보를 제공한 사람들이 서로 잘 이해할 수 있었음을 의미한다. 그들은 신화적 이야기에 기록된 우연적인 세부 항목의 의미에도 같은 견해를 보였다.

따라서 나는 모든 문화적·지리적 변이에도 카친 고산지대의 카친족은 본질적으로 동일한 일련의 의례 상싱을 활용하여, 인류학자들이 '구조적' 관계라고 부르는 무언가를 드러낸다고 추론한다.

여기서 내가 구조적 관계의 의례적 기술ritual description과 인류학자의 과학적 기술의 본질적인 차이점이라고 생각하는 바를 다시 요약해보자.

사회인류학자들은 사회구조에 관한 학문적 이론을 정립할 때 명료한 용어를 채택하려고 노력한다. 따라서 관례에 따른 과학적 절차를 통해 학문적으로 자신이 부여한 의미 외에 다른 의미가 없는 특수 용어를 발명하기도 한다. 족외혼exogamy, 부계patrilineage, 지위status, 역할role 등이 그 예다. 인류학자는 이 용어를 활용하여 구조적 관계의 체계에 대해 자신이 의미한 대로 정확히 기술한다. 그 결과 인류학자들이 기술한 구조 체계는 언제나 정적 체계static systems가 된다.

그러나 한 사회 체계의 평범한 구성원이 이 정도로 엄밀한 정신적 도구를 갖추고 있지는 않다. 카친족은 의례 행위를 실천하고 의례적 이야기를 외워서 이런 구조적 관계를 인식한다. 그렇지만 의례를 구성하는 상징적 요소는 정확한 과학적 범주와 거리가 멀다. 상징적 구성 요소는 '의례적 의미'와 '실용적(기술적) 의미'가 있으며, 두 가지 의미 유형은 완전히 구별되지 않는다. 카친족 사회구조의 본성을 이해하려면, 인류학자로서 내가 사회구조라 부르는 것에 관해 카친족이 뭔가 말할 때 사용하는 언어 표현의 실천적 의미를 조사해야 한다. 예를 들어 우리는 '귀중품 다섯 개에 대한 빚이 있다owing a debt of 5 wealth objects'는 구절의 의례적 의미를 이해하기 전에 카친 사회에서 소유권, 빚, 부와 같은 용어의 실제적 쓰임을 알아야 한다.

인류학자들은 보통 사회구조를 사회 체계에서 사람과 집단 사이에 존재하는 관계의 공적 체계로 파악한다. 모든 사회는 공적 성격과 영속성 측면에서 다양한 차이를 보이는 많은 집단을 포함한다. 이런 집단은 결합 원리에 따라 분류하는 것이 편리하다. 자주 사용되는 분류 원리는 특정 집단을 거주 지역과 친족, 성별, 나이, 서열, 직업 등에 따라 나누는 것이다. 나의 분석 방향은 이런 분류 기준과 정확히 일치하지 않는다. 나는 카친 사회에서 사람들이 집단을 구성하는 원리뿐만 아니라 카친족의 가치관, 특히 재산이나 서열, 종교적 믿음과 관련된 가치관의 근거를 설명하려고 하기 때문이다. 내가 다루고자 하는 개념을 주제에 따라 배열하면 다음과 같다.

a. 영토 분화

b. 사람들의 집단 구성

c. 인척 관계

d. 재산과 토지에 대한 권리

e. 서열과 사회 계급

f. 초자연적인 존재에 대한 믿음

g. 정치적·종교적 직위

여기서 내가 특별히 주목하는 것은 의례적 측면, 다시 말해 내가 언급한 개념 범주가 (개인의) 지위와 의무에 관한 논쟁에서 상징으로 활용되는 방식이다. 따라서 민족지적으로 나의 작업은 다소 변칙적distorted이다. 예를 들어 가옥에 대해 말할 때도 나는 위세를 나타내는 특성을 강조하고, '궁궐palace'이라는 카친족의 개념과 관련된 이념적 기반만 설명할 것이다. 나는 카친족의 가옥에 대한 민족지적 기술ethnographic description은 제시하지 않을 것이다. 이와 비슷하게 마을에 대해 말할 때도 기본적인 생계 수단과 관련한 이야기보다 종교적 희생 제의의 장소로서 마을이라는 측면을 부각할 것이다.

내가 논의하는 카친 표현은 대부분 정확한 영어 단어로 번역되지 않지만, 이 책에서 나는 원칙적으로 영어 표기를 택했다. 그래서 **카퉁**이나 **마레** 대신 '마을village' '마을 군락village cluster'을 사용했다. '마을 군락'이 실제로 무엇인지 가끔 궁금해질 독자들을 위해 본문 중간중간에 현지어를 첨부했다. 이 장은 개별 항목으로 처리되었지만, 전체 논지는 다음 장으로 이어진다. 8장에 나오는 개념의 '정의'는 2~7장의 맥락을 모르면 의미가 없다.

이 책에서 다룬 모든 개념은 한 가지 특징이 있다. 나는 이것이 근본적으로 중요하다고 생각한다. 즉 카친 개념이 영어로 번역될 때는 그 의미가 불분명하고 모호하다는 것이다. 예를 들어 내가 'village'라고 번역하는 카친 단어가 사실은 산등성이 위쪽에 있는 집의 총합(그 숫자가 얼마든)을 의미한다면, 그 번역이 불만족스러울 것이다. 이런 모호함은 기정사실이지만, 카친족은 딱히 의식하지 않는다. 이는 우리가 지금 다루는 개념 영역에서는 카친족이 습관적으로 우리보다 훨씬 넓은 언어적 범주를 사용하기 때문임을 이해해야 한다. 이것을 카친인이 정신적으로 무능하다는 지표로 여겨서는 안 된다. 그들에게 중요한 문제(특히 벼 경작과 관련된 문제)에서 카친족은 극단적으로 정확하고 섬세한 언어를 사용하는 반면, 영어에는 벼 경작과 관련된 단어가 하나도 없다. 그렇지만 사회적 문제를 기술하는 데 영어가 좀더 정확한 언어인 것은 사실이다.

카친족 고유의 사회적 범주의 포괄성broadness은 중요하며, 존중되어야 할 사실이다. 이는 원시사회 연구에서 흔히 발견되는 특징이며, 소심한 연구자에게는 성가신 특징일 수도 있다. 최근 아프리카 대상 민족지들을 보면, 몇몇 인류학자들은 이런 현지어의 모호함을 참지 못하고 현지어와 같은 의미가 아닌 전문용어를 도입한다. 내가 보기에 이것은 방법론적인 실수다. 한 사회의 사회구조를 그곳 사람들이 사용하는 말보다 정확한 분석 범주로 해석한다면,

연구자는 실제 현지인의 삶에 결여된 허울뿐인 경직성과 내칭성을 사회 체계에 부여하는 셈이다.

내가 보기에 현지어 특유의 모호함은 카친족의 사회 체계 작동에 핵심적인 것이다. 카친 친족 체계에 깔끔한 패러다임을 도입하여 그 아름다운 구조적 대칭성을 논하는 건 쉬운 일이다. 그라넷과 호드슨이 이런 식으로 작업을 했으며,[138] 한 구전신화에서는 카친족도 비슷하게 행동했다. 그러나 카친 범주를 융통성 없는 영어 단어로 번역한다면 카친 사회의 실상과 거리가 먼 것이 된다. 카친족이 자신들의 사회적 삶의 실상을 전통적·신화적으로 정의된 구조 체계의 공식 패턴에 부합하는 깃으로 해석할 수 있는 것도, 그들의 잡다한 구조적 범주의 의미가 극단적으로 탄력적이기 때문이다.

이 책에서 내가 사용하는 범주가 그 숫자 규모, 물리적 크기, 지리적 분포(집중도) 차원에서 정확성이 떨어진다고 해도 이런 부정확성은 의도한 것이다. 이런 부정확성이 실제 카친 사회를 대단히 유동적인 형태로 만들기 때문이다. 비록 사회의 이념적 구조는 정교하고 경직되더라도 말이다.

이 장에서는 굼사 카친 이데올로기의 범주를 기술할 것이다. 굼라오 카친 사회도 그 이데올로기를 대부분 공유하지만 각 항목을 다르게 평가한다. 예를 들어 굼사와 굼라오 사회에서는 모두 추장에게 가축의 '넓적다리'를 바치는 것이 그를 주인으로 여긴다는 표시다. 하지만 굼라오 카친 사회는 추장을 인정하지 않으며, 넓적다리도 바치지 않는다.

그 이데올로기 중 일부는 카친족과 샨족이 공유한다. 나는 이 책 후반부에서 이 공통점을 자세히 설명할 것이다. 여기서는 샨족 개념과 관련 있는 몇 가지 경우만 소개하려고 한다.

이 장에서 나는 **굼사** 카친 이데올로기 체계를 통합되고 일관된 여러 관념의 집합처럼 기술한다. 즉 나는 이념적 체계ideal system를 다루는 것이다. 이런 이념적 체계와 내 책 주요 논지의 관련성은 꼭 이해할 필요가 있다. 이 책의 근본적인 테마는 '카친족과 샨족의 다른 점은 무엇인가?' 하는 것이다.

어떤 의미에서는 카친과 샨의 사회조직 차이는 모건[139]이 **사회조직**과 **정치조직**을 구별할 때 염두에 둔 차이에 정확히 상응한다. 카친 사회조직은 각 종족 집단의 균형 잡힌 대립에 근거한 분절적 조직이며, 샨 사회조직은 소유권을 기반으로 한 봉건제적 유형이다. 샨족과 카친족이 동일하거나 매우 비슷한 개념으로 정치 질서에 관한 사상을 표현한다는 점이 흥미롭다. 그들은 특정한 개념의 서로 다른 면을 강조함으로써 이를 성취한다. 예를 들어 카친 체계나 샨 체계에서 지역적 집단화와 친족적 집단화에 대한 관념은 완전히 분리되지 않는다. 카친족은 무엇보다 종족으로서 자신의 정체성을 규정하지만, 샨족은 출생지를 중요시한다.[140] 교역—즉 재화와 서비스의 교환—은 두 체계에서 지위 획득에 중요한 역할을 한다. 샨족의 '교역'은 주로 서구인이 이해하는 교역—즉 이윤을 얻기 위해 통상적인 경제적 가치가 있는 물건을 물물교환 하는 것—인 데 반해, 카친족의 '교역'은 대부분 통상적인 경제적 가치가 전혀 없는 재화를 대상으로 한다. 이 차이점은 나중에 자세히 설명할 것이다.

II. 영토 분화의 개념

(a) 엔타nta : 집 / (b) 흐팅누htingnu : 추장의 집

—

카친족은 몇몇 경우 평민 가옥과 추장의 집을 언어적으로 구분한다. 두 용어의 근본적 차이점이 가옥 설계상의 특징에 있지는 않다. 다만 추장의 집에는 마다이 답madai dap으로 알려진 특수한 방이 있는데, 이는 하늘 신령(mu nat)들의 우두머리인 마다이 낫madai nat에게 바치는 공간이다. 마다이 낫은 현 추장의 먼 조상과 인척 관계라고 여긴다.

카친족 가옥은 직사각형에 창고 형태 구조로, 실제 거주 공간은 땅보다 1미터 정도 높다. 도표 2는 전형적인 카친족 추장 가옥

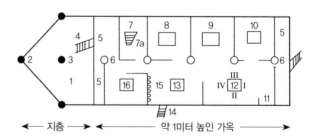

도표 2. 카친족 추장 가옥의 평면도

1. 상부가 덮인 현관과 마구간 : n'pan 2. 가옥 전면 기둥 : jun shadaw 3. 현관 기둥 : n'hpu daw 4. 입구 사다리 : lakang 5. 베란다 : n'tawt 6. 문 : chyinghka 7. 마다이 낫 신당 : madai dap 7a. 마다이 신당 : karap tawn 8~10, 12~13, 16. 아궁이 : dap 8. 결혼한 아들 가족의 아궁이 : lapran dap 9. 가구주의 어린아이와 하인의 아궁이. 10. 가구주의 침실 공간 : n'bang dap 11. 가족 신령을 모시는 신당 : nat tawn 12. 손님용 아궁이 : manam dap, lup daw dap I, II, III, IV라는 표기에서 볼 수 있듯 먼저 온 순서에 따라 좌석이 정해진다. 13. 요리용 아궁이 : shat shadu dap 14. 측면 입구 : hkuwawt hku 15. 물홈통 걸이 : ntsin n'dum 16. 미혼 소녀의 방 : n-la dap

(htingnu)의 평면도다. 중요한 추장의 가옥은 이 도표보다 아궁이가 많으며, 극단적인 경우 전체 가옥 길이가 90미터 이상이다. 이런 추장 가옥의 규모는 카친 사회가 인도네시아 보르네오 주민과 유사하게 전형적인 '롱 하우스long house' 조직이라는 사실로 설명할 수 있다. 최근 출판된 핸드북에 따르면, 카친 가옥은 "종종 길이가 30미터 이상이며 거기에는 확대가족의 구성원이 거주한다. ⋯내부에 사는 각 가족은 저마다 아궁이가 있다"[141]고 나온다. 권위 있는 연구자의 책에서 따온 듯한 진술이지만 이 문장은 틀린 것이다.[142] 더 나은 설명은 "카친족 가구는 보통 아버지, 어머니, 아들딸로 구성된다. 때로 상황이 어려운 친척이 같이 살며, 손님이 자주 찾아온다"이다.[143] 원칙적으로 아버지가 사망한 뒤 결혼한 형제가 그 집을 공유할 수도 있지만, 오늘날 일반적인 패턴은 아니다. 게다가 추장 직함은 막내아들(우마uma, 평민은 흐풍딤hpungdim)이 승계해야 한다는 전통이 강해서 형제가 같이 거주할 가능성은 거의 없다. 막내가 아닌 남자 형제는 보통 다른 마을로 이주하거나, 원래 살던 집 근처에 새 집을 지어 나간다. 나는 과거에도 이것이 일반적 패턴이었다고 생각한다. 아버지 집에 함께 거주하는 것은 예외적인데, 이렇게 모여 사는 집을 지칭하는 징포어 용어(htingyan)가 있었다는 사실에서도 짐작 가능하다. 몇몇 지역—특히 아삼 지역—에서는 말자상속 대신 장자상속 전통이 보고되기도 했다.[144] 여기서는 거주 패턴이 달라질 수 있지만, 그 민족지 자료가 부정확했으리라는 추정도 가능하다.

오늘날 카친족은 대부분 한 가족 이상 들이기 쉽지 않은 가옥에 산다. 그러나 큰 가옥은 위세를 상징하며, 여유가 있는 사람들은 실제 필요한 것보다 큰 집을 짓는다. 오늘날 커다란 막사 형태 추장 가옥은 대부분 비었다. 추장 가옥이 이렇게 큰 것은 오직 위세를 떨치기 위해서는 아니다. 카친 사회에서 일부다처제는 드물지만 추장은 종종 아내가 한 명 이상 있으며, 아내들은 각자 아궁이가 있다. 과거에는 추장의 거처에 노예들(mayam, p. 236 참조)은 물론 개인적인 추종자들이 함께 머물렀다. 더 나아가 추장 가옥은 대개 마을을 지나가는 여행자를 위한 게스트하우스로 쓰였다.

일반 평민 가옥의 구조도 추장 가옥과 비슷하지만, 크기가 작고 아궁이 개수도 적다. 가난한 자들의 가옥에는 현관과 마구간(n'pan)이 없다. 추장이 아닌 마을 우두머리의 가옥도 추장 가옥만큼 큰 경우가 있지만, 추장 가옥의 특별한 지표라고 할 수 있는 커다란 현관 기둥(n'hpu daw)은 세우지 못한다. 앞에서 언급했듯이, 신당인 마다이 답 역시 추장 가옥에만 있다. 그러나 조상신을 위한 신당은 모든 가옥에 있다. 이것은 대개 소박한 구조물로, 정문이나 뒷문 근처의 벽에 세워둔 선반 정도다.

조상 신당과 관련된 중요한 물품은 낫 흐탓nat htawt이다. 이는 물이 흐르는 작은 대나무 관 두 개로, 지붕 아래 깊이 감췄다. 인척에게 채무(hka) 계약의 일부로 받은 칼(nhtu)과 창(ri) 역시 신당 가까운 서까래 안에 보관한다.

조상신은 보통 **마샤 낫**masha nat(인간 신령) 혹은 **굼군 낫**gumgun nat(보호 신령)이라고 불리며, 사람들은 조상신에게 자주 공물을 바친다. 가족 구성원에게 불운이나 병, 작은 질환, 위험한 상황이 닥칠 때

2부 | 카친 굼사 사회의 구조

마다 조상신에게 희생 공물을 드리기 때문이다. 이 공물이 언제나 소박한 것은 아니다. 가구주가 큰 잔치를 열려고 할 때는 조상신 외에 다른 신령도 모셔야 한다. 인격신 **마샤 낫**은 비교적 최근의 조상—예를 들어 증조부—으로 보인다. 이 관습은 카친족의 종족 체계를 이해하는 데 중요하다(p. 255 이하 참조). 가구주와 그의 아내는 그 집의 '소유자(madu ni)'로 불리지만, 그 집의 **마샤 낫**은 남편의 직계 조상 중 한 명이다. 이웃에 사는 가까운 부계친족의 가옥에도 동일한 **마샤 낫**을 모시는 신당이 있을 수 있지만, 항상 그런 것은 아니다. 어떤 집은 조상신을 위한 신당이 하나 이상 있다.

가옥을 짓는 재료는 그리 귀한 것이 아니다. 자재는 대나무, 억새, 무른 나무 등이 대부분이며 모두 주기적으로 교체해야 한다. 가장 영속적인 요소는 가옥의 위치(htingra)다. 가옥을 지을 권리는 일차적으로 마을 우두머리가 부여하지만, 정확한 가옥의 위치는 풍수지리와 점쟁이(nwawt wa, p. 275 참조) 의견을 참조해서 결정한다. 그 결과 카친 마을은 체계적 배열 없이 흩어졌다. 그와 반대되는 경우는 대부분 영국 식민 정부의 자의적 칙령에 따른 최근의 결과물이다. 체계적 질서가 없기 때문에 카친 마을은 외관상 나가족이나 더 서쪽의 중국인 마을과 놀랄 만큼 다르다. 가옥의 위치와 방향에 대한 카친인의 관념은 **풍수**라는 중국인의 관념에서 유래한 것으로 보인다. 이 관습은 샨족도 공유한다.[145]

가구household는 경제적 주요 협력 단위다. 해마다 개간하는 마을 공터 내 구역은 가구별로 작업한다. 각 가구는 보통 벼 경작지에 일시적인 원두막(wa)을 짓는데, 1년 중 많은 시간을 그곳에서 자거나 식사한다. 그렇지만 이 원두막이 주거 단위는 아니다. 집 근처에 곡물 창고로 쓰이는 오두막(dum)을 짓기도 한다. 이 오두막은 사회적이면서 경제적인 기능을 한다. 도표 2에서 은라 답n-la dap(여자-남자 아궁이)이라고 표시된 곳은 미혼 소녀의 방이다. 그들은 여기서 부모의 규제를 받지 않고 연인과 놀 수 있으며, 실제로 그런 행동이 기대되기도 한다. 곡물 창고 역시 비슷한 사회적 역할을 수행한다. 1940년에 흐팔랑 지역에서는 선교사들의 비판을 존중하여 은라 답 제도가 억제되었으나, 사실상 젊은 연인의 동침 장소인 곡물 창고는 여전히 남았다.

몇몇 지역에는 모든 가옥에 울타리를 두른 작은 뜰(sun)이 있다. 여기서는 늘 무엇을 경작한다. 이곳은 밭(yi)이 그렇지 않다는 의미에서 사적 재산이다. 뜰에서 반±주술적인 용도로 쓰이는 채소나 약초 등을 은밀히 기르며, 아편 같은 환금(동시에 불법인) 작물을 기르기도 한다. 1939년에 한 영국 식민지 행정관은 이 뜰을 만드는 데 불필요한 울타리 건설이 수반되니, 가구들이 공동으로 뜰을 가꿔서 개별 할당하는 방법을 제안했다. 흐팔랑 주민의 대답은 매우 비판적이었다. 이 뜰은 집(nta) 옆에 있어 가구 구성원에게 사적 재산의 성격을 띠는 것이 확실해 보인다.

내가 보기에 의례 표현의 관점에서 가장 중요한 세부 사항은, 일반 가옥(nta)과 추장 가옥(htingnu)을 지칭하는 용어의 구별이다. 추장 가옥은 다른 이름으로도 불린다. 흐코hkaw는 궁전(haw)을 의미하는 샨어다. 샨 사회에서 왕이나 황제 같은 왕족 출신 개인은 흐코-흐캄hkaw-hkam(금의 궁전) 혹은 흐코-셍hkaw-seng(보석 궁전)이라 불린다. 이런 언어적 용법은 샨족의 특징인 듯하다. 흐팅생htingsang('쌀 가게') 역시 추장을 지칭하는 시적인 표현이다. 이는 평민이 추장에 게 공물로 쌀을 바치고, 추장은 이 쌀을 축제에서 대부분 주민에게 돌려주기 때문으로 보인다. 흐팅누는 그 자체로 '어머니의 집' 혹은 '어머니 집'을 의미한다.

여기서 카친족의 두 가지 관념을 파악할 수 있다. 하나는 추장 가옥은 마을의 다른 모든 가옥이 분가해서 나간 부모의 집이라는 뜻이다. 다른 하나는 추장 가옥이 추종자들의 가옥에 대해 마유라 는 의미다(4장, p. 131 참조). 좀더 비유적으로 추장 가옥은 바렌 룽 푸baren lungpu라고도 불리는데, 이는 보통 '악어의 동굴'(핸슨, 1906, p. 73)로 번역된다. 실제 카친족이 악어를 볼 기회가 있는지는 나 도 잘 모른다. 바렌은 엄청난 괴물, 계곡에 있는 강과 늪지의 신령 (nat spirit)을 의미하는데, 그런 의미에서 '악어'라는 번역어가 선택 되었을 것이다. '악어들'은 카친족의 신화에서 조상으로 자주 출현 한다.[146] 이 용어는 신룸 지역 카친족은 물론, 몽 흐사 지역의 마잉 타 샨족도 사용한다.

여기서 그 상징에 다시 주목하자. 나는 바렌이 (ⅰ) 샨 국가의 소 왕 개념─논의 주인 그리고 (ⅱ) 추장(샨족이든 카친족이든)이 대표하 는 남근적 원리─을 상징한다는 것 정도는 말할 수 있다. 추장과 관계된 하늘 신령(mu nat Madai) 역시 생산적인 땅(ga)이라는 여성적 요소와 대비되는 남성적 원리를 나타낸다. 여기에는 중국인과 샨 족 불교도의 관념이 녹아들었다.

일단 상징으로서 바렌은 중국의 '용(lung)'과 놀랄 정도로 유사한

데 모두 물, 남성성(yang), 왕권과 연관된다. 의례 행위에서도 유사점이 있다. 중국 베이징北京에 있는 천단(Temple of Heaven)은 과거 중국 황제들이 와서 중요한 연중 의례를 집행한 곳이자, 중국 민족의 안녕과 곡물의 풍요를 기원한 곳이다. 천단은 두 부분으로 구성된다. 하늘에 바쳐진 부분은 지붕이 있는 건물이고, 땅에 바쳐진 부분은 지붕이 없는 원형 단이다.

카친 굼사 체계에서 추장의 종교적 기능에는 마다이—하늘 신령의 최고 추장—에게 공물을 바칠 의무가 포함된다. 마다이가 주민의 부와 일반적 안녕을 관장하기 때문이다. 이때 공물은 추장의 가옥 안에 위치한 마다이 신당에서 바친다. 그런데 추장은 땅의 신령(ga-Shadip)—땅과 인간의 다산성을 주재하며 '창조'라는 관념과 거의 동의어인 양성적 존재—에게도 공물을 바쳐야 한다. 이 공물은 눔샹(p. 181)이라고 불리는 신성림의 원형 공터에서 봉헌한다. 이런 카친 추장들의 역할에서 중국적인 색채가 발견된다. 추장 가옥은 단순한 거주지 혹은 궁궐 이상이며, 하늘 신령(Madai nat)에게 바친 사원이기도 하다.

서기 4세기 무렵부터 중국 왕조와 동남아시아 지역에서는 왕이 살아 있는 붓다와 신성왕의 여러 속성을 공유한다고 여겨졌다는 점도 상기해야 한다. 이런 사회에서는 왕과 궁중 가신, 왕비와 첩이 세속과 단절되어 신성한 메루 산*의 개념적 축도와 같은 벽으로 둘러싸인 궁궐에서 폐쇄적인 생활을 했다. 아마라푸라, 아바,

---

* 고대 인도의 우주관에서 세계의 중심에 위치한 산. 수미산이라고도 함.

2부 | 카친 굼사 사회의 구조

만달레이에 위치한 미얀마의 궁궐 역시 이 범주에 속하며, 오늘날 샨 국가의 소왕들이 거주하는 '왕궁(haw)'도 그렇다.[147] 카친족의 추장 가옥(흐팅누)은 보통 커뮤니티와 분리되지 않는다. 그러나 과거에는 샨 국가 소왕의 지위에 도달한 가장 성공적인 카친족 추장들이 자신의 가옥을 정교한 석벽으로 둘러싸 이런 상징적 구획을 보여주기도 했다.[148]

카퉁kahtawng(gahtawng), 가ga : 마을

마레mare, 마렝mareng : 마을 군락

뭉mung(샨어는 몽möng) : 추장의 영역

마을, 마을 군락, 추장의 영역을 지칭하는 서로 다른 용어는 4장에서 부분적으로 언급했다. 마을과 마을 군락은 주로 영토적 의미지만, 추장의 영역은 정치적 의미다. 따라서 어떤 경우에는 카친 영역(mung)에 여러 마을 군락(mare)이 있고, 그 마을 군락에 여러 마을(kahtawng)이 포함된다. 한 추장 영역에 한 마을 군락(예를 들어 흐팔랑 지역처럼)이나 한 마을만 있는 경우도 있다.

카퉁은 엄밀히 말해 마을 내 건물을 지칭한다. 가는 마을이 관할하는 땅을 의미하지만, 두 개념의 의미는 거의 동일하다. 보통 남쪽 지역에서 카퉁을 쓰고, 북쪽 지역에서 가를 쓴다.

마을은 하나 이상 가구를 포함하며, 대다수 마을은 10~20가구로 구성된다. 마을은 보통 산등성이나 산마루 근처에 위치한다. 건물은 9~18미터 거리를 두고 불규칙적으로 있는데, 산마루에는 거

친 중앙 통로(lam)가 형성되었다. 어떤 지역에서는 각 가구 옆에 울타리 친 작은 뜰(sun)이 있어서 아편을 비롯한 특용작물을 재배한다. 구성원에게 공동으로 경작권—공터 개간권 등—이 있는 마을은 보통 인구가 가장 희박한 지역으로, 하천이나 산꼭대기, 기억하기 쉬운 바위 등이 마을 이름이다.

마을(즉 마을 내 건물)의 실제 위치는 딱히 고정되지 않는다. 몇몇 마을은 100년 전에도 지금 위치에 있었지만, 어떤 마을은 몇 년 만에 마을 터를 완전히 버리기도 한다. 이주하는 이유는 때로 아주 실제적—예를 들어 식수원의 오염—이지만, 대부분 주술적이다. 질병, 흉작, 화재, 기타 재난은 보통 **붐 낫**bum nat(산신령)이라 불리는 지역의 나쁜 기운 탓으로 여겨진다. 희생 공양을 해도 상황이 나아지지 않으면 점쟁이(nwawt)는 마을 터를 옮기는 게 최선이라고 말한다. 보통 마을 터를 옮겨도 주민의 경작권은 영향을 받지 않는다.

영국 식민지 행정관은 종종 카친족이 마을 터를 옮기는 것을 산등성이 한쪽 사면의 지력이 고갈되어 다른 지역을 개간하기 위해서라고 했지만, 이는 타당한 설명이 아니다. 내가 조사한 모든 경우에서 토지에 대한 권리는 한두 차례를 제외하고 양도 불가능한 것으로 간주되었다. 마을의 '주요 종족'이 멸족했을 때(dawm mat sai), 그들의 토지는 마을 추장 종족의 관할 아래 들어간다. A 추장 영역에 있던 마을이 B 추장 영역으로 옮기면, 주민은 A 추장 영역의 모든 토지에 대한 권리를 잃는다. 그러나 실제 이런 경우는 드물다. 마을 터를 옮길 때는 대부분 동일한 추장 영역의 다른 위치를 선택한다.

초기 영국 식민지 행정관들은 토지에 대한 권리 원칙을 완전히 잘못 이해했고, 이 문제에 대한 문헌 기록 역시 대부분 그릇된 것이다. 이는 대다수 저자들이 이동경작에는 긴 휴한기가 필요하고, 어떤 경우 휴한기가 공터에서 다시 밀림이 우거질 때까지 이어진다는 사실을 간과했기 때문이다. 그들은 토양을 이런 식으로 놀리는 것을 그 토지가 **버려진**—다시 말해 그 토지에 대한 권리를 포기한—것으로 보았다. 따라서 여러 문헌은 한 마을이 소유한 토지를 어느 때만 경작되는 토지로 해석한다.[149]

실제로 특정 마을의 우두머리가 '우리 땅'으로 여기는 토지 면적은 현 시점에 경작되는 토지의 10~20배에 가깝다. 실제 경작되든 아니든 토지에 대한 권리는 장기적으로 인정된다는 증거가 있다. 예를 들어 1900년 신룸 지역에 영국 정부의 식민지 사무소가 들어서고 나서, 신룸과 로단에 있는 카친족 마을이 경작하던 넓은 삼림 지역이 삼림 보존 지구로 분류되어 그곳 기차역을 위한 연료 공급지가 되었다. 1940년 신룸과 로단 마을은 영국 정부가 금지령을 내리고, 두 마을이 그 사이에 위치를 옮겼는데도 그 땅이 자신들의 소유라고 주장했다.

마을 구성원들은—어떤 경우에는 일부 구성원만 참여한다—해마다 삼림의 특정 지역을 함께 개간한다. 이때 벌목, 불태우기, 울타리 세우기가 마무리되면 공동 활동을 하지 않는다. 개간한 전체 공터(yin wa)에서 각 가구는 독립된 땅(yi)을 경작하며, 수확물도 개별 가구가 가져간다. 2장에서 설명한 것처럼 몇몇 마을은 일반적인 삼림 타웅야가 아니라 '초지 타웅야(hkaibang)'[150]를 하지만, 공동으로 개간한 땅에서 개별 가구가 독립적으로 작업한다는 원칙은 동일하다. 물을 댄 논이 있는 곳에서는 각 논(hkauna)[151] 역시 가구 단위로 작업한다. 물론 같은 물길을 이용하는 가구들은 협력이 필요하다. 논의 매매와 거의 흡사한 담보 시스템이 존재하는데, 원칙적으로 논은 직접 매매가 불가능하다.

마을 구성원은 개별 부계 종족에 속하지만, 그중 한 종족이 마을을 '소유한다(madu ai)'. 마을 우두머리는 항상 마을을 소유한 종족 출신이다. 보통 마을 이름 역시 주인이 되는 종족 이름을 따른다. 예를 들어 파시 가 마을은 파시족 소유, 라가 카퇑 마을은 라가족 소유다. 나는 마을을 소유한 종족을 '주요 종족principal lineage'이라고 부른다. 이 사실 때문에 마을 우두머리는 주요 종족의 우두머리인 셈이다. 이런 맥락에서 '소유권ownership'의 의미는 나중에 설명할 것이다(p. 229 이하 참조).

영국 식민 체제에서 마을 우두머리는 아그이와agyiwa(빅맨)로 알려졌지만, 이 용어가 영국인이 도착하기 전에도 사용되었는지는 분명치 않다. 이 용어는 굼라오 체계에서 유래한 것 같다.[152] 굼사 체계에서는 보통 살랑 와salang wa[153]라는 용어를 쓰기 때문이다.

최근에는 마을의 각 가구들이 공동으로 학교를 짓는 일도 있지만, 카친 마을에는 공공건물이 없는 경우가 대부분이다. 보통 추장 가옥이나 마을 우두머리의 가옥이 여행자를 환대하기 위한 공공 게스트하우스 역할을 한다. 따라서 추장이나 마을 우두머리의 가옥을 잘 관리하는 것은 어느 정도 공동의 책임이다. 마을 주민은 추장 가옥을 짓거나 수리할 때 도와줄 의무가 있다.

마을 입구에는 대부분 **눔샹**이라고 불리는 신성림이 있다. 여기서 해마다 중요한 의례를 치른다. 그러나 이곳은 1년 중 많은 기간 동안 외관이 황폐하다. 의례가 있을 때 이곳에 세워지는 성소는 대단히 정교하지만, 그 재료는 대부분 대나무다. 한 번 쓰인 성소는 버려지며, 이듬해에 새로운 성소를 짓는다. 영구적인 성소는 땅의 신령(ga nat)에게 바친 것뿐이며, 보통 돌을 원형으로 배열해서 울타리를 친다. 아주 부유한 몇몇 마을에서는 중국식으로 원형 석대를 만들기도 한다.[154] **눔샹**에는 보통 뱅골보리수(ficus retusa)가 있는데, 불교와 인도 힌두교에서 신성하게 여기는 나무다. 이 나무와 관련된 이야기는 아주 다양하다. 미얀마 전역과 샨 지역에서는 보통 한 마을을 창설한 조상의 성소에 이 나무가 있다.

눔샹 내의 나무는 절대로 베지 않는다. 이 지역의 신성성은 다른 방식으로 강조되기도 한다. 예를 들어 **눔샹**은 보호 구역이라서 마을의 적이라도 그 안에 있을 때는 건드릴 수 없다. 이와 관련해서 과거 카친족이 개인 채무 관계를 해결하기 위해 사용한 전통적이고도 환상적인 방법으로 '빚 위에 앉는(hka dung ai)' 것이 있다. 그 방법 중 하나는 초대받지 않은 사람을 그와 갈등 관계에 있는 상대편의 잔치에 보내 호의를 이용하는 것이다. 이보다 덜 위험한 방법은 상대방의 **눔샹** 지역에서 야영하며 기회를 보아 상대편의 가축을 죽이는 것이다. 신성한 **눔샹** 지역에서는 폭력으로 신의 노여움을 사고 싶어 하지 않으므로 보복도 할 수 없었다.[155]

그렇다고 카친족의 종교 의례가 **눔샹**이나 각 가구의 신당에서만 거행되는 것은 아니다. 거의 모든 집 앞에서 **눔샹**에 있는 것과 비숫한 썩어가는 대나무 제단(hkungri)을 쉽게 볼 수 있다. 가구주의 지위가 높을수록 옛 축제의 흔적인 이 제단도 웅장하다. 제단의 디자인이나 희생 의례용 말뚝(wudang) 스타일은 그 자체로 희생 공양물과 공양을 받는 신의 성격을 암시한다. 즉각적인 목적이 어떻든 모든 희생 공양은 과시적 소비의 중요한 요소다. 그래서 무엇을 바치느냐가 특히 중요하다.

커다란 물소를 잡을 수 있는 사람은 이웃이 항상 그 사실을 기억해주기 바랄 것이다. 사람들이 도살된 동물의 두개골을 썩어가는 제단이나 말뚝에 걸어두는 것도 이 때문이다. 이때 제단이 모두 썩어 부서지면 가장 큰 두개골을 집 앞 기둥에 걸어두는데, 이는 때로 수 세대 동안 이어지는 영구적인 장식품이 된다. 닭을 잡는 경우 그 뼈를 기념품으로 쓰지는 않지만, 대량으로 잡은 경우에는 높은 대나무 장대를 세워 공양한 닭의 숫자만큼 닭 바구니를 걸어둔다. 바구니가 걸린 모습은 해군 깃대에 매단 깃발처럼 보이기도 한다. 한편 불교도인 샨족 역시 닭을 잡지는 않지만, 의례를 기념하기 위해 색색 헝겊과 바구니가 달린 높은 '깃대'를 세운다.[156]

희생 의례용 말뚝은 대부분 거칠게 베어낸 무른 나무로 만들어 한두 계절이 지나면 썩는다. 추장 가옥 밖에는 여기저기 더 정교한 말뚝이 있는데, 이는 단단한 나무로 만들며 신비로운 문양으로 장식한다. 중요한 축제가 있을 때는 눔샹 바깥에도 비슷한 문양(laban)을 새긴 말뚝을 세운다. 이 문양은 하늘 신령, 특히 마다이 낫의 선물이라고 여겨지는 부의 상징물(hpaga, p. 214 참조)을 그린 것이다. 이렇게 장식된 말뚝은 하늘 신령에게 바친 물소의 희생을 기

2부 | 카친 굼사 사회의 구조

념하기 위해 쓰인다. 물소와 같은 제물은 마나우manau라고 알려진 대규모 의식에서 바치는데, 이는 나가족과 친족에게서 보고된 부의 축제(Feasts of Merits)와 비슷한 의식이다.[157]

마다이 신령을 위해 제물을 잡고 마나우 축제를 여는 것은 추장의 특권이다. 마을의 부유하고 영향력 있는 남자들도 때로 마나우를 개최하지만, 이를 위해서는 적절한 선물 교환으로 추장에게 허락을 구해야 한다.[158]

마나우가 열릴 때는 개최하는 사람의 집 바깥에 흙으로 지름 14~18미터 되는 원형 춤판(naura)을 만든다. 춤판 중앙에 말뚝과 판자(shadung dingnai)를 세우는데, 이는 조형예술 측면에서 카친족의 예술적 정점—압도적으로 뛰어난 것은 아니지만—을 보여준다. 전통에 따라 이 말뚝과 춤판은 축제를 열고 12개월 뒤에 파괴해야 한다. 그때부터 희생 의례 말뚝만 과거 영광의 상징으로 남는다. 그 결과 여러 마을에서 마나우 춤판을 실제로 볼 수 있는 기회는 많지 않다.[159]

카친 마을에서 매장지는 그리 중요하지 않다. 망자는 보통 살던 마을과 가까운 곳에 묻히지만 공동묘지는 없다. 무덤 위치는 점쟁이의 자문을 받아 개인적으로 정한다. 대다수 사회처럼 카친 지역에서도 장례식은 과시할 기회가 된다. 대나무와 억새로 만든 정교한 구조물을 무덤 위에 세우는데, 이것 역시 6~12개월 안에 썩어 없어진다.[160] 그때부터 무덤의 위치도 중요하지 않다. 추장의 무덤 주위에는 깊은 도랑을 파는데, 이 도랑은 대나무 장식품이 사라진 뒤에도 오랫동안 존속된다. 그 추장이 다른 마을이나 종족과 혈투

중에 사망했고 그 죽음에 적절한 보상이 따르지 않았을 경우, 이 도랑은 미완성 상태로 둔다. 최종적인 채무 관계가 해결된 뒤에야 의식과 함께 도랑을 완성한다.

나는 앞서 전형적인 카친 마을에 대한 설명에서 커다란 집, 여러 개 제단, 조각된 희생 의례용 말뚝, 도랑을 판 무덤 등 남자의 지위를 나타내는 물질적 특성을 강조했다. 여기서 일반화가 가능하다. 카친족 남자가 자기 지위를 드러내는 전형적인 방법은 의례용 희생 제물의 규모를 과시하는 것이다. 희생된 동물에 들어가는 비용 외에도, 의례의 배경으로 쓰이는 풀이나 대나무 장식품 역시 대단히 정교하게 꾸밀 수 있다. 남자는 분명 이런 '의례용 장비'가 만들어지는 과정에서 미적인 만족감 외에도 위신과 존경을 얻는다.

그렇지만 이 장비들의 가치는 일시적이다. 어떤 제단도 두 번 사용되지 않으며, 모든 물품은 희생 의례가 있는 날 새로 만들어야 한다. 희생 의례가 끝나면 그 물품은 즉시 버려져 천천히 썩어 간다. 영속적 특징이 있는 것은 추장직을 나타내는 상징—티크나 기타 단단한 나무로 만든 커다란 현관 기둥, 무덤 주위의 도랑, 마다이 낫게 희생 제의를 바칠 때 세우는 희생 의례 말뚝—뿐이다. 그 외 모든 것은 일시적이다. 제단이나 무덤 옆에 세우는 대나무 장식품, 일반적인 희생 의례에 사용되는 무른 나무로 만든 말뚝, 마나우 축제에 사용되는 장대 등은 의식적으로 폐기되어야 한다. 누군가 하루는 왕이 될 수 있지만, 오직 추장이 영원히 지배할 수 있다는 듯이 말이다.

카친족과 더 서쪽의 나가족이나 친족의 관습에는 흥미로운 차이가 있다. 나가족 사회에서 한번 확립된 위신은 영구적으로 지속되며, 이는 선돌을 세워 표시한다. 그러나 이에 상응하는 카친 사회의 상징은 쉽게 훼손되는 것들이다.

카친족이 석조 기념물을 세우는 경우는 아주 드물고, 오직 추장들이 할 수 있다. 예를 들어 후퉁 마을의 가우리족 추장은 예전에 자신의 마나우 축제[161]를 기념하기 위해 선돌을 세웠다. 같은 마을의 다른 추장들은 중국 석공들을 데려다 자기 무덤을 중국식으로 꾸몄다.[162] 그러나 카친 사회에서 그런 석조 구조물은 발견되지 않는다.[163] 이를 문화 전파주의적 관점에서 설명하기는 어렵다. 사회학적인 설명은, 카친족처럼 유동적인 사회에서 지위를 표현하기 위한 상징으로 사용되기에는 돌이 지나치게 영속적인 질료가 아닐까 하는 점이다.

마레 혹은 마렝 : 마을 군락

—

카친족 마을은 독립된 정치 단위일 수도 있지만, 굼사 체계에서는 마을이 특정한 산봉우리나 산등성이 주변에 있으며 이 마을 군락이 스스로 단일한 정치 단위로 인식하는 경우가 더 흔하다. 마을 군락의 마을은 흐팔랑처럼 지리적으로 가까워서 전체가 여러 구역으로 된 한 마을처럼 보이기도 한다. 다른 경우는 마을이 수 제곱 킬로미터 넓이에 드문드문 있다.

마을 군락을 구성하는 마을의 정치적 관계는 한 마을 내 종족 집단의 관계와 유사하다. 이 점은 흐팔랑 지역에 대한 설명(4장)에서 분명히 언급했다. 이런 사실은 카친족이 왜 종종 마을(카퉁)과 마을 군락(마레)을 뚜렷이 구분하지 않는지 부분적으로 설명해준다.

마을 군락 내 마을은 서로 다른 종족이 '소유하는데owned' 이 종족은 때로 동일한 씨족에, 때로 다른 씨족에 속한다. 이때 거의 언제나 한 마을이 다른 마을보다 우위(종가)에 있다. 이 상위 마을의 주요 종족은 마을 군락의 모든 영토(lamu ga : 하늘과 땅)를 '소유한다(madu ai)'고 간주된다. 따라서 이 상위 마을의 우두머리는 마을 군락 전체의 추장(duwa)이 된다. 이 추장은 모든 주민에게 희생 제의건, 사냥이건, 자신의 영토에서 도살된 모든 네발 동물의 뒷다리를 받을 권리가 있다. 그는 자기 논에서 주민에게 일을 시킬 수 있는데, 여기에는 호혜성의 의무가 적용되지 않는다(즉 그는 받은 것을 갚을 필요가 없다). 그 외 많은 경우에 추장은 해마다 한 가구당 쌀 한두 바구니를 조공으로 받는다. 이런 권리가 있는 추장은 '넓적다리를 – 먹는 추장(magyi sha ai du)'이라고 불린다.

몇몇 마을 우두머리는 높은 혈통 덕분에 추장 직함이 있지만, 그것만으로 '넓적다리를 먹을' 권리가 주어지진 않는다. 나는 이 추장들을 작은 추장(petty chief)이라 부르겠다. 이론적으로 작은 추장은 언제나 넓적다리를 – 먹는 추장의 가신이지만, 현실에서는 넓적다리를 – 먹는 추장만 눔상에서 중요한 의례를 거행할 수 있다. 따라서 마을 군락마다 눔상이 하나 존재해야 할 것 같지만, 우리가 흐팔랑에서 보듯이―마란 – 늠웨 마을과 마란 – 굼즈예 마을의 우두머리가 모두 추장이라고 주장하며 자기 눔상이 있듯―실제로는

작은 추장들도 자기 늄상을 운영한다. 이런 행위는 넓적다리를 -
먹는 추장의 의례적 권한이 작은 추장에게 위임될 수 있다는 설명
으로 합리화된다.

뭉mung : 영역 혹은 지대, 마을(샨어는 몽möng, 미얀마어는 미요myo)

넓적다리를 - 먹는 추장의 정치적 영역은 한 마을(카퉁)이나 한
마을 군락(마레), 때로는 여러 마을 군락이 될 수 있다. 이런 영역
내 영토를 뭉이라 하는데, 이는 샨어 몽에서 빌려 온 것이다. 따라
서 영역 추장(mung duwa)이라는 직함은 모든 넓적다리를 - 먹는 추
장에게 붙일 수 있지만, 실제로 넓은 지역을 관할하는 최고 추장에
게 사용한다. 그런 영역에서 모든 넓적다리를 - 먹는 추장은 같은
종족에 속하지만, '영역 추장'은 그 종족 '막내아들 가계'의 우두머
리가 맡는다. 따라서 이런 영역 추장은 우마 두uma du(막내아들 추장)
라 불린다(p. 196 참조).

흐팔랑 커뮤니티에서 '영역'과 '마을 군락'은 일치한다. 이 '마을
군락'은 분리된 아홉 개 '마을들'을 품고 있다.

마을 숫자가 어찌 되었든 여러 마을이 모여 마을 군락을 이루고,
이런 군락이 모여 '지대' 혹은 '영역'을 이루는 것은 미얀마 북부 지
역의 일반적인 경향이다. 이 다양한 용어를 번역하기 힘든 것은 카
친족이나 샨족, 미얀마인이 그들의 개념인 뭉, 몽, 미요myo(군), 카
퉁, 만man, 유아yua(마을) 같은 용어에 특정한 크기 개념을 부여하지

않기 때문이다. 영국인이 생각하기에 인구가 밀집된 지역과 비슷한 인구가 상당히 넓은 지역에 흩어져 사는 지역은 서로 다른 범주여야 마땅하다. 그러나 미얀마인과 그 이웃은 그렇지 않다. 예를 들어 미얀마어 미요는 한 마을이나 여러 흩어진 마을로 구성된 군 전체를 동시에 의미할 수 있다. 미얀마인은 행정단위 성격보다 그곳을 관할하는 지도자의 서열에 관심을 보인다. 유사한 방식으로 현대 영국의 시스템은 크고 인구밀도가 낮은 '교외 구역'보다 작고 인구가 밀집된 '도시 구역'에 가치를 둔다.[164]

카친족의 용어 사용이 미얀마인이나 샨족과 동일하지 않지만, 유연하기는 마찬가지다. 미얀마인의 미요와 샨족의 몽은 거의 정확한 동의어다. 두 용어는 소도시town 혹은 군township을 의미한다. 다시 말해 소도시와 연관되거나 비교할 수 있는 행정구역인 셈이다. 따라서 과거에 미얀마인이 미얀마 북부에 있는 샨 국가 한두 개를 멸망시켰을 때, 샨 국가의 소왕들이 바치던 조공 의무를 미요-사myo-sa('미요를 먹은 자')라는 미얀마 관리가 대신했다. 반면 카친족은 소도시가 없으므로, 소도시를 의미하는 미얀마어 미요와 군을 의미하는 미요를 구분한다. 즉 앞의 미요는 마레('마을 군락', 예를 들어 바모는 마레), 뒤의 미요는 뭉(영역)으로 번역한다.

마을, 마을 군락, 영역 개념에 존재하는 규모 차원의 융통성은 상당히 중요하다. 대다수 영국인에게는 샨족이 몽, 미얀마인이 미요라고 부르는 것이 정치적인 의미에서 중요성이 훨씬 덜한 카친족의 뭉과 '동일한 실체'로 보이지 않을 것이다. 그렇지만 카친족의 시각에서 세 범주의 정치적 의미는 동일하다. 번창하고 성공적인 뭉을 통치하는 카친족 추장은 몽을 통치하는 샨 왕(shaopa)과 자신을 동일하게 여긴다.

카친족 입장에서 이것은 단순한 허영이 아니다. 과거에는 미얀마인 스스로—이 점에서는 영국인도—카친족 추장의 정치적 지위를 규모가 작은 샨 소왕의 그것과 동급이라고 보았기 때문이다. 따라서 19세기 카친 고산지대에 대한 문헌에서 카친족의 지도자는 거의 언제나 츠소봐Tsawbwa(샤오파shaopa) 혹은 포마잉Pawmaing(포몽pawmöng)[165]이라 불렸다. 이는 저자들이 당시 미얀마인 통역에게 듣고 기록한 것이다. 이 문헌들은 19세기 중반 미얀마 왕조에서 중요한 카친족 추장을 정확히 샨 국가의 왕처럼 취급했음을 보여준다.[166] 비슷하게 샨어로 '몽의 아버지'를 의미하는 포몽Paw-möng은 왕궁의 고위 자문(amat)을 의미한 것 같다. 이에 상응하는 카친 용어는 보뭉bawmung('뭉의 우두머리')이다. 보뭉은 마을의 우두머리(salang)로 태생이 평민이라 추장 직함을 주장할 수는 없지만, 개인적 힘이나 다른 상황을 이용하여 자신의 정당한 주인을 뛰어넘은 인물을 말한다. 예를 들어 흐팔랑에서도 백치인 라파이 마을 우두머리가 정식 추장이지만, 실제 리더는 아트시족 평민 출신 보뭉인 숨늣 마을 우두머리였다.

이렇게 잡다한 상응 어휘는 카친 **굼사** 사회의 규모가 대개 샨 사회에 비해 보잘것없으나, 정치 구조는 여러 면에서 샨 사회의 모델을 따르고 있음을 보여준다.

샨족과 **굼사** 카친족에게 몽(뭉)이라는 용어에는 정치적 통일성이라는 확고한 의미가 함축되었다. 몽은 자기 영토의 직함 보유자보다 상위에 있는 추장의 영역을 말한다. **굼라오** 카친족 역시 **뭉**이라는 용어를 쓰지만 그 의미는 다르다. **굼라오** 체계의 뭉은 **굼라오**의 규칙이 통용되는 지구 혹은 인접 지역을 말한다. 따라서 흐캄티롱 동부와 트라이앵글 북부의 둘렝 지역은 '둘렝 뭉'이다. 이 지역은 현재 전부 **굼라오** 영토다. 모든 둘렝족 마을은 정치적으로 독립되었지만, 그 의도가 뻔한 허구적 조작을 통해 자신들이 둘렝 씨족의 혈통이라고 주장한다. 둘렝 씨족의 신화적인 창시자는 이 지역의 수호성인으로 여겨지며, 각 마을에서는 동등하게 이 성인을 마을 신령(mung nat)으로 추대해 제물을 바친다(p. 76 지도 4).

뭉이라는 용어는 **굼사** 영토에서도 쓰이지만, 이때 뭉 낫은 최고 추장 종족의 창시자가 된다. **굼사** 영토에서는 오직 최고 추장이 뭉 낫에게 제물을 바칠 권리가 있다.

영국 식민 정부가 임의로 설정한 샨족과 카친족의 영토 경계는 영국 통치 이전의 사회적 상황과 아무 관계가 없음을 다시 강조해야겠다. 샨족의 몽은 보통 카친족이 점유한 언덕 지역과 샨족이 사는 계곡 지역을 포함했다. 비슷하게 여러 경우에서 카친족의 뭉 역시 카친족이 거주하는 언덕 지역뿐 아니라 샨족이 점유한 계곡 지역을 포함했다. 뭉 낫도 두 지역에 모두 존재했다.

여기서 우리가 다룬 주요 개념은 모두 장소에 관한 범주다. 이제 우리는 인간에 대한 범주, 즉 카친족이 다양한 인간 집단을 지칭할 때 사용하는 용어를 고찰할 것이다. 카친족의 사고에서 이 범주는 조금 전까지 우리가 다룬 장소 범주와 완전히 분리되지 않는다. 이점은 앞으로 자세히 설명할 것이다.

III. 개인의 집단 구성에 대한 개념

흐팅고htinggaw : 가족, 확대가족
—

나는 '가족'을 남편, 아내, 자녀로 구성된 생물학적 가족이란 의미로 쓴다. '확대가족'은 같은 마을에 거주하고 동일한 부계 종족에 속하는 남자들과 그들의 아내, 미혼 여자들로 구성된 집단으로 이해한다. 카친 사회에는 이 용어들과 의미가 정확하게 같은 낱말이 존재하지 않는다. 카친족은 자기 가족을 은타 마샤nta masha('집의 사람들'), 확대가족은 누 와 니 나우 니 흐푸 니 용nu wa ni nau ni hpu ni yawng('어머니들, 아버지들, 동생과 여동생들, 형들 모두')이라고 부른다. 카친족 용어 흐팅고htinggaw(가구household)는 두 가지 모두 의미하고, 문자 그대로 해석하면 '한 지붕 아래 사는 사람들'이다. 남자가 결혼하면 그는 흐팅고 론htinggaw rawn('지붕을 확장')한다. 흐팅고 가데 은가 아 타Htinggaw gade nga a ta?는 '거기 몇 가족이 있는가?'라는 뜻이다.

하지만 보통은 흐팅고가 '동일한 가족 신을 모시는 사람들'을 의미하는 것 같다. 이 의미로 보면 흐팅고는 한 가구를 지칭할 수도 있지만, 동일한 부계 종족에 속하는 남자들이 사는 이웃한 여러 가구를 의미하기도 하며, 심지어 완전히 다른 지역에 사는 여러 집을 포함할 때도 있다. 여기서 구분하는 기준은 각 가정의 신당에 보관하는 신성한 가품(nat htawt daw)을 나눠 가지는 '종족 나누기' 의례가 치러졌는가, 아닌가에 달렸다.

나는 4장에서 흐팅고를 인류학자들이 사용하는 의미대로, 짧은 시간 주기 아래 존속하는 부계 종족이라고 말했다. 흐팅고의 이 의미에 대해서는 다음에 설명하겠다.

암유amyu, 라쿵lakung, 답dap, 흐팅고 : 종족, 씨족

—

카친족이 지역 친족 집단에 대해 말할 때는 대부분 가족이 아니라 종족을 의미한다. 카친 남자와 여자는 평생 사용할 성性을 부계에서 물려받는다.[167] 따라서 성이 같은 사람들은 같은 부계 종족에 속하지만, 카친의 종족 체계는 분절적segmentary이어서 개인도 여러 성을 가질 권리가 있다. 다른 성씨는 각 부족의 존속 주기가 다름을 의미한다. 예를 들어 흐푼라우족은 그보다 큰 라왕족의 지파이며, 라왕족은 다시 라토족의 한 지파인 카도족의 지파라고 하자. 이때 흐푼라우 탕이라는 사람은 자신을 라왕 탕, 카도 탕, 라토 탕이라고 할 수도 있다. 비슷하게 내가 4장에서 혼란을 피하기 위해 라가 노라고 한 흐팔랑 라가 마을의 우두머리는 보통 느쿰 노Nhkum Naw라고 알려졌다. 라가족이 느쿰 씨족의 한 종족이었기 때문이다.

규모가 어떻든 같은 종족에 속하는 사람은 '형제(kahpu-kanauni)', 동일한 '부류(amyu)', 동일한 '지파(lakung)', 동일한 '아궁이(dap)' 등으로 불린다. 이 말은 그때그때 돌아가며 쓰이는데, '최대 종족' '중간 종족' '최소 종족' 같은 말처럼 분절의 척도를 명확히 가늠할 수는 없다. 족외혼적인 분절과 족내혼적인 분절을 명확히 구분할 수도 없다. 카친 사회에도 씨족과 종족 족외혼의 원칙이 부족 분절의 가장 낮은 층위에서 엄격하게 적용되지만, 동일한 씨족 구성원이라도 앞선 5~6세대 중에서 같은 부계 조상이 없을 경우 혼인을 성사시키기 어렵지 않다. 마지막으로 카친 사회에서는 실제 조상과 추정되는 조상도 구별하기 힘들다. 카친 추장은 자신의 계보가 닝곤 와Ninggawn Wa(조물주)까지 거슬러 올라간다고 주장한다. 이를 위해 몇몇 집단은 40세대 혹은 그 이상 올라가는 족보를 내세우기도 한다. 이런 계보가 어디부터 순수한 허구인지 알아내기는 불가능하다.

나는 카친족의 계보는 구조적 원인 때문에 유지되며, 역사적 증거로는 전혀 가치가 없다고 생각한다. 평민은 같은 커뮤니티에 사는 이웃과 정확한 관계를 설정하기 위해 계보에 관심을 보일 뿐이다. 평민의 족보는 기껏해야 4~5세대 위 조상을 기억하는 정도다. 하지만 추장들은 '막내아들 종족'의 일원이라는 정통성을 확립하고, 그 지역에 있는 다른 추장들보다 높은 지위를 주장하는 데 관심이 많다. 카친 고산지대 중심부(예를 들어 트라이앵글 지역)에서는 중요한 추장의 정치적 연합 관계가 다양해서 추장들의 족보 역시 무척 길다. 반면 북 흐센위나 후콘(후쾅) 계곡 같은 변방 지역에서는 추장의 정치적 연합 관계가 상대적으로 적어서 족보 역시 덜 방대하다.[168]

몇몇 저자들은 카친 '변방' 지역의 추장 가계 족보가 상대적으로 짧은 원인을 카친 문화가 최근에야 이 지역에 진출했다는 주장의 증거로 삼는다.[169] 내가 보기에 모든 카친족의 족보는 허구적인 것으로 간주되어야 한다. 그 족보들에도 역사적 사실이 약간 담겼을지 모르나, 얼마나 많이 혹은 적게 담겼는지 아무도 알 수 없다.

나는 씨족이라는 용어를 최대 규모 종족(amyu)이라는 의미로 사용한다. 카친족은 그들 사회가 7~8개 씨족 집단으로 구성되었다고 생각하는 듯하다.[170] 지역 종족(흐팅고)은 어떤 식으로든 주요 씨족 중 하나와 연계된 것으로 보인다. 이는 카친족 마을에 사는 리수족이나 중국인도 마찬가지다. 따라서 카친 '씨족'은 더 오래된 다른 부계 종족의 지파로 간주되지 않는 종족인 셈이다. 나는 '종족'을 씨족을 제외한 모든 등급의 암유, 즉 규모에 상관없이 특정 씨족이나 종족의 모든 지파라는 의미로 사용한다. 이 종족은 반드시 족외혼을 할 필요는 없다.

가장 규모가 작은 종족은 그 구성원이 동일한 가족 신(p. 172 참조)을 모신다는 이유로 같은 '가족 이름(htinggaw amying)'을 사용하는 집단이다. 이 '가족 이름 층위'에서 종족은 엄격하게 족외혼을 한다. 개인은 보통 '가족 이름'이 같은 모든 이들과 개인적 친분이 있다. 이런 종족은 특정 마을과 동일시되는 지역을 기반으로 한 공동체 집단이다.

이 소규모 종족을 제외한 나머지 종족은 족외혼 금기가 없는데, 이 때문에 종족과 씨족의 연계가 다소 자의적인 문제로 변한다. 그래서 같은 종족 이름을 사용하는 사람이 다른 지역에 살면서 다른 씨족 구성원이라고 주장하는 일도 드물지 않다. 이는 공교롭게도 동일한 종족 이름이 두 지역에서 모두 사용되기 때문일 수도 있지만, 그보다 평민은 오직 자기 지역 종족(흐팅고)에 관심이 있기 때문인 듯하다. 그들은 그 종족이 특정한 주요 씨족과 연계되었는지 아닌지 신경 쓰지 않는다.

처음 보기에 놀라운 사실은 최고 서열 추장이 속한 종족과 그 종족이 속한 씨족의 연계도 불확실하다는 점이다. 따라서 나는 트라이앵글 지역의 마쇼족Mashaw 추장들이 스스로 마립 씨족이며, '막내아들(uma)' 계보라고 여길 거라고 생각한다. 콸루 마 낭은 그들을 느쿰 씨족으로 보는 듯하며,[171] 라토 씨족이라고 하는 말도 들었다. 비슷한 사례는 더 많을 것이다. 이 문제에 옳고 그름은 없다. 현재 마쇼족 추장들이 자신들을 마립 씨족이라 주장하고 마립족 추장들도 그렇게 믿는다면, 그들은 현재 마립 씨족이다. 하지만 이것이 과거에 그들이 항상 마립 씨족이었다거나 미래에도 마립 씨족일 거라는 의미는 아니다.

종족의 연합 관계는 지난 수십 년간 크게 재편되어 이를 증명하기는 어려워 보인다. 현재 우리에게는 주요 씨족 중 하나인 차센 씨족에 대한 1835년[172]과 1940년[173]의 상세한 설명이 있다. 두 기록의 차이는 상당한데, 그렇다고 이를 사회 변화의 결정적 증거로 생각해서는 안 된다. 1835년 저작에서 한나이 역시 사실관계를 오해한 듯하기 때문이다. 여기서 작동되는 원리는 특정 종족이 세력을 얻으면 그 종족과 관계를 맺는 것이 이득이 된다는 점이다. 따라서 특정 씨족과 계보가 모호하고 경쟁하는 집단들이 자기 버전을 주장한다 해도 모두 동일하게 유효하며, 유일하게 옳은 버전은 없다.

구조적으로 대단히 중요하지만 내가 풍문으로 들은 증거밖에 제시할 수 없는 문제 하나는 '고위royal' 종족의 분기에 관한 절차다.

내 생각에 평민은 이 문제에 거의 신경 쓰지 않는다. 새로운 마을로 이주한 평민 가구는 자동적으로 흐팅고 수준에서 새로운 종족의 핵심 구성원이 된다. 그러나 넓적다리를 – 먹는 추장들의 수준에서 문제는 훨씬 복잡하다.

관념적으로 추장의 정치적 권위는 하늘 신령인 마다이와 땅의 신령인 샤딥Shadip에게 제물을 바쳐 통치하는 영역의 번영을 유지하는 능력에 달렸다. 그는 여성 하늘 신령 — 보통 마다이의 딸[174] — 과 결혼한 먼 씨족 조상에게서 이런 능력을 물려받는다. 이 의례 능력ritual power은 넓적다리를 – 먹는 추장에서 자동적으로 그의 막내아들에게 전해진다. 이 능력은 다른 아들 — 즉 맏이 에게 물려질 수도 있는데, 맏이는 막내아들에게 정당한 절차를 거쳐 이 능력을 구입해야 한다. 합의되면 의례 능력이 분화되고, 고위 종족의 분기가 일어난다. 그 절차는 다음과 같다고 알려졌다.[175]

나는 앞에서 조상 신령을 위한 신당에 있는 낫 흐툇(물이 흐르는 대나무 관)에 대해 언급했다. 이것은 신당 위의 지붕에 보관한다. 형제가 신성한 의례 능력을 나누기로 합의했다면, 그들은 이 대나무 관을 종족의 최고 추장(uma du) — 그는 먼 지역에 거주할 수도 있다 — 에게 가져가야 한다. 거기 도착하면 맏이가 막내에게, 막내가 맏이에게 적당한 선물을 주었다는 증표를 만든 다음, 최고 추장의 가옥에서 모시는 조상 신령인 우마 낫uma nat 신당에서 종교적 의례를 거행해야 한다. 이 의례를 마치면 형제가 가져온 대나무 관을 반으로 쪼개어(daw) 새로운 대나무 관 네 개와 바꾼다. 여기서 두 개는 맏이에게, 두 개는 막내에게 준다. 형제의 아내들은 이 대나무 관을 가지고 집으로 돌아간다. 그녀들은 아기를 등에 업고 갈 때처럼 비단 숄로 대나무 관을 등에 싸서 가지고 간다. 이런 절차가 끝나면 맏이와 막내 모두 넓적다리를 – 먹는 추장의 지위를 주장할 수 있다. 가져간 대나무 관은 조심스럽게 보관해야 한다. 전체 의례에 사용되는 상징은 대단히 소박하다. 이런 의식을 통해 지위가 동등한 두 종족이 탄생했음을 공적으로 인정받을 수 있다.

이 모든 과정을 마쳐도 막내아들과 그 후손의 의례적 지위는 맏이와 그 후손의 지위보다 높다고 간주된다. 게다가 원래 통치하던 추장 영역에 '머무르는' 쪽은 막내이며, 맏이는 다른 곳으로 이주해 새로운 지역의 추장이 되어야 한다. 종족의 분기 절차를 이해하고 우리가 오늘날 D 지역에 있는 왕족 d를 관찰하면 이 집단이 과거 C 지역에 있던 왕족 c에게서 분기해 나왔고, c는 과거에 B 지역에 있는 왕족 b에게서 분기해 나왔으며, 그런 식으로 앞에서 언급한 카친 지역의 여덟 개 주요 씨족 중 하나인 왕족 a까지 이른다고도 말할 수 있다.

이때 d 종족 사람이 자기 종족은 c 종족의 지파임을 인정한다면, 그는 아직 C 지역에 거주하는 c 종족의 우두머리가 자신에게는 상위 추장임을 인정할 것이다.

예를 들어보자. 흐푼라우족은 모두 자신들이 라욘족의 지파임을 알고 있다. 그들은 종족 문제에 관한 한, 라욘 가 마을의 추장을 우두머리로 여긴다. 하지만 라욘족은 카도족의 지파이며, 어떤 문제에서는 라욘 추장이 저 멀리 중앙 트라이앵글 지역의 카도 우마 가Kadaw Uma Ga 마을에 사는 카도족 추장의 의견에 따라야 한다.

카도족은 라토 씨족의 지파이므로 라토 씨족의 최고 추장에게 경의를 바쳐야 하지만, 실제 그런 최고 추장은 존재하지 않는다. 대신 라토 씨족에 속하는 상급 추장 5~6명이 자신들의 우월함을 주장한다. 카도 추장 역시 그중 하나다.

먼 곳에 사는 고위 추장에게 바치는 경의는 추장급 혹은 고위 종족 구성원에게 중요한 문제지만, 전체적인 '힘의 균형'을 유지하는 데 중요하다. 앞에서 보았듯이 한 마을의 우두머리는 보통 특권계층(ma gam amyu)이다(p. 139 참조). 많은 문제에서 그는 보통 자신과 다른 씨족에 속하는 고위 추장(mung duwa : 영역 추장)에게 정치적 의무를 다해야 한다. 고위 추장에 대한 마을 우두머리의 의무는 본질적으로 봉건 체제의 가신이 영주에게 바치는 의무와 같다.[176] 하지만 종족 문제에 관한 한 마을 우두머리는 영역 추장뿐만 아니라

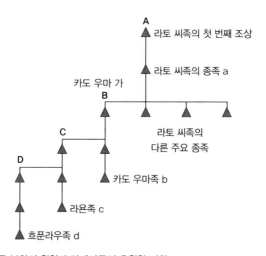

도표 3. 종족 분화의 원칙과 막내아들의 우월한 지위

　　　　　　　　　　　　　　　2부 ǀ 카친 굼사 사회의 구조

자기 종족 막내아들 지파의 우두머리(uma du : 지역 추장), 더 나아가 이 **지역 추장**과 관계가 있으며, 지리적으로 먼 곳에 거주하는 **지역 추장** 한두 명에게도 경의를 바쳐야 한다. 이런 종족 연합 관계는 같은 지역에 거주하는 다른 추장의 권력을 견제하는 수단이다.

최고 서열 종족 우두머리(uma da)의 권위는 여러 지역에 흩어진 하위 종족에게 미칠 수 있지만, 사실은 미미한 수준이다. 이런 위계가 존재한다는 관념은 카친 고산지대 전체 주민에게 '부족적 연대감tribal solidarity'이라고 불릴 만한 것을 만들어낸다. 이론적으로 종족 우두머리의 중요한 기능은 중재자 역할이다. 한 종족에 속하는 여러 하위 종족원의 분쟁 해결은 그 종족을 포괄하는 상위 종족 우두머리에게 맡겨진다. 하지만 이런 일이 오늘날에도 행해지는지 의심스러우며, 과거에 실제로 그랬는지 아는 바가 없다.

나는 마을을 정의하면서(p. 177) 마을의 우두머리가 그 주요 종족의 우두머리라고 썼다(p. 180). 그런 종족은 토착화된 공동체 집단으로, 종족 구성원은 같은 '가족 이름'이 있다. 하지만 '가족 이름'이 같고 다른 지역에 정착한 한두 가구가 없다고 볼 수는 없다.

부 니bu ni : 마을 주민

—

이 범주는 경쟁하는 모든 친족을 가로지를 뿐만 아니라, 명시적으로 종족이 아닌 장소와 연계되기 때문에 중요하다. 1940년 흐팔랑의 마을 집단은 다양한 파벌로 갈라졌지만, 주민은 자신을 **흐팔**

랑 부 니Hpalang bu ni(흐팔랑 마을 사람들), 흐팔랑을 부 가bu ga(고향 땅)
라고 불렀다. 보통 자기가 같은 지역에 사는 부 니bu ni라고 인식하
는 사람들은 같은 눔샹을 가꾸며, 지역 땅의 신령에게 바치는 의례
에 공동으로 참여한다. 흐팔랑처럼 예외도 있다. 개인의 집합으로
서 부 니는 장소 범주인 마레(마을 군락)에 대응하는 용어다.

비공식적 집단과 범주

마 니mani : 어린이들   샤브랑 니shabrang ni : 젊은이들

마콘 니mahkawn ni : 처녀들   마두 니madu ni : 결혼한 부부들

가 니ga ni : 일꾼들

구조적 분석이라는 시각에서 보면 카친 사회에 가장 중요한 집
단 범주는 앞에서 언급한 종족과 지역 집단, 나중에 고려할 '계급'
집단이다(p. 238). 역설적으로 이런 집단은 공식 의례에서 중요할지
몰라도, 일상에서는 거의 큰 역할을 하지 않는다.

여기 소개할 비공식 집단 역시 친족 집단과 지역 집단을 가로지
른다. 이 비공식 집단은 주로 연령에 근거한다. 카친족은 몇몇 나
가족에서 그렇듯 연령에 따른 공식화된 지위 분류 체계가 없다.[177]
어린이들(mani)은 아주 어릴 때부터 집안일 돕기를 배우지만, 처음
에는 별도의 사회적 범주로 분류되지 않는다. 이들이 사춘기(sek)
에 가까워지면 젊은이들(shabrang ni)과 처녀들(mahkawn ni)로 분화
되기 시작한다. 그러다 사춘기에 이르면(ram) 젊은 남자와 여자는
주기적으로 동침하는데, 이때 구애와 연애는 개인보다 집단 차원

에서 펼쳐진다. 열여섯 살쯤 된 젊은 남자는 친구 4~5명과 허물없이 어울린다. 이들이 모두 한마을 출신일 필요는 없다. 이들은 팀으로 밭일이나 집 짓기 등을 하며, 저녁이 되면 여자 친구를 만나 노래 부르거나 선약한 다음 동침(nchyun ga)을 한다. 사춘기가 지난 남자는 자기 집에서 자는 일이 거의 없다(p. 174, n-la dap 참조).

젊은 남자들의 집단에는 공식 조직이 없지만, 그들의 짝이 되는 처녀들 집단에는 조직이 있다. 젊은 여자의 안녕을 돌봐주는 신령(nat)은 달이라고 여겨지는데, 이 '달 처녀(shata mahkawn)'를 모시기 위한 여자들의 의식이 있다. 여자들이 몇 살까지 이런 의식에 참여하며, 그것이 어떻게 조직되는지는 나도 알지 못한다.

젊은 남자들은 보통 스무 살 무렵에, 처녀들은 그보다 일찍 결혼한다. 결혼하면 남자든 여자든 완전한 성인으로서 지위를 얻는다. 젊은 남자는 남성(la)이 되며, 처녀는 여성(num)이 된다. 기혼자들 사이에는 젊은 남자나 처녀들 사이에 존재하는 성애를 위한 비공식 친구 집단이 존재하지 않는다. 결혼한 뒤 남편과 아내는 가구주가 되어 가옥의 '소유주'이자 '주인(madu ni)'이 된다.

가구주는 추장(duwa)이 자기 영역(mung)을 '소유'하는 것과 같은 의미로 자기 가옥을 '소유'한다. 소유하다를 의미하는 동사 마두 아이madu ai는 두 경우에 모두 쓰인다.

사회적 지위의 변화는 주로 의복으로 나타낸다. 카친 사회에서는 소년이 특별한 성인식을 치르지 않지만, 칼(nhtu)과 가방(nhpye)을 들고 다니기 시작하면 젊은이로 여긴다. 그러므로 젊은 남자는 이 두 가지를 항상 몸에서 떼어놓지 않는다. 젊은 남자와 기혼 남성의 의복은 차이가 없다. 소년은 나이 들수록 칼을 다루는 솜씨에 자부심을 느끼는데, 카친 남성에게 칼은 나무를 베거나 손톱을 다듬을 때도 사용하는 만능 용품이다. 카친 사회에서 연장자(myit su ni)는 보통 고급 칼을 차고 다닌다.

여자들의 의복은 카친 문화의 특성을 보여주며, 지역에 따라 다양하다. 그렇지만 머리 스타일은 어디에서나 여성의 사회적 지위를 나타낸다. 카친 여성은 처녀 때 맨머리로 다니거나 단발을 한다. 결혼하면 터번을 두르고, 나이가 들면 훨씬 큰 터번을 쓴다.

내가 여기서 나열한 개인의 범주—즉 어린이, 젊은 남자, 처녀, 기혼 남성, 기혼 여성, 나이 든 남자, 나이 든 여자—는 모두 특정한 노동이 할당되는 노동 집단이기도 하다.

예를 들어 집 지을 때 젊은 남자는 억새 작업을 하고, 처녀는 그 억새를 뜯어 온다. 기혼 여성은 맥주를 준비하고, 기혼 남성은 나무와 대나무를 가져온다. 나이 든 남자는 앉아서 대나무를 쪼갠 다음 이를 꼬아 끈(pali)을 만든다. 나이 든 여자는 돼지나 거위, 닭을 돌보는 등 일상 업무를 한다. 이렇듯 모든 활동에서 조직된 팀워크가 필요하다. 이 개별 작업 팀은 다양한 방식으로 구성되지만, 항상 연령에 따라 조직된다.

가장 일상적인 경제활동은 보통 개별 가구의 구성원이 수행한다. 종교적 의례를 제외하고는 특수한 전문가가 필요한 기술적 업무는 거의 없다. 하지만 집 짓기나 파종 같은 작업은 공동 노동 체계로 한다. 이때 일꾼은 미혼이나 기혼자 상관없이 동원되며, 이 일꾼을 가 니ga ni라고 부른다. 원칙적으로 맥주와 음식은 일꾼을 동원하는 가구주가 제공하고, 가구주는 일에서 빠진다. 가구주는 노동력을 빌려 쓰면서 각 일꾼에게 하루치 노동을 빚진다. 이런 빚은 보통 그해 안에 호혜성 원리에 따라 갚아야 한다. 일꾼이 고용한 가구주의 친족이나 가까운 이웃일 필요는 없다.

추장이나 마을 우두머리는 공동 작업—마을 길 내기, 논밭 개간과 연례적인 울타리 설치 등—을 위해 주민을 일꾼으로 동원할 수 있는데, 이때는 빚 갚을 의무가 없다. 추장은 자신을 위해 무료로 노동력을 동원할 수도 있다. 따라서 추장의 원두막 짓기, 모내기 등은 공동 노동을 하지만 여기에는 호혜성의 의무가 적용되지 않는다.

이런 일반화는 굼사나 굼라오 카친 사회에도 적용되며, 샨족에게도 대부분 적용된다. 다만 샨족은 소년기에서 청년기로 넘어가는 과정이 카친족보다 엄격하다. 샨족은 이 시기에 보통 수도승 신분으로 일정 기간 불교 사원에 머무르며, 허벅지에 정교한 문신을 새긴다.[178]

중국계 샨족은 연령에 따른 지위 구분이 더 엄격해서, 연령 변화에 따라 다양한 잔치와 의식을 행한다.[179] 샨 사회에서 연령 지위를 강조하는 것은 한편으로 종족에 대한 상대적인 무관심과 관계가 있다.

IV. 인척과 근친상간 개념

마유-다마mayu-dama : 인척 관계
—

이 근본적인 카친 개념의 의미는 이 책 4장과 내가 전에 낸 두 책에서 자세히 논의했다.[180] 여기서 그 주요 논지만 개괄하려 한다.

혼인이 성사되었을 때 마유란 신부 측 종족의 신랑 측 종족에 대한 관계를 말하고, 다마란 신랑 측 종족의 신부 측 종족에 대한 관계를 말한다.

같은 지역 내 부계 종족 사원에서 족외혼 규칙에 따르면 남자는 자신의 종족 혹은 다마 종족 구성원과 결혼할 수 없고, 여자도 자신의 종족 혹은 마유 종족 구성원과 결혼할 수 없다. 남자는 자신의 마유 종족 구성원과, 여자는 자신의 다마 종족 구성원과 결혼할 것이 권장된다.

여기서 다음과 같은 점을 강조할 필요가 있다.

a. 마유-다마 관계는 개인이 아니라 종족의 관계다.

b. 마유-다마는 시간적으로 지속되는 제도로 간주된다. 다시 말해 한 번 혼인이 성사되면 다마 종족은 또 다른 혼인에 대한 협상권이 있으며, 새로운 혼인을 성사시킬 것이 권장된다. 그렇지 않을 경우 불이익을 받을 수도 있다.

c. 마유와 다마 종족의 사회 계급이 다를 경우, 어떤 마을에서든 거의 마유 종족의 서열이 높다.

d. 특정 커뮤니티에서 하위 계급의 종족은 상위 계급의 종족과 인척 관계를 맺는 경향이 있다. 이때 상위 계급 종족이 마유가 된다.

e. 몇몇 커뮤니티에서는 3~4개 혹은 그보다 많은 종족이 혼인을 위한 공식 서클(hkau wang hku)을 구성하기도 한다. 예를 들어 A가 B에게 마유, B가 C에게 마유, C가 A에게 마유인 폐쇄적인 혼인 서클이 존재한다면 서클 내 모든 종족은 같은 사회 계급에 속하며, 정치적 이해관계 역시 공유한다고 말할 수 있다.

근친상간과 불법적 성관계에 대한 관념

a. **자이왕**jaiwawng : 같은 종족 내 남자와 여자의 성관계(moi, na, nau 혹은 sha) 혹은 남자의 다마 종족 여자와 성관계(hkri).[181]

b. **슛 흐핏**shut hpyit : 지위가 높은 마유 친척 여자, 예를 들면 어머니(nu)나 형수(rat) 등과 성관계.

c. **눔 쇼**num shaw : (불륜을 저지른 남자 입장에서) 같은 종족 형제나 다마 친척이 아닌 남자를 남편으로 둔 기혼 여성과 성관계.

카친족은 이성의 여러 가지 불법 성관계를 구분한다. 크게 기혼 여성과 불륜(눔 쇼, 눔 슛num shut, 슛 흐핏), 족외혼 규칙이 금지하는—예를 들어 흐푸-나우 혹은 다마 범주에 속하는—미혼 여성과 성관계로 나뉜다. 사전적 의미로 '근친상간'을 의미하는 **자이왕**은 후자만 지칭하는 듯하다. 따라서 **자이왕**에는 남자와 그의 여자 형제 혹은 딸과 하는 성관계가 포함되고, 아들과 어머니의 성관계는 **슛 흐핏**으로 분류되는 것 같다. 내가 이해하기로 **슛 흐핏**은 신성모독적인 것이어서 법적 처벌보다 도덕적 분노를 불러일으킨다. 전쟁 중 일본군이 미얀마 마을을 파괴하고 여자들을 능욕했을 때, 미혼의 소녀는 '강간당했다(roi)'고 했지만, 기혼 여성과 과부는 '격노했다 (숫 흐핏 당했다)'고 표현되었다. 두 용어 모두 '모욕하다to insult'라는 의미인데, 흐핏이란 단어는 흐피hpyi(마녀)와 관계가 있는 듯하다.[182]

이런 의미에서 지위가 높은 마유 종족 기혼 여성과 숫 흐핏을 저지르면 법적 처벌(hka : 빚)[183]을 받지 않는다. 불륜을 저지른 남자와 기혼 여성의 남편이 같은 종족이기 때문이다. 이론적으로 이런 성관계에 대한 제재는 주술을 통한 초자연적 처벌 형태를 띤다. 내게는 카친족이 이런 상황에서 대응하는 방법에 관한 사례 자료가 없다. 눔 쇼('통상적인 불륜')로 분류되는 성관계는 일반적인 불법행위다. 여기서 불륜을 저지른 남자는 관계한 여자나 그녀의 남편과 가까운 친족이 아니며, 이런 불륜은 두 남자의 혈투나 보상을 통해서 해소되는 '채무'를 발생시킨다.

자이왕은 개념적으로 종류가 다른 위반 행위다. 이는 '여자가 정식 남편으로 맞으면 족외혼 규칙이 위반되는 남자와 여자의 성관계'로 번역할 수 있다. 이 족외혼의 공식 규칙에 따르면 남자는 자기 종족 내 여자—예를 들어 고모(moi), 누나(na), 여동생(nau), 딸(sha) 혹은 다마 종족 여자(hkri)—와 결혼할 수 없다. 이 규칙은 실제로 종종 위반된다. 먼 친척(라우-라타)[184]에 해당하는 유별적classificatory '형제'와 '자매'의 혼인은 종종 일어난다. 유별적 의미에서 '고모의 딸(흐크리hkri)'과 '외삼촌의 아들(트사tsa)' 사이의 혼인도 발생하는데, 이는 이론적으로 근친상간(jaiwawng)이다.

2부 | 카친 굼사 사회의 구조

이를 금지하는 이유는 거주 패턴과 관련이 있다. 어떤 커뮤니티에서도 마유-다마 관계에 있는 두 가구는 지위 차이가 발생한다. 고모의 딸과 외삼촌의 아들 사이의 결혼을 금하는 이유는 남자가 특정 가구와 마유-다마 관계를 동시에 맺는다는 양립 불가능한 의무를 피하기 위함이다. 카친 사회(특히 징포족 사회)는 남자의 이웃에 거주하는 마유와 다마 친척을 명확히 구분하지 않으면 거의 기능할 수 없는 사회다. 따라서 같은 지역에 거주하는 고모의 딸과 외삼촌의 아들 사이의 결혼은 용인되지 않는다. 다른 지역에 사는 인척과는 근친혼 금기가 덜 엄격하게 적용된다. 지리적으로 멀리 떨어져 사는 다마 친척이 어느 순간 마유 지위를 획득하는 것은 그리 문제가 되지 않기 때문이다.

족외혼에 대해서는 이쯤 하자. 혼외정사가 실제로 혹은 원칙적으로 어디까지 허용되는가는 더 애매하다. 남자는 이론적으로 결혼이 금지된 여자와 성관계하면 안 된다. 하지만 의심할 여지없이 많은 남자들이 심각한 스캔들에 휘말리지 않고 그런 관계를 맺는다. 은춘 가nchyun ga[185]라고 불리는 외설적인 시에서는 보통 연인끼리 상대를 흐크리 혹은 트사라고 부른다. 비록 시라는 형식에서 가벼운 농담처럼 하는 말이지만, 아무 의미가 없다고 볼 수는 없다. 내가 생각하기에 이렇듯 금지된 범주의 친족과 성관계하는 것은 능력 있는 일로 간주된다. 공식적으로 금지된 것을 취하는 데는 더한 묘미가 있기 때문이다. 그러므로 결혼 가능한 범주(nam)에 속하며, 언젠가 자신을 남편으로 존경할 예정인 여자와 하는 연애는 거의 특별함이 없다.[186]

젊은 남녀에게는 상당히 분방한 성생활이 허용되기 때문에 부모도 공식 규율을 거의 강제할 수 없다. 보통 처녀의 처신을 염려하는 것은 미혼인 오빠다. 그가 처남(흐카우hkau)이 될지도 모르는 여동생의 애인과 사이가 좋다면 그녀는 많은 규제를 받지 않을 것이다. 처녀가 임신하지 않는 한 근친상간 금기는 법적인 채무 관계를 발생시키지 않는다. 그러나 처녀가 임신하면 대단히 가혹하게 부과되는 마유 흐카mayu hka라고 알려진 '임신 빚(sumrai hka)'이 생긴다. 이는 자주 심각한 혈투나 주술적 공격으로 이어진다.

흐팔랑 불화의 기원에 관한 마란족의 이야기[187]도 이 점과 관련이 있다. 그 이야기에서 태어난 아기가 '언청이'라는 사실은 라파이 추장의 아들(tsa)이 마란 추장의 딸(hkri)에게 주술을 걸었다는 증거가 된다. 고모의 딸과 외삼촌의 아들 사이 결혼 금지에 대한 카친족의 가장 흔한 설명은, 이런 결합이 사산아나 기형아를 생산한다는 것이다.[188] 사촌끼리 결혼하면 지적 장애아가 태어난다는 영국인의 관념도 이와 비슷하다.

카친 사회의 자이왕 개념은 고모의 딸과 외삼촌의 아들 사이 성관계와 가장 많이 결부되지만, 형제자매의 성관계에도 적용된다. 카친인은 형제자매 혹은 같은 종족의 친척과 성관계하는 것을 가장 혐오스러운 일로 간주한다. 과거 이런 스캔들이 자주 있었는지, 그때 사람들이 어떤 반응을 보였는지는 알 수 없다. 그런데 형제자매 관계가 먼 친척(라우-라타) 범주에 속할 만큼 충분히 멀다면, 근친상간 금기도 명목적으로 적용될 뿐이다.

같은 가구 내 젊은 남녀의 성관계는 다양한 범주로 나뉜다.

1. 흐푸-나우hpu-nau : 오빠와 여동생. 카친 사회에서 나이 많은 남자 형제는 여동생의 애정 행각이 관습적 경계(비록 탄력적이지만)를 넘어서지 않도록 보호자 역할을 할 의무가 있다. 은라 답nla dap[189] 제도는 처녀들이 공개적으로 애정 행각을 한다는 걸 보여준다. 이는 어느 정도 가까운 형제자매의 근친상간을 억제하는 안전장치 역할을 하는 듯한데, 내게 이 점에 대한 실제 증거는 없다.

2. 나-나우na-nau : 누나와 동생. 나na라는 음소는 그 자체로 '누나'이자, '시간적으로 먼' '질병' '터부 휴일'을 의미한다. 이 사실은 중요하다. 누나는 저주할 능력이 있는 터부시되는 존재다. 이와 유사한 인류학적 사례가 금방 떠오른다.[190] 누나에 대한 문화적으로 권장되는 행동이 회피와 맞닿은 존경의 감정일 수 있지만, 실제 누나와 관계는 개인의 성향과 양측 연령에 따라 차이가 난다. 누나(na)는 보통 기혼자로 젊은 남자가 연애를 시작할 무렵에는 먼 곳에 거주하는 존재다. 따라서 회피는 그리 어렵지 않다.

3. 랏-랏rat-rat : 형수와 시동생. 이 관계는 근친상간(jaiwawng)이라기보다 불륜(shut hpyit)에 가깝지만, 이런 사건이 발생했을 때 카친족이 어떻게 대처하는지 명확히 알 수 없다. 남편이 오랫동안 집을 비울 때 카친인은 그 아내에게 맹목적인 정숙함을 요구하지 않는다. 이때는 남편의 형제가 잠자리 상대가 될 수 있다. 이 형제가 그런 권리를 남용할 때 발생하는 일은 나도 아는 바 없다. 카친인이 형제역연혼을 하며, 한 남자의 미망인은 보통 그 종족 내 형제나 아들의 아내가 된다는 점을 기억해야 한다. 따라서 남자는 궁극적으로 형수(rat)의 남편이 되는 것이다.

4. 구-남gu-nam : 아주버니와 제수. 용어상으로 이 관계는 남자와 잠 재적인 약혼자(예를 들어 본인보다 어린 외삼촌의 딸)의 관계와 동일 하다. 내 생각에 이론적으로 남편의 친형(gu)은 친동생(rat)보다 제 수에 대해 자유가 있는 것 같다. 이런 차이가 삶에서 어떻게 드러 나는지는 나도 모른다.

V. 재산과 소유권 개념

이 항목에 논의되는 개념은 나의 일반 논지에서 매우 중요하다. 이 범주에서는 사회적 관계가 경제적 사실과 연관되기 때문이다. 결론적으로 말해 사회 내 권력관계는 재화와 주요 생산 자원의 통 제를 기반으로 하겠지만, 이런 마르크스식 일반화는 우리에게 그 리 쓸모가 없다. 특정한 재화와 서비스가 어떻게 평가되느냐는 문 화적 현상이며, 몇 개 원칙으로 환원할 수 없기 때문이다.

인류학자는 사회 체계를 개인과 개인, 집단과 집단 사이에 존속 하는 관계의 구조로 인식한다. 객관적으로 이런 '관계들'은 사물 과 사람에 대한 권리와 의무를 말한다. 보통 '빚'으로 번역되는 카 친어 흐카hka는 이런 사회학적 관계의 추상적 개념에 근접한 의미 다. 카친족이 빌리거나 빌려준 '빚'에 대해 말할 때, 그는 인류학자 가 '사회구조'라고 지칭하는 것에 대한 이야기를 하는 셈이다. 다 음 설명을 보면 이 점은 더 분명해진다.

숫sut : 부富

―

카친족과 그 이웃은 대부분 두 가지 '소유권'을 구분하고, 때로는 대조한다. 통치자의 권리인 통치권sovereignty은 마두madu라는 용어로 표현한다. 추장은 자기 영역을 소유(madu)하는데, 이는 그가 최종 결정권자고 그 위에 아무도 없다는 뜻이다. 비슷하게 가구주역시 자기 집을 소유한다(madu wa). 하지만 사용권usufruct, 즉 '특정한 기간 동안 사용하거나 즐길 수 있는 권리'는 루lu(마시다)[191]와 샤sha(먹다)라는 용어로 표현한다. 따라서 '언덕 밭을 먹다(yi sha)'는 단순히 언덕 밭을 경작해 생활을 영위함을 말한다.

이런 사고방식은 카친족뿐만 아니라 샨족과 미얀마인도 공유한다. 따라서 영국이 통치하기 전의 미얀마에서 미요-사myo-sa('마을을 먹는 자')는 왕의 허락을 받고 자유자재로 걷은 세금을 사용할 수 있는 자를 말했다. 그가 꼭 문제의 영토에 대한 통치권을 가질 필요는 없다. 가장 전형적인 미요-사는 왕의 여러 아내다.[192] 그들은 영토를 통치하지 않았지만 그곳의 여러 산물을 즐겼다.

이렇게 '당분간 소유하고 즐길 수 있는' 소유권(lu, sha)과 '어떤 사물이나 개인에 대한 권리가 있는' 소유권(madu)은 실제 용례에서도 다양하게 쓰인다. 중요한 예는 다음과 같다.

흐카 마두 아이 와hka madu ai wa : 빚이 있는 사람 — 법적 소송에서 원고 (즉 그는 어떤 사물이나 사람에 대한 권리가 있다).

흐카 루 아이 와hka lu ai wa : 빚이 있는 사람 — 법적 소송에서 피고(즉 그는 어떤 분쟁에서든 한동안 뭔가 즐겼고, 그것을 다른 사람에게 빚졌다).

나는 이 법적 절차의 개념과 소유권 개념의 관계를 좀더 자세히 논의하고 싶다.

카친족은 동산動産을 투자하기 위한 자본으로 여기지 않으며, 오히려 개인에게 딸린 장식품 정도로 여긴다. 부자를 의미하는 숫sut은 형용사로 '멋진 코트'를 의미할 때와 같이 '멋진'이라는 뜻으로도 쓰인다. 카친 사회에서 귀중품은 주로 과시재의 가치가 있다. 이때 어떤 사물의 주인(통치자)임을 과시하는 가장 좋은 방법은, 그 소유권을 공개적으로 다른 사람에게 주는 것이다. 그러면 받은 자는 그 사물을 소유하지만, 주인은 여전히 그 사물에 대한 통치권이 있다. 그 물건을 줌으로써 빚의 주인(madu)이 되었기 때문이다.[193] 요약하면 귀중품 소유자는 대부분 공개적으로 그 귀중품을 없애서 (남에게 줘서) 이익과 위세를 얻는다.

이런 사실을 보면 카친 사회에서—사실 대다수 사회에서—부를 상징하는 물건의 의례적 가치가 종종 실용적 가치와 반비례하는 듯하다. 카친 사회에서 칼(nhtu)과 창(ri)은 일상 용품이지만, 법적 분쟁의 해결에 사용되는 의례적 귀중품(hpaga)으로서 칼과 창은 실제 무기가 아니다. 이국적으로 생긴 무딘 날이 실용적 가치는 없기 때문이다. 영국 사회에서도 챌린지 컵(우승컵)은 음료용 머그잔과 다르지 않은가.

카친족은 세 가지 동산(sut)을 일관되게 구분한다.

a. 일상적인 소비용 음식(shahpa) 혹은 숲에서 난 생산물

여기 속하는 물건은 교역의 대상(hpaga)이자 사고파는 흥정의 대상이다. 이것은 하층계급이 고위 계급에게 바치는 공물이 되기도 하지만, 동등한 계급의 의례 교환에는 보통 사용되지 않는다. 따라서 이 물건은 신부대나 법적 분쟁을 해결하기 위한 보상 물품으로 쓰이지 않는다.

b. 가축, 특히 소(nga)

카친 마을에서는 보통 네 가지 가축 ─ 물소, 인도소(등에 혹이 있는 소), 돼지, 닭 ─ 을 볼 수 있다. 소는 때로 밭 갈기나 수송에 쓰이지만, 결국 희생 공양 축제에서 제물로 바쳐진다. 가축은 대개 모든 의례 교환에서 가장 중요한 품목이지만, 그 자체로 교환되는 법은 없다. 예를 들어 부유한 평민의 신부대는 소 네 마리 정도지만, 여기에 징과 칼, 창, 냄비, 옷, 담요 등 상당한 물품이 추가된다. 그래도 신부대의 핵심은 가축이며, 신부대를 지불하는 남자 역시 다른 자잘한 물건들은 제쳐두고 '소 네 마리(nga mali)'라고 한다.

카친족의 관례상 의례나 법적 분쟁에 사용되는 선물 중에서 가축은 물소(uloi)가 유일하다. 다른 동물은 의례에 쓰이지 못한다. 돼지와 닭, 인도소 역시 주기적으로 제물로 바치지만, 등급이 낮은 신령에게 바친다. 부를 주재하는 하늘 신령(Madai nat)에게 바치는 제물은 항상 물소여야 한다. 따라서 부유한 자의 지표(sut lu ai wa)[194] 역시 물소의 숫자다.

c. 의례 교환에 사용되는 가축 외 재화와 물건

이 물건은 거칠게 말해서 소진 불가능한 전통적 귀중품이다. 의례 교환에서는 물건(hpaga)의 수가 질보다 중요하다. 카친족은 의례 교환물을 분류할 때 큰 징과 작은 징, 총신이 긴 총과 짧은 소총을 구분한다. 하지만 모서리가 깨진 징이나 녹슬어서 못 쓰는 징이라도 의례적 귀중품으로서 가치가 줄어드는 것은 아니다. 이런 맥락에서 의례적 귀중품(hpaga)의 가치는 시장에서 경제적 가치와 일치하지 않는다.

위 세 범주의 구분이 절대적인 것은 아니다. 의례 귀중품이라는 의미의 **흐파가**에는 범주 c에 포함되는 물품뿐만 아니라 범주 b에 속하는 물소, 범주 a에 속하면서 예전에 시장에서 광범위하게 거래된 몇몇 물품(예를 들어 아편, 노예, 금 등)도 포함된다. 따라서 의례적 귀중품에 경제적 가치가 전혀 없다고 말할 수는 없다. 좀더 진실에 가까운 설명은 몇몇 의례적 귀중품은 경제적 가치가 전혀 없으며, 의례에 사용되는 물건의 가치가 시장에서 경제적 가치에 따라 결정되지는 않는다는 것이다.

나는 **흐파가**를 '교역 물품' '의례적 귀중품'이라는 의미로 사용했다. 이 개념을 좀더 설명하려면 또 다른 중요한 카친 개념인 **흐카**(빚)를 살펴봐야 한다.

흐파가hpaga : '교역 물품' '의례적 귀중품'

흐카hka : '빚'

카친 사회의 두 개인 사이에 존재하는 거의 모든 법적 의무는 빚(흐카)이라고 표현할 수 있다. 카친족에게 이 '빚'이 정말 무엇을 의미하는지 물어보면, 그들은 대부분 그렇고 그런 흐파가의 목록을 들려줄 것이다.

얼핏 보기에 이 문제는 까다롭게 느껴지지 않는다. 예를 들어 처녀에게 임신을 시킨 남자의 벌금이 8흐파가라는 말은, 이 흐파가가 통화currency임을 암시한다. 하지만 이 8흐파가는 8실링이나 8파운드 같은 벌금이 아니다. 이 8흐파가는 교환이 가능하지 않은데, 세부 사항은 다음과 같다.

1. '돼지우리에서 기르기에 적당한' 송아지 1마리
2. 징 1개
3. 비단 1포
4. 작은 쇠 냄비 1개
5. 칼 1개
6. '여자의 얼굴을 씻어줄' 목걸이 1개
7. '아이 포대기로 쓸' 비단 1포
8. '아이에게 우유를 제공할' 물소 1마리

1~5번 물품은 처녀의 부모에게 지불한다. 6~8번 물건은 처녀가 낳은 아이가 정식으로 아버지 종족에 편입되었을 때 처녀에게 준다.[195]

이런 분쟁을 해결할 때 당사자는 중재에 참여하지 않고, 양측 대리인(kasa)을 통해서 합의한다. 대리인은 작은 대나무 다빌을 가지고 약속 장소로 오는데, 땅에 펼쳐진 대나무는 다양한 흐파가—커다란 대나무 막대기는 물소, 작은 막대기는 송아지 등—를 의미한다. 그렇게 협상이 시작되고 물품이 논의된다. 이때 피고 측에서 8번 항목에 있는 물소를 줄 형편이 안 된다는 것을 누구나 안다고 하자. 그러면 마지막에 대리인이 돼지로 합의를 본다. 이 돼지는 '**물소의 대체물로서 돼지(uloi sang ai wa)**'다. 이 돼지는 처음에 물소를 표시한 커다란 대나무로 나타내며, 양측은 합의를 마칠 때도 그 대나무를 실제 물소처럼 취급한다. 따라서 돼지를 의례 물품으로 사용할 수 없다는 금기를 슬쩍 비켜 간다.

이 상황은 다소 혼란스러울 수 있다. 우리는 원래 논의로 돌아가서 카친 어휘 개념을 살펴봐야 한다.

어근 가ga(ka)와 흐카hka는 대기음 'h'가 있다는 것이 다를 뿐, 의미상으로 상당한 관계가 있다. 가는 정적이고 고정된 사실을, 흐카는 그 사실에서 유래하는 능동적이고 유동적인 원리를 말한다. 예를 들어보자.

> 가ga는 마르고 갈라진 땅이며, 흐카hka는 샘에서 나온 물이다.
>
> 맘 카mam ka는 마른논이며, 사카sahka는 요리된 음식이다.

물질적 사실인 흐파가와 비물질적인 채무인 흐카 역시 비슷한 관계다. 일차적 의미에서 흐파가는 교역을 의미한다. 이는 교역할 때 기록법에서 유래했을 것이다. 산족 시장과 먼, 덜 세련된 지역에서는 떠도는 마상이 거래처에 외상 장부가 있었다. 빚(hka)은 대나무 껍질에 빗금(hka)을 그어 표기하고, 그것을 둘로 나누어(ga) 양측이 하나씩 보관했다. 유럽인이 보기에는 빗금이 각각 개별적인 거래 (hpaga)를 의미하며, 다른 빗금과 동등하지 않다는 점이 특이하고 헷갈린다. 예를 들어 1943년에 중국 무역상과 남 타마이 지역, 리수족과 복잡한 거래를 보면 빗금은 다음 물건을 의미했다.

a. 염소 2마리   e. 눔린numrin 6비스(1비스＝약 1.6킬로그램)

b. 면직물 1장   f. **눔린** 7비스

c. 술 1병   g. 현금 6루피

d. 암소 1마리   h. 도금된 깃펜

기록에 따르면 이 빚을 전부 해결하는 데 하루 정도가 걸렸다. **눔린**[196]을 염소나 암소 몇 마리와 바꿔야 하는지 문제가 제기되었지만, 카친인은 이를 공통의 가치 단위로 해결하지 않았다. 빚이나 빗금(흐카)은 개별적으로 해결했다.

따라서 흐파가는 '(채무) 상환 요구서에 명시된 특정한 물품'으로 번역할 수 있다. 여기서는 '상환 요구'가 일반적인 교역과 관련 있지만, 다른 경우 이 요구는 법적 분쟁과 관련된다. 카친 사회에서는 법적 요구와 경제적 요구가 동일하게 흐카(빚)다. 경제적 요구에서는 각 품목을 다른 물품으로 대체할 수 있지만, 법적 요구에서는 그 품목이 전통에 따라 규정된다. 레이든J. L. Leyden은 카친 사회에서 전통적으로 인정되는 흐파가를 다음과 같이 기술했다.

1. 물소	8. 칼(보통 날이 무딘 모조 칼)
2. 징(여러 종류)	9. 창(보통 모조품)
3. 은괴	10. 양가죽 코트
4. 노예	11. 은 파이프
5. 요리용 삼발이	12. 아편
6. 은바n'ba(남자용 치마, 담요, 숄 등을 만드는 여러 가지 천)	13. 중국식 비단옷
	14. 특수한 구슬 목걸이[197]
7. 쇠 냄비	

오늘날에는 다른 물품도 사용된다. 실제 사용할 수 있건 없건 총이나 권총은 항상 널리 쓰이며, 비단(paso)도 유명하다. 분쟁 해결에서 현금이 종종 등장하지만, 상황 때문에 구할 수 없는 물건―예를 들어 노예, 은, 아편 등―을 대체할 때뿐이다.

이중 몇몇 물건은 시장에서도 거래되지만, 일반적으로 이런 의례 귀중품의 주인이 바뀌는 것은 다음과 같이 특수한 경우에 국한된다.

a. 결혼

b. 장례식

c. 사제나 그 대리인의 의례 집전에 대한 지불

d. 주거지의 변화나 가옥의 신축

e. 모든 분쟁이나 범죄를 위한 법적인 보상

특정한 행사가 있을 때마다 지불해야 하는 공식적 흐파가는 전통적으로 정해졌다.[198] 개별 분쟁 해결에는 여러 흐파가가 필요한데, 각각의 흐파가에 이름을 붙인다. 예를 들어 어느 평민이 다른 평민에게 물소를 훔쳐갔다는 이유로 소송을 걸 때 소송 항목은 다음과 같다.

    a. 그의 물소를 돌려줄 것

    b. 보상으로 또 다른 물소를 줄 것

    c. 3흐파가

여기서 3흐파가는 다음과 같다.

    i. '물소의 발자국을 모두 덮을 만큼 커다란 징(nga hkang madap bau)'

    ii. '물소의 고삐로 쓸 수 있는 구슬 100개로 만든 목걸이(sumri matu hkachyi latsa)'

    iii. '풀이 난 길을 정리할 수 있는 칼(lam hkyen nhtu)'[199]

이 세부 항목은 상대방이 침해한 것을 가리키면서 분쟁 해결을 도모하는 이중적 의미가 있다. 따라서 이 경우 흐캉hkang은 흐카에 대한 말장난이며, 물소의 발자국을 덮는 징은 '빼앗긴 물소를 배상하는' 것이고, 고삐(숨리sumri)는 우정의 끈을 비유한다. 목걸이는 '우정의 회복'이고, 람 흐크옌lam hkyen은 단순히 길을 정리하는 것이 아니라 '모든 것을 정돈하다'라는 의미다.

어떤 경우에는 흐파가의 목록이 매우 길다. 예를 들어 추장이 개입된 혈투를 해결할 때는 매우 긴 시적인 행으로 구성된 100흐파가가 필요하다. 콸루 마 낭의 저서에는 이 흐파가의 전 목록이 있지만, 시적인 소제목은 붙지 않았다. 그렇지만 축약된 형태에서도 그 상징성은 분명히 드러난다.

> 두개골을 위한 1흐파가 — 징
>
> 척추를 위한 1흐파가 — 총
>
> 왼손 손톱을 위한 1흐파가 — 조개껍데기 5개
>
> 오른손 손톱을 위한 1흐파가 — 조개껍데기 5개 등[200]

이론적으로 각 흐파가는 꼼꼼하게 명시해야 하지만, 외적인 형태보다 각 흐파가의 숫자와 명칭이 중요하다. 진정한 채무 상환에는 개입된 양측의 합의가 있어야 하며, 대체의 원리(sang ai)가 중요하다. '눈eye을 위한 흐파가—운석 2개'라고 명시된 항목은 대단히 시적으로 들리지만, 실제 운석을 지불하기는 쉽지 않다. 따라서 흐파가가 이렇게 정의되었을 경우, 최종 합의 시 콩 2바구니 정도로 대체한다.

여기서 이 체계의 융통성이 중요하다. 대체의 원리를 적용해서 돼지와 닭 몇 마리밖에 없는 사람이나, 물소가 많은 사람 모두 선물 증여의 동일한 공식을 따를 수 있다. 두 사람이 경제적 가치가 동일한 재화를 증여하지 않더라도 일종의 허구에 따라 동일한 흐파

2부 | 카친 굼사 사회의 구조

가를 바치는 셈이다.

이는 카친 사회의 계급 차를 이해하는 데 중요하다. 이론적으로 선물 증여의 의무는 계급에 따라 차이가 난다. 예를 들어 처녀를 임신시킨 벌금은 원칙적으로 다음과 같다.

특권계층에서는 50흐파가

평민 계층에서는 10흐파가(바모 지역에서는 8흐파가)

노예 계층에서는 3흐파가

실제로 **흐파가**의 상환은 채무자의 출생 시 계급이 아니라 경제적 상황에 따라 달라진다. 다음에서 보겠지만 '특권계층'이란 고위 종족 출신이라는 뜻이 아니다. 자신을 특권계층이라 주장하는 사람은 이를 입증할 수 있어야 한다. 계급 지위의 증명은 무엇보다 그 계급에 합당한 증여 의무를 정확히 이행하는 데 있다. 특권계층에게 부과된 의무를 이행하면 그는 특권계층으로 인정받을 것이다. 개인이 선택에 직면하는 지점도 정확히 이곳이다.

전통은 사회적으로 합당한 것에 관한 기준을 설정한다. 개인은 대체의 원리 덕분에 합당한 의무 이행을 피할 수 있지만, 합당한 채무 상환에 실패하면 체면을 잃고 계급적 지위에도 금이 간다. 따라서 카친 사회에서는 부유한 개인일수록 쩨쩨하게 값을 깎는 대신 자신이 감당할 수 있는 **흐파가**를 통 크게 낸다.

한편 신부대 규모는 남자의 계급 지위에 따라 결정되는 경우가 많다. 추장의 딸이 추장의 신하이자 특권계층이지만 추장 종족은 아닌 남자와 결혼한다면, 추장 종족이 받는 신부대는 추장의 막내 아들이 내는 신부대보다 훨씬 적을 것이다. 명목상으로 두 경우에 동일한 흐파가가 지불될 테지만 말이다.[201]

몇 가지 구체적인 예를 살펴보자. 나는 1943년에 라토 씨족의 카도 지파, 라왕족의 최고 추장(uma du) 가문에서 태어난 흐푼라우 탕Hpunran Tang이라는 남자와 친하게 지냈다. 당시 미혼에 열여덟 살인 그는 입지가 다소 불분명했다. 흐푼라우 탕이 어릴 때 아버지가 사망해서 영국 식민 정부는 그의 맏형 자우 라Zau Ra를 추장 섭정으로 임명했다. 자우 라는 입지를 확고하게 다져서 다른 형제와 대가족을 이루고 살았다. 흐푼라우 낭은 원칙적으로 추장 직함을 요구할 수 있을 만큼 컸지만, 과연 자신이 그럴 수 있을까 의구심을 품었다. 그는 같이 모여 사는 형들이 분가해서 다른 곳으로 이주하지 않는 이상 추장으로서 정상적으로 활동할 수 없으리라는 것을 알았다.

흐푼라우 탕의 가족은 다음과 같다.

남자

맏이(자우 라), 추장의 딸 A와 결혼.

둘째는 사망.

셋째(라 흐프리La Hpri), 과거 군대에 복무했고 여자 6명과 낳은 아이 7명이 있음. 마지막 여자인 B와 결혼. 아편 무역(kani laoban)으로 돈을 번 부자.

넷째는 사망.

다섯째이자 막내(흐푼라우 탕), 최고 추장직의 합법 승계자(uma)이자 잠재적 추장. 미혼.

여자

장녀(Ja Kawn), 흐푼라우 추장을 보위하던 X마을 우두머리와 결혼.

둘째(Ja Lu), 마란족 추장 Y와 결혼. 흐푼라우 마을과 가까이 살지만 영향력은 크지 않음.

셋째(Aja), 흐푼라우 마을에 정착한 남부 출신 마란족 평민 Z와 결혼.

이 집에서 치른 다섯 차례 결혼(A, B, X, Y, Z) 당시 선물 교환은 대단히 호화로웠다. A 결혼에서 신부 측은 다음 물건을 받았다.

가축 10마리

7흐파가(중국식 외투 1, 자수를 놓은 담요 1, 미얀마식 치마 6, 대형 징 1, 소형 징 1, 은괴를 대신한 현금 140루피, 총 1)

한편 신랑 측은 최소한 다음 물품을 받았다.

6흐파가(요리용 삼발이 1, 철 냄비 1, 중국식 카펫 1, 징 1, 은 귀고리 1쌍, 팔찌 1, 목걸이 1) — 여기에 창 2개, 칼 2개, 바구니 2개, 치마 2개, 텃밭용 모종 씨앗을 더하면 보통 젊은 신부의 혼수가 완성된다.

관례에 따라 양측의 가축을 제외한 **흐파가**는 얼추 균형이 맞는다.

다시 말해 신부대의 진짜 경제적 가치는 가축에 있다. 각 결혼에서 가축 증여 현황은 다음과 같다.

A 결혼에서는 자우 라가 가축 10마리를 주었다.

B 결혼에서는 라 흐프리가 가축 2마리를 주었다.[202]

X 결혼에서는 신부가 가축 3마리를 받았다.

Y 결혼에서는 신부가 가축 6마리를 받았다.

Z 결혼에서는 신부가 가축 2마리를 받았다.

흐푼라우 탕은 최고 추장직의 힙법 계승자(uma)이므로, 혼인에서 신부를 위해 최소한 가축 10마리는 줘야 한다고 설명했다. 원칙적으로 두 형이 흐푼라우 탕의 가축 준비를 도와줘야 하지만, 형들은 비협조적으로 보였다(흐푼라우 탕이 결혼하면 최고 추장으로 모셔야 하니 당연하다).

어떤 경우든 가축의 숫자로 계산되는 신부대 규모는 신랑의 사회적 지위와 관련이 있다. 이 사실은 대단히 중요하다. 카친 사회에서 개인이 다른 계급 사람과 결혼할 때 남자는 보통 자기보다 계급이 높은 여자와, 여자는 자기보다 계급이 낮은 남자와 결혼한다. 이는 **굼사** 체계의 핵심 요소다. 신부대가 신부의 지위에 따라 정해지면 지위가 낮은 남자는 결혼에 필요한 가축과 **흐파가**를 거의 모을 수 없기 때문에 전체 체계가 붕괴한다. 그러나 이론상으로 카친 사회의 신부대는 **신부의 지위**에 맞춰진다. 이런 원칙 때문에 강력한 추장들은 딸의 구혼자 중 하나를 선택해 그 혼인을 정치적 동맹의 수단으로 삼을 수 있다. 다음 사례가 이를 잘 보여준다.

북부 트라이앵글 지역의 마립 씨족 고위 추장들은 오랫동안 순환적 혼인 체계(hkau wang hku)를 유지해왔다. 움족 소녀는 마쇼족 소녀와 결혼하고, 마쇼족 소녀는 은딩족 소년과, 은딩족 소녀는 움족 소년과 결혼하는 식이다. 때로 이 여자들은 아버지(추장)의 부하, 즉 자기보다 계급이 낮은 남자와 결혼했고, 이 경우 신부대는 무난한 수준이었다.

1930년대 후반, 영국 식민청에서 파견한 북부 트라이앵글 지역의 원주민 담당 공무원(taungok)은 신룸 지역 출신의 교육받은 카친인이다. 그는 평민 출신이고 원래 이방인이었다. 행정적으로 그의 직함은 추장들보다 높지만, **굼사** 체계에서는 추장들의 부하였다. 이 **공무원**은 한 마립 추장의 딸과 결혼했고, 깜짝 놀랄 만큼 호화로운 신부대를 지불했다. 마립 추장들은 평민이 추장의 딸과 결혼하는 영광을 누리려면 신부대를 많이 내야 한다고 큰소리쳤다. 그러나 현실은 반대였다. 추장들도 식민청 소속 **공무원**과 인척 관계를 맺는 것이 정치적으로 이득이고, 엄청난 신부대 역시 **공무원**의 높은 지위에 상응하는 것이었다.

이 모든 경우에서 우리는 **흐파**가라는 개념이 대단히 중요함을 알수 있다. 흐파가는 경직된 외양을 띤 구조적 규칙이 자유롭게 해석될 여지를 줌으로써, 카스트적인 위계를 지향하는 사회 체계에 융통성을 부여하기 때문이다. 이와 관련된 **흐카**(빚) 개념 역시 중요하다. 다음 사례에서 볼 수 있듯, 카친족은 개인 사이에서 발생하는 모든 관계를 빚 체계의 일부로 인식하는 경향이 있다. 나는 4장에 논의한 흐팔랑 사회에서 이 빚 개념이 어떻게 적용되는지 보여주기 위해 다음 사례를 선택했다.

a. A가 B에게 돈을 빌리면, B는 빚의 보유자(madu)가 되고, A는 그 빚을 마시는 자(lu)가 된다.

b. A가 B의 물건을 훔치면, B는 A에 대해 빚을 보유한다.

c. A가 B를 임신시키면, B의 종족은 A의 종족에 대해 빚을 보유한다.

d. A가 의도적이건 의도적이지 않건 B를 죽이면, B의 종족이 A의 종족에 대해 빚을 보유한다.

e. A가 B 때문에 위험한 사고를 당하면, A의 종족이 B의 종족에 대해 빚을 보유한다.

f. A가 B와 합의한 계약 사항(예를 들어 신부대 지불)을 이수하지 않으면, B는 A에 대해 빚을 보유한다.

g. A가 '넓적다리를-먹는 추장' B와 같은 씨족 구성원이 아니고, B에게 공물로 자신이 잡은 동물 뒷다리(magyi)를 바치지 않았다면, B는 A에 대해 빚을 보유한다.

h. A 종족과 B 종족이 마유-다마 관계고, B 종족 남자가 A 종족에게 미리 알린 뒤 적절한 보상을 하지 않고 C 종족 여자와 결혼하면, A 종족은 B 종족에 대해 빚을 보유한다.

i. A 종족 남자가 B 종족 출신의 아내를 남기고 죽었을 때, A 종족의 어떤 남자도 형제역연혼 원칙에 따라 그 여자를 '아내로 취하지' 않으면, B 종족이 A 종족에 대해 빚을 보유한다.

채무 관계인 두 당사자가 같은 추장의 통치권 아래 있다면, 채무 관계의 보상과 합의는 그 추장에게 달렸다. 이때 배상은 앞에서 본 대로 양측이 합의한 흐파가를 통해 결정될 것이다.

채무가 합의될 때는 보통 당사자보다 사회적 지위가 높은 제삼자(kasa)가 개입한다. 두 추장이 대립할 때는 그들보다 신분이 높은 중재자(kasa)를 찾기 힘든데, 양측의 갈등이 불화로 악화될 확률이 가장 높은 것도 이 경우다.

유래와 상관없이 엄청난 흐카가 불화의 잠재적 원인이 된다. 카친족에게 불화와 빚은 둘 다 흐카다. 특히 이방인은 빚을 빨리 해결해야 한다. 그렇지 않으면 채권자가 폭력을 행사해도 무방하기 때문이다. 반대로 친척, 특히 인척간의 빚은 그리 급한 문제가 아니다. 마유-다마 관계에서는 원칙적으로 상당한 빚을 그대로 두기도 한다. 이 빚은 관계의 지속성을 보장하는 신용 보증서가 된다. 따라서 빚은 적대감과 더불어 상호 의존과 우정을 의미한다는 역설이 발생한다. 카친족의 사고에서 협력과 적대감은 크게 다른 것이 아니다.[203] 카친족의 주술 개념을 다룰 때 이 점을 다시 설명할 것이다.

한편 극소수 경우를 제외하면 빚은 개인이 아니라 종족 사이에 존재한다고 간주되며, 갚지 않은 빚은 세대를 따라 이어진다. 종족 간의 주요 불화는 그것을 처음 목격한 개인이 살아 있는 동안 거의 해결될 가망이 없다.

이제 카친족의 빚 개념과 인류학자의 사회구조 개념이 밀접히 연관되었음이 분명해졌다. 카친 사회의 전통과 의례는 개인 사이에서 합당하게 여겨지는 관계를 정초한다. 다시 말해 A가 B에게, B가 A에게 져야 할 의무를 규정한다. 이런 공식적 의무가 적절히 이행되지 않는다고 느낄 때 빚이 발생한다.

따라서 채무 해소 수단인 흐파가(귀중품)는 사회적 의무로 규정된 통화다. 시장에서 사용하는 화폐는 재화를 교환하기 위한 매개물이다. 여기서는 화폐를 이용해 어떤 재화도 다른 재화로 바꿀 수 있다. 마찬가지로 카친 사회의 의무 체계에서도 어떤 의무든 흐파가를 매개로 해소할 수 있다. 비합법적 혼인의 합법화, 혈투의 종식, 토지권의 이양 등이 모두 단일한 통화(흐파가)로 가능하다. 이때 통화 단위는 직접적 교환이 불가능한 공식화된 물품이다.

흐파가는 포커에서 개인이 든 패와 유사하다고 볼 수 있다. 어떤 의례 맥락에서는 에이스 4개가, 다른 경우에는 로열 플러시가 필요하다—이때 카드는 그 게임의 맥락에서 가치가 있다. 따라서 흐파가를 취득하는 것은 그 자체가 목적이 아니다. 흐파가는 사회적 지위를 조작하는 수단이며, 카친 사회의 규칙에 따라 진행되는 게임에서 사용한다. 그러나 포커와 마찬가지로 단순히 규칙으로 실제 포커가 어떻게 진행되는지 알 수 없다. 이론적 체계에서 특정한 흐파가의 가치는 의례적이고 상징적이지만, 실제 카친 사회에서 흐파가는 전통적 물품의 대체물일 뿐이다. 따라서 흐파가는 그 자체로 의례적·경제적 의미가 있다.

그렇다면 카친족은 왜 어떤 사람에게 줌으로써 없앨 수 있는 재화를 소유하는 것과 권리를 주장할 수 있을 뿐인 토지를 소유하는 것의 차이를 경제적 거래에서 채무자와 채권자의 차이, 법적 소송에서 피고와 원고의 차이와 같은 의미로 생각하는지 이해할 수 있을 것이다.

토지에 대한 권리
—

앞에서 카친족은 서로 다른 토지권의 유형을 구분한다고 말했다. 마을의 개별 평민은 토지에 대한 용익권이 있을 뿐이다. 그들은 토지를 '먹는다(sha)'. 반대로 추장과 마을 우두머리는 토지를 소유하거나(madu) 통치한다(up). 후자의 소유권은 토지에서 나는 생산물이 아니라 토지 자체에 대한 통치권을 내포한다. 이런 권리는 지위 상징으로서 가치가 있다. 그러나 엄밀한 경제적 관점에서 그 가치는 부정적인데, 소유주에게 비용을 부담시키기 때문이다.

토지 용익권과 소작권은 자유롭게 처분할 수 있다. 카친인이 밭을 만들기 위해 삼림을 개간할 때, 예전에 개간한 땅을 다시 개간하는 경우가 대부분이다. 이때 그 땅은 원시림을 처음 개간한 종족에게 '귀속된다'. 그러나 다시 개간한 땅을 꼭 주인 종족이 사용하리라는 법은 없다. 이때는 다른 종족이 그 땅을 '빌리거나' 임대료를 내고 사용할 수 있다. 이런 원리는 영구 경작지에도 적용된다. 땅은 추장이 '소유'하며, 개별 농부는 영구 소작권을 보유한다. 농부는 소작권을 다른 이에게 양도할 수 있으며, 이때 토지에 대한 추장의 권리에는 아무런 영향을 주지 않는다.

반대로 추장에게 속한 토지에 대한 권리는 쉽게 처분할 수 없다.

그것은 특정 종족 구성원에게 속하는 의례적으로 규정된 권리다. 따라서 임의로 사고팔 수도 없다. 굳이 처분해야 한다면 적절한 흐파가를 교환해서 의례적인 방식으로 소유권이 이전되어야 한다.

후자의 의미에서 특정한 토지에 대한 가장 포괄적인 소유권(madu)은 '넓적다리를 – 먹는 추장'이 보유한다(p. 186). 그가 공물로 받는 '넓적다리'는 경제적 가치는 거의 없다. 카친인에게 넓적다리 공물의 중요성은 추장이 보유한 여러 가지 권리를 인정한다는 의미이기 때문이다. 이 권리는 모두 추장의 지위를 상징한다. 즉 해당 토지에서 폭력을 행사할 수 있는 권리, 마다이 낫 신령에게 공물을 바칠 권리, 추장 가계의 고유한 권리인 무덤 주위에 도랑을 팔 수 있는 권리, (추장 가옥의 특징인) 커다란 현관 기둥(n'hpu daw)을 세울 권리, 마나우 축제를 개최할 권리(p. 183) 등.[204]

우리는 통치권으로서 소유권과 용익권으로서 소유권의 차이 외에도, 이 통치권 자체가 개별적으로 향유 가능한 여러 권리의 묶음이라는 것을 알 수 있다. 이 통치권을 획득 혹은 부분적으로 획득하는 다양한 방법을 살펴보자.

a. 넓적다리를 – 먹는 추장이 직함을 획득하는 일반적인 방법은 아버지나 (전 추장에게 아들이 없다면) 종족 내 친족에게 직접 물려받는 것이다. 이때 직함 수령자는 막내아들이어야 한다. 최고 추장이 중재하지 않을 경우 형들의 반대로 막내아들이 추장직을 물려받지 못할 수도 있다. 따라서 사실상 추장직이 항상 막내아들에게 승계된다고 볼 수는 없다.[205] 역사적으로 막내가 아닌 아들의 가계

가 물려받은 추장직에는 정통성 시비가 많았다. 내가 생각하기에 '막내아들'은 아버지가 사망할 때 가장 어린 아들로 해석되어야 하는데, 여기에는 모호한 구석이 있다. 막내아들 가계 다음으로 지위가 높은 것은 맏이의 가계다.

b. 최고 추장이 존재하지 않을 경우, 현 추장의 아들(특히 맏이)은 자기 종족에서 개인적 추종자(zaw)를 동원하여 지배자가 없는 영토에 마을을 세우고 자신이 추장이라고 선언할 수 있다. 그가 충분히 능력 있는 인물이라면 추장 직함은 암묵적으로 인정되겠지만, 그렇지 않을 경우 사람들은 그가 '뽐내는 추장(gumrawng gumsa du)'일 뿐이라고 쑥덕거릴 것이다. 특히 외부 중재자들은 이 추장이 자기 막냇동생에게서 마다이 낫 신령에게 공물을 바칠 수 있는 의례 권한을 이전받는 공식적 의식(nat htawt daw)을 치르지 않는 이상, '넓적다리를-먹는 추장'이라는 그의 선언을 인정하지 않을 것이다.

형들에 맞서 막내아들의 권리를 지켜주는 핵심적인 장치는 '넓적다리를-먹는 추장'이라는 직함이 막내아들의 동의나 공식적 절차 없이는 다른 형들에게 이전될 수 없다는 점이다. 따라서 영국 식민 통치 아래 자신을 추장(duwa)이라고 칭한 마을 우두머리들은 카친족의 견지에서 보면 '넓적다리를-먹는 추장'이 아니다. 그들은 막내아들 가계에서 적법한 방법으로 추장 직함을 이전받아 보유한 사람들이 아니기 때문이다.

c. 최고 추장이 존재하지 않을 경우, 전쟁과 정복에 따라 궁극적으로 추장 직함이 이전될 수 있다. (흐팔랑 지역처럼) 이는 영국 식민

통치 이전에도 자주 벌어진 일은 아닌 모양이다. 라이벌 추장 간의 주요 불화가 중재를 통해 해결되어, 한쪽에서는 토지를 이양하고 다른 쪽에서는 신부를 제공하는 것이 더 일반적이다.[206] 이 경우 새 추장은 옛 추장에게 다마가 되며, 옛 추장은 비록 직접적이지 않지만 자신의 옛 토지에 약간의 권한을 보유한다.

p. 222에서 설명한 라왕족의 결혼이 바로 이런 경우다. 흐푼라우-라왕족은 대략 몇 세대 전에 라파이족을 정복해서 땅을 얻었다고 주장한다. 라파이족은 불화 이전에 라왕족의 마유였고, 불화 이후에도 라왕족의 마유가 되었다. 소녀 A는 이 라파이족의 구성원이었다. 흐팔랑은 영국 징부가 라파이 추장들이 분쟁 구역에서 거주해야 한다고 주장하지 않았다면, 의심할 여지없이 늠웨 추장들이 라파이 추장들의 다마가 되었을 것이다.

한 종족에서 다른 종족으로 토지 이양은 두 종족이 모두 참여하는 '승리 축제(padang manau)'를 통해 기념한다. 따라서 새 추장이 넓적다리를-먹는 추장으로 인정받을 수 있는지는 이 승리 축제를 제대로 치렀는가에 달렸다.

d. 현 추장의 종족이 멸절하여 적당한 남자 후계자가 없을 경우, 동일한 씨족 내 여러 가까운 종족이 동의하면 토지를 딸에게 물려줄 수도 있다. 이 토지는 딸이 신부대로 받았어야 할 흐파가로 취급되어, 그녀의 남편과 남편이 속한 종족에게 귀속된다. 이런 식으로 양도되는 토지를 **쿵돈 가**kungdawn ga라고 하는데, 현실에서는 드물다.[207] 이 경우도 위의 c와 마찬가지로 새로운 추장은 옛 추장에게 다마가 된다.

2부 ㅣ 카친 굼사 사회의 구조

e. 현 추장의 아들은 추종자를 동원하여 다른 추장의 영역에 새로운 마을을 세울 수 있다. 이때 그는 새로 모실 추장에게 토지 소작권을 구입해야 한다. 당시 상황이나 교환된 흐파가의 숫자와 성격에 따라 그의 지위는 부하(salang wa)나 하위 추장(duwa)이 될 수 있다. 하위 추장으로 인정받으면 그는 커다란 가옥 기둥을 세우고 자기 무덤 주변에 도랑을 팔 권리가 있으며, 가옥 내에 마다이 답 신당을 모실 수 있다. 자기 마을에 눔샹을 따로 가꿀 수도 있다. 하지만 그가 넓적다리를 – 먹는 추장이 될 수는 없다. 추종자에게 '넓적다리' 공물을 받거나, 상위 추장의 허락 없이 마나우를 개최할 수도 없다.

통치권의 부분적 이양은 각 추장 종족 전체에 영향을 미치는 문제로, 이 안건 역시 혼인 때처럼 대리인(kasa)을 통해 논의한다. 사실 이런 거래는 혼인과 매우 닮았다. 토지 '가격'에는 구슬 100개로 만든 목걸이가 포함되는데, 추장 딸의 신부대에도 이 목걸이가 있다. 토지를 매매한 쪽은 매입한 쪽에게 칼과 창을 선물로 주어야 한다. 이 칼은 적법하게 토지를 양도한 증거로 간직되는데, 신부 측에서 적법한 혼인의 증거로 칼을 보유하는 것과 비슷하다.[208] 앞에 설명했듯이 이런 절차는 하위 추장이 상위 추장의 사위(다마)가 될 때 흔히 행해진다.

f. 4장에서 우리는 카친 사회의 혈투 방법이 공개적인 전쟁이 아니라 자객(share)을 고용한 암살임을 살펴보았다. 이런 자객은 고용한 자들과 가까운 친족일 필요가 없고, 실제로 대개 그렇다. 자객은 흐파가로 보상받는데, 때로 토지를 받기도 한다. 이런 토지를

리가우 가regau ga라고 한다. 나는 이들이 토지에 고위 추장과 비슷한 권한이 있다고 생각하지만 확실하지 않다. 추장은 혈투가 벌어지면 (i) 자기 씨족 동료와 (ii) 자기 다마에게 원조를 요청할 합법적 권리가 있다. 이때 원조에 대한 보상은 보통 친족보다 자객에게 후한 편이다. 흐팔랑 지역에서는 한때 라가족과 굼즈예족이 왜 늠웨족을 도우러 왔는지 논란이 되었다. 이는 라가와 굼즈예 마을의 토지가 늠웨족의 리가우 가였거나, 단순히 두 세력이 봉건적 종속 관계였기 때문이다.[209]

이 내용에서 우리는 토지의 '소유권(madu)'을 주장하는 가구주, 마을 우두머리, 하위 추장, 추장이 사실은 서로 다른 권리를 주장하는 것을 알 수 있다. 이런 권리는 의례적 중요성이 있으며, '소유주'의 다양한 지위 등급을 상징하는 역할을 한다. 논지를 더 전개하기 위해 서열과 계급에 대한 카친족의 이데올로기를 살펴보자.

VI. 서열과 계급 개념

인류학적 견지에서 카친 사회가 특별히 흥미로운 것은, 이들이 분절적이면서 계층화된 사회라는 점이다. 지금까지 영국 사회인류학계가 논의한 대다수 종족 체계에서 종족 분절화는 지위 서열의 수직적 분화가 아니라 '수평적 대립'을 야기한다고 알려졌다. 포티스와 에번스프리처드가 아프리카 부족사회[210]를 설명하기 위해 제안한 흥미로운 정치 체계의 지형도가 카친 굼사 사회에 적용되지 않는 것도 이 때문이다.

레이먼드 퍼스가 기술한 티코피아인[211]은 계급 위계와 관련해 '순수한' 종족 체계라고 불릴 만한 것이 있었다. 하지만 퍼스가 기술한 사회생활의 전체 규모가 미세한 수준이라, 카친 사회와 비교하기에는 적절하지 않다. 나는 전 세계에 카친 굼사 유형 사회가 많지만, 아직 사회인류학자들이 충분히 주목하지 않는다고 생각한다. 따라서 나도 문제를 명료하게 진술하기 쉽지 않다.

나는 앞에서 어느 정도 언급한 내용을 조금 다른 각도로 살펴볼 것이다. 우리는 앞선 항목에서 종족 분절체의 특성과 그들의 지위 관계에 주목했다. 이제는 이 지위 관계가 카친족이 자신들의 사회가 거의 카스트 사회처럼 엄격하게 계층화되었다고 생각하는 관념과 어떻게 맞물리는지 살펴볼 것이다.

정직하게 말해서 계급 차에 관한 카친 사회의 굼사 이론은 카친족의 실천과 거의 완벽하게 불일치한다. 그렇다면 카친족의 그 이론이 무엇이며, 이론과 실제의 불일치가 전체 사회구조에 어떻게 영향을 주는지 살펴보자.

이론적으로 카친 사회의 서열은 출생할 때 지위에 달렸다. 모든 법적 규칙은 귀족, 평민, 노예라는 세 계급 시스템이 카스트 수준의 엄격성과 배타성을 갖춘 것처럼 짜였다. 카친 사회 이론에서 서열은 종족에게 부여된 속성이며, 개인은 출생 종족에 따라 평생 서열이 결정된다. 이 원칙이 허구임은 쉽게 알아챌 수 있지만, 어떤 허구가 개입되었는지 밝히기는 쉽지 않다.

영국 식민 통치 이전에는 카친 인구 중 상당수가—어느 곳에서는 거의 절반[212]이—마얌mayam 계층, 직역하면 '노예' 계층에 속한 듯하다. 영국 식민청은 노예제를 탐탁지 않아 했고, 마얌 제도를 억압했다. 그래서 본래 이 제도의 성격이나 '노예제'가 정확한 명칭인가 하는 문제도 밝히기 어려워졌다.[213]

증거들을 보면 카친 사회의 노예제는 중부 친족의 테파tefa 시스템,[214] 라케족의 세이sei 시스템,[215] 루샤이족의 보이boi(bawi) 시스템,[216] 세마족의 무그헤미mughemi 시스템[217] 혹은 영국 식민 통치 이전의 미얀마 '노예제'[218]와 상당히 닮은 듯하다.

거의 모든 노예는 추장이나 마을 우두머리가 소유했다. 노예의 지위는 대부분 영구적인 채무자의 지위와 같았다. 하지만 앞에 보았듯이 카친 사회에서 채무자의 역할이 언제나 부정적인 것은 아니다. 노예는 주인에게 채무로 묶여 있지만, 그 역시 일정한 요구를 할 수 있었다. 노예의 전체적인 위치는 추장의 양아들이나 사생아(n-gyi)와 비슷했다. 신부대를 지불하는 대신 추장을 위해 일하는 가난한 사위(dama)와도 비슷했을 것이다. 따라서 일종의 역설에 의해 가장 낮은 계급이라고 간주되었는데도 '노예'는 어떤 계급보다 추장과 가까운 관계였다.

추장은 노예의 결혼도 자기 자녀의 결혼처럼 처리해주었다. 노예가 결혼해서 아이를 낳으면, 그 아이들은 남자 노예의 추장(그가 신부대를 지불해주었으므로)에게 귀속되었다. 남자 노예가 평민 여자와 결혼해도 그 자녀들은 신부대를 지불한 남자 노예의 추장에게 귀속된다. 하지만 평민 남자가 여자 노예와 결혼하면 남자가 여자 노예의 추장에게 신부대를 지불하며, 자녀에 대한 권리도 평민 남자가 보유한다.

19세기에는 카친 사회 노예가 대부분 아삼 출신이었던 모양이다. 1824년 이전 미얀마 왕조가 권력을 잡으면서 많은 아삼족이 노예로 잡혔고, 그들의 후손도 카친 고산지대 전역에서 노예로 거래되었다. 앤더슨J. Anderson은 1868년에 바모 지역 카친족과 샨족 노예가 대부분 아삼 출신이라고 기록했다.[219] 그랜트 브라운 역시 1910년에 친드윈 강 상류 지역 모든 카친족 마을은 아삼족 노예의 후손이라고 썼다.[220] 1926년 후쾅 계곡에서 카친 노예 3466명이 해방되었을 때도 2051명이 아삼족 출신이었다.[221] 하지만 아삼족 노예는 카친족 출신 노예와 다른 대우를 받은 듯하다. 1828년에 뇌프빌J. B. Neufville이 남긴 기록이 흥미롭다.

> 대규모 아삼족을 노예로 강탈해 오기까지, 카친족은 밭 경작을 생업으로 하면서 일상생활의 모든 측면에서 더 가난하고 궁핍한 카친족의 봉사를 받은 듯하다. 이 자발적인 노예는 극도로 빈궁한 순간에 처하면 일시적으로 혹은 일생 동안 자신을 추장이나 더 부유한 이웃에게 판 것으로 보인다. 그들은 특정 가문의 딸을 아내로 얻기 위해 그 집에 가서 집안일과 농사를 돕기도 했다. 여기에 강제적 의무는 없었다. 이런 상태의 싱포족은 굼라오라 불린다.[222]

이 '노예들'을 굼라오라 칭했다는 설명은 제쳐두고, 뇌프빌에게 정보를 제공한 사람들이 '노예'의 지위를 입양한 아들이나 가난한 다마와 비슷하게 여겼음이 분명하다.

이 장 네 번째 항목(인척과 근친상간 개념)에서 살펴보았듯이, 흐파가 상환과 관련된 공식 규칙은 보통 세 계급을 구분한다. 즉 추장계급(du), 자유인 출신 평민계급(darat), 노예 계급(mayam)이다. 이런 범주의 경계를 흐릿하게 만드는 중간계급도 존재한다. **마 감 암유**ma gam amyu(맏아들의 종족)는 귀족계급을 말한다. 귀족계급은 추장 종족에 근접한 종족으로, 그 구성원은 자신이 추장의 후손임을 주장할 수 있고, 후손 중에서 언젠가 추장이 나올 거라고 믿는다. 비슷하게 **수룽**surawng[223]이라는 범주가 있는데, 이는 이론적으로 평민남자와 여자 노예 사이에서 태어난 아이를 말한다. 이 범주는 평민과 노예의 구분을 흐릿하게 한다. 이때 평민(darat daroi, mayu maya)이란 단순히 주거적인 범주로, 귀족도 노예도 아닌 '평범한' 종족출신 구성원을 말한다.

카친 사회의 계급은 의례적 의미에서든, 객관적 의미에서든 경제적 지위와 직접 연관되지 않는다. 카친 사회의 '부자(sut lu ai wa)'는 앞에서 보았듯이 다른 이들에게 받아야 할 흐파가를 많이 보유한 사람이지, 일반적인 의미에서 부유한 사람일 필요는 없다. 카친 사회 관념에서는 '부자'가 꼭 귀족이거나, 귀족이 꼭 '부자'일 필요는 없다. 부유한 추장도 있고 가난한 추장도 있으며, 강력한 추장은 대개 부유하다. 그러나 한 커뮤니티에서 귀족과 평민의 생활수준에 결정적인 차이는 없다. 두 계층 구성원 모두 비슷한 음식을 먹고, 비슷한 옷을 입고, 비슷한 기술을 보유한다. 주인과 노예도 거의 비슷한 조건에서 같은 집에 거주한다.

이론적으로 카친족의 계급 차에는 카스트적인 측면, 즉 의례적인 구별이 있다. 개인의 지위는 태생적으로 결정된다. 자신보다 높은 계층 인물은 존경(hkungga)받을 권리가 있으며, 그가 지독하게 궁핍하고 멍청해도 그렇다. 존경은 선물을 바치는 행위, 공경을 나타내는 적절한 미사여구 혹은 시적인 구절을 사용하는 행위 등으로 나타낸다.

따라서 이론적으로 계급이 높은 자는 계급이 낮은 자에게 선물을 받지만, 영구적인 경제적 이득이 있는 것은 아니다. 선물을 받는 자는 증여자에게 빚(hka)을 진다. 수령인은 당분간 그 빚을 즐기며(lu : 소유하거나 마시거나), 그 빚을 보유한(지배하는) 사람(madu)은 증여자가 된다. 역설적으로 상류계급이 선물 수령자라고 규정되지만('넓적다리를—먹는 추장'처럼), 동시에 그는 자신이 받은 것보다 많이 줘야 한다는 사회적 압력 아래 놓인다. 그렇지 않으면 천하다는 취급을 받으며, 천한 사람은 지위를 잃을 위험에 처한다. 카친족은 귀족으로 태어나는 사람이 따로 있으며, 신분 상승은 원칙적으로 불가능하다고 생각한다. 그러나 '언덕 아래로 굴러떨어지는(gumyu yu)', 다시 말해 지위를 잃는 것은 가능하다고 말한다.

현실에서는 지위를 (노력해서) 얻는 것도 가능해 보인다. 이론적으로 개인의 서열은 출생할 때 정해지지만, 계급이란 개인이 아니라 전체 종족에게 부과되는 속성이다. 따라서 상류계층으로 인정받고 싶은 개인은 자기 성취뿐 아니라 종족 전체의 위상을 위해 노력해야 한다. 이것은 그리 어렵지 않다. 평민 종족은 대부분 귀족계층과 연관성을 주장하는데, 그런 모든 경우에 신분 조작과 사회적 향상의 여지가 있다. 그러나 몇몇 종족은 '평민다움'으로 악명이 높아—다시 말해 고귀한 '추장' 씨족과 연관이 없어—**굼사** 체계에서 할 수 있는 게 많지 않다. 이런 종족의 우두머리는 추장 대신 마을 우두머리(bawmung)나 사제로 인정받기 위해 노력한다.[224]

평민 종족이 특권계층과 어렴풋한 연관성을 주장하는 곳에서, 야심적인 개인은 이 주장을 반복해서 정당화함으로써 자신의 사회 계급을 향상할 수 있다. 카친 용어로 이런 개인은 **흐파지**hpaji가 있는 사람이다. 흐파지는 **숫**sut(부)과 대응되는 개념으로, 연회나 손님 환대에서 후한 인심을 말한다. 이 용어를 직역하면 '지혜'나 '영악한cunning'으로 번역할 수 있다. 부유한 사람이 연회를 베풀 수 있고, 지혜롭고 영악한 사람이 부자가 되는 법을 안다. 지혜가 그 자체로 귀족의 특성은 아니지만, 신분 상승 측면에서는 영악한 사람이 유리하다.

우리는 카친 사회의 계급 위계가 원칙적으로 엄격하지만, 사실은 그렇지 않음을 보았다. 이런 상황에서는 서열에 수반되는 여러 상징의 가치가 대단히 커질 것이며, 이 상징을 사용할 권리는 배타적으로 엄호될 것이다. 우리는 토지권에 대한 논의에서 이 과정을 살펴보았다. 예를 들어 마을 내 특정 종족의 정치적 지위는 그 종족을 '주요 종족'—다시 말해 그 마을 창시자가 속한 종족—과 연결해주는 씨족과 인척 관계에 따라 규정된다. 이 때문에 다양한 마을 혹은 마을 군락을 창시한 서로 다른 종족의 정확한 지위 관계를 설정하는 일이 무엇보다 중요하다.

각 종족은 이 중대한 문제에서 증거 조작의 재능을 보여준다.

4장에서 소개한 흐팔랑 지역 불화에 관한 구전신화가 훌륭한 사례다. 우리는 커뮤니티 내 경쟁하는 파벌이 세대마다 구전신화를 구미에 맞게 재해석하는 것을 보았다. 카친족이 이런 '역사 다시 쓰기'를 얼마나 인식하는지 나도 말하기 힘들다.

그렇다면 신분 상승은 이중 작용의 결과다. 개인은 의례를 수행할 때 후한 인심으로 위세prestige를 획득한다. 이 위세는 개인이 속한 종족의 서열을 사후 재조정하면서 지위status로 변모한다. 이 과정은 대부분 종족 계보 조작으로 진행된다. 이런 조작은 카친 사회의 복잡한 승계 규칙 때문에 상대적으로 수월하다.

우리는 앞에서 종족의 조상 신령에게 공물을 바칠 권리는 막내아들에게 계승되며, 다른 형제가 이를 계승하려면 적절한 의례나 선물 교환으로 막내아들에게서 이 권한을 '구입해야' 한다는 것을 살펴보았다. 따라서 시간이 흐르면 한 추장의 전체 종족에는 막내아들이 아닌 형제에게서 갈라져 나온 지파의 후손도 포함된다. 이 경우 엄밀히 말해 '막내아들 가계'의 구성원만 '추장 가문(du baw amyu)'이 되고, 나머지 지파는 그보다 지위가 낮은 '맏이 가문(ma gam amyu)'이 된다.

그러나 맏아들의 가계는 막내아들 가계 다음으로 서열이 높다는 점을 강조할 필요가 있다. 예로 든 도표 4에서 A_1, A_2, A_3는 모두 막내아들이며 출생 시 권리에 따라 추장 직함을 계승했다. 하지만 A_3가 특별한 이유 없이 사망했을 경우, C_3가 아니라 그의 큰형인 B_3가 직함을 물려받는다. 이때는 다른 사회처럼 입양하더라도 상황이 변하지 않는다. A_3가 아들을 입양할 수 있지만, 직함을 계승하

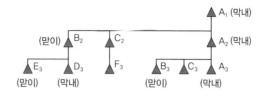

도표 4. 카친 사회의 승계 원칙

는 데 아무 영향을 끼치지 못한다. 세대를 거슬러 올라가면 B_2와 C_2의 후손은 그들을 별개 종족이라 여길 것이다. B_2의 후손은 C_2의 후손보다 서열이 높다. 하지만 B_2의 후손 중에는 D_3의 후손이 E_3의 후손보다 서열이 높다. 따라서 3세대 구성원의 서열은 다음과 같다. A_3, B_3, C_3, D_3, E_3, F_3.

여기서 A 종족과 B 종족이 서로 상대보다 우위에 있다고 여길 수 있게 하는 다른 기준 때문에 문제가 더 복잡해진다.

a. 일부다처에서 추장 정실부인(latung num)의 자녀는 둘째 부인(lashi num)의 자녀보다, 둘째 부인의 자녀는 셋째 부인(labai num)의 자녀보다 서열이 높다.

b. 여자는 눔 샬라이 의식을 치러야 정실부인이 된다. 여기에 몇 가지 중요한 함의가 있다. 영향력 있는 카친 추장이 샨족 공주와 결혼하는 일은 드물지 않다. 그러나 불교식으로 결혼했다면 그 자녀는 합법적으로 인정받지 못한다.

c. 카친 사회에서는 형제역연혼을 한다. 남편이 죽으면 그 형제가 남은 과부를 취해야 한다. 이 재혼에서 나온 자식은 첫째 남편과 낳은 자식보다 서열이 낮다.

2부 ㅣ 카친 굼사 사회의 구조

d. 정식 결혼이 아니거나 불륜으로 생긴 자녀는 불륜을 저지른 남자가 사생아 벌금(sumrai hka)을 지불하면 그의 적법한 자녀가 되지만, 그렇지 않을 경우 여자의 원래 남편의 적법한 자녀가 된다. 이 자녀는 지위가 복구되어도 정식으로 태어난 남자의 자녀보다 서열이 낮다. 예를 들어 남자 A가 여자 B에게서 적법하지 않은 아이를 낳고 그녀와 결혼(눔 샬라이)했다면, 양측 자녀가 모두 적법한 지위로 복구되어도 결혼 뒤에 낳은 아이가 결혼 전에 낳은 아이보다 서열이 높다.

따라서 남자의 자녀는 다양한 범주에 귀속될 수 있다. 추장직 계승자(uma)는 단순히 그의 막내아들이 아니라 '적법한 결혼 의식(눔 샬라이)으로 결혼한 첫째 아내의 막내아들'이다. 그러나 이것 역시 논란의 대상이 된다.[225]

이런 정교한 규칙은 그 자체로 논란의 여지가 있을뿐더러, 영향력 있는 귀족 계층이 자기 이익을 위해 가계도를 조작하는 일을 상대적으로 수월하게 만든다. 예를 들어 도표 4로 돌아가 보자. 앞서 말했듯이 F_3와 그 후손은 A_1, B_2, C_2, E_3, B_3, C_3의 후손에 비해 서열이 낮다. 따라서 F_3의 가계가 추장 직함을 주장할 수 있는 기회도 사라질 것이다. 몇 세대가 흐르면 그들은 추장 가계와 연관이 있다고 뿌듯해할지 모르나, 아무도 귀족 계층으로 인정하지 않는 종족이 될 것이다. 카친 사회는 이런 종족을 '언덕 아래로 떨어졌다(gumyu yu)'고 말한다.[226]

F_3 가계의 한 개인이 부富나 강력한 성격적 힘으로 자신과 가족

을 영향력 있는 위치에 올려놓는다면, 그 역시 추장 직함을 주장하기 위해 애쓸 것이다. 그 과정에서 그의 조상인 A_1에게는 부인이 하나 이상 있었고, A_1의 여러 자녀 중 C_2만 정실부인의 아이였음이 밝혀질 것이다. 그러면 진정한 추장 계승자(uma) 가문은 F_3가 된다! 나는 흐팔랑 지역에서 증조부가 같은 친족 사이에도 의견 차이가 발생하는 것을 발견했다. 몇몇 추장 종족이 족보상 지난 40세대 혹은 그 이상의 역사를 주장하는 것을 감안하면, 한 남자의 서열은 이론적으로 출생에 따라 결정되지만 실제로 그 서열 체계에 무한에 가까운 융통성이 생겨남을 알 수 있다.

지금까지 나는 종종 카친인의 실천이 구조적 이념에서 크게 벗어나지만, 카친 개념에 내재하는 융통성 덕분에 그들이 (실제로 그러지 않는데도) 규칙을 준수한다고 믿을 수 있다는 점을 강조했다. 이제 다른 점을 지적하고 싶다. 즉 구조적 이념 자체가 일관되지 않을 수 있으며, 서로 다른 둘 이상의 행동 방식 역시 동일하게 '옳을'(혹은 '그릇될') 수 있다는 것이다.

이런 구조적 이념의 불일치는 부계 거주의 규칙, 말자상속의 원칙과 관련이 있다. 부계 거주의 이념은 계급이 전체 종족 차원의 속성이라는 관념과 부합한다. 종족은 특정한 장소에 거주하며, 그 장소와 결부된 특수한 서열 지위를 보유한 집단이다. 말자상속은 이런 원칙을 정확히 가로지르는데, 여기에 내포된 가정은 막내아들이 집에 남은 가문의 계승자며, 형들은 다른 곳에서 운을 시험하기 위해 집을 떠나는 존재라는 것이다. 형들이 집에 머무른다면 참기 힘든 심리적 상황이 발생할 것이다.

영국에서 고정관념처럼 자리 잡은 질투 상황은 장모나 '처가살이하는 사위'와 관련이 있다. 이 고정관념은 생물학적 가족은 독립된 가구를 구성해야 한다는 이상과 경제적 궁핍 때문에 다른 사람에게 신세 질 수밖에 없는 현실의 불일치를 반영한다. 카친족의 전형적인 질투 상황은 형과 막냇동생의 것이다. 이때 비난과 질투 섞인 말(nsu nnawn)은 비난받은 사람에게 불운을 가져올 수 있는 주술로 여겨진다. 그래서 주술 때문에 질병이 발생했다고 여겨지면 '질투의 신령(nsu nat)'에게 공물을 바쳐야 한다.

이런 의례를 합리화하는 신화적 장치로 두 형제의 다툼 이야기가 있다. 한 버전에서 형은 세계에 대한 자신의 힘과 지식을 이용해 동생의 적법한 계승권을 빼앗는다. 그러자 초자연적 존재들이 동생을 도우러 오는데, 동생은 계략을 써서 형을 죽이고 나중에 부유한 추장이 된다.[227] 두 형제의 유령이 오늘날 **질투의 신령**이 되었다.

다시 말해 카친 사회는 이론적으로 큰 형이 막냇동생의 정치적 종주권 아래 같은 집에 거주해야 한다고 말하면서도, 실제 그럴 경우 갈등이 싹트리라는 점도 분명히 인식한다.

부계 거주에 가장 명백한 대안은 모계 거주다. 나는 앞에서 모계 거주 역시 흔하다는 점을 강조했다. 그렇지만 결혼한 부부가 신부 측 부모님 집에 머물 경우(dama lung : '사위가 언덕을 오른다') 이는 부끄러운 일로 간주되었다. 사위가 자신이 사회적으로 열등함을 인정하고, 신부대를 벌기 위해서 노동하며, 표면적으로 자신을 마유에게 노예(mayam) 상태로 밀어 넣는 것이기 때문이다. 따라서 카친족에게 물어보면 처음에는 부계 거주에 예외가 드물다고 말하는데, 이는 충분히 이해할 수 있는 일이다.

실제 상황에서 개별 종족 분절체가 5~6가구 이상으로 구성되는 경우는 드물다. 이는 종족 유대에 관한 이상에도 종족 분열이 끊임없이 일어난다는 명백한 증거다. 이 점은 앞에서 언급했지만 지금 내가 강조하는 것은 종족 분열의 메커니즘이 계급 지위 개념과 밀접하게 연관되었고, 종족 분열 과정은 동시에 계급 위계를 오르내리는 사회이동의 과정이라는 점이다. 개인이 거주지를 결정하는 문제는 후손의 계급적 지위에 영향을 미친다.

이 부분은 나의 전체 논지에서 중요하다. 따라서 이 거주지 선택 문제가 계급 분화에 어떤 영향을 미치는지 다시 한 번 요약하겠다.

거주지 선택은 평민과 귀족 계층에게 다른 영향을 준다. 먼저 평민의 경우를 살펴보자. 평민은 보통 네 가지 선택지가 있다.

a. 남편과 아내가 남자 부모의 마을에 거주한다. 이것이 카친 사회의 정석이다. 이때 아내는 온전한 지역 종족 집단의 일원으로 간주되며, 남편이 사망하면 남편의 친족 중 한 명이 그녀를 아내로 '취한다(kahkyin)'. 남자의 종족 구성원은 남편의 계급 서열에 따라 결정되는 신부대 모금을 돕고, 신부 측 종족에서 신부의 서열에 따라 제공하는 보답 선물(sharung shakau)을 공유한다. 이때 신랑 측 남자 친족은 자신도 최대한 '좋은' 결혼을 할 수 있을까 하고 기회를 살핀다. 신부 측 종족의 서열이 신랑 측보다 높으면 신랑 종족의 서열이 향상되며, 그 역도 마찬가지다.

b. 예전에는 남자가 가난하여 신부대를 줄 여유가 없으면 지역 유지나 추장의 자발적인 노예가 되는 것도 가능했다. 이때 그의 지위는 노예(ngawn mayam)가 된다.[228] 그의 주인은 신부대 거래에 필요한 자본을 제공하는 대신 노예와 그 자녀의 노동력에 대한 권리를 얻고, 노예의 가축에게서 나는 생산물과 그의 딸들이 혼인에서 받은 신부대를 공유할 수 있다. 노예 입장에서 이 방법의 장점은 영향력 있는 추장을 후견인으로 둘 수 있다는 것이다. 주인에 대한 노예의 지위는 서자 혹은 가난한 사위의 그것과 유사하다.[229]

c. 남편과 아내는 신부 부모(dama lung)의 마을에 거주할 수 있다. 그럼으로써 남자는 출신 종족의 지원을 거절하고 신부 측 종족에 의지한다. 이런 상황은 보통 신랑이 친족과 사이가 나쁘거나, 그들이 지나치게 가난한 경우에 벌어진다. 이때 신부 측(mayu ni) 주민은 신랑이 합의된 기간 동안 노동력을 제공한다는 조건으로 신부대를 깎아준다. 이렇게 신부를 위해 몇 년간 일하면 그 남자는 출신 마을에서 '체면이 깎이며', 신부 측 마을에 계속 머무를 확률이 높다. 이런 비정통적 모처혼母處婚은 남자의 마유(신부 측) 마을에 새로운 하위 종족을 만들어내기도 한다.

앞에 말했듯이 마유-다마 관계는 세대에서 세대로 이어진다. 따라서 같은 마을의 두 종족이 마유-다마 관계면 다마의 지위는 보통 마유보다 낮다. 이렇게 지위가 열등한 데는 이중 근거가 있다. 하나는 마유가 '그 땅에 먼저 있었기에' 좋은 토지에 대한 권리가 있다는 점이고, 다른 하나는 다마 종족의 창시자가 모계 거주를 택함으로써 열등한 지위를 인정했다는 점이다.

d. 부부는 완전히 다른 커뮤니티에 정착할 수도 있다. 경험적으로 이런 경우는 드물어 보인다. 남자는 이주하려는 마을 우두머리의 허가를 받아야 그 커뮤니티에 정착할 수 있다. 또 마을 내 권세가들과 접촉할 때는 언제나 친족 연줄을 거치기에, 연고 없는 사람이 현지인과 협상하기는 쉽지 않다. 흐팔랑에서 나는 이런 부부를 딱 하나 알았다. 그들은 처음 흐팔랑에 왔을 때 완벽한 이방인이었다. 이들이 흐팔랑에 산 지 5년 정도 되었는데, 자녀 중 셋이 결혼해서 나가거나 약혼한 상태였다. 다시 말해 이 이방인 가족은 흐팔랑 지역의 마유-다마 친족 체계에 완벽히 통합되었다.

이런 사례가 드물다고 해서 카친 마을의 총체적 주거 패턴이 고정적이라는 의미는 아니다. 개별 가구는 한 마을에서 다른 마을로 자주 이동한다. 하지만 이때도 각 가구주는 보통 자신이 이주할 마을에 부계나 모계 쪽 친족이 있는 경우가 많다.

요약하면 평민은 개인의 선택에 따라 '정석'대로 원래 집에 머물면서 막냇동생의 의례적 관할권 아래 머물거나, '변칙적으로' 출신 마을을 떠나 새로운 곳에서 다마라는 종속된 위치에 놓여야 한다. 가난한 남자는 두 번째 선택지와 비슷하게 자신을 자발적 노예 상태에 둘 수 있다.

추장의 막내아들이 아닌 형들이 직면하는 선택지는 다소 다르다. 그들에게는 여러 대안이 있지만, 모두 정통적으로 인정받는 대안이다. 토지에 대한 권리(p. 229) 항목에서 우리는 이 내용을 잠깐 살펴보았다.

a. 그는 집에 머물면서 막냇동생의 지배권에 복종할 수 있다.

b. 그는 추종자(zaw)를 모아 아무도 정착하지 않은 지역으로 가서 새로운 마을을 개척할 수 있다. 이때 막냇동생에게서 하늘 신령에게 공물을 바칠 수 있는 의례 권한을 구입해야 하며, 이를 통해 새로운 영토에서 '넓적다리를 – 먹는 추장'의 지위를 인정받을 수 있다.

c. 그는 추종자들과 함께 자신이 살던 마을 내 특정 구역의 추장직에 도전할 수 있다. 이 직함이 주어지면 막냇동생에게서 의례 권한을 구매해야 하며, 그것을 통해 새로운 마을의 우두머리나 하위 추장으로 인정받는다. 두 경우 모두 그는 자신이 의례 권한을 이전받은 추장(막냇동생)에게 종속된다. 결과적으로 그가 창시자인 새로운 종족은 맏이 가문(ma gam amyu)이 되는데, 그가 갈라져 나온 추장 가문(du baw amyu)보다 지위가 낮다.

　토지에 대한 권리 항목에서 나는 이렇게 마을 토지를 양도받기 위해 지불하는 '대가'는 추장 딸의 신부대와 유사성이 있다고 말했다. 여기서는 맏이 가문의 하위 추장이 일차적으로 그의 주인(막냇동생)에게 다마가 된다. 이 경우에도 같은 커뮤니티 내 마유–다마 관계에 종속 관계가 존재함을 읽을 수 있다.

　경험적으로 카친 귀족 계층에게는 두 번째 안이 대단히 매력적인 듯하다. 이라와디 강 서부와 키치나 북부 카친 고산지대는 물론, 인구밀도가 낮은 다른 지역에는 작고 독립된 마을이 많다. 각 마을의 우두머리는 모두 전적인 추장(du baw) 지위를 주장한다. 이 사실은 여러 문헌에 기록되었고, 영국 식민 정부가 일관되게 이런 분절적 거주 방식에 반대했다는 것도 잘 알려졌다. 3~12가구로 구성된 작은 마을은 정치적으로나 경제적으로 그 기반이 매우 취약하다. 카친족은 독립된 지위에 수반되는 위세를 경제적 번영보다 높이 평가한 듯하다.

인구밀도가 높은 지역에서는 추장의 아들이 종전 추장의 권리를 침해하지 않고 독립된 영역을 세울 수 있는 여지가 없다. 따라서 고향에 머무르기 싫은 추장의 아들은 친척이 관할하는 다른 지역의 하위 추장으로 들어가서 상황을 보아 정식 추장 직함을 주장하는 수밖에 없다.

흐팔랑 사례에서 각 마을 우두머리는 자신의 정치적 독립성을 최대한 주장하기 위해 혈안이 된 듯했고, 전통적 관습의 교활한 재해석으로 정식 권한을 얻는 경우도 있었다. 하지만 이런 주장은 당사자의 정치적·경제적 권력에 거의 영향을 미치지 못한다. 관건은 순수하게 위세와 관계된 것임을 상기해야 한다. 즉 특정 개인의 계급 지위를 다른 이들이 인정하는 것이 중요하다. 하위 추장이나 마을 우두머리가 다른 이들을 설득하여 자신을 추장(duwa)으로 여기게 하거나, 자기 아들딸을 샨족의 왕자(Zau)와 공주(Nang)와 동급으로 여기게 할 수 있다면, 그의 종족은 추장 가문(du baw)과 동급으로 여겨질 것이다. 하지만 이 직함을 잃으면 그의 종족 지위는 언덕 아래로 굴러떨어져 모든 구성원이 평민으로 취급받을 것이다.

VII. 초자연적인 것에 대한 개념

나는 이 책 전반부에서 인간 행위를 배제하고 초자연적인 존재의 성격이나 행위를 논하는 것은 어불성설이라고 주장했다. 내가 보기에 신화는 의례를 정당화하는 것이라기보다 의례의 한 표현이다. 다음 설명에서 이 논지가 좀더 명확해지기 바란다.

카친인은 초자연적인 것에 대한 개념을 실용적인(기술적인) 동시에 의례적인 목적으로 활용한다. 사람들의 질병, 동식물의 흉작 등은 똑같이 초자연적 존재의 악의적 공격 탓으로 여겨진다. 초자연적 존재는 다양한 범주로 나뉘는데, 각 범주는 서로 다른 층위의 증상을 야기한다고 간주된다. 따라서 질병의 치료는 이 초자연적 존재의 유형을 밝히는 예비 진단, 이어서 각 신령에 알맞은 제물을 바치는 행위로 진행된다. 이는 실용적인 절차로, 우리가 두통과 위통에 다른 알약을 먹는 것과 크게 다르지 않다. 우리는 한 가지 치료법이 실패하면 다른 방법을 시도하는데, 카친인도 마찬가지다.

신령에게 바치는 제물은 또 다른 실용적 측면이 있는데, 카친인은 제물을 바칠 때가 아니면 가축을 잡지 않기 때문이다. '의례 공양(nat galaw)'은 거기 참석한 모든 사람을 위한 축제다. 부자가 가난한 자보다 큰 제물을 바치기 때문에, 희생 공양은 소비재의 평등한 분배에 기여한다. 따라서 누가 가축을 소유하고 있는가는 별문제가 되지 않는다. 가축을 도살하면 고기는 언제나 마을 전체에 분배한다.[230] 앞에서 말했듯이 개인이 소유한 재산(예를 들어 가축)은 경제적 재화라기보다 위세의 상징으로 여겨진다.

그러나 우리가 이 책에서 주목하는 것은 '의례 공양' 축제의 실용적 측면이 아니라 의례적 측면이다. 랭Andrew Lang[*]의 유명한 문구에 따르면, 카친 사회의 신령(nat)들은 '확장된 비자연적 인간들 magnified non-natural men'이다. 그들은 인간의 계급 위계를 높은 차원으로 확장한 존재에 지나지 않는다. 신령 세계에서도 인간 세상처럼 추장과 귀족, 평민과 노예가 있다. 신령 세계의 평민은 인간 세계에서 사망한 평민 조상이다. 또 신령 세계의 귀족은 사망한 추장이다. 인간 세계에서 사람은 신분이 높은 자의 마음을 얻으려고 선물을 바쳐 그를 빚진 상태로 만든다. 신령의 양해를 얻기 위해서도 마찬가지다. 사람은 그들에게 '경의를 바치는데(hkungga jaw)', 이는 제물을 바친다는 뜻이다. 신령은 그 선물을 받으면서 공양물의 '숨결' 혹은 '정수(nsa)'만 취하기 때문에, 인간은 고기를 먹을 수 있다.

신령들의 위계질서는 인간 세계의 여러 친숙한 개념을 반영한다. 인간 세계에서 가난한 평민이 추장에게 접근하고 싶을 때, 먼저 지위가 높은 평민(예를 들어 마을 우두머리)에게 자기 대리인(kasa)이 되어달라고 부탁한다. 신령에게도 마찬가지다. 인간은 위대한 신령에게 접근하기 위해 먼저 하급 신령들에게 접근해야 한다.

이렇게 설명해보자. 대다수 카친 마을처럼 흐팔랑에서도 중요한 종교적 의식을 9월 초에 치른다. 이 의식의 목적은 익기 시작한 곡물을 위해 초자연적 존재의 비호를 기원하는 것이다. 9월 초는 저장한 식량이 떨어져가는 시기라, 추수나 파종 때 축제처럼 성대한

---

[*] 스코틀랜드의 작가, 시인, 아동문학가(1844~1912). 민담, 신화, 종교 등을 연구하기도 했다.

행사를 벌일 수는 없다. 하지만 의례적 관점에서 이 의식은 해마다 치르는 의례 중 가장 신성한 의식이다. 절박한 타이밍이기 때문이다. 올해는 풍년이 될까, 흉년이 될까?

각 가정은 의식에서 각자 역할을 맡는다. 의식은 보통 3일간 이어지고, 그 뒤 4일 동안 금제기tabooed holiday가 따른다.[231] 첫째 날에 각 가정은 집에서 조상 신령에게 제물을 바친다. 보통 닭처럼 작은 제물이다.[232] 둘째 날에는 마을 눔샹에서 제물을 올린다. 이때는 돼지를 바치며, 의례 역시 두 부분으로 나뉜다. 추장을 제외한 여러 마을 우두머리의 조상에게 제물을 바친 다음, 추장의 조상에게 바친다. 이때 추장의 조상 신령에게 바친 돼지고기는 마을 우두머리의 조상에게 바친 것보다 크고 좋다. 셋째 날은 눔샹에서 평민이 다양한 하늘 신령에게 제물을 바친다. 보통 하늘 신령인 무셍Musheng에게 물소를 바치고, 그의 딸인 벙포이Bunghpoi에게 돼지를 바친다. 그날 저녁이 되면 추장과 그의 사제들이 남아 땅의 신령인 샤딥에게 제물을 바친다. 제물은 새끼 돼지뿐이지만 이는 진정한 공양물로서 땅에 통째로 파묻는다. 다른 경우 신에게 상징적으로 제물을 공양하고 고기는 인간이 먹기 때문이다. 의식은 행운의 신령(maraw)에게 작은 공양물을 바치면서 끝난다. 행운의 신령은 추장과 그의 사제, 눔샹을 다시 탈脫신성화하는 역할을 한다.

이것이 매우 길고 복잡한 절차의 대략적인 골격이다. 하지만 의례 패턴이 마을 내 지위 관계를 어떤 식으로 '재현' 혹은 기술하는지 보여주기에는 충분하다. 서열은 두 가지 방식으로 재현된다. 첫 번째는 의례의 순서, 즉 희생 공양을 바치는 순서에서 드러난다.

그 순서는 평민의 조상, 마을 우두머리의 조상, 추장의 조상, 하급 하늘 신령, 상급 하늘 신령, 땅의 신령 순이다. 두 번째는 공양물의 규모에서 드러나는데 닭, 새끼 돼지, 큰 돼지, 물소 순이다. 의식 마지막 부분에서 추장과 사제들이 남고 모든 이들을 배제함으로써, 추장은 일반 평민과 구별되는 신성한 힘이 있음을 분명히 한다.[233]

카친 사회 초자연적 존재의 다양한 범주를 정확히 살펴보면 이해하기 쉬울 것이다.

낫nat : 신령, 초자연적 존재

—

다른 연구자들과 마찬가지로, 나 역시 카친족의 신령을 영문 표기인 nat(s)으로 쓸 것이다.

카친 사회의 개별 신령은 그 수가 많지만, 지위와 기능 면에서 제한된 몇 등급으로 나눌 수 있다. 각 등급의 신령은 모두 한 암유amyu, 다시 말해 같은 종족으로 여겨진다. 이 신령들은 다음과 같이 구분된다.

가 낫ga nat : 대지 신령

땅의 신령은 계급 위계의 정점에 있는 신령이다. 이들의 추장 샤딥은 만물의 창조자인 양성적 조물주 츠야눈-워이슌Chyanun-Woishun이 '환생'한 존재로 간주된다.

무 낫mu nat : 하늘 신령

하늘 신령은 신령들의 추장(du ni)이다. 이들은 샤딥이나 츠야눈 – 워이슌의 자녀다. 하늘 신령 가운데 막내로 지위가 가장 높은 신령은 마다이Madai다. 마다이의 딸인 마다이 잔 흐프로 은가Madai Jan Hpraw Nga는 인간과 결혼했고, 이 부부가 모든 카친 추장의 최초 조상이다. 따라서 카친 추장들은 하늘 신령에게 다마이며, 오직 추장들이 하늘 신령에게 공물을 바치고 이를 통해 신성한 대지 신령인 샤딥에게 공양할 수 있다. 다른 하늘 신령인 무셍(천둥)의 딸은 같은 방식으로 고아인 평민 남자와 결혼했다. 따라서 평민 카친인은 무셍에게 다마이며, 평민이 하늘 신령에게 제물을 바칠 때는 무셍의 딸인 벙포이(폭풍)에게 제물을 바친 다음 무셍에게 접근해야 한다.[234]

굼군 낫gumgun nat, 마샤 낫masha nat : 조상 신령

앞에서 말한 대로 카친 사회의 모든 가정(htinggaw)에는 개별 신당이 있고, 이곳에서 종족의 조상 신령에게 공물을 바친다. 평민 종족의 실제 계보가 매우 짧다는 것은 앞서 보았다. 가정 신당에 모신 주요 신령들 역시 최근에 돌아가신 조상이거나, 종종 생존하는 조부인 경우도 있다. 따라서 카친족과 조상 신령의 관계는 매우 개인적이다. 사람들은 이들에게 뭔가 간청하면서 종종 비난도 퍼붓는다. 조상 신령은 그 자체로 강력한 힘이 있다고 여겨지지 않고, 상위 신령을 위한 중재자 역할을 한다. 특히 하늘 신령에게 접근하려는 자는 먼저 조상 신령에게 제물을 바쳐야 한다.

우마 신령uma nat

'넓적다리를 – 먹는 추장'의 조상 신령은 특별한 범주에 속한다. 추장의 가옥에는 신당이 두 개 있는데, 하나는 추장의 조상을 위한 것이고, 다른 하나는 추장 조상들의 마유가 되는 하늘 신령 마다이를 위한 것이다(p. 170 도표 2 카친족 추장의 가옥 평면도 참조). 추장이 추장인 것은 '막내아들 가계'를 대표하기 때문이다. 그는 추장 직함의 정통 계승자, 즉 우마uma다. 따라서 추장의 가계는 마다이 신령의 다마가 되며, 가문의 창시자인 우마 신령uma nat까지 거슬러 올라간다. 특정한 영역을 통치하는 '넓적다리를 – 먹는 추장'의 지위는 오직 그가 자기 종족의 우마 신령에게 제물을 바칠 수 있다는 사실에 근거한다. 그는 우마 신령을 통해 마다이 신령에게 접근할 수 있다. 마다이 신령을 통해서는 땅의 신령인 샤딥에게 접근할 수 있다. 샤딥은 만물의 운과 풍요를 주관하는 신령이다. 따라서 특정한 지역의 번영은 그곳 추장의 적절한 의례 수행에 달렸다. 추장이 추종자들에게 넓적다리(magyi)라는 의례 공물을 받을 자격이 있는 것도 이 때문이다.

이것이 우마 신령들에 관한 일반적 관념 패턴이다. 개별 종족 수준으로 내려오면 이야기 구조는 비슷해도 등장인물은 제각각이다. 한 추장 가문이 우마 신령을 하나 이상 모실 수도 있다. 다양한 우마 신령에 대한 구전신화는 한 종족 지파를 다른 지파와 구분하는 역할을 한다. 따라서 라토 씨족의 주요 종족인 사나족 추장들은 우마 신령 중에서 은고 감Ngaw Gam과 은고 낭Ngaw Nawng을 모신다. 은고 감은 하늘 신령의 딸과 결혼했는데, 은고 낭은 그 하늘 신령(그녀)의 아들이었다.[235] 그러나 라토 씨족의 또다른 주요 종족인 카도족은 조상 신령으로 흐킨탕 니엔Hkintang Nien과 카상 냥Kasang Nawng을 모시며, 사나족에 맞설 수 있는 그들만의 신화가 있다.[236]

우마 신령은 종종 뭉 신령mung nat(지역 신령)이라 불리기도 하는데, 이 신령이 특정한 정치 영역의 궁극적인 통치자라는 생각 때문이다. 굼라오 카친족은 종종 뭉 신령을 모시지만, 그들에게는 추장이 없으므로 우마 신령이 존재하지 않는다(p. 189 참조).

자퉁jahtung, 손sawn, 라사lasa : 악령, 유령

앞에서 언급한 신령은 모두 잠재적으로 인간에게 이롭다. 그들이 인간을 벌한다면 인간이 의례 의무를 제대로 수행하지 않았기 때문이다. 악한 의도가 있는 열등한 신령도 존재한다. 자퉁jahtung은 사냥꾼과 어부의 훌륭한 계획을 헝클어뜨리는 신령이다. 손sawn은 아이를 낳는 임신부에게 불운을 가져온다. 라사lasa는 인간의 생명을 위협하는 모든 사고를 일으키는 존재다. 반대로 아이를 낳다 죽은 여자는 손이 되며, 사고로 죽은 사람은 라사가 된다.

의미심장하게도 카친의 창조 신화에서는 이 하위 신령들이 인간의 다마로 등장한다. 자퉁은 여자의 자식이며, '사슴의 심장'이다.* 손은 인간과 원숭이의 자식이다. 따라서 이 악령들은 인간에게 다마가 되며, 열등한 위치에 선다. 이들에게 바치는 제물도 하급 물품(돼지, 개, 닭, 쥐 등이며 물소는 절대 사용하지 않음)이다. 이들은 해를 끼치기 때문에 신이라기보다 해충 정도로 취급되며, 존경도 바치지 않는다.[237]

---

* 인간과 사슴의 자식이라는 의미.

마로maraw : 운, 운의 신령

카친족에게는 종교적인 것 외에 주술적이라고 여겨질 수 있는 행동 범주가 없다. 모든 의례 행위의 핵심은 신령에게 제물을 바치는 것이다. 그러나 몇몇 신령은 다른 문화권에서 인류학자들이 주술적 요소라고 기술한 특징이 있다. 특히 중요한 신령은 '질투의 신령'으로 번역할 수 있는 은수 낫nsu nat과 마로maraw다. 마로는 그리스신화에 나오는 복수의 여신(에리니에스Erinyes, 에우메니데스Eumenides)과 크게 다르지 않다. 나는 여기에서 마로를 '운' 혹은 '운의 신령'이라고 번역할 것이다.

어떤 측면에서 이 개념은 자퉁 개념과 비슷하다. 자퉁에게 바치는 제물은 사냥꾼을 알 수 없는 불운에서 보호한다. 마찬가지로 은수 낫과 마로에게 바치는 제물은 중상이나 질투로 유발된 불운에서 사람을 보호한다. 길호데스Charles Gilhodes에 따르면 카친족 어부는 질투의 신령을 강에 사는 악령의 우두머리라고 여기며, 자퉁 – 은수, 손, 마로에게 공동으로 제물을 바친다.[238] 그런데 은수와 마로는 미묘한 차이가 있다.

마로에서 로raw는 '(묶인 것을) 풀다' '취소하다'라는 의미다. 법적 분쟁이 최종적으로 해결되었을 경우 '빚이 해소되었다'는 말은 흐카 로hka raw다. 마로라는 신령에 깃든 기본 관념은 이들의 출생 신분이 매우 천한데도[239] 최고 신령들의 축복조차 취소할 힘이 있다는 것이다. 따라서 마로는 사제나 점쟁이에게 일종의 방어 메커니즘으로 기능한다. 어떤 사건이 그들의 예언과 다르게 흘러갔을 경우, 마로의 탓으로 돌린다. 결과적으로 사람들은 일반적인 신령에게 제물을 바칠 때 약간의 제물을 마로에게 바친다.

마로의 종류는 아주 많고, 저마다 관할 영역이 다르다. 따라서 출생의 마로, 죽음의 마로, 마나우 축제의 마로, 일반 축제의 마로, 은밀한 정사의 마로, 추수의 마로 등 정확한 신령을 골라서 위무하는 것이 중요하다. 이들에게 바치는 제물은 작지만(돼지, 개, 닭 등) 중요한 것이다. 모든 의례에서는 언제나 마지막에 마로에게 제물을 바친다. 이는 의례를 종결함과 동시에 의례 집전자를 다시 탈脫신성화하는 역할을 한다. 방주네프Arnold Van Gennep의 용어를 빌리면, 마로에 대한 희생 의례는 '통합' 의례에 속한다.[240]

마로는 개인 간 법적 분쟁이 최종적으로 해결되었음을 확인하는 증인 혹은 보증인 역할도 한다. 어떤 사건도 낫 흐풍던 조nat hpungdun jaw('신령을 향한 해방') 의식을 치르지 않으면 해결된 것으로 간주하지 않는다. 여기서 모시는 신령이 바로 마로다.

카친 사회에서 많은 벌금에는 마로 은가maraw nga(마로 물소)라는 흐파가 포함된다. 이는 마로에게 공식 제물을 바치기 전에 마지막으로 지불해야 하는 핵심 흐파다. 내가 보기에 마로 물소는 그 자체로 마로에게 공양되지 않는다.[241] 마로 물소는 특히 특정 계약을 파기할 때 벌금으로 부과하는 품목이다. 예를 들어 한 여자가 어떤 남자와 결혼하기로 했다가 다른 남자와 결혼한 경우다.[242] 카친족의 관념에서는 의례적 계약을 파기하면, 피해를 당한 쪽에 적절한 보상을 할 때까지 언제든 마로가 초자연적 불운을 가져온다.

가장 흔하게 인격화되는 마로는 카자이 마로Kajai Maraw('소문 혹은 나쁜 평판의 마로')와 마트사 마로Matsa Maraw('저주의 마로')가 있다. 이 개념은 '질투 혹은 악의의 신령'인 은수 낫과 매우 흡사하다. 이 마로들은 '사고事故의 어머니(sa wa nu)'인데, 앞에서 본 라사(p. 257) 역시 이들의 자손이다.

이런 관념은 명백히 '주술적'이다. 주술사는 굳이 특정한 마술 행위를 할 필요가 없다. 그는 단순히 욕설을 퍼붓고, 악의적인 소문을 퍼뜨리거나, 나쁜 생각을 하는 것으로 적에게 해를 끼칠 수 있다. 그렇지만 성공적으로 위해를 가하기 위해서는 마로를 일깨워야 한다. 마트사 마로는 마술로 공격하는 측과 방어하는 측이 모두 섬기는 신령이다. 마술사는 마트사 마로를 끌어들여 적에게 위해를 가하기 위해서, 방어하는 측은 마트사 마로가 그를 무사히 내버려두기를 원하는 마음에서 공물을 바친다.[243] 이 마로들은 실제로 일깨웠을 때 외에도 훨씬 자주 해를 끼친다고 알려졌다. 카친 사회에서는 악령을 일깨우는 것 외에 직접적인 주술 행위를 하는 경우는 매우 드물다.[244]

흐피hpyi[245] : 마녀의 영들

카친족은 본인이 그런 상태를 인식하지 못해도 마녀의 영에 사로잡힐 수 있다고 믿는다. 이는 세습되는 것으로 뚜렷한 치료법은 없다. 마녀는 그런 영에 사로잡힌 본인은 물론, 다른 이들에게 모든 질병과 불운을 가져온다. 피해자는 축귀 의식으로 치료할 수 있지만, 마녀의 영이 있는 사람은 치료가 불가능하다. 유일한 치료법은 그 영의 숙주인 인간과 그의 가족을 없애는 것이다. 따라서 마녀 개념은 '희생양 메커니즘'이다. 질병과 불운은 보통 특정한 신령의 징벌이나 공격으로 간주되어 적절한 희생 제물이 따른다. 그러나 이 방법이 효과가 없으면 다른 진단이 내려져 또 다른 희생 제물을 바친다. 이 후속 진단 중 하나가 불운을 마녀의 소행[246]이라 간주하고 적절한 복수를 하는 것이다.

영국 식민 통치에서는 특정 개인을 마녀로 비난하는 것이 금지되어 이에 관한 세부 정보가 충분치 않다. 1940년에도 마녀라는 개념은 존재했으나 많이 왜곡된 상태였다. 몇몇 카친족 의사는 마녀의 영이 숙주로 삼은 개인은 건드리지 않고 피해자에게서 그 영만 퇴치하는 기술을 샨족에게 배웠다고 주장했다. 내 개인 요리사는 이런 축귀 전문가였다. 나는 '마녀에 따른 질병'을 치료하는 화려한 의식을 여러 차례 목격했으나, 누가 마녀인지 알아내지 못했다. 이는 인류학적 견지에서 애석한 일인데, 예언의 기술이나 마녀와 피해자의 관계가 마술 연구에서 특히 흥미롭기 때문이다.

그러나 마녀로 낙인찍힐 사람은 쉽게 추측할 수 있다. 일단 마녀는 같은 종족에 속한 친족이 아니다. 마녀의 영은 세습되므로 우리 종족의 누가 마녀에게 사로잡혔다면 나 역시 그렇기 때문이다. 종족 내 친족의 말다툼은 질투의 신령(p. 245)을 일깨울 수 있지만, 지금 우리가 말하는 마녀의 영은 아니다. 전형적인 마녀는 인척, 즉 마유 중에 있다. 마녀의 영은 인간의 장기를 갉아 먹는 작은 설치류(lasawp) 형태로 변해 피해자를 감염한다고 알려졌다. 따라서 마녀의 영은 쥐(yu)나 기타 은밀한 존재(mayun)로 표현된다. 쥐가 마유(인척)의 상징적 등가물이라는 것은 다른 맥락에서도 분명해진다. 예를 들어 A 가족이 B 가족에게서 신부를 구할 경우, A는 B에게 관계의 시작을 알리는 선물을 보낸다. 여기에는 (a) 마른 쥐 한 뭉치, (b) 마른 생선 한 뭉치가 포함된다. 쥐는 마유인 인척을 상징하고, 물고기는 지불된 신부대에서 가축을 의미한다.

마술의 진짜 위험은 가까운 데 있을 수도 있다. 마녀의 공격을 받아 질병에 걸리는 것이 아니라, 아내에게서 자기도 모르는 사이에 마녀의 영에 감염되는 남자도 있다. 마녀의 영에 사로잡힌 사람은 배우자나 자녀에게 그 이야기를 털어놓는다.[247] 이 이데올로기는 역설적으로 마유-다마 이념을 강화한다. 내가 '새로운' 마유 가족과 결혼했다면 — 즉 이전에는 관계없던 가족과 결혼했다면 — 그들은 내게 의심쩍은 존재가 되고, 그들이 마술을 사용했다고 의심할 수 있다. 하지만 내가 삼촌의 딸처럼 '오래된' 마유 가족과 결혼했다면, 마녀에게 사로잡힐 확률은 낮다. 삼촌이 마녀일 확률은 내 어머니가 그렇지 않은 것만큼 낮기 때문이다. 따라서 삼촌의 딸과 결혼하는 것은 마녀에게 사로잡히는 데 대항하는 부분적 보증이 된다. 이것은 새로운 마유-다마 관계가 논의될 때, 양가에서 가장 공들여 알아내고자 하는 점이 조상 가운데 혹시 마녀의 영이 존재하지 않았는가 하는 것이라는 사실과도 관계가 있다.[248]

과거에는 마녀에게 사로잡혔다고 낙인찍힌 가족은 마을에서 추방되거나 죽음을 당했다. 어떤 식으로 마녀라고 낙인찍히고, 그들에게 어떤 제재가 가해졌는지는 증거자료가 불충분하다. 사람들이 언제나 자기 마을에서 마녀를 찾아냈다는 점은 분명하다. 이는 지역 커뮤니티 내 구조적 관계의 안정성에 영향을 미친다.

우리는 앞에서 카친족이 인척 관계로 연결된 서로 다른 커뮤니티의 종족 집단 사이에 존재하는 마유-다마의 우호적인 채무 관계와, 불화 중인 집단 사이에 적대적인 채무 관계를 동전의 양면으로 인식한다는 것을 살펴보았다. 불화를 일으키는 집단은 장기적으로 보면 결국 마유-다마 집단이다. 그렇지만 같은 커뮤니티에 인척이 존재할 경우 이런 원칙은 적용될 수 없다. 이웃과 공개적인 불화는 견딜 수 없기 때문이다. 한 커뮤니티의 마녀 사냥은 그 커뮤니티 외부의 불화와 정확히 등가인 행위다.

나의 분석이 옳다면 보통 다마가 자신의 마유를, 지위가 낮은 사람이 지위가 높은 인척을 마녀로 낙인찍는다. 그 이유는 간단하다. 이론적으로 같은 지역에 사는 마유는 다마보다 지위가 높다. 이런 원칙이 실제 상황과 맞아떨어진다면 다마에 대한 마유의 요구는 경멸 없이 받아들여질 것이다. 실제 상황이 역전된다면(즉 마유 친족의 지위가 대단히 천한 경우) 다마는 꼬인 심사를 표출할 방법을 마녀사냥에서 찾는다. 다른 사람들 역시 지위가 낮은 마유보다 영향력 있는 다마를 지지할 것이기 때문이다. 그 결과 마유는 마녀로 비난받고 마을에서 쫓겨나는데, 이를 통해 전체 지위 체계가 정상적인 패턴으로 복구된다.

이런 모든 사실에서 카친 종교 이데올로기의 여러 신령이 카친 사회의 실제 개인과 집단 간의 공식적 관계를 표현하는 방법 이상이 아니라는 것이 분명해진다.

신령은 경의와 존경이 깃든 좋은 관계를 의미하며, 악령과 마녀는 질투나 악의, 의심을 품은 나쁜 관계를 의미한다. 마술은 이념적으로 합당한 것으로 여겨지는 사회질서가 강제력을 상실한 경우에 나타난다.[249]

VIII. 권위 개념 : 정치적·종교적 직위

하지만 우리가 신령과 마녀를 단순히 인간 감정의 발현으로 환원한다면, 이들을 제어하는 능력에서 자신의 권위를 끌어내는 추장과 사제의 존재는 어떻게 설명할 수 있을까?

이들의 실제 지위를 이해할 때 장애물은 우리가 영어 단어 '추장chief'에 부여하는 지나친 의미, 개인에게 불이익이 되는 직위도 필사적으로 추구하는 대상이 될 수 있음을 쉽게 믿지 못하는 우리의 자문화 중심주의다. 제임스 프레이저Sir James George Frazer는《황금가지The Golden Bough》 초반부에서 이 점을 암시적으로 표현한다. 그는 묻는다. 왜 세상에는 그 위태로운 네미의 왕 직위를 추구하는 사람들이 있는가? 우리는 같은 질문을 카친 사회의 추장과 사제에게 던질 수 있다.

나는 추장(duwa)의 서열과 직위에 대해 지금까지 연구된 것을 살펴보고, 전문적인 카친 사제의 다양한 직위와 그에 수반된 권한과 비교할 것이다. 이 내용은 책의 후반부에서 다루는 논지와 밀접한 관련이 있다.

카친족에 관한 문헌에서 카친 커뮤니티의 '직위 보유자'는 항상 세속적·종교적 직위가 있는 자로 그려진다. 세속적 영역에서는 추장(duwa)과 연장자(salang) 등이 있으며, 종교적 영역에서는 다양한 사제들(jaiwa, dumsa, hkinjawng, hpunglum), 점쟁이(nwawt), 영매(myihtoi)가 있다. 하지만 실제 문제는 그리 간단하지 않다. 추장은 사제적 권한이 없지만, 그의 권력은 종교적 역할에서 나온다. 점쟁이 역시 정치적 권력이 없지만, 상당한 정치적 영향력을 행사할 수 있는 위치에 있다.

두와duwa : 추장

—

이 장에서 나는 추장(duwa)이라 불리는 개인의 지위가 주로 위세 상징에 근거한다는 점을 강조했다. 런던 시장도 때로 의례를 거행하지만 사제가 아닌 것과 같은 의미에서, 추장 역시 사제는 아니지만 의례적 직함이라고 말할 수 있다. 그렇다면 카친 사회의 추장은 정치적 권력이 어느 정도 있을까? 내가 민족지 조사를 수행한 1940년은 영국 식민 정부가 카친 추장은 반드시 귀족 계층이어야 한다고 여겨서 대단히 혼란스러웠다. 영국 정부는 식민청 지역 담당관이 현지인 관료(taungok)를 통해 하달하는 모든 지령을 추장들이 이의 없이 실행하기를 원했다. 추장은 각 가구에서 세금 징수를 책임지고 그 일부를 수수료로 챙겼으며, 커뮤니티의 질서 유지, 토착 법률과 관습에 대한 판결도 담당했다. 이 모든 기능은 추장의 전통적 역할과 거리가 멀었고, 영국 식민 통치 아래 추장은 상당히 어색하고 애매한 처지였다. 흐팔랑 지역에 거주하는 주민도 영국 정부가 임명한 추장을 인정하지 않았다. 그래서 나는 영국 식민 정부가 요구한 의무와 별개로, 카친족이 전통적으로 적합하다고 여긴 추장의 덕목을 파악하기가 오히려 쉬웠다.

다른 직위와 대비되는 추장 고유의 역할은 추장의 권한을 여러 기능적 범주로 쪼개보면 이해하기 쉽다. 즉 (a) 법적 문제, (b) 군사 문제, (c) 경제적 문제, (d) 일상적인 행정적 결정, (e) 종교적 문제에서 추장의 역할은 무엇인가? 각 영역에서 추장은 나름의 역할을 하지만, 그 역할은 대개 미미하다.

a. 사법적 리더십

카친족에게는 판사를 의미하는 토착 개념이 없다. 오늘날 사용하는 판사라는 용어는 직역하면 '미얀마의 법률 소송을 이해하는 사람' 정도가 될 것이다.[250] 카친 사회에서 분쟁은 임의적인 판결이 아니라 중재로 해결한다. 소송에는 채무(hka)가 수반되며, 채무의 청산은 양측 대리인(kasa)이 협의한다. 따라서 마을이나 마을 군락에서 사법적 기능을 담당하는 것은 판사가 아니라 대리인이다. 그들은 논란 중인 분쟁의 해결책으로 무엇이 가장 적절한지 결정한다. 영국 통치 이전에는 대리인이 결정을 강제할 권한이 거의 없었다. 결정이 나면 피해자 측이 가해자 측에게 요령껏 흐파가를 받아내는 수밖에 없었다.

이 사법기관 ─ 그렇게 부를 수 있다면 ─ 은 **살랑 흐퐝**salang hpawng(살랑 협의회) 혹은 두 **살랑 니 미잇 수 니**du salang ni myit su ni(추장, 살랑 그리고 현자들)로 불렸다. 살랑은 앞에서 보았듯이 마을 내 추장 가문을 제외한 주요 종족의 우두머리에게 부여되는 명칭이다. 미잇 수(현자)는 전통 관습에 대한 경험과 지식이 풍부한, 존경할 만한 연장자를 말한다. 추장이 **살랑 흐퐝**의 일원인 것은 단순히 종족의 대표이기 때문이며, 특별한 사법적 권한은 없다. 추장이나 추장 가문의 구성원은 친족 네트워크에서 중심적 위치 때문에, 영역 내에서 발생하는 분쟁에 대부분 관여한다. 살랑 흐팡에서 추장의 역할은 중재자보다 소송 당사자인 경우가 많다.

원칙적으로 평민의 분쟁은 살랑(종족의 우두머리)이 중재하며, 살랑 간의 갈등은 다른 살랑이나 다른 마을 추장이 중재한다. 추장 간의 분쟁은 수십 년간 해결되지 않는 경우도 있는데, 최종적으로 해결될 때는 다른 추장(특히 분쟁 당사자보다 훨씬 지위가 높은 추장)이 중재한다.

추장은 판사가 아니지만, 법률과 질서에 관심이 많다. 추장의 토지에 대한 권리(p. 229)에 포함된 상징 중 하나는 '폭력을 행사할 수 있는 권한'이다. C 추장의 영역에서 A가 B를 때렸고 A와 B가 모두 C 추장의 종족이 아니라면, A는 B 종족에게 빚(hka)을 지고 C 추장의 종족에게도 빚을 진다. 이는 C 추장의 영역 신령(mung nat) — 다시 말해 C 추장의 조상 신령(uma nat) — 에게 신성모독 죄를 저질렀기 때문이다. 따라서 추장은 자기 영역 내 분쟁 해결에 관심이 많을 수밖에 없다. 폭력 사건이 발생하면 추장 자신도 분쟁에 연루된다. 그 외 사생아 출산이나 불륜 같은 사건에는 추장이 직접 연루되지 않지만, 채무 관계가 빠르게 중재되지 않아 폭력이 발생하면 추장이 직접 연루된다. 따라서 추장은 법적 중재에서 미미한 역할을 하더라도 소송 해결에는 관심을 둬야 한다.

b. 군사적 리더십

세계에는 정치 단위를 '내부 구성원의 갈등을 중재로 해결하며, 동류의 다른 커뮤니티나 이방인과 맞설 수 있는 가장 큰 커뮤니티'라고 정의할 수 있는 사회가 많다.[251] 나는 샨 국가의 영토 개념인 몽möng 역시 이런 방식으로 정의할 수 있으리라 생각한다. 카친 사회는 추장이 자신을 한 영역(mung)의 통치자로 주장하기는 좋아하지만, 실제 카친 사회의 전쟁은 거의 영토에 근거해서 일어나지 않는다. 카친족이 전쟁(majan)에 대해 말할 때는 두 추장의 종족이 개입된 혈투(bunglat hka)를 의미한다. 그래서 불화를 즉시 해결하기도 쉽지 않다. 전쟁에 연루된 집단은 두 추장의 종족이며, 다른 집단이 개입한다 해도 친족 관계에 근거한 종족으로 개입하지 특정한 영토 구성원으로 개입하지는 않는다. 따라서 A 지역 추장이 B 지역 추장과 혈투를 벌인다면, A 지역 추장은 자신이 통치하는 영역 내 모든 사람을 전쟁에 동원할 수 없다. 추장과 친족 관계로 얽힌 이들은 참여하겠지만, 양측과 얽힌 이들은 참여하지 않을 것이기 때문이다.

이런 적대감이 일상적인 것은 아니다. 혈투는 대부분 여자 때문에 시작된다. 일반적으로 불화가 시작될 때 양측은 마유−다마 관계로 얽혔고, 콸루 마 낭이 강조하듯이 불화가 최종 해결되면 "양측이 대개 여자를 교환하고 (한 번 이상) 인척 집단이 되기 때문에 혈투의 여지가 남지 않는다".[252] 그런 전쟁에서 실제 전투는 항상 소규모로 진행된다. 다른 채무 해결처럼 혈투 당사자들 역시 직접 전쟁에 뛰어들지 않는다. 앞에 설명했듯이 통상적으로 샤레share라 불리는 자객을 고용해 습격이나 살인을 감행하도록 한다(p. 158).

공개적 전쟁(hpyen gasat)이 일어나면 단기적으로 약탈을 위한 습격과 매복을 감행하고, 장기적으로 적들의 삶을 불유쾌하게 만들어서 빨리 '채무'를 청산하거나 '보호'를 위해 두둑한 지불금을 주도록 강제한다.

한편 고용된 무사나 자객(hpyen, share)이 단순히 동료 카친족을 위해서 일하는 것은 아니다. 이들은 종종 샨족의 소왕이나 멀게는 카친족으로 구성된 부대가 있는 미얀마 왕을 위해서도 일한다. 이 전통은 영국 식민 통치 시기에도 이어졌고, 많은 카친족이 군대와 경찰로 충원되었다. 이 용병이 벌어들이는 수입은 상당히 많았다. 현재도 카친족 부대는 미얀마 군부의 중추를 형성하고, 미얀마 중앙정부는 이들의 노고를 인정해 카친 주에 상당한 보조금을 지급한다.

추장은 이 모든 군사적 행위에서 자신이 갈등을 촉발했을 때조차 군인처럼 핵심 역할을 하지 않는다. 오늘날에도 사정은 동일하다. 살랑(마을 우두머리)이나 미잇 수(현자)는 종종 미얀마 군부나 경찰청에서 중책을 맡지만, 추장과 그 직계 자손은 대개 고향 마을에 평생 머문다. 흐팔랑에서도 숨눗이나 굼즈예 마을의 우두머리와 영국 정부가 임명한 마란족 추장은 미얀마 군대에서 직급이 하사 이상까지 올라갔다. 그러나 최고 추장 가문인 늠웨 추장은 한 번도 군부에 몸담지 않았다. 이는 전형적인 예다. 카친 추장은 미국의 대통령과 같이 최고사령관이며 전쟁터에서 싸우지 않는다.

c. 경제적 문제에서 추장의 역할

우리는 앞에서 추장이 누구보다 자주, 큰 축제를 열어야 한다는 사실 때문에 소비재의 분배에 중요한 역할을 한다는 것을 살펴보았다. 개념적으로 추장은 공물을 받는 자다. 그는 '넓적다리를 – 먹는 추장(magyi sha ai du)'이며, 그의 가옥은 '공물 보관소(htingsang)' 기능도 한다. 내가 **흐파가**에 대해 전개한 논지가 옳다면, 고기 공물을 받고 채무 해결 시 더 많은 흐파가를 받을 권리가 있다고 해서 추장 개인의 경제력이 크게 나아지는 것은 아니다. 추장이 받는 공물의 양에 비례해서 분배 의무도 높아지기 때문이다.

공물을 쌀의 형태로 바칠 때는 경우가 다르다. 나는 앞에서 카친족(고산지대)과 샨족(계곡 지대) 경제의 고유한 상호 의존성을 언급했다. 영국 식민 통치 이전에 카친 최고 추장의 중요한 기능 가운데 계곡 지대에 거주하는 샨족 농부를 '보호'해주고, 그 대가로 쌀 공물을 받는 것이 있었다. 당시는 샨족이 거주하는 계곡 마을이 카친 추장의 영역에 있어서, 계곡 마을을 공격하는 자는 카친 추장과 갈등 관계에 놓였다. 사실 계곡 지역의 마을은 키친 추장이 처음 세운 것이 많다. 샨족은 주기적으로 쌀 공물을 바친다는 조건으로 그 뒤에 그리로 이주했다. 카친족이 보기에 쌀 공물은 카친족이 자기 추장에게 바치는 '넓적다리(magyi)'와 등가다.[253]

카친 추장의 영역을 통과하던 중국 마상들 역시 비슷한 방식으로 보호를 받고, 그 대가로 공물을 바쳤다. 증거자료에 따르면 이런 공물 수령은 마을 우두머리가 아니라 추장의 특권으로 보인다. 이는 토지에 대한 권리에 관한 카친족의 일반 관념과도 부합한다. 카친 추장이 받은 공물을 추종자(zaw)들에게 분배한 방법은 잘 알려지지 않는다. 많은 경우 카친 추장이 공물 담당자의 권한 덕분에 경제력을 쌓은 것은 분명하다. 그가 받는 공물이 고기뿐만 아니라 현금이나 쌀, 기타 경제적으로 가치 있는 재화이기 때문이다.

이런 예는 1830년대 아삼 지역의 싱포족, 1850~1870년대 신룸 지역, 1890년대 북 흐셴위와 기타 지역에서 찾아볼 수 있다. 이런 외부 공물이 유입되는 곳에서 카친 추장이 자신을 샨국의 소왕(saohpa)이라고 칭했다는 점이 놀랍다. 우리는 일반적인 카친 사회구조에서는 추장이 상당한 부를 축적할 기회가 없음을 추론할 수 있다. 카친 추장은 외부에서 우발적인 소득이 들어오는 경우 독재자 역할을 하는 지위로 올라갈 수 있다.

d. 행정적 리더십

역설적으로 영국 통치 이전에는 추장이 경제적 문제에서 행정적 결단력을 보이지 않았다. 뛰어난 능력과 훌륭한 인성을 갖춘 마을 우두머리(salang)에게는 일상적 실무에 관한 한, 언제든 그 지역의 '리더(bawmung)'가 될 기회가 있었다(p. 189). 이 리더의 존재는 추장의 의례적 기능이나 추장직 계승에는 영향을 주지 않았지만, 카친족이 뛰어난 평민의 리더십을 인정한다는 자체가 추장 직함이 본질적으로 의례적인 것임을 강조한다.

이는 샨족과 미얀마 왕족 중에서도 경제적으로 막강한 리더는 날마다 발생하는 행정적 실무를 경멸했다는 사실과 완벽히 부합한다. 그런 실무는 아랫것의 일이기 때문이다. 왕은 그런 문제와 적당히 거리를 두고 수많은 처첩에 둘러싸여 왕궁에 거주하는 존재였다. 카친 추장들이 이런 반╪신적인 지위에는 도달하지 못했지만, 문헌 자료를 보건대 평민 리더의 영향력은 추장들이 샨국 소왕의 관습을 그대로 흉내 내는 가장 부유한 카친 추장국chiefdom에서 두드러졌다.[254]

영국 통치기에 식민 정부가 임명한 추장은 날마다 상당한 행정적 문제를 처리해야 했지만, 식민 정부의 대리인으로 일했을 뿐이다. 카친족이 스스로 결정할 수 있는 행정적 문제는 공터를 개간할 위치 선정, 잘라낸 관목을 태울 시기 결정, 파종 시기 결정, 가옥 위치 선정 등이다. 이런 문제는 추장이나 다른 특정 인물이 아니라 **살랑 흐팡** 소관이었다. 마을 연로(원로)들로 구성된 이 모임은 대개 관습적 전례에 따라 판단했다. 참고할 만한 전례가 없으면 영매나 점쟁이를 불러 점을 쳤다. 여기서도 이론과 실제의 갈등이 등장한다. 카친 사회 이론에 따르면 추장은 거의 전제적 통치권을 휘두르지만, 나는 현지 조사에서 추장이 직접 발의해 실시되는 명령을 거의 관찰하지 못했다. 추장은 영국 식민 정부나 **살랑 흐팡** 혹은 그가 자문을 구한 신탁의 대변인으로서 명령하는 정도다.

e. 종교적 문제에서 리더십 : 사제의 기능

나는 추장 직함이 의례직이지 사제직이 아님을 밝혔다. 추장직이 그 자체로는 정치적·경제적 권력을 수반하지 않는 위세 상징에 근거할 뿐이며, 카친 종교 조직에서 추장이 수행할 역할이 있기 때문이다.

추장이 특정 신령에 대한 의례를 주재한다는 내용은 앞에서 언급했다. 추장은 이 역할 때문에 커뮤니티를 대표하여 해마다 신령을 위해 제물을 바쳐야 한다. 여기서 그의 역할은 수동적인 것이다. 추장은 의례 때 희생할 가축을 제공한다는 의미에서 제물을 '바치지만', 사제가 아니다.

추장이 마나우를 개최할 때나 위세를 높이기 위해 개인적 신령에게 제물을 바칠 때도 마찬가지다. 제물을 '바칠(jaw)' 권리는 추장의 특권이지만, 그 내용을 살펴보면 축제에 쓰일 가축을 제공하고 적절한 의례 시가를 암송할 사제를 고용하는 데 불과하다. 추장은 자신의 공양 의례에서 절대 사제(dumsa)가 될 수 없으며, 다른 이들의 의례에서도 사제직을 맡을 수 있는 추장은 드물다. 이제 우리는 사제 직함의 성격을 분석할 필요가 있다.

자이와jaiwa : 서사시 이야기꾼

둠사dumsa : 사제

흐킨쨩hkinjawng : 의례 가축을 잡는 백정

흐풍룸hpunglum : 의례 백정의 보조

카친 사회에는 다양한 사제가 존재하며, 모두 도제를 거쳐 적합한 능력을 갖춘 다음 사제로 입문한다. 따라서 사제는 세습되지 않는다. 이때 의례를 장중하고 멋지게 집전하는 사제는 상당한 특권과 위세를 얻는다. 위대한 사제의 위세는 여러 면에서 위대한 추장의 위세를 압도한다.

하위 사제가 익혀야 할 기술은 그리 어렵지 않다. 마을에는 얼마 안 되는 비용을 받고 조상 신령을 위해 의례를 수행할 수 있는 사제가 많다.[255] 그러나 주요 공양 의례를 집전하는 방법을 배우는 것은 다른 문제다. 이때는 수년간 고된 도제 기간이 필요하다. 1940년 흐팔랑의 경우 위통을 낮게 하는 의례에서 무가를 부르며 닭을 잡을 수 있는 사제는 수십 명이 넘었지만, 최고 신령인 땅의 신령(ga nat)에게 바치는 의례를 집전하는 사람은 둘뿐이었다. 전통 서사시를 8~10시간 쉬지 않고 암송할 줄 알아야 하기 때문이다. 어떤 마나우에서는 이런 서사시

암송이 며칠 동안 이어지기도 하며, 이를 수행할 수 있는 사제는 자이와jaiwa라는 특별 직함을 얻는다. 추측컨대 1940년 바모 지구 전체에서 자이와가 2~3명밖에 남지 않았다. 흐팔랑에서 마나우를 개최하려면 상당한 비용을 주고 이들을 고용해야 했다.

사제가 될 수 있는지 없는지 구분하는 특별한 규칙은 없다. 그러나 세습에 따른 직함이 없는 능력 있고 야심 있는 이들이 사제로 몰리는 경향이 있다. 태어날 때 살랑 흐팡의 임원직을 보장받은 마을 우두머리가 사제로 출세하려고 욕심부리지 않지만, 그 우두머리의 형이나 출생 시 지위를 박탈당한 추장의 사생아는 사제직에 수반되는 간접적 위신에 끌릴 수 있다. 흐팔랑의 라가 마을 수석 사제가 좋은 예다. 그는 미흐토이 감Myihtoi Gam으로, 흐팔랑 전역에서 가장 유능한 사제(dumsa)여서 언제나 찾는 사람이 많았다. 처음에 그는 출생 신분에 대단히 낙담했다. 그의 출생 시 이름은 느쿰 감Nhkum Gam으로, 라가 마을 우두머리 느쿰 노Nhkum Naw의 맏형이다. 그는 각막백반이 있는 듯 안구가 희고 언청이여서 어린 시절 구루병을 앓은 사람처럼 보였다.

이 남자 다음으로 영향력 있는 사제는 내 이웃에 살던 라토 노Lahtaw Naw다. 그는 사제(dumsa)로서 중간치 능력이 있었다 — 그는 카친인이 추 둠사tsu dumsa[256]라 부르는 사제로, 돼지 외 다른 가축을 바치는 희생 의례를 집전할 줄 몰랐다 — 하지만 대단히 숙련된 의례 백정(hkinjawng)이라 거의 모든 공양 의례에서 고기를 자르고, 관습에 따라 고기 부위가 다양한 인간과 초자연적 존재에게 정확히 분배되는지 확인했다. 그는 탁월한 의례 무용수로, 장례식이나 마나우에서 언제나 수석 무용수 역할을 했다. 그는 라가 노 마을 우두머리의 여동생과 결혼했는데, 출생에 따른 지위가 없는 사람이었다. 나와 대화할 때 그는 출생 신분에 대해 이상할 정도로 말이 없었다. 풍문에 따르면 그는 남쪽으로 48킬로미터 떨어진 곳에 있는 중요한 라토족 추장의 서자라고 한다. 여하튼 미흐토이 감과 라토 노는 모두 '현자'로 인정받아 마란족 추장이 구성한 **살랑 흐팡**의 임원으로 일했다. 그들이 의례 전문가가 아니라면 이런 기회는 없었을 것이다.

낫nwawt : 점쟁이 / 미토이myihtoi : 영매
—

역할이 종종 중첩되지만, 점쟁이(nwawt)와 영매(myihtoi)가 항상 사제(dumsa)인 것은 아니다. 카친족은 거의 모든 문제를 위해 점을 자주 본다. 집을 어디에 지어야 할까? X가 내 아들 Y의 알맞은 신붓감인가? 내가 지난주에 잃어버린 물소는 어디로 갔는가? 내일은 시장에 가기 좋은 날인가? 이런 질문을 포함해 수많은 질문의 답을 알기 위해 사람들은 점을 본다. 이때 다양한 테크닉이 동원된다.[257] 이론적으로는 점치기 절차가 주술적이고 자동적이라 특별한 기술이 필요 없다. 수많은 사람이 점칠 줄 안다고 주장한다. 그러나 모든 점치기에서는 점쟁이의 해석이 필요하며, 어떤 사람들—대부분 사제—은 전문가로 인정된다. 점쟁이 직함에는 거의 위세가 따르지 않는다. 이론상 누구라도 30분이면 점치기를 배울 수 있다. 그러나 현실에서 점쟁이는 상당한 영향력을 행사한다. 그의 해석이 개인의 경제적 행위에 영향을 주며, 거의 모든 현실적 제약에서 자유롭기 때문이다.

흔한 두 사례를 살펴보자. 첫째, 종족 간 불화를 해결할 때 양측은 원로와 추장으로 구성된 대리인 집단을 조직하여 중재에 나서게 한다. 누가 대리인으로 뽑혀야 하는가가 관건인데, 이해 당사자가 아니라 점치기에 결정이 맡겨진다. 둘째, 어떤 사람이 병들었을 때 어떤 신령이 개입했는지 알아내고 어떤 제물이 필요한지 결정하는 것도 점쟁이다. 이때 제물로 바친 고기를 마을 전체 구성원이 먹는다는 사실을 기억하자. 신령들이 가난한 자보다 부자에게 많은 제물을 요구한다고 해도 그리 놀랍지 않다. 그러나 제물의 양을 결정하는 것 역시 점쟁이다.

그 활동은 다소 비슷하나 영매는 점쟁이보다 지위가 훨씬 높다. 이론적으로 영매는 타고난다. 신을 영접하는 능력은 남에게 배울 수 없다. 그러나 영매의 행위는 대단히 상투적이라 도제 과정을 거치지 않아도 모방으로 배울 수 있다. 나는 이 능력이 세습된다는 이야기를 듣지 못했다. 아마 어느 순간 발작적으로 나타난다고 생각된다. 영매의 숫자 역시 고급 사제의 숫자와 비슷한 것으로 보인다. 흐팔랑에는 영매가 둘뿐인데, 그중 한 명은 고급 사제였다. 카친족의 관념으로 볼 때 영매는 트랜스 상태에서 자신을 신령의 세계로 보내 신령과 대화할 수 있는 존재다. 혹은 신령과 직접 교통하여 최근에 돌아가신 조상 같은 하위 신령을 설득해서 자신의 입을 통해 뭔가 말하게 할 수 있는 존재다.

영매를 부르는 비용은 일반 점쟁이보다 훨씬 비싸다. 보통 점쟁이가 알려준 방법이 효과가 없을 때 사람들이 영매를 찾는 경향이 있다. 영매의 중요한 기능이 카친 종교 이론의 파괴적인 잠재성을 제한하는 것이다. 원칙적으로 카친 사회에서 모든 질병은 신령이 박해하는 것이거나 분노한 결과다. 그 결과 개입된 신령을 찾아 제물을 바치면 모든 질병을 치유할 수 있다. 카친족도 죽음이 인간의 운명이며, 치명적 질병이 오래 이어질 수 있음을 안다. 카친 종교 이론에 집착하다 보면 죽어가는 어떤 사람의 친족은 신령에게 반복해서 공양하다가 파산하고 마는데, 그래도 중요한 인물이 질병에 걸렸을 때는 대규모 공양 의례를 치른다.

죽을 것이 분명한 노인이 병에 걸렸을 때는 자녀들이 신령에게 경건함을 표현한답시고 모든 가산을 낭비하지는 않는다. 이때 그들은 영매를 부른다. 작은 제물을 곁들인 의례에서 영매는 신령의 세계로 날아가, 병자를 낫게 해주면 나중에 더 큰 제물을 바칠 거라는 뜻을 전한다. 예정대로 병자가 죽으면 자손들은 신령에 대한 의무를 지킬 필요가 없다. 신령이 의무를 다하지 않았기 때문이다. 영매는 병자의 집 앞에 세운 지면보다 5~6미터 높은 대나무 단(hkinrawng)에서 이런 의식을 행한다. 이 단은 의식이 끝나도 그대로 두는데, 혹시 병자가 회복되면 다른 제물 공양을 바치기 위해서다.

영매는 종종 비범한 신체적 능력이 있다고 여겨진다. 즉 아무 상처 없이 칼날이 박힌 사다리 위를 걷거나[258] 허공에 걸린 줄 위를 걸어갈 수 있다. 이것 역시 사람들이 영매의 능력을 존경하는 원인이 된다. 비슷하게 서사시 이야기꾼(jaiwa)도 호랑이 등을 타고 돌아다닐 수 있다고 여겨진다. 나는 영매를 사제나 점쟁이처럼 세습에 따른 정치적 직함이 없는 개인으로 추정한다. 그러나 이에 대한 확실한 증거는 없다. 내가 설명할 수 없는 카친 체계의 한 특징은, 징포족 영매가 거의 모두 남자인 데 반해 눙족 같은 다른 카친 사회의 영매는 보통 여자라는 점이다.[259]

지금까지 살펴본 카친 사회의 여러 세속적·종교적 직위에 수반되는 리더십의 형태에서도 이 장 전체에 되풀이되는 중심 테마가 구현된다. **굼사** 카친족은 자신들의 사회에 엄격하게 구획된 권위 체계가 있다고 여기는 듯하다. 추장은 계급 위계의 정점에 있는 군주로, 즉 카스트를 방불케 하는 엄격한 규칙에 따라 다른 계급과 구별된 존재로 간주된다. 이런 이념적인 구조적 패턴에서 모든 것이 완벽하게 맞물려 돌아간다. 모든 개인과 집단은 명확히 규정된 체계에서 자기 자리가 있다. 그러나 현실에서 추장 직함은 권위 있는 여러 직함 중 하나일 뿐이다. 위세와 지위 역시 오직 출생 신분에 달려 있지는 않으며, 훌륭하게 질서 잡힌 종족 내 서열 체계는 잔인한 경쟁적 요소를 은폐한다. 여기서 경쟁이란 부가 아니라 위세와 명성을 얻기 위한 경쟁을 말한다.[260]

나는 카친족이 다른 이들에게 영향을 끼칠 수 있는 능력에서 개인적 만족감을 얻는다고 생각한다. 분석에 따르면 이런 영향력은 서로 다른 창구를 통해, 서로 다른 방식으로 행사된다. 한편으로 위세는 특정한 공식 직위—추장, 마을 우두머리, 서사시 이야기꾼, 영매—에 수반되며, 이런 직위에 적합하다고 인정받는 이들은 그에 상응하는 권력과 영향력을 누린다. 다른 한편으로 점쟁이, 하급 사제, 의례 백정처럼 자체적인 위세는 거의 없지만 다른 이들에게 영향력을 행사할 수단이 있는 직위가 있다. 내가 보기에 실제 카친 사회는 고정된 계급과 직위가 있는 경직된 위계 사회가 아니라 늘 일정한, 때로는 급격한 사회적 이동성을 갖춘 사회다. 이런 이동성은 다음 두 가지 방식 중 하나를 통해 성취한다. 존경받지 못하는 낮은 직위에 있는 사람이 노력해서 높은 권위를 행사하는 자리에 오를 수 있다. 그게 아니라면 혁명가가 되어 종전의 고위 직위에 내재한 권위를 인정하지 않을 수도 있다. 이것이 이제부터 우리가 고찰할 **굼사**와 **굼라오** 조직의 본질적 차이다.

구조적
가변성

6장

굼라오와 굼사

　　서구 세계에서는 군주제와 공화제의 원리를 상충하는 통치 이론으로 여기며, 군주제의 사회구조는 공화제의 그것과 다른 유형이라고 생각한다. 하지만 군주제에서 공화제로 혹은 그 반대로 바뀔 때 사회구조가 하루아침에 근본적으로 변하지는 않는다. 크롬웰Oliver Cromwell과 그 아들이 권력을 잡았을 때도 이들의 기능은 왕이던 찰스Charles 1세와 그리 다르지 않았다. 오늘날 미국 헌법의 평자들은 미국 대통령의 역할이 조지George 3세의 화석화된 버전이라고 말한다. 스탈린Iosif Vissarionovich Dzhugashvili Stalin조차 구 러시아의 차르와 비슷하게 보인 때가 있었다. 다시 말해 군주제와 공화제의 차이는 본질적으로 이론상의 것이다. 현실에서 두 체계는 때로 매우 비슷할 수 있다. 우리가 이념적 모델ideal model에 초점을 맞춘다면 여기서 상반된 두 사회구조를 다룬다고 말해야 한다. 그렇지만 현실에 초점을 맞춘다면, 평등주의적 공화제나 권위주의적 군주제는 끊임없이 유동하는 전체 체계 내의 상반된 두 유형에 불과하다.

이렇듯 상반된 통치 이론은 미얀마–아삼 경계 지역에서도 발견된다. 그래서 스티븐슨Henry C. Stevenson은 권위적인 팔람Falam의 친족Chin과 하카족Haka을 민주적인 티딤Tiddim의 친족과 대조했다.[261] 허턴J. H. Hutton은 세마족Sema과 콘약족Konyak은 앙가미족Angami처럼 민주적인 마을이 있지만, 다른 종족은 그 반대라고 썼다.[262] 디워T. P. Dewar 역시 카친 영토의 가장 외곽에 거주하며 우두머리를 '선발'하는 주민을 세습 우두머리가 있는 나가족과 대비했다.[263]

카친 징포어에서 이 대조는 **굼사**와 **굼라오**라는 용어로 표현된다. 이 장에서는 둘의 차이가 실제로 의미하는 바가 무엇인지 설명할 것이다. 간단히 말하면 **굼사** 체계는 세습되는 귀족 계층의 일원인 추장에 의해 통치된다고 생각한다. 하지만 **굼라오** 체계는 세습되는 모든 계급 차라는 개념을 부정한다. **굼사** 구성원은 **굼라오** 구성원을 합법적인 주인에게 대항해 봉기를 일으킨 평민 노예라고 생각한다. 반대로 **굼라오** 구성원은 **굼사** 구성원을 폭군이자 속물로 여긴다. 카친 관념에서 두 용어는 근본적으로 상반되는 두 조직 양식을 의미하지만, 둘 다 우리가 카친적이라고 부르는 일련의 문화적 특질과 어우러진다. 같은 씨족의 두 종족에서도 하나는 **굼사**, 하나는 **굼라오**일 수 있다. **굼사**와 **굼라오**는 동일한 언어를 사용하며, 신화적·역사적 시간 속에서 **굼사** 커뮤니티가 **굼라오** 커뮤니티로 혹은 그 반대로 전환되기도 했다.

두 개념에 깃든 관념의 대립성은 적대감의 상징처럼 사용된다. 인접한 지역에 거주하는 **굼사**와 **굼라오**는 서로 전통적인 불화 상대로 여기며, '굼라오의 기원 이야기'를 그런 불화를 정당화하는 데 사용한다. 따라서 인류학자는 정보 제공자가 **굼사**냐, **굼라오**냐에 따라 라이벌 체계의 미덕과 악덕에 대한 서로 다른 이야기를 들을 수 있다.

미얀마 북부에서 초기 영국 식민지 행정관이 만난 정보 제공자는 전부 **굼사**였고, 당시 식민지 행정관은 권위적인 추장을 선호했다. 그 결과 다음 인용문이 보여주듯, 영국 식민 정부 눈에 **굼라오** 체계는 어딘가 반동의 냄새가 나고 매우 불쾌한 것으로 비쳤다.

a. 과거에 모든 카친 마을은 소봐Sawbaw(샤오파sao-hpa)라 불리는 세습 추장이 통치했다. 마을 주민은 보상 없이 그의 땅을 경작하고, 많은 세금을 바쳐야 했다. 이 세금이 대단히 버거워져서, 대략 20년 전(1870년경) 말리 흐카와 은마이 흐카 강 근방을 중심으로 일어난 폭동이 빠르게 퍼졌다. 그 결과 많은 추장이 살해당하거나 퇴출되고, 그 자리를 아키Akyi 혹은 살랑Salang이라 불리는 우두머리가 차지했다. 추장이 없는 마을은 현재 캄라오Kamlao(굼라오) 혹은 반란자 마을이라 불린다. 이는 캄사Kamsa(굼사) 마을 혹은 추장-소유 마을과 대조된다.

　카친 전역을 가로질러 여행하기 어려운 것은 추장이 없는 캄라오 마을 때문이다. 세습 추장이 있고 그가 이방인에게 우호적이라면, 마을 주민도 아무런 문제를 일으키지 않는다. 하지만 규모가 작은 캄라오 마을에서는 우두머리가 아무리 이방인에게 우호적이라도, 다른 마음을 품은 마을 주민의 행동을 제어하지 못한다.[264]

b. 50년 이상 전에는 통치를 받지 않던 트라이앵글 지역에 공화제의 유령이 나타나 말리 흐카 강 서부까지 뻗어갔다. 추장의 멍에와 통치에 염증을 내던 일부 부족민이 자신을 쿰라오 혹은 반역자라고 선언한 뒤, 추장과 전통적 관계를 끊고 고립된 마을에 자리 잡았다. 영국 식민 정부는 이런 움직임에 꾸준히 반대하다가, 쿰라오를 점차 인정하지 않았다.

추장 아래 합법적으로 영토를 소유한 마을은 쿰샤Kumsha라 불린다. 하지만 아직 여기저기서 독립 정신을 부르짖는 목소리가 들리기 때문에, 식민지 행정관은 지체 없이 이를 억누르기 위해 경계를 늦추지 말아야 할 것이다.

몇몇 지역에서는 수십 년간 추장이 존재하지 않았다. 각 마을에는 아키라는 자체 우두머리가 있다. 지난 세월의 실수는 여전히 바로잡히지 않으며, 정통 관습에서 일탈도 계속된다.[265]

인류학자라면 **굼라오**처럼 광범위하게 오래 지속된 정치적 하위 유형이 1870년에야 모습을 갖췄다는 이 언급을 믿을 수 없을 것이다. 게다가 앞서 언급했듯이(p. 237) **굼라오**라는 용어가 영어 문헌에 처음 등장한 것도 훨씬 전인 1828년이다. 콸루 마 낭은 이 문제를 냉철하게 진단한다. 그는 **굼라오** 운동의 기원을 신화적 시간인 300~400년 전으로 본다.[266]

콸루 마 낭이 기록한 신화는 **굼라오**를 특히 후쾅 계곡과 연관 짓는다. 그 신화는 매우 길고 복잡해서 나도 전부 이해할 수는 없었음을 고백해야겠다. 한편으로 저자가 여러 이야기를 혼합해서 새

로운 '역사'를 지어냈을지 모른다는 의심도 든다. 그 신화의 핵심은 다음과 같이 요약할 수 있다.[267]

굼사 마을에 탕가이 마 자 인Tangai ma Ja In이라는 소녀가 살았다. 소녀는 샤탄 와Shatan Wa라는 남자와 약혼한 상태였지만, 은본 라 자N'Bawn La Ja와 사이에 사생아를 낳았다. 은본 라 자와 샤탄 와는 모두 소녀보다 서열이 낮은 종족에 속했다(1). 사람들은 샤탄 와(문자 그대로 해석하면 '비난하는 사람'이라는 의미)와 그의 결혼식 대리인 로일렝 와Loileng Wa를 부분적으로 비난했는데(2), 그들이 부당하게 결혼식을 늦췄기 때문이다(3). 이때 산속 동굴에 살던 흐킷뭉 닝돈Hkitmung Ningdawn이라는 악어가 사생아를 훔쳐갔다(4). 탕가이 마 자 인은 하늘 신령 무셍에게 아이를 찾게 해주면 물소를 바치겠다고 약속했다. 무셍은 산을 두 쪽으로 갈라 악어가 있는 동굴을 찾아낸 다음 아이를 돌려주었다(5). 사람들은 사제이자 영매인 라 론La Lawn(6)에게 희생 제의를 요청했다. 무셍은 그 사제에게 자신보다 높은 하늘 신령 신랍Sinlap에게도 제물을 바치라고 말했다(7). 영매의 능력으로 사제는 하늘로 올라가 직접 공물을 바쳤다.

'라 론 사제는 하늘에 올라갔을 때 연기가 피어오르는 여러 마을을 보았다(8). 그는 하늘 신령에게 어떤 마을인지 물었다. 하늘 신령은 굼라오의 땅이라고 말했다. 사제는 다른 곳에서 여러 가옥이 밀집된 마을도 보았다. 저건 뭐냐고 묻자, 하늘 신령은 굼사의 땅이라고 대답했다(9). 사제는 굼라오와 굼사가 무슨 의미냐고 물었다. 하늘 신령은 굼라오는 모든 사람이 평등하다고 주장하는 사람들이며, 그 마을에서는 추장을 위해 동물의 넓적다리를 바치거나 삼림을 의무적으로 개간할 필요가 없다고 말했다. 한편 굼사는 추장이 있는 사람들인데, 이 추장은 주민이 잡은 모든 동물의 넓적다리를 요구하며, 자기 논을 대가 없이 경작하게 한다고 말했다. 이 추장은 공물을 걷을 권리가 없는 자는 친척이라도 평민으로 간주하며, 다른 평민과 마찬가지로 공물이나 노동력 등을 요구한다고 말했다(10).'

라 론 사제는 사람들이 어떻게 굼라오가 되느냐고 하늘 신령에게 물었다. 신령은 희생 제물에서 고기와 술을 약간 떼어 땅으로 내려가라고 말했다. 그 제물을 함께 즐기기를 거부하는 사람이 축출해야 할 인간이라는 것이다. 사제는 제물을 일부 가지고 내려가 함께 먹자고 사람들에게 말했는데, 추장은 이를 거부했다(11). 추장과 라 론 사제는 여러 가지 전통적 방식으로 상대를 모욕했다. 추장은 사제의 머리를 때리며 '오입쟁이, 노예, 원숭이 년의 사생아'라고 불렀다. 사제는 추장 친척의 장례식에서 최하급 사제(hpunglum)로 행세하며 추장의 의례용 대나무 관으로 원숭이의 뇌를 굽고, 추장의 대나무 관을 제멋대로 잘랐다(12). 결국 추장은 그 대나무 관에 물을 운반하던 사제의 친족 여자를 죽였고, 사제는 추장을 죽여 굼라오 반란이 시작되었다.

이 전쟁에서 마립 추장들에게 불만이 있던 마립 씨족의 프옌 딩사 은딩족Pyen Dingsa N'Ding이, 역시 추장들에게 불만이 있던 차센 씨족의 일부와 연합했다(13).

이 이야기를 제대로 평가하려면 새로운 장이 필요하겠지만, 다음과 같이 숫자에 따라 신화소별로 설명을 첨부하는 것이 효과적일 것이다.

1. 탕가이, 은본, 샤탄은 차센 씨족의 세 종족이다. 탕가이족은 막내 아들 지파이며, 탕가이족과 은본족은 실재하는 주요 종족이다. 탕가이족은 **굼사**, 은본족은 **굼라오**다.

2. 로일렝 와는 샤탄의 연로한 사촌으로 나온다. 이름으로 보아 샨족인 듯하다.

3. 카친 관습법에 따르면 이런 행위는 소녀가 받은 피해를 어느 정도 경감한다. 정식 처벌에 따르면 소녀의 비합법적 후손이 적법한 후손의 노예가 되어야 한다. 아주 비슷한 이야기가 마립 씨족 내 일부 구성원의 열등한 지위를 설명하기 위해 사용된다(콸루 마 낭, pp. 4~5 참조).

4. 이 책 p. 175, 바렌(악어) 상징에 관한 논의 참조.

5. 무셍은 사생아를 위해 악어(추장)를 처치하는 데 동의하고, 추장의 압제에서 사생아를 해방한다. 이런 테마는 널리 퍼졌다. 평민 인간은 악어-용의 후손이다(p. 373 참조). 바너드(1934)의 눙족 이야기와 비교해보자. '대홍수 뒤에 날개와 꼬리가 달린 용이 사는 집에서 한 여자가 돌을 낳았다. 이 돌이 커다란 바위에 부딪혀 깨졌는데, 조각이 여러 곳으로 튀면서 지금의 모든 인간 종족이 생겨났다.' 이런 이야기 유형은 돌을 의미하는 징포어와 눙어의 **룽** lung이 중국어로 용이라는 사실에서 유래한다.

6. 여기서 혁명적인 지도자 라 론이 사제이자 영매라는 점을 강조해 야 한다. 이 인물은 콸루 마 낭이 말하는 **굼라오** 운동의 주창자이 자, 은둡-둠사족N'Dup-Dumsa('대장장이 – 사제')의 창시자 중 한 명 인 은둡 낭 다이 광N'Dup Nawng Dai Gawng과 동일 인물인 듯하다(콸 루 마 낭, pp. 10, 20 참조).

7. 탕가이 마 자 인은 추장 가문 출신이므로, 하늘 신령의 추장인 마 다이 신령에게 제물을 바쳐야 한다. 따라서 신랍 신령에게 제물을 공양하는 것은 마다이 신령의 권위를 부정하는 것이다.

8. 이 연기는 지속적인 희생 공양 축제에서 난다. 다시 말해 마을이 번영한 상태다.

9. **굼사** 마을의 가옥은 방어를 위해 다닥다닥 붙어 있다. 즉 **굼사** 추 장은 언제나 서로 전쟁을 벌인다.

10. 따라서 **굼사-굼라오**를 구분하는 핵심은 한 종족이 분절될 때 생겨 난 두 종족이 동등한 지위가 되느냐, 한 종족이 다른 종족에 예속 되느냐에 달렸다.

11. 이 추장이 공물 음식을 취한다면 마다이 신령보다 신랍 신령의 우 위를 인정하는 셈이다.

12. **흐풍럼**은 서열이 가장 낮은 사제다. 따라서 존경받는 사제나 영매 에게 흐풍럼의 업무를 맡기는 것은 모욕이다.

13. (위 3번 참조) 오늘날에는 은딩족의 두 지파 중 하나가 **굼라오**다. 다른 하나는 **굼사**이며, 매우 영향력 있는 추장들을 보유한다. 이 **굼사** 지파는 은딩족이 태생적으로 지위가 낮음을 인정하지 않을 것이다.

콸루 마 낭이 기록한 신화의 다른 주요 부분 역시 동일한 구조적 틀이 있지만, 굼라오 반란이 조금 다른 근거로 정당화된다. 이 경우에는 은라 라 그랑N'La La Grawng이라는 남자가 죽은 형의 아내인 은본족 출신 여자와 혼인한다. 이 형제역연혼에서 라 은감 은둡와 다이그라우(대장장이)와 라 은낭 둠사 와 다이광(사제)이 태어난다. 이 형제의 후손은 역연혼으로 취한 과부의 아들이라는 이유로 첫 결혼에서 태어난 자녀보다 천하게 취급된다.[268] 이들은 평민으로 여겨져 정실부인 후손을 위해 타웅야를 개간하고, 잡은 동물의 넓적다리를 바쳐야 한다. 이들은 대체로 거친 대접을 받는다.[269] 이 '대장장이'와 '사제'의 후손은 은둡－둠사(대장장이－사제)라는 단일 종족을 만드는데, 의미심장하게도 종족을 지배층과 피지배층으로 나누지 않는다. 이 종족 구성원이 폭군적인 이웃 종족에 맞서 굼라오 반란을 이끄는 리더가 된다.

두 신화는 굼사 이데올로기에 내재하는 근본적인 모순을 강조한다. 굼사의 이상적 질서는 상호 연관된 종족의 네트워크로 구성되지만, 한편으로 이는 서열이 매겨진 종족의 네트워크다. 종족 분절화가 진행되면 서열의 원리와 친족의 원리 중 하나를 우선해야 하는 순간이 온다. 서열의 원리에는 비대칭적 관계가 함축되었다. 우두머리는 하급자에게 호혜적 의무를 지키지 않고도 노동력을 갈취할 수 있다. 한편 친족의 원리에는 대칭적 관계가 함축되었다. 추장과 추종자의 마유－다마(인척) 혹은 흐푸－나우(종족 형제) 관계 역시 추종자의 일방적 의무를 전제하지만, 추장도 추종자에게 의무가 있다고 규정한다. 굼사 체계의 취약점은 강력한 추장일수록 추종자와 친족 관계를 부인하고, 그들을 노예(mayam)처럼 취급하려는 유혹을 받는다는 것이다. 굼라오 시각에서 이런 상황은 반란을 일으킬 정당한 이유가 된다.

굼라오 체계 역시 모순으로 가득하다. 이론적으로 굼라오 체계에는 추장이 존재하지 않는다. 모든 종족은 서열이 같으며, 형제 중 아무도 의례적 측면에서 다른 형제보다 우위에 있지 않다. 따라서 원칙적으로 굼라오 마유와 다마의 서열은 같으며, 부계 교차 사촌혼 (고모의 딸과 결혼)을 금지해서도 안 된다. 이 때문에 징포어를 쓰는 굼라오는 언어적으로 마유와 다마 친족 범주를 구분하지만, 정치 체계에서는 그런 구분을 하지 말아야 한다는 역설에 처한다.[270]

나는 징포어를 쓰는 굼라오가 실제로 고모의 딸과 기꺼이 결혼하는지 아는 바가 없다. 하지만 몇몇 굼라오 종족 집단이 '혼인 서클'을 통해 결혼하는 경향은 있는 듯하다. 이런 결혼은 이론적으로 해당 종족의 지위적 평등을 유지할 수 있다. 그러나 이 메커니즘이 잘 작동하지 않는 듯하다. 경험적으로 볼 때 징포어를 쓰는 지역 내 굼라오 집단은 종족을 기반으로 한 계급 분화를 빠르게 부활한다. 이에 대한 증거는 나중에 제시할 예정이다.

나의 일반 논지는 분석적 차원에서 굼사와 굼라오 체계를 별개의 사회구조 패턴으로 간주하는 것이 옳지만, 현실 차원에서 두 유형은 언제나 연계된다는 점이다. 두 체계 모두 어떤 의미에서 구조적 결함이 있다. 굼사 정치체는 내부에서 반란을 야기하는 요소를 발전시키는 경향이 있고, 그 결과 시간이 흐르면 굼라오 질서가 생겨난다. 한편 굼라오 커뮤니티는 밀집된 논처럼 고정된 영토 주변에 모여 살지 않는 한, 개별 종족을 평등한 지위로 묶어둘 수단이 없다. 그렇게 되면 전체 체계는 와해되거나, 종족 집단 간 지위차가 생겨나 **굼사** 패턴이 되살아난다. 사회변동의 이 순환적 이론에 대한 증거를 제시하기 전에, 이념적 체계로서 **굼사**와 **굼라오**는 확연히 구분된다는 점을 강조해야겠다. 5장에서 나는 **굼사** 사회구조의 이념 모델을 자세히 설명했다. 이제 **굼라오** 이론이 **굼사**와 어떻게 다른지 비교해보자.

굼사	굼라오
정치 영역	
뭉mung은 보통 한 추장 아래 모인 여러 마을로 구성된다. 주요 희생 의례는 추장만 치를 수 있다.	**뭉**은 지위가 동등한 여러 마을로 구성된 영토다. 어느 종족이나 마을도 다른 이보다 우월하지 않다. 각 마을은 독립적으로 주요 희생 의례를 치른다.
계급	
종족은 추장, 귀족, 평민, 노예로 서열이 구분된다.	종족 간에는 서열이 없다.
빚(hka)	
평범한 모든 사람과 추장(자기 종족은 제외하고)의 친족은 네발 동물을 잡을 때 그 **넓적다리**를 추장에게 바쳐야 한다. 아무런 보상 없이 추장의 논을 경작하고, 추장의 가옥을 지을 때 참여해야 한다. 범법 행위 시 배상액의 규모도 등급화되었다. 고위 계층에 대한 범법 행위 시 하위 계층에 대한 범법 행위보다 많은 **흐파가**를 물어야 한다. 신부대 역시 신랑의 계급에 따라 차이가 난다.	마을 주민이 마을 우두머리에게 공물을 바치지 않는다. 범법 행위 시 배상액은 개인의 서열에 따라 등급화되지 않는다. 모든 빚(**hka**)은 **굼사** 사회보다 훨씬 낮은 규모로 책정된다.

굼사	굼라오

결혼

마유–다마 체계가 일반적인데, 역전된 승격혼 hypergamy 성격을 띤다. 즉 여자는 자신과 동등하거나 계급이 낮은 남자와 결혼하며, 남자는 자신과 동등하거나 계급이 높은 여자와 결혼한다. 같은 추장의 영역에서 종족의 서열 차를 표현하는 방식 중 하나는 고위 종족이 하위 종족에게 **마유**가 되는 것이다. 추장 종족의 남자는 언제나 다른 추장 영역의 여자와 결혼한다. 같은 지역 집단에서 배우자를 찾으려는 뚜렷한 경향은 발견되지 않는다.	**마유–다마** 체계는 본질적인 것이 아니다. **마유**와 다마의 서열 차이는 (a) 신부대의 규모를 낮추고 (b) 셋 혹은 그보다 많은 종족이 배타적인 '혼인 서클'을 구성하는 방식으로 부정된다. 이상적인 **굼라오** 커뮤니티는 족내혼을 하며, 동등한 권리가 있는 셋 혹은 그보다 많은 종족이 '혼인 서클'을 구성해 결혼한다.

추장직 승계와 종족 분절

남자 형제 중에 막내아들의 서열이 가장 높고, 그다음은 맏이부터 출생한 순서로 내려간다. 하지만 추장 정실부인의 모든 자녀는 두 번째 부인의 자녀보다 서열이 높다. 종족이 분절되는 경우가 많으며, 분절된 종족 간 서열은 각 종족 우두머리인 두 형제의 서열에 따라 결정된다. 추장의 의례 권한은 막내아들에게 승계되며, 다른 형제(특히 맏이)는 막냇동생에게서 적절한 방식으로 의례 권한을 사면 정식 추장이 될 수 있다.	이론적으로 형제간 서열 차는 없다. **굼라오** 종족은 대단히 빠른 속도로 분절되는 것으로 보인다. 어떤 종족도 구성원 층이 그리 두텁지 못하며, 분절된 종족 간의 위계는 없다. 반면 같은 지역에 거주하는 **굼라오**는 공동 씨족 구성원이라는 허구적인 믿음을 공유한다. 가장 안정적인 **굼라오** 마을에서는 종족이 무시되고, 그 대신 특정한 장소에 대한 충성심이 강조되는 것으로 보인다.

통치권

사법권은 각 종족의 우두머리로 구성된 **살랑호팡**이 보유하고, 추장도 그 일원이지만 영향력이 가장 크지는 않다. 추장의 역할은 정치적이라기보다 의례적이지만, 직함의 특권상 실질적 경제 자원을 통제하고 부를 축적할 수도 있다. 한편 추장의 부하인 마을 우두머리는 행정실무 책임자(bawmung)가 되는 경향이 있다.	사법권은 장로협의회에 있으며, 이는 보통 각 종족의 대표로 구성된다. **굼라오** 마을에도 우두머리(agyi)가 있는데 엄격히 세습되지는 않는다. 이론적 지위가 어떻든 이 **우두머리**는 종종 **굼사** 체계 마을 우두머리(bawmung)와 비슷하게 권력을 획득할 기회가 있다. **굼라오**의 '우두머리'와 **굼사**의 '추장'을 뚜렷이 구별하기는 힘들다.

굼사	굼라오
기원 신화와 토지에 대한 권리	
굼사 커뮤니티는 보통 (a) 다른 **굼사** 커뮤니티에서 나뉘어 새로운 곳에 정착하거나 (b) **굼사** 추장의 다른 종족 마을을 정복하는 방법으로 생겨난다. 두 경우 모두 토지에 대한 '본래의 권리'는 추장 종족에게 부여된다.	**굼라오** 마을은 보통 (a) 혼인 관계를 맺고 지위가 동등한 셋이 넘는 '창시자' 가족이 정착해서 생겨나거나 (b) 봉기가 일어나 종전의 **굼사** 추장이 축출되거나 특별한 권한이 없는 종족 우두머리로 격하되어 생겨난다. 두 경우 모두 '창시자' 종족이 토지에 관한 동등한 권리가 있다.
의례	
평민은 '선한 신령' 중에서 다음 신령에게 제물을 바친다. a. 조상 신령 b. 하늘 신령 무솅과 그의 딸 벙포이 추장은 다음 신령에게 제물을 바친다. a. 가족 신령 b. **뭉 낫** : 추장 종족의 조상 신령(**우마 낫**) c. 하늘 신령 마다이와 그의 딸 흐프로 은가 d. 땅의 신령 샤딥	평민은 '선한 신령' 중에서 다음 신령에게 제물을 바친다. a. 조상 신령 b. 하늘 신령 무솅과 그의 딸 벙포이 마을 축제에서 마을 우두머리는 다음 신령에게 제물을 바친다. a. 가족 신령 b. **뭉 낫** 신령 : 마을의 창시와 관련 있으며, 종종 모든 종족의 조상으로 알려진 신령 c. 몇몇 하늘 신령 : 이 경우 신랍 신령을 모시며, **절대** 마다이 신령을 모시지 않는다. d. 샤딥과 구별되는 다른 땅의 신령

나는 이 비교를 통해 **굼라오** 체계에서는 커뮤니티를 구성하는 모든 집단의 평등한 지위가 핵심 강령이라는 점을 강조하고 싶다. 그러나 **사실상** 평등은 유지하기 매우 어렵다. 우리는 이상적인 **굼라오** 패턴에 따라 조직된 커뮤니티는 정치적으로 불안정할 것이라고 예측할 수 있다.

이런 불안정한 추정이 경험적으로 사실임을 보이려면 그 수준이 천차만별인 역사적 자료를 활용해야 한다. 그나마 다음 자료가 시간에 따른 **굼라오** 체계의 불안정성을 기록한 가장 훌륭한 문헌 기록인 듯하다.

1. 콸루 마 낭의 저서에 따르면, 후쾅 계곡의 **굼라오** 체계는 차센 씨족의 은둡-둠사족(대장장이-사제)이 추장에 맞서 들고일어나면서 시작되었다. 오늘날 은둡-둠사족은 후쾅 계곡 북동쪽의 너른 지역을 다스린다. 그들은 자신을 굼라오라 여기지만, 그들의 우두머리는 추장과 동일한 권력과 지위를 누린다. 그 우두머리는 '넓적다리를 먹지' 않고, 추장 가옥을 표시하는 기둥을 세우지 않고, 무덤 주위에 도랑을 파지 않지만, 1820년경부터 미얀마 권력층에게 추장으로 인정받았다.[271] 그들은 1830년대에도 영국 여행자에게 추장이라 불렸고,[272] 한 세기 뒤에 그 지역을 접수한 영국 식민지 행정관도 마찬가지다. 콸루 마 낭은 미얀마인과 영국인이 '추장의 권한이나 그 존재조차 인정하지 않는 사람들'에게 추장 직함을 부여한 것이 대단히 이상하다고 언급했다.

   이 기록은 영국 정부가 이 지역에 개입하기 오래전부터 후쾅 계곡의 주요 **굼라오** 종족이 명목상으로 그렇지 않더라도 실제적으로 굼사 체계와 상당히 유사한 노력을 했음을 보여준다.

2. 1890년대에 영국 저자들은 사그리 붐Sagri Bum과 은굼 라N'gum La를 포함하는 트라이앵글 일부 지역을 **굼라오** 운동의 근원으로 여겼다. 이 지역은 1870년 무렵에 처음 **굼라오** 체계로 변했다고 여겨졌는데,[273] 몇몇 저자는 1858년이라고 명시한다.[274] (p. 74 지도 4 참조)

   1890년대에 기록된 이야기에 따르면, 은굼 라족의 하위 종족 우

두머리 마란 콸레Maran Khawle가 은굼 라족의 추장 노 페Naw Pe를
죽였다. 노 페 추장의 출신 씨족과 종족은 기록되지 않았다. 이와
동시에 또 다른 평민 라부 숀Labu Shawn이 라파이족이자 숨팡 붐
Sumpawng Bum 마을의 추장을 죽였다. 이때 숨팡 추장의 형제인 사
그리 붐 마을의 숨흐카 신와Sumhka Sinwa 추장과 인근 마을 추장들
은 추장의 특권을 포기하고, 추장(du) 대신 우두머리(agyi)라는 칭
호를 택하기로 합의했다.

이 지역은 1915년까지 영국의 행정 통치를 받지 않았다. 당시[275]
(a) 42가구로 구성된 은굼 라 마을의 우두머리는 라파이 리Lahpai Li
였다. 그는 '8개 마을의 주인'이자 **굼라오**다. (b) 사그리 붐 마을의
우두머리인 숨흐카 사오 퇑Sumhka Sao Tawng과 그의 형제 붐부 사오
퇑Bumbu Sao Tawng은 24개 마을을 다스렸는데, 큰 마을이 65가구와
32가구였다. 두 남자는 모두 **굼라오**다. 이들이 추장에게 부여되는
사오Sao(Zao) 칭호로 알려졌다는 사실이 중요하다. (c) 숨팡 붐 마
을의 우두머리는 라부 라Labu La라는 **굼라오**다. 그는 숨팡 붐 마을
의 추장을 죽인 라부 쑹Labu Shawng의 직계 후손이다.

1943년 (a) 은굼 라 마을의 우두머리는 망갈라 우리 낭Mangala
Uri Nawng으로, 라토 씨족이다. (b) 사그리 붐 마을의 우두머리 숨
흐카 자오Sumhka Zao는 1916년에 마을 우두머리였던 남자의 아들
로 보인다. 이들은 아무도 **굼라오**로 행세하지 않았다. 당시 이들은
트라이앵글 지역에서 가장 영향력 있고 믿을 만한 **추장**으로 여겨
졌다. 따라서 1870년에 벌어진 **굼라오** 혁명 주동자의 직계 후손이
1943년에는 영국 법률과 질서의 가장 견실한 수호자가 된 것이다.

아쉽게도 나는 이 '굼라오-추장들'이 추종자에게 부과한 공물의 규모에 대한 자료가 없다.

이런 예를 보면 현재의 굼라오 조직이 명백한 허구임을 알 수 있다. 굼라오 우두머리라고 불리는 자들은 모든 실제적 목적을 위해 굼사 추장처럼 행동한다. 그렇다면 굼라오 유형 사회라는 개념 전체가 한때 굼사 유형이던 사회에서 일어난 정권의 변화를 정당화하려고 만들어낸 신화적 허구가 아닐까 하는 의문이 제기된다.

그러나 이렇게 극단적인 의혹은 정당하지 않다. 오늘날 징포어를 사용하는 대다수 굼라오 마을에서 '공화주의' 원칙은 상당히 진실한 것으로 보인다. 오늘날 둘렝 지역 전체는 굼라오인데, 지금도 둘렝 추장은 없다. 작은 둘렝 마을은 그 자체가 독립된 정치 단위다. 둘렝 종족은 규모가 작고 매우 많아서 어떤 분절적 체계에도 명확하게 편입할 수 없다. 그런데도 둘렝 주민이 같은 조상의 후손이며, 과거에는 모든 카친 추장 종족보다 서열이 높은(uma) 둘렝 추장의 종족이 있었다는 구전신화가 존재한다. 그러다 '대략 6세대 전에 킨두양Kinduyang 사람들'[276]이 반란을 일으켜서 그때부터 모든 둘렝 마을(mung)이 굼라오로 바뀌었다.

실제로 둘렝 지역에서 당시보다 최근에 추장이 많았다는 역사적 증거가 있다. 1893년 아삼에서 흐캄티 롱 지역으로 여행한 에롤 그레이Errol Gray는 동쪽으로 더 갈 수 없어 좌절했다. 둘렝 지역의 중심부인 알랑 가Alang Ga에 살던 강력한 카친 추장 알랑 초 통 Alang Chow Tong 때문이다. 그레이가 알랑 추장의 영향력에 대해 과장된 정보를 들었을 가능성도 있지만, 그런 추장이 존재하지 않았을 확률은 거의 없다.[277] 그러나 내가 1943년에 알랑 가 마을을 둘러보았을 때 그곳은 **굼라오**가 확실했다.

그 외에도 여러 다른 사례가 존재한다. 사례별 증거자료는 희박해도 일관성이 있다. 이것들은 결국 다음 내용으로 귀결되는 듯하다. 즉 오늘날 **굼라오** 유형 마을 — 추장이 없고, 각 마을이 정치적으로 독립된 단위며, 지역 신령(mung nat)에 대한 제의를 한 종족이 독점하지 않는 — 이 발견되는 곳에는 '과거 몇 세대 전에는 우리에게도 추장이 있었으나' 그들이 살해당하거나 추방되는 반란이 벌어졌다는 구전설화가 존재한다. 전통적으로 **굼라오** 체계가 강하게 존속된 지역을 살펴보면, 종종 **굼사** 유형 커뮤니티나 그와 극도로 비슷한 커뮤니티를 발견할 수 있다.

나는 이 증거들이 특정한 주기에서 언제나 **굼사**와 **굼라오**라는 양극단의 진동oscillation이 존재했음을 증명하기에 충분하다고 주장하는 것은 아니다. 하지만 내가 보기에 종종 그랬으리라는 개연성이 있다.

더 나아가 나는 이런 진동이 다른 카친 집단과 비교할 때 특히 징포어를 쓰는 커뮤니티에 잘 적용될 수 있으리라 생각한다. 징포어의 언어학적 범주에 내포된 근친상간 금기 관념이, **굼라오** 징포족에게도 혼인에서 마유-다마 규칙을 준수하도록 강제하기 때문이다. 마유-다마 관계에 내재하는 비대칭성은 **굼라오** 이론에서 표방하는 종족 간 지위 평등이라는 강령에 위배된다. 그 결과 마유-다마 혼인 규칙에 집착하는 **굼라오** 커뮤니티는 자연스럽게 **굼사** 유형으로 전환될 수 있다.

징포어 사용 지역 외부에서는 마유-다마 패턴이 강하게 적용되지 않으며, 카친 변방 지역에서는 아예 적용되지 않는다. 따라서 리수족은 부계나 모계 교차 사촌과 결혼이 모두 허용되지만, 권장되는 혼인은 부계 교차 사촌혼(고모의 딸과 혼인)이다.[278] 리수족은 굼사 카친족과 혼인했을 때 굼사 규범을 준수할 것이다.

카친 변방 지역에 관한 민족지적 자료는 대부분 애매모호하다. 지금까지 마루족이나 라시족의 친족 용어에 대한 만족스러운 연구가 없을뿐더러, 그들의 친족 범주 자체도 징포족 체계와 완벽하게 일치하지 않는 듯하다.[279] 그렇다면 은마이 흐카 강 동부 마루-라시족 마을에서 마유-다마 패턴이 엄격하게 지켜지지 않고, 그 종족이 대부분 정치적으로 말해 굼라오라는 것도 이해가 간다. 바너드에 따르면 라왕-눙족은 징포족의 혼인 규칙을 따르는데, 나는 그들이 항상 그러지는 않으리라고 생각한다. 눙족은 징포족뿐 아니라 리수족에게도 종속되며, 그들과도 혼인 관계를 맺기 때문이다. 이들의 친족 체계는 징포족의 그것과 동일하지 않다.[280] 팔라웅족의 몇몇 집단은 마유-다마 규칙을 따르지만 모두 그런 것은 아니다.[281] 더 서쪽 지역에 대한 자료는 모두 애매모호하다. 나가족과 친족 집단은 대개 외삼촌의 딸과 결혼을 선호한다는 기록이 있지만, 징포족 마유-다마 체계의 핵심인 고모의 딸과 결혼에 대한 금지는 상대적으로 드문 편이다. 라커족Lahker(남서부 친족)과 마니푸르Manipur에 위치한 많은 '올드 쿠키족Old Kuki'에 대한 기록에서도 상황은 마찬가지다.[282]

나의 가정에 따르면, 마유-다마 혼인 규칙은 절대 안정된 **굼라오** 조직과 연계될 수 없다. 마유-다마 규칙과 **굼라오** 조직이 연계된 곳에서는 그 조직이 과도기를 겪는다고 봐야 한다.

나는 이런 변동 과정이 외부 힘이 개입하지 않고 자동적으로 발생하는 사회적 자동 현상social automatism이라고 주장하고 싶지는 않다. 내가 보기에 사회가 변동하는 궁극적 '원인'은 거의 언제나 외부의 정치적·경제적 환경 변화에서 찾을 수 있다. 하지만 그런 사회변동 형태는 대부분 특정 사회 체계의 내적 구조가 결정한다. 카친 사회에서 **굼라오**와 **굼사** 체계는 모두 불안정하다. 외부 교란 상황에서 **굼라오**는 **굼사**로, **굼사**는 **굼라오**로 변하려는 경향성이 있다. 이는 경향성 이상 아무것도 아니다. 경향성이란 가장 그럴듯한 가능성일 뿐이다. 나는 특정한 상황에 처한 특정 커뮤니티에서 무슨 일이 일어날지 예측할 수 있다고 주장하는 게 아니다.

굼사에서 **굼라오**로, 그 반대로 변하는 것은 카친 사회가 당면한 외부적 원인에 대한 반응이라고 주장하고 싶다. 그렇다면 원인이 무엇인가? 이 문제를 8장에서 논의하려고 한다. 이 장에서 **굼사**와 **굼라오**의 차이점을 설명했으니, 이제 **굼사**와 샨족 정치 이론의 관계를 분석할 필요가 있다.

7장

/

굼사와 샨

이 책은 카친족에 대한 것이다. 그렇지만 앞에서 내가 전개한 논지에 따르면, **굼사** 카친 사회가 현재와 같은 형태인 것은 카친 추장들이 기회가 있을 때마다 샨 국가의 왕(saohpa)을 행동의 모델로 삼기 때문이다. 이 장에서 나는 이런 모방에 무엇이 수반되며, 전체적으로 이것이 왜 실패로 돌아가는지 설명하려 한다.

먼저 일반적인 카친족과 샨족의 생활 방식이 어떻게 다른지 살펴보자. 샨족의 거주지는 거의 논농사할 수 있는 평지에 위치한다. 가옥의 건축 방식이나 운집 패턴은 다양하지만 샨족은 정주한다. 샨족 농부는 자기 땅에 묶여 있다. 그는 카친족이 그렇듯이 한 영토 추장에서 다른 추장으로 충성할 대상을 쉽게 바꿀 수 없다. 샨족 남자는 보통 자기 마을에서 신붓감을 찾고, 그곳에서 평생 산다. 그는 자신을 그 마을과 동일시하고, 그것이 그의 고향이다. 상황 때문에 다른 곳에 살아도 그는 자신이 고향 마을에 속한 사람이라고 말할 것이다. 토지가 부족해서 마을 집단이 분화되어도 새 마을은 옛 마을과 같은 명칭일 확률이 크다. 따라서 샨족이 충성할 첫 대상은 친족 집단이 아니라 장소다.

평민 사이에는 정확히 경계 지은 친족 집단이 존재하지 않는다. 샨족 평민은 카친족이 그렇듯이 부계 명칭을 따르지 않는다. 교차 사촌혼 금지도 없고, 한 마을은 종종 상당한 수준까지 친족의 족내혼 집단으로 구성된다. 하지만 친족 집단의 연대감은 거의 존재하지 않는다. 결혼은 친족 집단이 아니라 개별 가구 사이에서 준비한다. 남자는 아내와 장인에게 신부대를 현금으로 지불해야 하는데, 신부가 삼촌의 딸인 경우에도 마찬가지다. 토지를 포함해 재산에 대한 권리는 딸이 아니라 아들, 그중에서도 동생이 아니라 형을 중심으로 계승된다. 물론 딸들도 모든 경우에 자기 권리를 주장할 수 있다.[283] 토지 소유 집단은 그 토지 최초 소유자의 모든 후손이라고 여겨지며, 이 최초 소유자는 보통 무단 점유하거나 땅을 빌려주고 그 대가로 노역을 받던 샨 국가의 왕들에게서 하사받는 식으로 그 토지를 획득했다.[284]

실제로 토지에 대한 권리는 그 땅에서 계속 살아가며 생계를 이어가는 최초 소유자의 후손에게 주어진다. 엄밀히 말해 토지에 대한 권한은 매매될 수 없으며, 임대할 수 있을 뿐이다. A가 자기 토지를 B에게 임대한다면, A나 A의 적법한 후손은 3년 정도 지나서 필요할 때 언제든지 돌려받을 수 있다. 규칙에 따르면 대략 10세대 후손까지 이런 권리를 주장할 수 있다.

앞에서 보았듯이 카친 마을은 씨족과 인척 관계로 연결된 여러 종족 분절체로 구성된다. 샨족의 지역 조직에서는 씨족과 인척 관계가 동일한 역할을 수행하지 않는다. 샨 사회에서 구조적 연속성을 보장하는 요소는 토지 점유 그 자체다. 따라서 카친족이 자신을 무슨 종족 무슨 지파의 일원이라고 묘사할 때, 샨족은 이렇게 말할 것이다. "나와 내 조상은 몽 마오Möng Mao 사람이며, 우리는 호 낭 Ho Nawng의 같은 땅에서 기억할 수 있는 아주 오랜 옛날부터 몸을 붙이고 살아왔다."[285]

샨 마을에서 리더십은 주로 연령과 능력에 달린 것으로 보인다. 우두머리 직함은 아버지가 아들에게 물려주지만, 항상 그래야 하는 것은 아니다. 샨 마을의 우두머리 직함은 특정 종족에 국한되지 않는다.[286]

샨 사회는 카친 사회의 종족 구조 대신 세습적 계급이나 카스트를 중요하게 생각한다. 샨 사회에는 노예 범주가 존재하지 않으며, 명목상 세 가지 주요 계급이 존재한다.

1. 귀족 이론적으로 귀족은 통치자인 소왕과 계보적 연관성을 주장할 수 있는 모든 사람을 포함한다. 이때 부계와 모계 친족을 전부 인정하므로 그런 주장을 펼 수 있는 사람이 대단히 많다. 귀족에 대한 사실상의 정의 역시 '사람들이 사오Sao, 흐쿤Hkun, 낭Nang 같은 성으로 부르는 사람들'이다. 샨 귀족은 세습되는 계급으로 간주된다. 하지만 현실에서는 언제나 경계선상의 인물이 있어서, 귀족이라고 주장하지만 그렇게 인정받지 못하는 이들도 있다.[287] 이때 (왕족과) 부계 쪽 연관성이 모계보다 중요하다. 부富 역시 귀족

지위를 유지하는 데 중요한 요소다. 샨 귀족은 보통 왕궁에 특정 직함이 있거나 무역 혹은 은세공업에 종사한다. 이들은 일반적으로 농부가 아니다.

2. **농부 계급** 이들의 주요 관심사는 땅이다. 숫자로 볼 때 이들이 전체 샨 인구에서 가장 많다.

3. **하층 계급** 어부, 백정, 주류 판매업자, 돼지치기 등이 여기에 속한다. 이것은 엄격한 불교 계율에 비춰볼 때 그리 떳떳한 직종이 아니다. 결혼이나 다른 사연으로 샨 사회에 동화된 카친족 평민 역시 이 계급에 해당한다. 노예의 후손도 마찬가지다.

샨 사회에서 통치 영역(möng)을 다스리는 것은 왕(saohpa)과 그의 관료(amat)다. 관료는 대개 왕의 친척이며 귀족이다. 하지만 평민도 고위직에 오를 수 있고, 적절한 결혼을 통해 후손을 귀족으로 만들 수 있다.

개념적으로 샨 왕은 신성왕이며 절대군주다. 카친족과 밀접히 교류함으로써 카친 추장들의 모델로 기능하는 샨 왕은 몽 마오, 캉아이국의 왕과 흐캄티 롱의 추장이다. 샨 사회 입장에서 이들은 하찮은 존재다.

샨 사회가 생각하는 이상적인 왕 모델은 미얀마 왕조의 왕인 듯하다. 이 군주는 속세에서 떨어져 신성한 왕궁(haw)에 거주한다. 그는 왕궁에서 수많은 처첩에 둘러싸여 호화롭고 게으른 삶을 즐긴다. 국가의 행정 업무는 관료(amat)들로 구성된 협의회에 위임한다. 이 관료들은 봉급을 받지 않지만, 직위의 특권을 이용해 부유하게 산다. '좋은' 통치자는 호화롭고 부유한 왕궁을 유지하면서 신하들의 탐욕을 잘 제어하는 사람이다. 통치자의 과도한 일부다처제 역시 전체 체계의 일부다.[288] 보통 다른 소왕이나 귀족, 평민의 딸이 왕의 아내가 된다. 이 여인들은 왕궁에서 통치 영역의 정치적 응집성을 유지하고, 왕궁 내 경쟁하는 파벌들의 힘의 균형을 맞추는 역할을 한다.

왕궁의 규모와 아내의 숫자는 보통 왕의 정치적 영향력에 비례한다. 1878년에 사망한 미얀마의 민돈Mindon 왕은 아내가 53명이었다고 알려진다.[289] 1913년에 사망한 남 흐센위국South Hsenwi의 왕은 아내가 16명이었으며, 지금도 살아 있는 그의 후계자는 아내가 9명이다. 1928년에 사망한 흐시포국Hsipaw의 왕은 아내가 24명이었다.[290] 이 샨 국가들은 모두 규모가 컸다. 몽 마오나 캉 아이같이 작은 샨 국가의 왕은 보통 아내가 2~3명이었다.[291]

왕위는 모든 경우 부계에 따라 계승되므로, 부계에 충성하는 것이 중요하다. 각 국가의 '왕가' 이름은 부계 종족과 토템 이름으로 표시한다. 따라서 몽 마오국, 찬타국, 루 치앙파국의 왕족은 각각 호랑이 씨족(Hso)의 세 종족인 몽 마오족, 찬타족, 루 치앙파족이다. 이 경우 왕가 이름은 각각 '금빛 호랑이'(Hkam Hso),[292] '검은 말벌'(Taw), '붉은 말벌'(Tao)[293]이 된다. 한 저자에 따르면 샨 왕의 아내에는 이복 자매가 포함되어야 한다.[294] 이것은 미얀마 왕조의 관습인데,[295] 문헌 자료에 따르면 샨 사회에서는 실시되지 않았다.[296]

그와 반대로 몽 마오 왕가의 구성원은 부계 왕족은 엄격히 족외혼을 한다. 따라서 몽 마오 왕족은 찬타국의 왕족과 결혼할 수 없는데, 두 왕족 모두 호랑이 씨족의 일원이기 때문이라고 말했다.[297] 이것은 나의 일반 논지에 꽤 중요한 점이다. 북부 샨 국가의 왕족이 자신들이 분절적 체계를 형성하는 족외혼적 부계 종족에 속한다고 여기기 때문에, 카친 추장들은 자신들의 관념 체계에 반하지 않고 샨 왕가와 혼인할 수 있는 것이다.

일부다처제적 왕가는 군주가 왕궁 안팎의 여러 집단과 개인적 유대를 맺을 수 있다는 정치적 이점이 있다. 하지만 왕위 계승에서 치열한 경쟁이 생긴다는 단점도 있다. 예를 들어 미얀마의 민돈 왕은 사망했을 때 40명 가까운 아내와 자녀 110명, 200명에 가까운 손자가 있었다. 그리고 이들 중 누구라도 왕위를 주장할 수 있었다. 실제 왕위를 계승한 인물은 티보Thibaw 왕인데, 그는 언뜻 보기에 가능성이 가장 낮은 후보였다. 이혼한 아내의 아들이기 때문이다. 이 왕위 계승은 자기 딸인 수파야랏Sypayalat을 티보 왕과 결혼시킬 속셈이 있는 민돈 왕 둘째 부인의 책략에 따른 것이었다.

민돈 왕이 죽어갈 때 경쟁 중이던 왕비들과 티보 왕의 배다른 형제가 대부분 체포되었다. 1년 뒤 이중 거의 80명이 처형되었다.[298] 티보 왕은 서구 세계를 경악하게 했고, 상당한 유명세를 탔다. 그러나 이런 살인은 미얀마 왕조와 샨 국가의 왕궁에서 늘 일어나는 일이었다. 1930년 몽 마오 왕가에서도 비슷한 일이 있었다.[299] 이를 목격한 어느 저자는 먼저 신하(amat)들이 왕에게 정적을 처단하라고 건의했고, 왕이 이를 거절하자 이번에는 정적을 부추겨 왕을 살해했다고 적었다.

여기서 카친과 샨 유형 사회의 가장 중요한 차이점이 드러난다.

카친 사회에서 불화는 주로 종족 사이에서 일어난다. 갈등은 대개 여자 문제로 발생하는데, 이는 잠재적인 마유-다마 집단의 불화다. 샨 사회에서는 이런 적대감이 왕위를 노리는 파벌 간에 발생한다. 따라서 샨 사회의 불화는 동일한 부계 왕족 내 지파의 갈등이다. 몽 마오 왕위 계승 사건에서도 왕위 후보 흐쿤 셋Hkun Set은 자신을 '흐소(호랑이) 씨족, 흐캄(금) 종족의 지파인 흐셍족' 출신이라고 묘사했다.[300] '흐셍족'은 당시 왕인 사오 흐캄 흐셍의 모든 후손을 포함하는 3세대 정도의 하위 종족으로, 왕의 형인 흐캄 유 융의 자손과 대립되는 세력을 구축했다. 1935년 39대 왕이 사망한 뒤 발생한 켕퉁국의 복잡한 왕위 계승 분쟁에서도 (a) 둘째 부인의 자녀와 그들이 포섭한 왕의 맏이, (b) 첫째 부인 마하데비Mahadevi의 자녀[301] 파벌이 있었다.

샨 왕족은 카친족의 마유-다마 체계에 상응할 만한 어떤 정규화된 단계 교차 사촌혼도 하지 않는다. 그러나 파벌주의 탓에 이웃한 왕가의 혼인이 반복적으로 일어나기도 한다. 몽 마오 사건에서도 흐캄 유 융의 세력은 캉 아이 왕족과 반복적으로 혼인했고, 결국 캉 아이국이 이들을 도와준 덕분에 1930년 왕권을 장악했다. 대립하던 '흐셍' 세력은 비슷한 방식으로 체팡국Chefang과 혼인 관계를 맺었다.

요약하면 샨 소왕의 아내는 세 부류로 나눌 수 있다. (a) 왕족 출신이며 이웃한 왕가와 정치적 동맹을 강화하기 위해 맞아들인 여자가 있고, (b) 평민 출신이며(남편보다 지위가 낮으며) 신하들에게 공물의 형태로 제공된 여자가 있고, (c) 첩으로 삼기 위해 평민 중에서 돈을 주고 산 여자가 있다. 범주 (h)는 좀더 설명이 필요하다.

굼사 카친 사회에서는 보통 여자가 같은 계급이나 자기보다 계급이 낮은 남자와 결혼한다는 사실을 되새겨 보자. 카친 여자는 보통 자기보다 계급이 높은 남자와 결혼하지 않는다. 지주와 소작농의 관계에서도 지주가 마유, 소작농이 다마다. 그런데 샨 사회에서는 패턴이 바뀌어 여자는 낮은 계급이 높은 계급에게 바치는 공물이 될 수 있다. 샨족에 대한 연대기 기록을 살펴보자.

> 몇몇 사람이 물었다. "새로운 추장이 새 왕궁에 갈 때의 관습은 무엇입니까?" 타 킨 몽Ta Kin Möng 씨가 대답했다. "사람들은 북, 칼, 창 그리고 아내가 될 예쁜 여자를 데려와야 합니다. 또 금은보석, 카펫, 매트, 모자, 붉은 외투를 가져와야 합니다."[302]

문헌으로 출판된 샨족의 족보 역시 이와 일치한다. 왕족 남자가 평민 여자와 결혼한 사례는 자주 찾아볼 수 있지만, 왕족 여자가 평민 남자와 결혼한 사례는 편집되거나 축소되었다. 카친족과 샨족의 결혼은 신랑·신부의 계급, 정보 제공자가 카친족인지 샨족인지에 따라 그 의미가 달라진다.

샨 국가의 왕이 여자를 카친 추장에게 주었다면 동맹 관계의 표시다. 그는 카친 추장을 자신과 동등하게 보고 예우하는 것이다. 이는 카친 추장을 진정한 정치적 주인으로 인정한다는 뜻이기도 하다. 반면 카친족은 여자를 받는 것이 샨족을 자기 주인으로 받아들인다는 의미다. 샨 왕이 여자를 주면서 지참금으로 논까지 하사한다면 상황은 더욱 그렇다. 카친 추장은 샨족에게 다마가 되면서 그의 영향력 아래 놓이기 때문이다. 카친 추장이 샨 왕에게 여자를 준다면 상황은 역전된다. 이는 카친족에게는 카친족이 주인이라는 뜻이며, 샨족에게는 샨족이 주인이라는 뜻이다. 따라서 이런 결혼은 카친 추장과 샨 왕이 상대를 지위가 동등한 독립적 군주로 인정할 때 일어난다.

나는 귀족 계층에서 카친족과 샨족의 결혼도 그리 드물다고 생각하지 않는다. 그러나 문헌상으로 이런 결혼 기록은 찾기 힘들다. 다음 사례는 내가 위에서 설명한 바를 잘 보여준다.

샨족(혹은 미얀마족)을 주인으로 인정하는 표시로 카친 추장과 샨 공주의 결혼

카친 추장 다이파 감Daihpa Gam은 1830년대 후쾅 계곡의 통치자가 되었다. 콸루 마 낭에 따르면, 그는 '왕궁을 짓고자 한 유일한 징포족이자, 자기 주민에게 왕으로 인정받은'[303] 자다. 1837년 그는 미얀마 왕에게 복종의 징표를 보여줄 필요가 있었다. 그래서 모가웅국을 다스리던 미얀마 관료(myowun)의 미망인과 결혼했다.[304] 이 여자가 미얀마족인지 샨족인지는 분명치 않다.

19세기 초에는 몽 마오국의 왕 흐캄 유 융이 카친족과 동맹을 맺으려고 몽 마오국의 영토에 있던 흐쾅 흐슝 지역 카친 추장의 어머니(과부)와 결혼하고 지참금으로 논을 보냈다. 그러자 카친 추장은 '내 어머니와 그 자손, 그 아래 모든 세대의 자손을 돕기 위해 언제든 달려오겠다는 위대한 맹세'를 했다.[305] 카친인의 사회적 관념에 따르면 이 결혼은 카친족이 샨족에게 다마가 되는 것이 아니라, 카친족이 '씨족

의형제(hpu-nau lawu lahta)'라는 더 높은 지위를 부여받는 것이다.

카마잉Kamaing 서부 비취 산지를 다스리던 카친족인 칸시족 추장들은 여러 세대 동안 카친족뿐만 아니라 샨족과도 결혼했다. 이 샨족 여자들은 과거 몽 흐캄국(마잉콴, 후쾅 계곡) 왕족이었다. 이 여자들은 호흐셍족Haw Hseng 출신으로, 그들의 조상은 모가웅국과 북서부 모든 흐캄티 샨 국가의 주인이었다.[306] 오늘날 칸시족 추장은 하위 추장급인 샨족 몽 흐캄국의 왕보다 훨씬 부유하고 영향력이 크다. 이 경우 샨족과 결혼은 칸시 추장들이 처음에 토지에 대한 권리를 얻어낸, 지금은 멸망하고 없는 모가웅국에 대한 충성의 표시로 지속된 듯하다. 칸시는 징포어로 흐캄티를 말한다.

샨 귀족 남자와 카친 귀족 여자의 결혼

이 책 첫머리에 언급한 몽 흐코의 카친 추장은 자신들과 몽 마오 왕가의 유대를 언급하면서, 왕가의 일원이던 은가 흐캄Nga Hkam이 몽 흐코에 정착해서 카친 추장들과 피를 나눈 형제가 되었다고 말했다. 그때 은가 흐캄은 물론 같은 종족 남자들도 카친 여자들과 결혼했다. 몽 마오국과 몽 흐코는 동맹 지역이 되었지만, 정치적인 상호의존관계는 없었다.[307]

위의 두 사례에 샨족과 카친족의 마유−다마 관계에서 오는 모호한 지위상 함의를 피하기 위해, 양측 모두 상대방을 '형제'라고 부르는 것을 강조할 필요가 있다.

의형제 되기는 샨과 카친 귀족 계층이 영구적인 동맹을 확립하기 위해 결혼 대신 행하던 것이다. 이때 두 집단은 '이름을 교환'한다. "두 예비 '형제' 직계 부모의 명단을 교환하고 기억하며, 상대 친척의 이름으로 사용한다(한 '형제'의 아들 이름이 다른 '형제'의 조카 이름이 되는 식이다)."[308] 양측의 종족 조상 신령은 공유하며, 특정 종족의 족외혼 규칙도 공유한다. 한 종족이 불화에 휘말렸을 때는 다른 쪽이 무조건 도와야 한다. 이런 식으로 샨과 카친의 고위 종족은 하나가 된다.

모든 잠재적인 지위 차이를 회피하는 이런 친족 동맹은 양측에게 매력이 있다. 아쉽게도 이 주제에 대한 문헌 자료는 매우 적다. 나는 카친 추장의 통치 영역(mung)이 봉건제적 의미에서 샨 왕 영토의 하위 구역으로 분명히 인정된 곳에서는 카친 추장 가문이 주기적으로 샨 왕 가문의 여자를 구하고, 그 대가로 샨 국가의 군사적 동맹자가 되었으리라고 생각한다. 반대로 카친 추장의 영토가 샨 왕의 통치 영역에서 벗어날 때는 카친족과 샨족의 군사적 동맹이 언제나 의형제 되기 형식을 취하며, 여기에 제삼자의 결혼이 더해졌을 것이다. 마지막으로 샨 주민이 카친 통치자에게 공물을 바치는 지역에서는 귀족 계층 수준의 결혼이 절대 성사되지 않았을 것이다.

나는 여기서 샨 통치자와 카친 추장의 관계만 다룬다. 평민 차원에서 카친인이 샨 체계로 동화될 때는 아주 다른 패턴을 따른다. 이 경우 통상적 관례는 개인이나 집단으로서 카친족 평민이 노동자로서 샨 사회에 편입되어 노동력을 제공하고, 그 대가로 여자를 얻는 것이다. 따라서 샨족이 거주하는 저지대 계곡에 정착하는 카친인은 사실상 모든 친족 관계를 끊어버리는 셈이다. 그는 샨족 아내의 신을 받아들여 불교도가 되어야 한다. 이는 카친족이 보기에 샨족이 되는(sam tai) 것이다. 하지만 샨 사회에 편입될 때 그는 최하층 계급으로 들어가며, 사실상 노예가 된다. 카친인을 통틀어 지칭하는 샨족 용어—카폭Kha-pok, 카눙Kha-nung, 카응Kha-ng 등—에는 접두사 카Kha가 붙는다. 이는 '하인' '노예'를 의미한다.[309] 카친 고산지대에서 거의 모든 하층계급 샨족은 노예나 카친족 평민 출신이라고 볼 수 있다.

이와 반대로 샨족 평민이 카친족 평민으로 동화될 가능성은 거의 없다. 평지 거주민에게 고산지대의 삶은 매력이 없기 때문이다. 미얀마 정부의 공무원으로 파견된 샨족이나 미얀마인이 카친 여자와 결혼해서 정착하는 경우가 가끔 있었을 뿐이다.

때로 카친 여자가 시장에서 샨족 남자와 눈이 맞아 달아나기도 한다. 그녀는 자신의 모든 친족과 단절된다. 샨족 남자가 카친족 여자를 위해 신부대인 **흐파**가를 지불할 수 있는 공식적인 절차는 없다. 평민 차원에서 카친족과 샨족의 **마유-다마** 관계는 존재하지 않는다.

우리는 카친족이 샨족에 동화될 때 귀족 계층과 평민 계층의 경우를 분명히 구분해야 한다. 카친 고위층은 더 세련되게 바뀐다거나 샨족의 고위 종족과 **마유-다마** 관계를 체결한다는 의미로 '샨족이 될' 수 있다. 그러나 그들이 카친 추장의 지위를 포기하는 것은 아니며, 추장의 지위는 반대로 더 향상된다. 이는 카친 추장(duwa)이 샨 국가의 왕(saopha)처럼 대우받아야 한다는 **굼사** 이상의 정점을 의미하기 때문이다. 하지만 카친족 평민은 카친족이기를 포기해야 샨족이 될 수 있다. 평민 차원에서 카친과 샨 체계는 비록 경제적으로 연계되어도 친족과 종교라는 장벽으로 완전히 분리된다.

우리는 왜 샨 국가의 왕처럼 높아지려는 **굼사** 카친 추장의 시도가 거의 실패로 돌아가는지 답을 하나 얻을 수 있다. 1825년경 아삼 지역의 피사족 추장, 1835년경 후쾅 지역의 다이파족 추장, 1855~1870년 마탕(몽 흐카) 지역의 가우리족 추장, 1885년경 몽 시족Möng si 추장, 지난 70년 동안 칸시 추장 등 실패한 시도에 대한 문헌 기록은 상당히 많다. 해당 추장들에 대한 기록이 있는데, 그 예로 1868년 마탕족 추장을 묘사한 글을 보자.

> 대단한 지성과 침착성을 갖췄으며, 행실과 격식이 미얀마나 샨족의 귀족만큼 세련된 남자. 미얀마 식으로 머리를 길렀으며, 샨족 양식과 중국식이 혼합된 의복을 입었다. 모국어인 카크옌어는 물론, 샨어와 중국어에도 능통했다.[310]

이들은 일시적으로 성공적이었으며, 더 중요하게는 성공적이라고 **인정받았다**. 미얀마 왕들은 (심지어 영국 식민 정부도) 이들에게 금으로 만든 우산과 왕의 지위에 적합한 칭호를 하사했다.[311]

그러나 이런 경우에 발생한 정치적 구조는 위태롭다. 카친 추장이 노력한 끝에 동료 추장들에게 왕으로 인정받는 수준까지 올라갔다 해도, 그는 추종자들에게 진짜 왕처럼 행동할 수 없다. 그러면 동료 카친인이 그를 따르지 않을 것이기 때문이다.

샨 국가의 정치적 균형의 비밀은, 왕의 수많은 이내로 내표되는 성치적 동맹 관계가 왕의 측근 친족에게서 언제든 발생할 수 있는 반체제적 파벌보다 강하다는 데 있다. 샨 국가의 왕을 열망하는 카친 추장은 자기 입지를 이런 식으로 공고히 할 수 없다. 그는 카친 족으로서 정체성을 무너뜨리지 않으면 샨족 지지자들에게서 여자를 취할 수 없다. 또 샨 왕으로서 지위를 무너뜨리지 않으면 카친 족 지지자(그의 다마)에게 여자를 증여할 수 없다.

달리 표현하면 카친 추장은 지위를 잃지 않고 '샨족'이 될 수 있지만, 그의 평민 추종자는 그럴 수 없다. 따라서 카친 추장은 샨족이 되어 권력의 원천에서 이탈해 고립되는 경향이 있다. 그는 마유-다마 호혜성의 원리를 침해하고, **굼라오** 반란의 가능성을 부추긴다. 이렇게 되면 경제적·정치적 변화와 함께 그의 권력이 붕괴된다. 카친 추장은 권력을 획득하는 과정에서 친족의 지지에 의존한다. 하지만 지나치게 막강해진 추장은 오직 외부 권위의 도움으로 자기 입지를 지킬 수 있다. 다음 사례가 이를 잘 보여준다.

a. **피사족**Pyisa 1824년 영국이 동부 아삼 지역을 인수했을 때, 그 지역의 가장 영향력 있는 카친족(싱포족) 추장은 피사 감Pyisa Gam이었다. 그는 미얀마 왕에게서 칭호를 받았고, 미얀마 왕조가 아삼을 통치하던 시절에 동료 추장들과 함께 아삼족 노예를 상당수 얻었다. 그의 동료 추장들 역시 대부분 차센 씨족 내 탕가이족의 일원이었지만, 와크옛, 샤로, 흐풍인, 닝크랍, 라타오, 눔브랑, 은고, 닝루, 흐카추, 가셍, 다이파 등 하위 종족에 속했다. 미얀마 왕조가

아삼에서 물러가자마자 동맹을 맺고 있던 탕가이 추장들 사이에 불화가 발생했다. 영국 정부가 그들에게서 노예를 몰수하고, 차를 재배하기 위해 이 지역의 가장 좋은 땅을 무단 점유하자 상황은 더 나빠졌다. 피사 감은 영국 정부에 의해 최고 추장으로 인정받았고, 동료 카친 추장들의 모든 충성을 잃었다. 그러나 영국 정부는 1840년경 카친족을 더 후원할 필요가 없다고 판단하고, 피사 감을 최고 추장으로 인정하지 않았다. 그 결과 그는 반란을 시도했고, 그 죄로 종신형을 받고 아삼 감옥에서 사망했다.[312]

b. 다이파족Daihpa 다이파 감은 위에서 언급한 피사 감 추장의 먼 종족 형제다. 이 둘은 불화하는 라이벌이었다. 영국 정부가 피사 감을 아삼의 최고 추장으로 우대하자, 탕가이 종족의 나머지 추장들은 다이파 추장을 지지했다. 그 결과 다이파 감은 극도로 막강해졌다. 1837년 그가 아바Ava를 방문했을 때 미얀마 왕에게서 극진한 선물과 칭호를 받았고, 영국 정부의 특사와 영토 경계 문제를 협상하기도 했다. 하지만 그는 고향인 후쾅 계곡에서 굼라오 반란을 일으킨 친척과 싸워야 했다. 그는 미얀마 군대의 도움으로 권력을 잠시 유지했으나, 지원군이 철수하자 1842년경에 거의 모든 권력을 잃었다.[313]

c. 마탕족Mahtang 19세기 초 미얀마와 중국의 교역상은 대개 바모까지 배를 타고 간 다음, 노새를 타고 카친 고산지대를 가로질러 호흐사국Hohsa과 몽 미옌국(텡구예)으로 들어갔다. 자기 영토에 마상의 교역로가 있던 추장들은 통행세로 막대한 수입을 얻었다. '태곳적부터 중국과 미얀마 사이 주요 교역로의 일부였던'[314] 루트는

카친 고산지대 중심부의 로일룽Loilung을 지나갔다. 이곳은 아우라 종족 가우리 라파이 추장들의 영역이었다. 이들은 극도의 번영을 누렸고, 자기 영역을 샨족 칭호인 몽 흐카라고 불렀다. 자기 종족 이름도 뭉가Mungga(몽 흐카)라고 했다.

1868년 최고 추장은 6킬로미터 정도 동쪽 마탕 지역에 거주했다. 로일룽 지역은 마탕 추장의 형이 통치했다. 앤더슨은 마탕과 로일룽이 자신이 본 가장 번성한 두 카친족 마을이라고 썼다. 마탕의 추장 가옥은 "비록 공간 배치는 고산지대에서 흔한 양식이지만 돌과 벽돌로 담을 둘렀고, 중국식으로 보이는 정문을 설치했다. 그리고 정원을 가로질러 포장된 도로를 지나야 집 안으로 들어설 수 있었다".[315] 마탕 추장의 세련된 외모는 앞에서 언급했다 (p. 315). 마탕 추장의 무덤 역시 호화로웠다. 무덤은 "거대한 화강암 덩어리로 지었으며, 중국식으로 멋지게 장식·조각되었다. 무덤의 전면은 주랑이 있는 현관 같은데, 모조 문도 달렸다".[316]

하지만 몽 흐카 추장들의 성공은 종족 형제이기도 한 신룸 지역 가우리 추장들의 반감을 샀다. 가우리 추장들은 자신이 아우라 종족의 정식 추장 가문(uma)이라고 주장했다.[317] 영국 정부는 통치권을 잡자마자 몽 흐카 추장의 통행세 징세권을 박탈하고, 식민청 지역 본부를 그들과 경쟁 구도에 있던 신룸 지역에 세웠다.

1920년에 신룸의 가우리족은 나름대로 보복을 했다. 당시 평민이 마탕 추장의 딸을 임신시켜 사생아를 낳게 한 사건이 있었다. 신룸에 있던 경찰 법원에서 이 소송사건의 판결을 맡은 '가우리족의 원로들'은, 가해자가 마탕 추장에게 30루피와 6흐파가라는 모욕적일 만큼 낮은 배상액을 지불하라고 판결했다.[318] 한 세대 전이라면 이 배상은 천문학적인 규모였을 것이다.[319] 몽 흐카족의 위세는 완벽하게 추락했다.

d. **몽시족**Mong si　1846~1887년 미얀마에서는 규모가 큰 흐센위국의 실권을 잡기 위해 치열한 쟁탈전이 벌어졌다. 라이벌 구도의 샨족 세력은 모두 나름대로 카친족 지지 세력이 있었다. 몽 시족 카친 추장들은 적법한 왕인 흐셍 노 흐파Hseng Naw Hpa를 꾸준히 지지했다. 노 흐파 왕은 그리 세력을 얻지 못했지만, 몽 시족은 번영했다. 영국이 들어오고 몽 시족의 카친 추장은 미요사myosa 직함을 얻어 카친족 마을 100개, 샨족 마을 20개, 팔라웅족 마을 15개, 중국인 마을 12개를 포함해 주민 1만 2000명 정도를 통치했다. 이 영역은 여러 하위 영토로 나뉘었는데, "각각 미요사의 친척인 카친족 추장들이 다스렸다".[320]

영국 식민 정부의 허가 아래 북 흐센위의 왕위를 계승한 쪽은 노 흐파 왕의 라이벌 세력이다. 영국은 어떤 경우에도 카친 추장들이 샨 지역을 다스린다는 생각을 용납하지 못했다. 1940년경 몽 시족의 옛 영토는 거의 10개가 넘는 추장국으로 분할되었다. 이 추장 가운데 몇몇은 여전히 허세를 부리며 샨 왕의 예법을 흉내낸다.

e. **칸시족**Kansi　칸시 추장의 종족은 카마잉 서부 비취 산지 소유권으로 권력을 잡았다. 비취 산업은 지난 150년간 미얀마 역사의 우여곡절을 거치고도 심각한 타격을 받지 않았고, 칸시 추장은 여전히 추종자를 거느린다. 1940년경 영국 식민 정부는 칸시 추장의 비취

산지에 대한 권한을 '구매했고', 대신 해마다 일정한 수입을 보장하겠다고 했다. 세계대전 중에 칸시 추장은 영국 정부에 대한 충성을 철회했는데, 자신이 사기를 당했다고 생각했기 때문이다. 전쟁 후 칸시 추장은 일본군에 협력했다는 죄목으로 잠시 감옥에 갇혔다. 현재 그는 예전 같은 영향력이 있으며, 미얀마 정부에서 해마다 보조금을 받는다. 칸시 추장들은 샨족과 결혼했지만, 강력한 카친 추장들과 마유-다마 관계도 유지해왔다.

지금까지 내용을 정리해보자. 카친 추장은 경제적 행운과 많은 친척의 도움으로 샨 국가의 왕과 비슷한 위치까지 올라설 수 있다. 하지만 그가 이 지위에 도달하면 친척이 적대적으로 변할 공산이 크다. 그때부터 그의 지위는 보통 그보다 강한 최고 권력자의 변덕에 달렸다.

3부 | 구조적 가변성

8장

카친 역사의 증거들

내가 보기에 모든 인류학자가 직면하는 주요 난점은 민족지적 사실을 어떻게 다루느냐다. 고백하자면 동료 학자들의 책을 읽을 때 나는 종종 잡다한 사실 때문에 따분하다. 향후 내가 폴리네시아나 가나 북부 지역을 방문할 일은 없을 것 같은데, 티코피아인이나 탈렌시족의 특이한 관습을 읽으면서도 아무 흥미를 느끼지 못했다.* 내가 퍼스나 포티스 교수의 책을 읽는 것은 잡다한 사실이 흥미롭기 때문이 아니라 그 사실 너머의 원리에서 뭔가 배우기 위해서다. 이 책의 독자 역시 대부분 나와 비슷한 입장일 거라고 생각한다. 내가 카친족에 대한 사실, 이 세세한 증거를 어떻게 다루면 좋을까?

이 장은 상당한 수준까지 내가 앞서 제기한 논지를 위한 문헌 자료의 성격을 띤다. 이 논지는 카친 사회에서 **굼라오** 유형 커뮤니티

---

* 티코피아인은 태평양 폴리네시아 지역의 티코피아 섬에, 탈렌시족은 가나 북부 지역에 거주한다.

는 굼사 유형의 특징을 발전시키려는 경향이 있고, **굼사 유형 커뮤니티**는 **굼라오** 원리에 따라 조직되는 하위 집단으로 분절되려는 경향이 있다는 것이다. 이와 같은 어떤 이론이라도 적절히 입증 혹은 반박하려면 역사적 사실이 필요하다. 하지만 그런 기록은 존재하지 않는 경우가 많다. 많은 인류학자들이 알아낼 수 없는 것에 대한 추측을 쓸모없고 어리석다고 여기는 것도 이해할 만하다. 이런 시각에서 보면 이 장은 시간 낭비일 뿐이다.

내 입장은 이렇다. 사회변동에 관한 모든 이론은 역사적 과정에 대한 이론이어야 한다. 나는 오늘날 특정한 카친 마을의 조직을 바꾸는 몇몇 '힘'이 작동한다고 생각하며, 이와 동일하거나 매우 비슷한 '힘'이 과거에도 작동했다고 주장한다. 이게 진실이라면 카친 역사의 많은 사실이 나의 이론과 합치해야 할 것이다. 여기서 나는 꽤 안전한 입장인데, 문헌으로 남은 카친족의 역사가 지나치게 파편적이라 거의 모든 해석이 가능하기 때문이다.

그러나 쓸 만한 역사적 증거가 빈약해서, 나는 현재 알려진 역사적 사실을 있는 그대로 기술할 것이다. 이 사실의 해석에도 분명한 입장을 견지할 것이다. 내 해석이 이 주제에 관해 출판된 거의 모든 선행 연구와 상충되기 때문에 더욱 그렇다.

이 장에서 나의 목표는 두 가지다. 하나는 특정한 순간에 형성된 **굼사**와 **굼라오** 체계의 불안정성을 유발하는 '힘'이 무엇인지 설명하는 것이다. 다른 하나는 카친 지역의 역사가 나의 해석과 상충되지 않음을 보여주는 것이다. 하지만 이는 소극적 목표로, 성취된다 해도 우리를 출발점에서 그리 멀리 데려가지 못할 것이다.

이 장은 크게 세 가지 내용을 다룬다. 먼저 카친 고산지대의 역사를 개괄하고, 카친족의 (알려지지 않은) 역사를 잠정적으로 재구성할 것이다. 마지막으로 내 이론이 카친 지역의 역사와 2장에서 기술한 카친 사회의 생태적 환경조건과 부합함을 밝힐 것이다. 이 결과가 불만족스러운 독자는 9장을 읽기 바란다.

더 나아가기 전에, 나는 어떤 의미에서든 특정 카친 마을의 향후 발전 과정이 결정되었다거나 예측 가능하다고 말하는 게 아님을 강조하고 싶다. 나는 개인이든 집단이든 지속적으로 가능하고 옳은 여러 선택지 중 하나를 선택해야 하는 상황에 직면한다고 생각한다. 하지만 상황적 조건에 따라 어떤 선택이 다른 것보다 유리하게 느껴질 수 있다. 이는 외부인이 어떤 선택이 내려질까 예측할 수 있다는 의미가 아니다. 다만 행위자의 가치 체계나 합리성을 고려할 때 그 순간 내려질 가망이 있는 선택을 예측할 수 있다는 뜻이다. 나는 사회변동 과정에서 '힘'이나 원인을 엄격하게 제한된 의미에서 결정 인자라고 간주한다.

사회변동에 대한 이론을 구축할 때 중요한 변수로 취급할 공통 변수가 많다. 나는 세 가지 공통 변수만 고려할 것이다. (1) 물리적 환경이나 생태―나는 이것을 기본적인 생계 수단을 제공하는 자원과 생산수단의 다양성으로 이해한다. (2) 정치적 환경(즉 정치적 역사)―사회란 어떻게 정의하든 언제나 그 자체가 정치조직 단위이며, 동시에 언제나 더 큰 사회의 분절체, 즉 규모가 더 큰 정치 체계의 일부다. 나는 특정한 정치 단위의 안정성은 언제나 그 정치 단위가 일부인, 더 커다란 다음 층위 정치 체계의 구조와 권력 분포 변화에 영향을 받는다고 간주한다. (3) 인간 요소—부분적으로 모든 역사적 이야기에 나오는 '위대한 인물'을 그들이 처한 환경의 산물로 간주할 수 있다. 하지만 개인적 야망과 매력의 자의적 성격 역시 모든 사회변동 분석에서 고려할 필요가 있다.

물리적 환경

—

나의 분석에서는 생태적 원인을 통시적으로 안정된 것으로 간주할 것이다. 2장에서 기술했듯이 다웅야 경작자도 한 세대 안에 물리적 환경을 급격히 바꿀 수 있다. 역사적으로 보건대 카친 고산지대의 많은 삼림 지역도 인간이 개간했다. 하지만 나는 언제, 정확히 어떻게 이런 사건이 일어났는지 알지 못하며, 그 사건의 사회적 결과를 추측할 수 있을 뿐이다.

나는 카친 사회변동에 관한 이론을 발전시키면서 카친족이 과거부터 맞서온 일반 생태적 원인이 예나 지금이나 같았으리라는 (분명히 그릇된) 가정에서 출발하려고 한다. 또 카친 문화권이라 불릴 수 있는 지역이 지난 수 세기 동안 비교적 한결같았던 것처럼 쓸 것이다. 이 가정은 보통 용인되는 '카친족'에 대한 정의와 아주 다른 정의를 암시한다. 나는 여기서 카친족을 카친 고산지대 산악 지역에 거주했거나 거주하며, 2장에 언급한 기술 양식으로 땅을 경작하고 불교도가 아닌 사람들로 정의한다.

이렇게 정의된 카친족은 어느 시기에나 철기시대 사람이다. 지금 우리가 알듯이 철로 만든 절단용 도구나 칼은 카친 사회의 전체 경제조직에 핵심적인 것이다. 우리는 한때 카친 고산지대 몇몇 지역에 신석기인이 살았음을 안다. 상당한 신석기 유물이 발굴되었기 때문이다.[321] 나는 이 지역에서 언제쯤 석기 사용이 중단되었는지 알지 못한다. 하지만 석기 사용자들은 지금 우리가 아는 카친족과 사회조직이 아주 달랐음이 분명하다. 내 생각에 그들은 카친인이 아니며, 이것이 우리 논의의 경계선이 될 것이다. 이는 카친 사회의 성장을 이해하는 데 철기 기술 양식이 중요하다는 의미도된다.

카친족에 관한 종전 저서는 대부분 카친족이 가까운 과거에 티베트나 그 너머 다른 지역에서 이주해 왔다는 주장을 편다.[322] 이런 주장에 실증적 증거는 없다. 그 저자들은 징포어와 다른 카친 언어가 티베트-미얀마어족에 속하며, 이 동일한 언어가 카친 지대보다 훨씬 북부나 북동부 지역에서 사용된다는 점을 근거로 든다. 언어학 이론에 따르면 티베트-미얀마어는 몬어(탈라잉)와 팔라웅어 같은 오스트로-아시아계 언어보다 훨씬 늦게 미얀마 지역으로 유입되었다. 그래서 현재 티베트-미얀마어 사용자는 오스트로-아시아계 언어 사용자보다 좀더 최근에 유입된 것으로 간주된다. 이런 논의에 유용한 의미는 없다.

언어학자들은 티베트-미얀마어족 가운데서도 징포어가 미얀마어와 비슷한 마루어보다 늦게 생겨났다고 주장한다. 따라서 오늘날 마루족은 미얀마인이 남서쪽으로 이주하면서 '남은' 집단이며, 현재의 징포족은 예전의 마루족과 샨족 인구를 대체한 최근 이주

자의 후손이라는 것이다. 이런 논지에서 오늘날 샨족 인구가 카친 사회에 간간이 섞였다는 사실은, 전쟁을 좋아하는 카친 이주민이 북쪽에서 내려와 안일한 샨족을 쓸어버렸다는 증거로 보인다.

내가 보기에 이런 추측은 가치가 없다. 우리가 오늘날 아는 카친 사회는 카친 고산지대라는 생태적 상황에 잘 적응할 수 있도록 조직된 사회다. 체계로서 카친 문화와 카친 정치조직은 그들이 현재 처한 자리에서 발원한 것으로 봐야 한다. 물론 온갖 기술적·정치적 관념은 다른 곳에서 차용된 것이 분명하다. 카친 사제의 모자는 나가족의 것이며, 칼날이 박힌 사다리 위를 걷는 카친 영매의 기술은 중국인에게서 배운 것이다. 이런 예는 무한할 것이다. 하지만 총체로서 카친 문화는 분명 지역 복합체다.

카친 사회의 정치 복합체가 카친 고산지대라는 지역 환경에 대응해서 발전했다면, 굼사와 굼라오라는 자가 모순은 왜 생겨나는가? 그 답을 찾기 위해 각 생태 영역과 관련된 굼사와 굼라오 마을의 분포를 살펴보자.

2장에서 언급했듯이 카친 고산지대는 기후를 기준으로 대략 A, B, C 생태 영역(지도 2)으로 나눌 수 있다. 그에 따라 토착 농업 양식도 달라진다. 나는 이런 생태적 차이가 정치발전의 지역적 편차를 결정하지는 않지만, 분명 정치적 가능성에 일종의 한계를 부여한다고 생각한다. 이제 경험적 사실을 살펴보자.

A 지역. 농업기술 : 고산에서 몬순 타웅야, 계곡 지역에서는 논농사. 생태 환경에 따른 굼라오와 굼사 구분 없음. 굼사와 굼라오는 몬순 타웅

야를 하기 좋은 트라이앵글 지역에서 모두 발견된다. 타웅야 경작이 쉽지 않은 미치나 북부, 이라와디 강 서부에서도 발견되며, 논농사하는 후쾅 계곡에서도 두 체계가 모두 나타난다. 둘렝 지역(굼라오)의 기후와 일반 지형은 남부 지역(주로 굼사)과 크게 다른 것 같지 않다.

이 지역의 인구와 강우량을 보면 생활수준이 그리 높지 않지만, 고립된 마을이라도 생계를 유지하는 데는 어려움이 없다. 이 지역에서 일반적인 몬순 타웅야 경작자는 원하면 계곡에 거주하는 쌀 경작자와 완전히 단절된 채 살아갈 수 있다. 그렇지만 거의 모든 지역에서 이들의 생활수준은 대단히 낮다. 몬순 타웅야 경작은 보통 경작자가 먹고사는 데 필요한 곡물 이상을 생산할 수 없다. 하지만 토양이 비옥한 몇몇 지역에서는 잉여 생산을 기대할 수 있다. 특히 북부 트라이앵글 지역 주민은 거의 타웅야 경작에 의존하지만, 정기적으로 쌀이 잉여 생산된다.

영국 통치기 직전에 이 지역의 논은 정치적으로 카친족의 통치를 받았고, 샨족과 아삼족 '노예'가 경작했다. 샨족 농민이 어느 정도 독립성을 유지한 것은 흐캄티 롱 지역뿐이다. 영국 식민 통치가 시작되고 카친족은 카마잉 남쪽에 있는 모든 논의 통치권을 박탈당했다. 1926년 이후에는 다른 지역에서도 논만큼 비슷한 경제적 효과가 있는 '노예'를 박탈당했다. 그 결과 권력의 원천이 논이 아닌, 1930년까지 노예를 보유하고 있던 트라이앵글 지역의 추장은 후쾅 계곡과 '흐팅나이' 지역의 라이벌 추장을 제치고 위세를 얻었다.

1943년경 A 지역에서 위세 있는 추장은 거의 트라이앵글 지역 출신이었다. 흐팅난 쿰자, 마쇼 우마 로, 은딩 자우 온(마립 씨족), 은갈랑 라(느쿰 씨족), 샤단 투(라파이 씨족) 등의 추장이 가장 영향력 있었다. 이들 중 몇몇은 60여 개 마을을 통치했다. 트라이앵글 지역을 제외하고 이들에 필적하는 지위를 자랑하는 카친 추장은 칸시 신와 낭Kansi Sinwa Nawng(마립 씨족)으로, 비취 산지를 통치했다. 100년 전에는 이 지역의 권력 구도가 상당히 달랐다. 1825~1840년 영국과 미얀마 왕조에서 훌륭히 대우한 카친 추장은 피사 감과 다이파 감(차센 씨족, 후쾅 계곡 서부와 아삼 지역 통치), 왈로붐(마립 씨족, 은딩 종족, 후쾅 계곡 중부 통치)이다. 당시 이 후쾅 계곡 추상늘에게는 논을 경작하는 아삼족 '노예'가 많았다. 이런 권력 구조 변화는 앞에서 살펴본 원칙 중 하나, 즉 정치적으로 강력한 **굼사** 추장은 마음대로 처분할 수 있는 실질적인 경제적 자원도 필요함을 확인하게 해준다.[323]

그러나 경제적 자원을 보유했다고 바로 **굼사** 체계가 보장되지는 않는다. 트라이앵글의 사그리 붐-은굼 라 지역은 **굼라오**지만, 이웃의 강력한 **굼사** 추장 샤단 투의 영토와 동일한 자연 자원을 보유했다. 영향력 있는 **굼사** 추장 은갈랑 라의 영토에는 은광이 있지만, 그와 인접한 **굼라오** 둘렝족의 영토에서는 철도 생산된다. 둘렝족 대장장이들은 수 세대에 걸쳐 카친 고산지대 전역에 칼을 판매한 것으로 보이며, 그들이 광물 채굴을 그만두었을 때도 대장간 기술은 여전히 중요했다. 둘렝족은 과거에는 **굼사** 체계였던 듯하다. 철을 교역한 역사를 살펴봐도 나는 이들이 왜 현재 **굼라오**인지 이해할 수 없다.

쉽게 사용 가능한 경제적 자원이 없는 곳에서도 **굼라오**와 **굼사** 정치 형태는 대안적 가능성으로 남는다. 그러나 이 경우 **굼사** 추장이 진정한 권력을 바랄 수는 없다. 그들의 추장 지위는 정치적 직함이 아니라 의례적 권한에 머물기 때문이다.

A 지역의 기후 조건이 대체로 **타웅야** 경작에 유리하다 해도 그중 몇몇 지역은 다른 지역보다 훨씬 비옥하다. A 지역의 평균적인 인구밀도는 매우 낮아서[324] 쌀 생산이 미미한 지역 주민은 작고 궁핍한 마을에서 독립적으로 살아가거나, 좀더 번성한 지역으로 이주해 종속적인 삶을 택할 수 있다.

이런 맥락에서 카친족이 종종 정치적 독립을 경제적 이득보다 높이 평가했음은 분명한 사실이다. 1921년 미치나 고산지대에서 실시한 인구조사 결과[325]를 보면 143개 마을 중 94개가 넘는 마을이 10가구도 되지 않는다. 몇몇 마을은 공동 추장의 통치 아래 마을 군락을 형성했겠지만, 대다수 마을은 분명히 그렇지 않았다. 접근성이 좋은 곳에서 더 큰 커뮤니티를 구성했다면 경제적으로 이득이었겠지만, 카친족은 무엇보다 독립을 선호했다.

이 초소형 커뮤니티의 일부는 **굼사**, 일부는 **굼라오**였다. **굼사** 마을 추장은 마을 밖에서 아무 권위가 없고, 이웃 마을에서 '넓적다리를—먹는 추장'으로 인정받지도 못했다. 그들은 **굼랑 굼사**gumrawng gumsa('잘난 척하는 굼사')라 불렸다. 이 수준에서 **굼사**와 **굼라오**의 유일한 실제적 차이는 다음과 같다. **굼사**는 추장이라는 '개념'을 존중하고, 마을 토지는 귀족 혈통의 특정 종족이 소유하며, 마을 우두머리는 이 종족의 우두머리라고 믿는다. 그러나 **굼라오**는 추장제 개념 자체를 인정하지 않으며, 마을의 모든 종족은 동등하다고 말한다.

여기서 **굼라오**와 **굼사**의 차이가 사실이 아니라 관념적인 것이라고 해도 중요하지 않다고 할 수는 없다. **굼라오** 견해에서는 10가구로 구성되었으며 독립된 정치 단위라고 주장하는 작고 고립된 마을은 **굼라오**의 이상과 일치한다. 그러나 규모가 비슷한 **굼사** 마을은 그렇지 못하다. **굼사**의 이상에는 권위의 위계라는 개념—최고 (uma) 추장, 영역 추장, 마을 군락 추장, 마을 우두머리, 종족 우두머리 식으로 내려가는—이 수반되며, 이런 이상은 앞에서 언급한 샤단 투와 같은 '위대한 영역 추장(mung du kaba)'의 사례에서 구체화된다. 따라서 4~5가구로 구성된 **굼사**라고 주장하는 작은 마을이 있다면 그 자체가 모순이다. 카친 주민이 고립되어 살아가는 것은 강제가 아니라 그들의 선택이다. 그런데도 그들이 **굼사**라고 주장한다는 사실은 그들이 또 다른 삶의 방식을 선호한다는 표시다.

> B 지역. 농업기술 : 초원 타웅야, 산지에서 이동경작, 계곡에서는 논농사. 고산지대에서 환금작물을 재배하는 경향이 있다. 모든 정치조직은 **굼사** 유형.

이 지역에서는 고산지대 주민이 최소한 쌀 수급은 계곡에 사는 샨족에 전적으로 의존하는 듯하다. 주민 역시 이 사실을 인식하고 있다. 예를 들어 과거 팔라웅의 고산 국가 중 **퇑펭국**에는 쌀이나 소금을 가져오지 않는 마상은 차를 사러 퉝펭국으로 들어올 수 없다는 법률이 있었다.[326] 비슷하게 몽 마오국의 왕위 후보 중 흐쿤 셋Hkun Set은 샨 국 수장이 카친족에게 압력을 가할 수 있는 방법은 계곡 지역의 논에 접근하지 못하게 하는 것뿐이라고 말했다.[327]

B 지역의 정치조직은 필연적으로 계곡 지대(샨족)와 고산지대(카친족, 팔라웅족, 와족 등)의 긴밀한 협력을 수반한다. 샨족이 카친족의 정치적 주인이 될 수도 있고 그 반대도 가능하지만, 작은 고산 마을이 이웃한 계곡 지역 마을과 모든 유대를 포기한다는 것은 현실적으로 거의 불가능하다. 이는 이 지역에 굼라오 유형 마을이 거의 없다는 설명과도 일치한다. 이 지역에서는 마루어나 라시어를 사용하는 마을조차 언제나 혹은 거의 언제나 추장(duwa)이라 불리거나 규모는 더 작지만 샨 국의 소왕(saohpa)과 동등하게 여겨지는 인물을 따른다.

더 북쪽인 A와 C 지역에서 발견되는 마루족과 라시족 커뮤니티는 보통 굼라오 원칙에 따라 조직된다. 이는 카친족과 샨족의 협력을 강제하는 B 지역의 생태적 상황이 카친 굼라오 정치 체계의 발전 가능성을 억제함을 시사한다. B 지역에서 굼사 커뮤니티는 정치적으로 불안정할 수 있지만, 그렇다고 굼사이기를 멈출 수도 없다. 어느 카친 커뮤니티가 특정한 샨족과 유대를 끊는 경우에도 다른 샨족과 관계를 확립해야 한다.

안타깝게도 증거자료는 결정적이지 못하다. B 지역 전체는 (미얀마의 정치적 경계에 포함되는 한) 영국 식민 정부의 집중적인 통치를 받았다. 영국은 이 지역에 마을 경계, 샨족과 카친족의 권력

분할, 현 상황을 유지하기 위한 자의적인 법령을 강제했다. 따라서 정치적 분절화나 융합의 경향이 존재했다 해도 결코 표면화되지 못했다. 영국이 처음 이 지역에 들어왔을 때, 앞서 말한 몽 시족 추장에 맞먹는 강력한 카친 추장이 여러 명 있었다. 이들은 명목상으로 지역 샨 소왕의 신하지만, 군사적(Kinmöng) 능력을 통해 오히려 샨족을 통치했다. 영국 정부는 샨족 마을에 영향을 미치는 카친 추장의 모든 통치권을 박탈함으로써 중요한 카친 추장의 권력을 붕괴시켰다. 동시에 추장제의 원칙을 인정하고, 굼라오 커뮤니티의 출현은 허락하지 않았다.

> C 지역. 농업기술 : 고산에서 몬순 타웅야, 초원 타웅야, 계단식 밭 경작. 계곡에서는 논농사. 굼사와 굼라오가 모두 발견되지만 생태 환경에 따른 구분은 쉽지 않음.

이 지역은 대부분 B보다 A 지역과 유사하지만 산맥이 더 높고 가파르며, 계곡에서도 관개농업을 할 만한 공간이 훨씬 부족하다. 강우량은 A 지역보다 적지 않지만, 가파른 산과 높은 인구밀도(2.6 제곱킬로미터에 15~30명)를 감안하면 C 지역의 타웅야 경작이 토양 자원에 훨씬 큰 피해를 준다. A 지역의 커뮤니티는 몬순 타웅야로 생존이 가능했지만, C 지역에서는 토양 자원을 완전히 망가뜨리지 않으려면 몬순 타웅야 외에 다른 농업 양식을 활용할 필요가 있다.

2장에서 언급했듯이 계단식 밭은 경제적 이유보다 군사적 이유에서 만들어진 듯하다. 카친 고산지대의 계단식 밭은 예외 없이 고산을 가로지르는 중요한 통행로나 그 근처에 만들어졌다. 이런 밭을 만든 이들은 분명 그 통행로의 정치적 통제에 관심이 있었다. 계단식 밭은 고도가 높고 가파른 곳에 자리한 고장에서도 상대적으로 대규모 정착민을 부양할 수 있는 수단이다. 이 농업 양식은 굼사와 굼라오에게 모두 적합하다.

계단식 밭 경작이 특정한 문화적 하위 집단이나 정치형태에 특수한 것은 아니다. 계단식 밭을 만드는 커뮤니티 가운데 가장 큰 것은 흐피모 교역로에 위치한 괄람타우Gawlamtau(200가구)다. 이곳 주민은 라시족(굼라오)이다. 그러나 사돈 근처의 와촌Wawchon(80가구) 주민은 아트시족(굼사)이며, 신룸 근처의 후퉁Hutung(50가구) 주민 역시 가우리족(굼사)이다.[328]

C 지역에서 굼사와 굼라오 마을의 분포는 분명히 파악할 수 없다. 사돈 북부 지역에는 마루어나 라시어를 쓰는 주민이 거주한다. 이들에 대한 민족지적 기록은 파편적이며, 이들이 대부분 굼라오 유형 조직이라는 주장도 틀린 것일 수 있다. C 지역에서 사돈 남부에는 굼라오 마을이 드물지만 원래 그런지, 영국 식민 정부의 반反굼라오 정책 때문인지 분명하지 않다.

C 지역의 상대적으로 높은 인구밀도는 주민이 교역로 주위로 모여드는 경향 때문으로 보인다. C 지역의 산악 지형을 가로지르는 교역로는 수 세기 동안 대단히 중요했으며, 많은 주민이 동서로 뻗은 교역로 근처에서 오랫동안 거주해왔다. 과거에는 지나가는 마상에게 받는 통행세가 지역의 중요한 경제적 수입원이었다. A 지역 추장에게 권력의 원천이 논과 노예인 것처럼, 19세기 C 지역 굼

사 추장에게 권력의 원천은 통행세 징수였다. C 지역에서 권력의 정점에 오른 **굼사** 추장은 이웃한 샨족 농민에게 쌀을 징수하기도 했지만, 후쾅 계곡 추장만큼 정치적 독립성은 성취하지 못했다. 한편 흐피모 지역에 있는 대규모 라시족 마을의 **굼라오** 유형 사회조직은 통행세 징수로 경제적 자립이 가능해서 동쪽 계곡에 거주하며 논농사하는 중국계 샨족과 정치적 동맹의 필요성을 느끼지 못했기 때문이라고 설명할 수 있다.

요약하면 이런 생태적 사실만으로 의미 있는 결과를 이끌어낼 수 없다. 물리적 환경의 차이는 이 지역에 존재하는 문화적·정치적 조직의 차이에 대해 부분적인 설명을 제공할 뿐이다. 카친족이 왜 흐피모 교역로 근처의 험준한 지역에 살기로 했는지, 이곳 라시족의 기술 조직과 정주 패턴이 왜 그런 식이어야 했는지는 생태적 조건으로 어느 정도 설명이 가능하다. 하지만 다른 곳에 훨씬 좋은 땅이 있는데 라시족이 왜 그런 곳에 살기로 했으며 **굼라오** 조직을 보유했는지, 생태 환경과 기술 양식이 비슷한 사돈 지역의 아트시족은 왜 **굼사** 조직을 보유했는지 설명하기에는 부족하다.

정치적 환경

—

정치적 환경 변화와 그 결과를 논의하려면 카친 지역의 정치사를 일별할 필요가 있다. 지금부터 내가 전개하려는 내용은 대부분 추측에 근거한 것이다.

카친 고산지대에 관한 최초의 기록은 예상할 수 있듯이 중국 문헌에 있다. 카친 지역은 중국에서 인도와 서방을 잇는 여러 교역로 중 하나로 오래전부터 중요했다. 기원전 128년경에 그런 교역로가 존재했다는 기록이 있다. 기원후 69년에는 중국인이 이 지역에 융창永昌. Yung Ch'ang 현을 설치했는데, 이 지역이 험준한 교역로의 동쪽 종착지였기 때문이다.[329] 하지만 이 시기에 카친 고산지대에 거주한 사람들에 관한 증거는 남아 있지 않다. 한漢 왕조가 붕괴되고 찾아온 혼란기에 중국의 옛 변방은 예전처럼 유지되지 못했다. 융창에 있던 행정 기지 역시 기원후 342년경에 폐지되었다.

기원후 350~1000년에 발간된 초기 중국 문헌은 융창 서부 산악지대에 거주하는 '야만적이고 성가신 부옥b'uok 종족'에 대해 언급한다. 이 종족의 땅에서 "코뿔소, 코끼리, 거북딱지, 보석, 호박, 별보배고등, 금, 은, 염정鹽井, 계피, 목화, 쌀, 수수 등이 난다"고도 적혔다. 이들은 카친 고산지대에 거주한 주민으로 보이는데, 시간이 흐르면서 언어와 문화가 바뀌었을지 몰라도 종족 이름은 그대로 남았다. 오늘날 마루족은 징포어를 쓰는 사람을 폭p'ok이라 부르고, 흐캄티 롱 지역의 샨족은 카친족 노예를 카폭kha-p'ok[330]이라 부른다. 징포라는 명칭도 칭폭chying-p'ok으로 표기할 수 있다. 오늘날 중국인은 카친족을 푸 먼p'u man[331]이라 부르는데, 여기서 푸p'u를 표기하는 한자는 초기의 부옥에 쓰인 한자와 동일하다.

같은 시기 중국 문헌에서는 퍄오족P'iao에 대한 언급도 자주 나온다. 이는 미얀마 중부 어딘가에 왕국을 세운 좀더 세련된 사람들이다. 이들은 오늘날의 퓨족Pyu으로 보이며, 퓨족이 거주하는 프

롬Prome 지역에서 몇몇 고고학적 증거가 발견되있다. 이들은 미얀마어 계통의 언어를 사용한 듯한데, 그 문화는 뚜렷하게 인도풍이었다.

8~9세기에 카친 고산지대는 남조 왕국의 정치적 영향력 아래 있었다. 남조 왕국은 오늘날 샨 국가 유형의 왕국으로, 다양한 소국(möng)이 봉건제적 연맹 형식으로 연결되었다. 남조 왕국의 기술 도구는 의심할 여지없이 중국에서 차용했거나 유래했지만, 그들의 정치적 패턴은 명백히 샨 유형이었다. 기원후 750년경 남조 왕국의 군주 코로펭Ko-lo-feng은 인도와 미얀마 중부에 있던 퓨 왕국과 교역로를 개설했고, 그 통로의 적절한 위치에 사람들이 거주하는 요새를 세웠다. 현재 흐캄티 롱의 샨족 거주지도 이 시기에 만들어진 듯하며, 후쾅 계곡을 가로질러 모가웅과 아삼 사이에 흩어진 샨족 거주지도 그럴 것이다. 이 시기부터 중국과 인도를 잇는 실제 루트에 대한 기록이 나오지만, 루트상의 정확한 장소 이름은 식별할 수 없다. 둔황敦煌의 고문서를 열람한 펠리오Paul Pelliot* 는 두 교역로의 북쪽 구역은 대부분 동서로 이어졌다고 결론 내렸다— 융창, 텡 위예, 사돈, 와잉묘(미치나), 모가웅, 솜라 구역(나가 고산지대), 코히마, 디마푸르, 가우하티 순으로 말이다.[332]

중국의 옛 연대기는 고산지대에 거주하는 수많은 야만 부족의 명칭을 기록한다. 이 부족 중 상당수가 남조 왕국의 군대를 위해

---

* 프랑스의 동양학자(1878~1945). 1906~1909년에 중앙아시아 각지를 답사했으며, 둔황 천불동에서 수많은 고문서와 사본을 수집했다. 우리에게 잘 알려진 혜초의 《왕오천축국전》을 발견한 인물이기도 하다.

봉사한 듯하다. 그러나 이 부족들을 오늘날 카친 지역에 거주하는 하위 집단과 동일시할 수는 없으며, 그 때문에 현재 어떤 부족 집단과도 동일시할 수 없다. 중국 문헌에 기록된 '리 슈이Li Shui'가 이라와디 강이 맞다면 과거에 와잉묘는 사금 채취 산업의 중심지였고, 당시부터 후쾅 계곡(융창에서 서쪽으로 18번째 위치한 요새)에서는 호박琥珀을 채굴했음을 알 수 있다. 소금 역시 와잉묘 – 모가웅 지역의 중요 생산물이자 교역 물품이었다.

이 시기에 샨족(남조)이 현재 미얀마 경계보다 서쪽으로 영향력을 미치지는 않았다. 아삼 계곡은 힌두 왕국―히우엔 치앙Hiuen Tsiang이 다스리던 카마푸라 왕국(625년)―관할이었다.[333] 샨족이 동부 아삼 지역에서 정치적 통치를 시작한 것은 13세기 중반이다.[334]

그러다 832년경 미얀마 중부의 퓨 왕국이 남조 군대에 정복되었다. 1050년경 새로운 미얀마 왕조가 등장할 즈음, 미얀마 왕들은 남조식 칭호로 불렸다. 남조족에서 유래한 이 11세기의 왕국은 이교도 출신 왕이 다스리는 미얀마 왕국으로 발전했다. 몇몇 저자들은 이 시기에 수많은 '미얀마인'이 카친 고산지대에서 남쪽으로 이주했다고 추정한다.[335] 이런 추정은 불필요하다. 첫 이방인(남조계) 왕 아래 있던 미얀마인은 마지막 '퓨'(인도계) 왕 아래 있었을 때와 동일한 대우를 받았다. 퓨 왕국의 유민이나 새 왕국의 주민은 모두 불교도였다. 남조족은 그렇지 않았다. 샨족이 불교도로 전향한 것은 16세기 말이다.

남조 왕국은 1253년 몽골군에 항복했고,[336] 당시 베이징에 있는 몽골 중앙정부의 꼭두각시였던 윈난 성이 이 지역을 통치하게 되었다.[337] 그러다 윈난 군대와 미얀마 사이에 전쟁이 일어나 이교도 왕국은 파괴되고, 이교도 왕조는 1287년 멸망했다. 그 후 300년간 미얀마 왕은 샨족 출신이었다. 1531년경, 현재 미얀마에 속한 지역은 대부분 비교적 독립적인 여러 왕(saohpa)이 다스리는 샨 소국(möng)의 느슨한 연방 형태를 띠었다. 카친 고산지대에 있던 소국은 남조 왕조를 계승한 중국 황제에게 충성을 바쳤다. 중국이 이 지역에 어느 정도 통치력을 행사했는지는 알려지지 않는다. 하지만 1296년과 그 후 여러 번 중국 관리가 모닌(몽 양) 지역에 파견된 것으로 보인다.[338]

1560년 미얀마가 한 왕국으로 통일되고,[339] 카친 고산지대 소국은 중국과 미얀마가 치열하게 점유권을 주장하는 영역이 되었다. 미얀마 왕조는 1600년경부터 흐센위, 몽 밋, 바모, 모닌 지역을 효율적으로 통치한 듯하다. 그러나 모가웅국과 모가웅에 공물을 바치던 흐캄티 소국들은 1796년까지 지위가 애매했다. 중국은 이라와디 강 동부와 미치나 북부 지역에 대한 미얀마 왕조의 권리를 인정하지 않았다. 흐토고Htawgaw 지역의 마루 카친족은 중국에 공물을 바쳤으며, 남 타마이 지역의 능족과 흐캄티 롱 지역의 샨족은 최근까지 그랬다.

아삼 지역의 아홈(샨) 왕국은 1250년부터 18세기 말까지 존속되었다. 아홈 왕은 다른 샨 국가의 왕, 특히 '노라 왕국(모가웅)'과 지속적인 관계를 맺었다. 이 기간 동안 흐캄티 롱에서 아삼, 모가웅에서 후쾅 계곡을 거쳐 아삼까지 이어지는 통행로가 정기적으로 사용되었다. 따라서 카친 고산지대 북부의 거주민은 영국 식민 통치기(1885~1942년)보다 그 전에 인도나 중국과 가까운 관계를 유지했다.

카마잉 서부의 비취 광산들은 최근에도 카친 지역의 정치에 중요한 역할을 하며, 18세기에 대규모로 개발되었다. 중국인이 보기에 이 지역의 중요성은 더욱 커졌고, 그 결과 다른 생필품의 교역도 증가했다.

미얀마는 1824년 아삼 지역에서 영국군과 맞붙었다. 이 짧은 전쟁 결과, 아삼 지역과 미얀마 사이의 통행로가 폐쇄되었다. 이 시기에는 샨족의 군사적 영향력도 약해졌다. 미얀마 군이 샨족의 여러 본거지를 파괴하고 통치자들을 추방했기 때문이다. 남은 샨족 통치자들은 공허한 칭호를 위해 옥신각신하며 카친 용병을 고용해 싸움을 벌였다. 그 결과 이번에는 샨족이 카친족의 노예로 전락했다. 1830년경 샨족은 흐캄티 롱과 아삼 지역, 사디야에 있는 흐캄티 거주 지역에서 여전히 주인 역할을 했다. 하지만 후쾅 계곡에서는 카친족이 주인이었고, 모가웅국은 미얀마 왕조의 통치를 받게 되었다.

19세기 초 후쾅 계곡은 폐쇄되었지만, 미얀마와 윈난 성의 교역은 번성했다. 교역은 대부분 바모나 흐셴위를 통해 진행되었다.[340] 그 규모가 매우 커서 영국과 프랑스의 투기자들은 이 교역로 중 한 곳에 철도를 부설하려고 생각하기도 했다. 자기네 영토에서 샨족이 거주하는 계곡을 다스리게 된 미얀마인은 카친족을 직접적으로 통제하려고 하지 않았다. 반대로 외부인이 악당이자 산적으로 묘사한 카친 추장들에게 영예로운 미얀마 식 칭호를 부여하고 융성한 대우를 했다.

영국이 1852년 남부 미얀마를 합병하자, 북부 미얀마에 잔존하던 왕국들이 경제적 · 정치적으로 빠르게 와해되었다. 게다가 1850~1870년에는 윈난 지역에서 이슬람 반군과 중국 정부 지지군의 전쟁이 터졌다. 국경을 통해 진행되던 무역은 줄었고, 미얀마 왕조와 카친족의 관계에도 위기가 닥쳤다.

그사이 만달레이에 있는 티보 왕이 미얀마 왕조를 무너뜨리려고 여러 차례 시도했으나, 수포로 돌아갔다. 카친족은 대부분 반군을 지지했다. 1883년에는 모가웅국을 중심으로 미얀마 북부 지역을 독립시키려는 조직적 반란이 있었다. 반란의 우두머리인 미얀마계 샨족 출신 마웅 스웨 레는 자신이 모가웅국의 왕 호 흐셍(1777년 사망)의 후손이라고 주장하며 그와 같은 칭호를 사용했다.[341] 이 반란이 진압되면서 모가웅 미치나 지역의 샨 마을이 대부분 파괴되었다. 1885년 영국이 미얀마 북부 지역을 합병했을 때도 이 지역은 혼란한 상태였다.

더 남쪽에 있는 몽 밋 – 몽 렝 연합국가는 1840~1892년 왕위 계승을 두고 지속적으로 분쟁에 휩싸였다. 라이벌 세력은 모두 카친족을 용병으로 고용했다. 그중 몽 렝국(몰라잉)의 왕위를 노리던 칸 흘라잉이 있었는데, 영국은 그를 반란 세력으로 취급했다. 그 결과 그를 도운 카친족 마을이 파괴되었다. 민돈 왕의 손자 소 얀 바잉은 1889년 미얀마의 민족주의적 감정을 자극한 인물인데, 영국은 그도 반란 세력으로 치부했다.

동쪽 흐센위 지역 이야기도 이와 비슷하다. 영국 통치 직전에 왕위를 노리던 라이벌 세력은 모두 카친족 용병을 고용했다. 여기서도 티보 왕의 압제와 영국의 식민 통치에 대항해 민족주의적 혁명을 조직하려는 시도가 있었다. 이를 주도한 인물은 민돈 왕의 아들이자 티보 왕의 배다른 형제 민사잉Myinsaing이다.

영국이 1885년 식민 통치를 주장하고 나서자 상황이 복잡해졌는데, 이 시기 영국 측 기록은 극도로 왜곡되었다. 영국은 자신들이 티보 왕의 합법적인 계승자라 믿고, 티보 왕에 대한 모든 반란을 자신들에 대한 반란으로 간주했다. 그래서 지역 정치에 개입한 카친족을 무자비하게 탄압했다. 초기 영국 식민지 행정관은 카친족을 단순한 강도나 산적쯤으로 인식한 듯하지만, 카친족은 정통성의 원리를 강하게 지지했다. 카친족은 샨족이나 미얀마 왕 혹은 자신들이 상해를 당해서 보복할 때를 제외하고는 절대 기습하지 않았다.[342]

영국이 식민 통치를 시작할 때 샨족과 카친족은 정치적 동맹일 뿐만 아니라 이웃 지역에 거주했다. 예를 들어 1890년 미치나 근처의 한 지역에 대한 이야기를 살펴보자.

예전에 미얀마계 샨족이 거주하던 18개 마을 가운데 6개 마을에는 카친족만 거주했다. 8개 마을에는 카친족의 가옥이 샨족 가옥과 마주하고, 샨족만 거주하는 마을은 4개뿐이다. 이 지역의 샨족은 카친족의 보호를 받는데, 이는 상호 이익을 위한 것이다. 카친족은 공물을 약간 요구할 뿐 가혹한 지배자가 아니며, 샨족은 원한다면 카친족과 자유롭게 교역해서 최대한 이익을 얻을 수 있다.[343]

이런 상황은 관료제적 성향이 강한 영국 행정관들에게 대단히 성가신 것이었다. 식민 통치기 내내 관철된 영국 정부의 대對카친 정책은 샨족과 카친족을 다른 인종으로 다루는 것이었다. 심지어 식민 통치 막바지인 1946년까지 영국 식민지 행정관은 카친족과 샨족 영토의 정확한 경계 측정에 참여했다. 샨족에 대한 카친족의 정치적 의존 혹은 그 반대 관계는 칙령을 통해 금지되었다. 두 집단의 경제적 관계는 비록 금지되지 않았지만 극도로 어려워졌다. 좀더 세련된 카친족이 샨족 영토에 정착하는 걸 막기 위해 모든 방안이 강구되었다. 이런 정책은 '이 지역에 평화와 안보를 확립하려는'[344] 욕망에서 나왔고, 실제로 원하는 바를 이뤘으나 그 대가는 엄청났다. 1889년 카친 고산지대의 한 구역에서 카친족을 징벌하기 위해 떠난 네 토벌대는 평화와 안보를 위해 다음과 같은 성과를 올렸다.

46개 마을(639가구) 전소

쌀 231톤 몰수

카친족 17명 사망 ― '실제 사망자는 이보다 많을 것이다.'

물소 63마리와 암소 4마리 살육[345]

이런 정책이 얼마나 어리석은지 당시에는 사람들이 충분히 알아차리지 못했다. 1891년 영국 군인들이 '향후 영국의 후쾅 계곡 통치'를 준비하기 위해 마잉콴에 파견되었다. 그들이 발견한 상황은 다음과 같다.

계곡의 거주민은 거의 카친족이다. 이 지역의 카친족은 고산에서 평지로 내려오며 흉포한 성질을 잃고, 예전에 그 계곡에 거주했으나 서서히 카친족이 몰아낸 샨족만큼 게으르고 평화로워졌다. 이 계곡에서는 범죄나 소란이 거의 발견되지 않는다. 각 마을은 소봐 혹은 아기와라 불리는 우두머리가 다스린다. 아주 드물게 심각한 범죄가 일어나는 경우, 우두머리들이 가해자를 처벌하기 위한 회의를 연다. 이 계곡의 평화로운 상황을 볼 때, 영국 정부가 후쾅 계곡을 직접 통치하는 시점을 연기하자고 제안했다.[346]

후쾅 계곡은 1926년 양곤에 있던 영국 식민지 행정관이 '카친 노예를 해방하여' 영국 정부에서 정치적 위신을 세워야겠다는 결정을 내리기까지 평화와 번영을 누렸다. 이 사건의 경제적 결과는 앞에서 언급했다. 그는 이 지역에 거주하는 주민 7903명 가운데 3466명이 '노예'라고 집계했다. 이들의 해방과 표면적 추방은 후쾅 지역의 많은 논에서 쌀을 생산할 노동력이 없음을 의미했다.[347]

카친 고산지대에서 평화가 확립되자, 영국 정부의 식민정책은 현상 유지로 돌아섰다. 어디서든 마을의 경계가 기록되면 영원히 고정되었다. 인구가 밀집된 지역에서도 토지가 부족해서 마을의 규모는 커질 수 없었다. 이런 식으로 각 마을 추장의 상대적 지위도 안정화되는 경향을 보였다. 굼라오 원칙은 배척되었지만 어떤 경우 허용되었다. 추장은 영국 식민 정부의 관리가 되었다. 추장직 승계는 전통 법률과 관습에 따라 행해졌지만, 추장을 임명할 때는 영국 식민지 행정관의 동의가 필요했다. 이런 수단에 따라 카친 추장은 보잘것없는 범부凡夫 수준으로 떨어졌다. 영국의 행정 지배를 상대적으로 덜 받은 카친 북부 지역을 제외하면 이제 위대한 추장도, 작은 추장도 없었다. 그들은 추장일 뿐이고, 대부분 작은 마을의 우두머리 이상이 아니었다.

영국 식민 통치와 더불어 선교사들이 유입되었다. 사실 선교사들이 먼저 왔다. 가톨릭 선교회는 1874년부터 바모에 선교 기지를 설치했다. 미국 침례교도는 1875년에 활동하기 시작했다. 오늘날 카친 추장은 대부분 명목적으로 기독교도다. 하지만 여기에는 그들이 기독교 학교에 다닌 것 외에 의미는 없다. 기독교의 신 카라이 카상Karai Kasang[348]은 카친족의 관념에 동화되었다. 그는 카라이 와Karai Wa로서 지위가 높은 하늘 신령의 하나로 취급되었다.

지금까지 살펴본 카친 고산지대 역사의 핵심 특징 가운데 몇몇 요소는 주목할 만하다.

a. 카친 고산지대 주민은 언제나 계곡 주민과 밀접한 정치적 관계를 맺었다. 영국 식민 정부가 그들의 정책을 강요하기 전에는 샨족과 카친족 영토를 엄밀히 구분하려는 시도가 없었다.

b. 수 세기 동안 고산지대 주민의 물질문화나 언어 집단 분포는 크게 바뀌었을 수 있지만, 고산지대와 평원의 기본적 경제 양식은 지난 1600년간 거의 바뀌지 않은 듯하다. 현대의 카친족이 비교적 최근에 다른 곳에서 이주해 온 사람들의 후손이라는 주장은 실증적 증거가 거의 없다.

c. 외부 정치권력의 중심지나 그 규모는 여러 차례 바뀌었지만, 1885

년 영국이 들어오기 전에 이 외부 권력은 언제나 동일했다. 즉 오래전 중국 한漢 왕조의 통치 이론에서 유래한 중국계 샨족의 영향이었다.

그렇다면 이 중국의 통치 이론이란 무엇인가? 기원전 1세기경 이 주제에 관해 발간된 방대한 문헌이 있다. 한 왕조 말에 유교 철학은 서로 다른 두 이론에서 그 정점에 도달했다. 한쪽에는 순자의 학파가 있었다. 그들은 종전의 사회질서를 존중해야 한다고 주장했다. 이 원칙에 따르면 다섯 가지 기준 — 지위, 부, 나이, 지혜, 능력 — 이 개인에게 분배되는 녹봉과 부를 결정한다. 여기서 도출되는 논리적 결과는 세습 군주의 신성한 권위에 대한 절대적 존중이다. 윤리의 최고 요건은 법률에 대한 복종이다. 반대로 맹자 학파는 통치자의 첫째 의무는 주민의 삶을 향상하는 것이라고 보았다. 국가의 부는 세습 서열과 관계없이 모든 이들에게 도움이 되어야 한다. 폭정에 대한 반란은 정당화될 수 있는데, 이는 하늘의 뜻과도 일치한다.[349] 카친족이 샨족을 거쳐 중국에서 이런 통치 이론을 들여왔다면, 굼사-굼라오의 대립 역시 처음부터 그 이론에 움으로 존재했다고 할 수 있을지 모른다.

이제 나는 반半역사에서 순수한 추측으로 넘어가려 한다. 우리는 카친 사회가 어떻게 지금과 같은 모습으로 성장해왔는지 알지 못한다. 여기서 나는 추측해보려 한다. 이 가정은 위에 소개한 역사적 사실과 합치해야 하며, 아시아 지역의 민족지에 기술된 사실과도 일치해야 할 것이다. 먼저 후자의 경우를 보자.

물질문화 연구자 입장에서 볼 때 오늘날 가친족의 기술은 '인도네시아' 색채가 강하다. 직물 짜기와 제철 기술, 논 경작은 물론, 발화 장치*부터 징까지 다양한 가정용 장비를 만드는 데 필요한 기술과 도구는 인도차이나, 미얀마, 아삼 지역 고산지대 주민뿐만 아니라 쓰촨 성 서부, 대만, 필리핀, 보르네오, 대다수 인도네시아 지역에서 공통된 것이다.

이런 특질의 분포가 선사시대 '인도네시아' 주민의 이주를 의미한다는 주장도 제기되었다.[350] 하지만 이런 이론을 입증할 역사적 자료는 존재하지 않는다. 유일하게 합리적인 가정은 '이렇게 널리 퍼진 문화 집단이 물질문화의 유사성이 많은 것은 모두 동일한 기원, 즉 기원전 1세기 중국에서 차용했기 때문'이라는 것이다.[351]

따라서 나는 제련하고 철제 도구로 타웅야 경작을 행하는 기술이 기원전에는 카친 고산지대에 알려지지 않았으며, 기원후에야 이 지역에서 논농사가 시작되었을 것이라고 가정한다. 중국 그리고 시간이 흘러서는 남조 왕국의 샨족이 교역로를 보호하기 위해 세운 요새들이 상대적으로 세련된 문화의 집결지가 되어, 궁극적으로 독립된 샨 국가(möng)를 형성하는 핵 역할을 했을 것이다. 따라서 계곡 문화와 고산 문화는 처음부터 연계되었다.

기원후 68년 중국이 융을 건설했을 때는 물론, 그 후 몇 세기 동안 고산 지역의 인구는 매우 적었을 것이다. 이때는 경제적 중요성이 가장 높은 지역—예를 들면 교역로나 염정, 철광 근처 등—을

---

* 소형 대나무 관에 공기를 압축해서 불을 만드는 장치. 동남아 전역에서 사용되었다.

중심으로 인구가 집중되었을 것이다. 카친 고산지대는 면적이 상당히 넓었으므로 주민은 대개 고립되어 살았으리라 생각된다. 그 결과 뚜렷한 방언 차가 생겼다. 나는 '원시-마루족' 커뮤니티가 은마이 흐카 계곡의 염정을 채굴한 집단과 관계있으며, 비슷하게 '원시-징포족'은 흐캄티 롱 근처의 철광을 채굴한 집단이었으리라고 생각한다. 당시에는 이런 '부족'이 매우 많았을 것으로 보인다. 이중 몇몇 부족 이야기는 오늘날 카친 구전설화에 남았지만, 부족의 이름은 현재와 같지 않다. 이 마지막 언급을 잘 설명해주는 예가 있다.

윈난 성과 그 서쪽 경계 지역에 대한 민족지적 사실을 기술하는 9세기 중국 문헌[352]은 극도로 원시적인 만족Man과 좀더 세련되고 '원시-샨족'이라고 여겨질 수도 있을 망족Mang(이들이 자신의 왕을 망-차오라고 불렀기 때문이다. 이것이 오늘날 몽-사오Möng-sao일까?)을 대략적으로 구분한다. 하지만 망족과 만족의 엄밀한 차이는 존재하지 않는다. 오늘날 샨족은 초기 중국인이 만족을 묘사할 때처럼 '미개한 고산 부족'을 의미하는 캉Khang이라는 단어를 사용한다. 중국어 범주인 푸(그 전에 부옥으로 발음한)는 만족이나 망족과 긴밀히 연관되었다.

나는 앞서 샨족의 접두사 카가 '노예'를 의미한다고 말했다. 흐캄티 샨족의 구전설화에 과거 이 지역 샨족 주민 가운데 카-팡, 카-만, 카-폭, 캉족[353]이 있었다는 이야기가 나온다는 점을 고려하면, 이 단어들이 노예 지위를 가리키는 고대 중국어임을 알 수 있다. 한 단계 더 나아가 카친족의 구전설화는 후쾅 계곡의 옛 징포족 주민이 '흐쿰꽝 흐쿰만 캉족(나가족)'[354]이라고 선언한다.

이 모든 것은 역사적 사실에 대해 많은 것을 말해주지 않는다. 이는 샨족의 전통이 중국에서, 카친족의 전통은 샨족에서 차용되었다는 점을 분명히 보여준다.

우리는 이 '원시-카친족' 마을에 어떤 사회조직이 있었는지 분명히 알지 못한다. 나는 그것이 일반적으로 **굼라오** 유형이었으리라고 본다. 세습 추장이나 한 종족에게 배타적으로 귀속되는 토지소유권 개념이 없었을 것이라는 말이다. 허턴J. H. Hutton과 밀스J. P. Mills가 기록한 로타족, 앙가미 나가족의 이야기[355]도 간접적으로 나의 견해를 지지한다.

오늘날 카친 사회구조의 핵심적인 변별 원리는 마유-다마 혼인 체계다. 레비스트로스는 이 체계의 기본 규칙이 아주 이른 시기에 중국에서 차용되었으리라고 주장한다.[356] 나는 이 견해에 동의하지 않으며, '원시-카친족'이 오늘날과 같은 마유-다마 체계를 갖췄으리라고 생각하지도 않는다. 그와 반대로 '원시-카친족'이 당시 중국인처럼 족외혼을 하는 부계 종족 체계로 조직되었을 것이라고 생각한다.

지금까지 알려진 바에 따르면 카친 고산지대에서 상당한 규모로 철제 도구를 제작한 곳은 (a) 흐캄티 롱 동부의 둘렝 지역과 (b) 샨족의 몽 흐사국뿐이다. 몽 흐사국의 대장장이들은 다른 곳에서 원철을 수입해야 했지만,[357] 둘렝의 대장장이들은 원철을 제련할 수 있었다. 나는 둘렝족이 제작한 철제 도구를 8세기 이전에 '원시-징포족'이 사용했으며, 철을 사용하는 것이 초기 징포 사회의 경제적 초석을 확립하는 데 핵심 요소였다고 본다. 둘렝 지역은 북부 트라이앵글 지역에 있으며, 현대의 기후 구분에 따르면 카친 고산지대의 어느 지역보다 타웅야 경작에 유리하다는 점도 기억할 필요가 있다. 경제적 의미에서 보면 '원시-징포족'은 훌륭한 위치에 자리 잡은 것이다.

흐캄티 롱의 샨 국가는 750년경 남조의 군사기지로 설립되었다고 알려졌다. 당시는 중국과 티베트 세력까지 세 방향에서 위협이 있었다.[358]

오늘날 흐캄티 롱의 샨족은 게으르고, 그 수가 매우 적다. 그러나 이 지역에서 발견되는 늪과 초원 지대는 과거에 상당한 논과 그에 상응하는 인구가 있었음을 말해준다. 흐캄티 롱국의 붕괴는 일차적으로 말라리아 때문이며—이 지역의 변종 말라리아가 특히 치명적이다—이차적으로 중국에서 인도로 이어지는 통행로가 서서히 버려졌기 때문으로 보인다. 기원후 1000년경 흐캄티 롱국은 남조 연맹국 전체에서 중요한 하위 국가였다.

샨족의 구전설화에 따르면 샨족이 건설한 흐캄티 롱국은 한때 카-폭, 카-만 부족 등을 정복한 티베트 왕의 통치를 받았다. 그러나 샨족은 티베트 왕을 물리치고 통치권을 되찾았다.

이 이야기는 대체로 믿을 만하다. 나는 여기 나오는 카-폭 부족 등이 내가 가정하는 '원시-카친족'이며, 인종 구성 역시 오늘날의 카친족과 동일했을 것으로 본다. 흐캄티 롱국의 샨족을 위해 논농사를 짓던 카친족은 빠르게 샨족에 동화되었다. 이런 동화는 최근까지 계속된 것으로 보인다. 오늘날 흐캄티 롱 지역은 귀족과

'노예(lok-kha)' 계급이 뚜렷이 구분된다. 노예 집단은 다양한 하위 집단으로 구성되는데, 그중 일부는 징포어 방언을 쓰고[359] 일부는 샨어를 쓴다.[360] 다음은 특히 후자에 대한 설명이다.

> 그들은 영국의 식민 통치 전까지 샨족에 종속되어 가옥을 짓거나 왕에게 공물을 바치는 등 노역에 종사해야 했다. 이 부족들에 대해 알려진 바는 극히 적다. 나는 이들이 사용하는 몇 안 되는 어휘조차 입수할 수 없었는데, 그들이 샨족 사회에 완전히 흡수되어 샨족의 언어를 전적으로 받아들였기 때문이다. 영국이 흐캄티 지역으로 들어오면서 이 부족들의 지위는 향상되었다. 그중 많은 이들이 천한 출신을 부끄러워하며 샨족 행세를 했다. 하지만 샨족은 이 노예(lok-kha)들과 혼인하지 않았다.[361]

그러나 좀더 독립적인 원시 – 카친족도 존재했을 것이다. 카친 사회에서 대장장이 작업은 매우 중요했음에 틀림없다. 둘렝족이 만든 칼은 카친 고산지대 전역에서 거래되었는데, 그 교역은 전적으로 카친족이 관할했다. 여기에는 상징적이고 경제적인 의미가 있다. 은도 철처럼 흐캄티 롱 지역에서 채굴되었는데, 은세공은 샨족의 기술이었다. 샨족에게 은세공은 귀족의 직업이고,[362] 철공은 노예의 작업이었다.

나는 초기 징포족에게 권력을 부여하고, 카친 사회를 샨 왕의 노예가 아니라 그들과 대등한 봉건제적 위성국가로 만든 것이 무엇보다 철 교역이라고 생각한다.

이 추론이 옳다면 원시–카친족 사회에서 대장장이의 지위가 높았다고 예상할 수 있다. 흥미롭게도 현대 카친족의 기원 설화에서 인류의 조상이자 대지의 창조자인 은곤 와N'gawn Wa 역시 대장장이다. 그는 대지를 구축하는데(ndup), 그 과정을 묘사하는 어휘가 오늘날 카친 대장장이들이 사용하는 어휘와 일치한다.[363]

오늘날 **굼사** 카친 사회에서는 대장장이 기술에 아무 지위도 부여하지 않고, **굼라오** 조직을 갖춘 둘렝 지역 외에서는 카친 대장장이를 찾아보기도 힘들다. 나는 이것이 은곤 와 신화에도 대장장이 기술이 **굼사–굼라오** 대립에 완전히 휩쓸렸기 때문이라고 본다. 대장장이는 **굼사** 카친 귀족 계층의 존경을 받지 못하는데, 샨 귀족 계층이 이를 존경하지 않기 때문이다. 우리는 후쾅 계곡에서 일어난 **굼라오** 운동의 기원 신화에서, **굼라오** 운동의 우두머리가 은둡–둠사('대장장이 사제') 종족의 일원이었음을 상기할 필요가 있다.

나는 징포족의 문화가 다른 군소 부족의 문화를 희생시키면서 카친 고산지대 전역으로 퍼져 나갔다고 생각한다. 징포족이 샨족 통치자들 앞에서 상대적으로 높은 정치적 지위를 획득했기 때문이다. 흐캄티 롱의 샨족이 전쟁에 나갈 때는 징포족도 노예가 아니라 봉건제적 동맹자로 함께 갔다. 그 후로 징포어를 사용하는 **굼사** 카친족은 다른 샨 국가들—모가웅, 모닌, 마잉콴, 와잉묘, 바모 등—과도 비슷한 동맹 관계를 맺었다. 그 결과 **굼사** 조직과 징포어 사용 지역은 점차 흐캄티 롱의 남쪽과 서쪽으로 확장되었다.

우리는 당시 카친족이 대규모로 이주했다고 가정할 필요는 없다. 오히려 처음에 흐캄티 롱 징포족에 의해 발현된 **굼사** 조직이 샨족의 정치적 관념과 부합했고, 카친족을 용병으로 고용하고자 한 샨 왕들이 **굼사** 카친족만 고용하다 보니 규모가 작은 고산 부족이 점차 **굼사** 체계로 흡수되었을 것이다. 예를 들어 오늘날 가우리족과 아트시족은 마루어 사용자의 후손이다.[364] 마루어를 쓰던 그들의 조상이 **굼사** 정치 체계에 합류되었고, 오늘날 그들의 추장이 징포족 추장의 친족 형제로 간주된다는 사실 때문에 가우리족은 징포어를 받아들였으며, 그들의 친척 아트시족 역시 마루어와 징포어의 중간 형태를 띠는 언어를 발전시켰을 것이다. 아트시족이 자기 언어를 버리고 징포어만 사용하는 지역도 있다.

나는 흐캄티 롱 지역에서 발전된 **굼사** 조직이 샨족 정치 질서를 모방한 것이라고 본다. 여기에 특별히 신비한 점은 없다. 우리 시대에도 식민 지배를 당한 사람들이 독립한 뒤 이전 통치자의 정치체계를 모방하거나 수정해서 사용하는 모습을 흔히 볼 수 있다. 미얀마, 인도, 자메이카, 가나 등이 그 예다. 초기 징포족은 샨족 통치자에게서 어느 정도 자유를 얻었지만, 정치적 사회의 본성에 관한 샨족의 관념은 그대로 간직했다. 이 점 때문에 오늘날 개인의 행위나 구전설화를 관찰하면, 카친족과 샨족은 카친 추장과 샨 추장이 동급이라고 생각한다. 그 증거로 앞에서 몽 마오국 사례를 살펴보았다. 흐캄티 샨족과 카친족이 어떻게 아삼 지역에 들어갔는지 카친족의 설명을 들어보자.

그 후 지콥 탕Jihkawp Tang의 후손이 흐캄티 롱과 차우칸 통로를 거쳐 아삼 지역에 들어갔다. 그들은 (a) 가셍 – 다이파, (b) 피사, (c) 흐캄티 샨 남순 와가 이끄는 종족이었다. 흐캄티 샨 남순 와와 가솅 와는 연합하여 아삼으로 가서 흐쿰만Hkumman 사람들과 싸웠다.[365] 남순 와와 가솅 와는 흐쿰만 사람들을 무찌른 뒤, 각 가구에 해마다 쌀 10바구니를 바치라고 요구했다. 샨 남순 와가 6바구니를, 가솅 와가 4바구니를 가져갔다. 가솅 와는 자신이 받는 4바구니에 불만을 품고 더 많은 양을 요구했다. 남순 와는 이를 거절했고, 결국 두 종족은 갈라섰다. 남순 와는 아삼 지역으로 떠나고, 가솅 와는 타윤Tayun 강 근처에 머물렀다. 샨족이 떠나자 흐쿰만 사람들은 이제 쌀을 바치지 않겠다고 말했다. 그들은 담뱃대로 가솅 와의 머리를 때리면서 너는 담배를 피우고 나면 먼지가 되어 흩날릴 가루 같은 존재라고 모욕했다. 가솅 와는 위신을 잃고 타윤 지역에 있을 수 없어, 남순 와를 따라 아삼으로 들어가 아삼족과 살았다.[366]

이 이야기에서 '지콥 탕의 후손'은 차센 **굼사** 집단으로, 모든 차센 **굼라오** 집단과 구별되는 주요 종족으로 그려진다. 한편 차센 **굼라오**는 또 다른 주요 종족인 '지콥 투(지콥 탕의 형)의 후손'이다. 이 이야기에서 **굼사** 종족이 세 지파, 즉 형제인 가솅 와, 피사 와, 남순 와의 후손으로 나뉜다. 맏이와 둘째 형의 후손은 카친족이며, 막내(uma)의 후손은 샨족이다. 정통 **굼사** 원리에 따라 막내의 서열이 가장 높고, 맏이가 그다음이다. 여기서 카친족에 대한 샨족의 봉건제적 우위는 막내와 맏이의 관계로 표현되었다. 이는 앞서 기술한 카친 **굼사** 사회구조의 원리와 일치한다.

이 동일한 권위 체계는 **굼사** 카친족이 후쾅 계곡으로 들어오는 대목에서도 비슷한 이야기 구조를 만들어낸다. 여기서는 샨족이 지배하는 봉건제적 위계 속으로 카친족이 어떻게 끼어드는지 잘 드러난다.

이 구전설화에 따르면 마립 은딩 종족의 조상인 라이사이 낭이 흐쿰만 와를 사로잡는데, 그에게서 후쾅 계곡의 풍요로움에 대해 듣는다. 라이사이 낭은 흐쿰만 와와 조약을 맺고, 몇 가지 잡다한 사건 뒤에 흐쿰만 와는 라이사이 낭을 후쾅 계곡으로 안내한다. 흐쿰만 와는 싱가이의 캉 마을로 그를 데려간다. 캉족 추장은 라이사이 낭을 흐칸쑹국의 왕에게 안내하고, 흐콴쑹 왕은 다시 그를 흐팍노 왕에게 안내한다. 흐팍노 왕은 다시 계곡의 최고 샨족 우두머리인 뭉 콤(마잉콴) 왕에게 그를 안내한다.[367]

콸루 마 낭은 이 전설적인 첫 만남에서 샨족과 카친족의 관계가 궁극적으로 어떻게 역전되는지 예리하게 분석한다.

> 400년 전 후쾅 계곡에 있던 샨족 추장 6명은 7000가구를 다스렸다. 카친족은 천천히 샨 사회에 침투하여 **굼라오**의 관념을 불어넣었다. 이 **굼라오** 운동에 뒤따른 전투에서 카친족은 양측의 용병으로 고용되었다. 싸움에서 패배한 샨족은 후쾅 계곡을 떠났고, 남은 토지는 카친족의 소유가 되었다. 더 많은 샨족이 떠나고 더 많은 카친족이 이 땅으로 들어옴에 따라, 마침내 카친족이 그 계곡을 장악했다. 몇 차례 이주 뒤 후쾅 계곡에서 샨족이 거주하는 지역은 캉다우, 마잉콴, 닝벤뿐이었다. 캉다우에 살던 샨족은 카친족에게 험한 대접을 받고 달루 지역으로 이주했다. 닝벤 지역의 샨족은 닝벤 카친 추장의 통치권을 인

정하면서 계곡에 거주한다. 그들은 지금까지 카친 추장에게 종속되어 살아간다. 마잉콴의 샨족은 왈라붐(카친) 추장들이 돌봐주기 때문에 아무도 그들을 함부로 대하지 않는다.[368]

이 후쾅 계곡 이야기는 특이하다. 이 지역에서 카친족은 샨족을 상당히 몰아내고 대신 아삼족 노예에게 노동을 시키기 때문이다. 카친족은 다른 지역에서 가장 위세를 떨친 시기에도 공인된 통치 군주보다 정치적 기생 세력의 지위에 만족한 것으로 보인다. 19세기 후반에 북부 샨 국가들에서 카친족은 '킹메이커'로 대단한 위세를 떨쳤다. 하지만 그들이 지지한 왕은 언제나 샨족이지 카친족이 아니었다.

샨족은 명백하게 정치적 동맹을 목적으로 카친 추장을 샨 추장인 '듯' 대우하고, 카친족의 통치 영토(mung)를 샨 국가(möng)인 '듯' 대우한 것으로 보인다. 여기서 카친 **굼사** 체계와 샨 사회구조의 차이점을 강조할 필요가 있다.

앞에서 보았듯이 **타웅야** 경작을 위해서는 분산된 정주 패턴이 필요하다. 반면 샨 국가에서는 주민이 가까이 산다. 샨 국가의 왕은 주인으로서 자기 커뮤니티를 직접 통치할 수 있다. 한편 샨 왕만큼 강력한 카친 추장은 넓은 지역에 흩어진 마을을 통치해야 하고, 샨족은 주민이 모두 토지에 묶여 있다. 논 자체가 투자된 자본인 것이다.

카친족의 **타웅야** 경작에서는 투자가 없다. 카친족은 추장이 마음에 들지 않을 경우 다른 곳으로 가면 된다. 카친 추장은 좋든 싫든 추종자들과 개인적 관계를 유지해야 한다. 그렇지 않으면 추종자들이 사라지기 때문이다. 이 점과 족외혼을 하는 부계 종족을 기반으로 한 카친 사회조직을 잘 숙고하면, 카친족이 왜 정치적 관계에 혼인을 활용하는지 분명히 알 수 있다.

마유-다마 체계는 카친족이 카친 문화를 매개로 샨족의 정치 체계를 모방하려 할 때 자연스럽게 꺼내는 대응물이다. 역설적으로 마유-다마 관계는 그 자체로 샨족의 정치 관념과 대립된다. 이론적으로 샨 왕의 지위는 절대적으로 우월한 지도자, 즉 신성왕이다. 그는 지위가 동등한 다른 왕 가문에서 정실부인을 취하고, 공물로 바쳐진 신분이 낮은 여자를 첩으로 삼는다. 첩은 봉건제적 가신이 자기 영토를 위해 바치는 지대로 간주할 수 있다. 카친 추장과 '가신'의 관계는 훨씬 변덕스럽다. 그가 받는 공물은 대개 형식적인 공물(예를 들어 동물의 '넓적다리')이다. 그가 군주로서 진짜 재화를 원한다면 그 대가로 여자를 내줘야 한다.

이런 역설이 **굼사** 체계의 붕괴를 가져온다. **굼라오** 반란을 정당화하는 구전신화는 '그럴 권리가 없는데도 자기 친척을 평민과 동일하게 취급하며, 친척에게도 공물과 노동력, 그 밖의 것을 바치기를 주장하는' 추장에 항거하는 반란을 이야기한다.[369] 굼사 원리의 논리적 귀결은 추장이 대다수 봉건적 가신과 hpu-nau(종족 형제)나 마유-다마(인척) 관계로 엮인다는 점이다. 가신이 주인에게 바치는 의무는 해당 주인이 가신의 친척이며, 마유-다마 관계가 장기적으로 지속된다는 사실로 어느 정도 중화된다. 그러나 샨 왕 아내의 친척에 대한 의무는 훨씬 일시적이다. 위력적인 카친 굼사 추장은 친족 관계가 아닌 추종자, 즉 '노예(mayam)'에게 의존하고 친족인 가신에 대한 의무는 무시하려 한다. 여기에 성공하면 그는 샨 왕과 비슷한 지위까지 올라갈 것이다. 그러나 실패하면 그의 종족 친척과 다마 친족이 **굼라오** 반란을 일으킬 것이다.

혼인이 정치적 지위를 표현하는 데 활용되는 곳에서는 혼인 규칙도 비대칭적일 것이다. A 종족이 B 종족에게 아내를 주면 A 종족이 B 종족의 주인이 되고, B 종족은 A 종족에게 다시 아내를 증여할 수 없다. 따라서 모계 교차 사촌혼은 계급적으로 위계화된 부계 종족 체계와 연관 관계가 있다.[370] 여기서 신부 증여 집단(마유)이 신부 수령 집단(다마)보다 서열이 높다는 결론이 도출되지는 않는다. 하지만 계급 차이가 표현되는 한, 혼인에서는 마유와 다마라는 두 배타적 주체밖에 없으므로 그중 하나는 다른 한쪽보다 서열이 높아야 한다.

카친 이데올로기에서 마유는 다마보다 서열이 높다. 앞서 말했듯이 이 점은 카친족의 소유 관념과도 얽혀 있다. 카친족의 마유-다마 체계는 샨족의 계급 차이 개념을 수용하면서 자동적으로 생긴 것으로 보인다.

굼사 카친 체계와 샨 정치 체계의 가장 중요한 차이점은 이렇다. 카친족은 지주와 가신의 관계가 마유-다마라는 인척 관계에서 '표현'되지만, 샨족에게 지주는 개념적으로 절대군주이며 가신은 그의 부하다. 그러면 카친 **굼사** 추장이 자신을 샨 왕 수준까지 높이려는 과정에서, 자기 가신을 사위(다마)의 지위에서 하인이나 노예(마얌)의 지위로 끌어내리는 일이 발생한다.

나는 앞서(p. 237) 굼라오에 대해 처음 기술한 역사적 문헌에서 뇌프빌이 굼라오란 용어를 '노예(마얌)'라는 의미로 쓰는 듯하다고 말했다. 이제 그 이유를 이해할 수 있다. 뇌프빌의 정보 제공자들은 굼사였고, 당시 그들과 불화하던 굼라오는 그들의 친척이다. 하지만 그자들은 굼라오가 되기 전에 마얌의 지위에 가까운 친척이다. 굼사가 보기에 굼라오는 과거 자신들의 '노예'다.

우리는 굼라오 반란이 얼마나 자주 굼사 위계질서를 흔들었는지 알지 못한다. 그러나 반란이 일어난 정치적 조건은 추측할 수 있다. 샨 체계가 번영하는 한 굼사 체계도 번영할 수 있다. 종속적인 지위에서 번영이겠지만 말이다. 이런 조건에서는 굼라오 반란을 기대할 수 없다. 분란은 외부 원인으로 샨 국가의 권력이 부패했을 때 발생한다. 이때는 카친 추장들이 샨 왕과 비슷한 권력에 도달할 기회가 생기고, 오직 이런 순간에 굼라오 반란이 뒤따를 가능성이 있다.

역사적 기록에 따르면 모가웅국은 1500년경, 몽 마오 왕이던 사오 카 흐파의 통치 아래 권력이 절정에 도달했다. 그러나 반세기 후 그를 계승한 사오 펭 왕은 바인나웅이 이끄는 미얀마 군대에 패했고, 그때부터 모가웅국은 미얀마에게서 완전히 독립할 수 없었다.[371] 16세기 중반부터 미얀마 북부에서 샨족의 정치적 지위가 서서히 몰락해 오늘날에는 거의 바닥이다. 샨족이 몰락하던 시기부터 1885년 영국이 등장하기까지 카친족 사이에서 굼라오 운동이 일어나기 유리한 기간이었다. 나는 이 시기에 여러 번 굼라오 운동이 일어났으리라고 생각한다.

이런 상황에서 샨족 우두머리의 권력이 그가 봉건적 가신으로 여기던 카친족의 군사적 지원으로 생겨나는 경우도 있었다. 이것이 1885년까지 대략적인 상황이다. 그 후 영국의 식민정책은 모든 것을 바꾼다. 영국 정부는 무력으로 **굼라오** 조직의 모든 움직임을 금지했다. 영국은 종전의 **굼라오** 우두머리에게 **굼사** 추장처럼 행동하라고 장려했다. 또 카친족을 샨족에서 분리하여 샨족 추장들에게서 카친족의 군사적 지원을 박탈하려고 노력했으며, 무력으로 여러 샨 국가의 왕을 임명했다. 그 결과는 1947년 영국이 미얀마를 떠났을 때 드러난다.

현재(1952년) 카친 고산지대는 대부분 두 행정구역으로 나뉜다. 남동부 지구는 샨 국가 지역이다. 이 지역에서 왕들은 권위를 잃고 카친족의 상당한 지지를 얻은 공산주의 운동에 직면하고 있다. 반면 과거에 바모와 미치나 지구에 속하던 북서부 지역은 현재 카친주(Tinghpaw Mungdan)가 되었다. 이 지역의 정치권력은 거의 카친족이 장악했다. 카친족 출신 주지사는 양곤에서 내각 장관에 임명되었다. 카친 주의 재정은 대부분 중앙정부에서 지급하는 보조금에 의지한다. 초기에는 정통적인 **굼사** 귀족이 권력을 독점했다. 영국 식민 정부에서 군부 고위직을 꿰찬 평민 카친족은 거의 영향력을 행사하지 못했다. 현재 카친 주지사 시마 신와 낭Sima Sinwa Nawng은 불교도로 전향한 **굼사** 추장이다. 그는 카마잉 지역 출신으로 그의 친족 관계에 대한 자료는 구하지 못했지만, 비취 광산을 소유한 칸시족 추장(duwa)과 관계있을 수도 있다. 전쟁 뒤 상당한 세력을 잃은 칸시족 추장은 영향력을 회복한 것으로 보이며, 최근 의회 선거에서 카친 주지사 시마의 정적으로 등장했으나 패했다.

한편 북부 트라이앵글 지역의 추장들이 옛 '노예'에 대한 통치권을 회복했을지 모른다는 정황이 있다. 이 추장들을 비롯한 카친 고위층은 현재 미치나 근처에 거주하며, 많은 시간을 고산지대에서 떨어져 지낸다. 다시 말해 영국 식민 정부가 물러가자, **굼사** 추장들이 다시 형성되는 것이다. 권력을 잡은 추장들은 샨 왕처럼 행동하려고 애쓴다. 그 과정에서 이들은 고산지대 친족과 거리를 두려고 한다. 나는 그 명칭이 바뀔지 몰라도 머지않아 새로운 **굼라오** 운동이 일어나리라고 예상한다.

현재 카친 고산지대의 파벌 세력은 정당의 외관을 쓴다. 카친 지역에서는 미얀마족 정당 A.F.P.F.L.이 카친족에 맞서 평지 주민(샨족과 미얀마족)의 이익을 대변한다. 카친족의 주요 정당은 카친국민회의당(Kachin National Congress)과 카친청년당(Kachin Youth League)이다. 그 외 독립당(Independence Party)도 있다. 독립당은 카마잉 지역 정당인데, 시마 신와 낭 주지사의 지지자로 구성된 듯하다. 1952년 현재 국민회의당과 청년당에서 배출한 의회 의원은 대부분 어느 정도 입지를 갖춘 귀족 계층이다. 나는 두 정당이 어떤 정책 이슈로 차별화되는지는 알지 못한다. 다만 유명한 **굼사** 추장이 상당수 국민회의당을 지지하는 듯하다. 국민회의당 당원이 청년당 당원을 '인간쓰레기이자 도시 놈팡이'라고 말했다고 한다. 과거에도 **굼사** 주민은 **굼라오** 주민을 '아무짝에도 쓸모없는 노예(mayam)'라고 했다.

상당히 중요하지만 내가 조사할 수 없는 현재 카친 상황의 특징은 고위직에 있는 카친족이 대부분 미션스쿨에서 교육받았다는 점이다. 과거에는 기독교 종파(로마가톨릭, 침례교, 성서교회 등)에도 파벌주의가 뚜렷했지만, 현재 얼마나 그런지는 나도 아는 바 없다.

인적 요소

지금까지 개괄한 카친족의 역사는 **굼사**에서 **굼라오** 조직으로 혹은 그 반대로 선회가 카친 외부의 정치적 원인에 크게 영향을 받는다는 것을 보여준다. 하지만 나는 카친 사회의 운명이 결코 이런 외적 원인에 따라 결정되지 않는다고 주장한다. 사회 분석가는 앞으로 어떤 일이 일어날 가망이 있는지 조망할 지점에 도달하지만, 결코 확신할 수 없다. 가장 넓은 의미에서 환경이란 여러 선택이 가능한 맥락을 창조하지만, 나머지 선택은 개인이 하는 것이다. 굼사 체계에서 **굼라오** 분절체로 붕괴는 특정한 개인, 리더, 혁명가에 의해 촉발되어야 한다. 그렇다면 이런 개인들의 특성은 무엇인가?

일단 여기에 무엇이 개입되었는지 분명히 하자. **굼사** 영토는 특정한 고위 종족의 '소유물'이다. 이 종족은 시간이 흐르면서 우월한 지파 하나와 열등한 지파 여러 개로 분화한다. 보통 서열이 높은 하위 종족이 종전의 영토를 계속 '소유'한다. 서열이 낮은 하위 종족은 계층적 특권을 상실하고 같은 영토에 거주하며, 종속적 지위에 놓인다. 하지만 이 하위 종족이 자기 영토를 '소유'하여, 그 우두머리가 '넓적다리를 – 먹는 추장'으로 인정받는 일도 생긴다.

이런 종족 분절은 흔한 일이며, 굼사 체계의 존속에 필요하기도 하다. 여기서는 굼라오 혁명이라는 관념이 끼어들 여지가 없다.

굼라오 개념은 추장 종족이 평민 종족과 다르다는 관념을 전면적으로 거부한다. 토지 소유자에게 공물을 바쳐야 한다는 의무도 인정하지 않는다. 특별한 의례 권한이 자동적으로 막내아들에게 세습된다는 굼사 이론 역시 거부해서, 굼라오의 세습 규칙은 평등주의적일 뿐만 아니라 모호하다.[372]

여기서 굼사 체계의 일반적인 말자상속의 규칙을 살펴보자.

말자상속은 1918년 프레이저가 출간한 비범한 연구서의 일반 주제이기도 하다.[373] 그의 논지는 카친족과 그 이웃 부족에 대한 방대한 문헌 자료에 근거한다. 그의 결론은 말자상속이 타웅야 경작과 밀접하게 연계되었다는 것이다.

> 많은 부족이 시행하는 이동식 농업 체계는 비효율적일 뿐만 아니라, 거주민의 인구에 비례하는 광대한 영토가 필요하다. 각 가정의 아들들이 성장하면 하나씩 부모의 품을 떠나 숲과 밀림에서 새 땅을 개간한다. 마지막에는 막내와 부모만 집에 남는다. 막내는 자연스럽게 노년에 이른 부모의 지지자이자 보호자가 된다. 이것이 말자상속에 대한 가장 단순하면서도 그럴듯한 설명으로 보인다.[374]

프레이저가 이 논지를 입증하기 위해 모은 자료가 대단히 설득력 있다. 특히 카친족과 그 이웃 부족에 대한 내용이 그렇다.

앞 장에서 살펴보았듯이 카친 굼사 체계에서는 맏이와 막내아들이 다른 형제에 비해 많은 특권이 있다. 이상적인 맏형은 부계 친족 내 지지자와 추종자를 이끌고 새로운 영토를 개척하는 전사다. 한편 막내아들은 집에 머무르면서 조상 신령—추장은 마다이 낫이라는 최고 신령과 함께—이 모셔진 가족 신당을 수호하는 의례적 기능을 수행한다. 실제로 영국 식민 정부는 행정적으로 모든 마을에 우두머리가 있어야 한다고 고집을 피웠으며, 반복되는 마을 분열에 강력히 반대했다. 그래서 영국 통치기에는 막내아들 대신 맏이가 가문을 계승하는 일이 자주 일어났다. 카친족은 이런 상황 변화에 크게 동요하지 않았다.

카친족의 상속권을 다룬 첫 문헌 기록은 다음과 같다.

> 재산상속 시 분할하는 방식이 특이하다. 맏이와 막내아들이 모든 것을 자기들끼리 나눈다. 이때 맏이는 토지나 현 거주지를 직함과 함께 물려받고, 막내아들은 동산을 물려받는다. 그 사이에 있는 형제는 재산상속에서 완벽히 배척되어 아버지가 살아 계신 동안 가족과 함께 아버지 집에 산다.[375]

이런 규칙은 일반적인 카친족의 말자상속과 정반대며, 같지도 않고 실제로 적용되지 않았으리라 생각된다. 그러나 뇌프빌이 정보 제공자들의 말을 오해한 것으로 보이지는 않는다. 이 정보 제공자들은 뇌프빌이 적었듯이 사타오족(라타오)과 비사족(피사) 추장이다. 이들은 당시 아삼 지역에서 가장 강력한 추장이며, 그런 의미에서 자신이 각 종족의 태생적인 우두머리라고 주장한 것이다. 그들은 자신을 차셴 씨족, 탕가이 종족의 구성원이라고 생각했다. 탕가이 종족에는 하위 지파가 많았는데, 그 지파들의 정확한 관계는 불분명하다.

뇌프빌의 정보 제공자들과 오늘날 카친 관습에 따르면, 당시 탕가이 종족의 '막내아들' 지파는 와켓족Wahkyet[376]이다. 와켓족은 뇌프빌이 조사할 당시 피사족 추장과 불화 관계였다.[377] 피사족 추장은 다이파 감 추장과도 불화했는데, 감 추장의 종족은 탕가이족 내 마이오Maiaw 지파의 '막내아들 가문'으로 보인다. 라타오족은 마이오 지파의 또 다른 종족 집단이다.[378] 이런 상황에서 피사족과 라타오족 추장들은 입을 모아 막내아들에게 본질적인 우위성이 있는 것은 아니라고 말했을 것이다. 나는 북부 트라이앵글 지역에서 카친족은 보통 맏이에게 권력을 승계한다고 한 그린J. H. Green의 기록 역시 비슷한 방식으로 설명할 수 있다고 생각한다.[379]

말자상속은 영국 식민 통치 이전에도 신성불가침의 규칙이 아니었다. 막내아들 가문에 속하지 않은 강력한 추장들은 족보를 조작하는 대신 막내(uma) 상속 원리 자체를 부정하기도 했다. 카친 사회가 관념적으로 막내아들의 태생적 신성함을 부정할 수 있다면, 이론적으로 추장제라는 관념 자체를 부정하는 것도 어려운 일은 아닐 것이다. 추장에게 바치는 공물은 마다이와 샤딥 신령에 대한 의례를 주재하는 대가이기 때문이다. 막내아들에게 타고난 영적 권능(tsam)[380]이 없다면 왜 그들을 존경하겠는가?

따라서 카친족의 승계와 상속 체계는 역설과 모순으로 가득하다. 지금까지 논지는 다음과 같이 요약할 수 있다.

a. **굼사** 이론은 **타웅야** 농업 체계와 지역 집단의 지속적인 분절화가 필요하다고 전제한다.

b. **굼사** 이론은 토지에 대한 통치권이 출생 시 지위에서 유래한다고 가정한다.

c. a와 b는 말자상속에 대한 근거를 제공한다.

d. 그러나 지역 집단의 분절화는 안정적인 대규모 정치 국가의 발전에 불리하다.

e. 따라서 카친 추장이 경제적·정치적으로 강력해지면 **굼사** 원리 자체 — 특히 말자상속과 관련하여 — 를 무시하려는 유혹에 시달린다.

f. 이런 추장은 샨 사회는 부계 종족 상속에서 말자상속 규칙을 따르지 않는다는 사실에 마음이 흔들릴 수도 있다. 샨 사회의 상속 규칙은 다소 모호한 구석은 있어도 최소한 이론상 장자상속을 지지한다.

g. 따라서 **굼사** 체계는 어떤 면에서 샨 체계를 모델로 삼지만, **굼사** 추장이 샨 왕의 지위와 권력에 근접하기 시작하면 **굼사** 체계의 기저를 이루는 원리를 스스로 부정하게 된다.

h. 그는 특히 말자상속이라는 승계 원칙이나 리더와 추종자의 관계가 인척 관계에 근거한다는 원칙을 부정하게 된다.

나는 앞에서 **굼라오** 반란이 일어나기 좋은 상황은 카친 추장이 샨 왕의 지위에 가장 가까이 갔을 때라고 말했다. 이런 논지에서 도출되는 사실은, 추장에게 공물을 바치거나 마유-다마 체계에 내재된 계급 차이를 거부하는 **굼라오** 반란자는 추장의 행동을 모방할 뿐이라는 점이다. 정치적 순환 주기에서 **굼라오** 반란은 **굼사** 추장이 사회 체계의 공식 규범을 침해한 순간에 발생한다.

따라서 나는 **굼라오** 반란의 주동자는 카친 사회 규범에서 결코 일탈한 게 아니라고 생각한다. 그는 자신이 반란을 통해 맞서게 된 추장과 같은 인물이며, 의례적 규범보다 경제적 부에 비중을 두어 권력을 좇는 야심가다.

앞서 살펴본 카친 신화는 **굼라오** 리더의 원형을 사제(둠사), 대장장이(은둡), 추장 종족의 (막내가 아닌) 형제 가운데 한 명이 역연혼을 통해 취한 아내의 아들이라고 규정한다. 5장에서 나는 누구나 사제가 될 수 있지만, 전형적으로 사제는 추장의 아들 중 막내가 아닌 자와 마을 우두머리의 일이라고 했다. 다시 말해 이들은 말자상속으로 불이익을 받은 자들이다. 비슷하게 대장장이도 고대 카친 신화에서는 지위가 높았지만, 왕의 지위가 있는 개인에게 적합한 일은 아니다. 대장장이는 전문직일 뿐 추장은 아니다. 그리고 형제역연혼으로 '취해진' 과부의 자식은 배다른 형제보다 서열이 낮다.

간단히 말해서 **굼라오** 리더의 신화적 원형은 출생 시 서열에 구속받지 않았다면 충분히 추장이 될 수 있는 야심과 능력을 갖춘 하급 귀족 계층이다. 신화는 실제 인간에 대한 모사模寫다.

9장

파벌과 사회변동의
정당화 기제로서 신화

나는 샨과 카친 사회조직의 다양성과 그 조직들의 상호 변환 가능성에 대한 논의에서 벗어나 주요 테마를 다른 각도로 바라보려고 한다.

1장에서는 이 책의 언어적 용법으로 볼 때 신화와 의례가 본질적으로 하나며, 동일한 것이라고 주장했다. 양자가 구조적 관계에 대한 표현 양식이기 때문이다. 5장에서는 굼사 카친 이데올로기에 나타나는 주요 개념을 설명하면서 이 주제를 상세히 다뤘다. 내가 기술하는 것은 문화적으로 규정된 사물과 행위, 관념이지만, 나의 관심사는 이것들이 사회적 개인들의 공식 관계에서 나타내는 함의에 있다. 지금까지 나는 신화보다 의례, 즉 행위의 대응물인 언어 표현이 아니라 행위 자체에 초점을 맞춰왔다. 하지만 여러 경우, 특히 굼사와 굼라오의 개념적 차이는 신화를 통해 설명해야 했다.

여기서 중요한 이론적 문제가 제기된다. 가장 중요한 문제는 '신화가 어떻게 사회구조 내의 변동을 정당화하는 데 이용될 수 있는

가?'라는 질문이다. 사실 그런 가능성을 제기하는 것 자체가 모순인지도 모른다.

나는 일반적인 카친-샨 복합체계 아래 불안정한 하위 체계가 여러 개 존재한다고 주장한다. 특정 커뮤니티는 한 하위 체계에서 다른 하위 체계로 바뀔 수 있다. 지금은 이런 분석이 사회학적 견지에서 옳다고 가정하자. 우리는 그런 변화와 대안적 정치조직 형태가 카친족과 샨족 당사자의 눈에 어떻게 비치는지 물어야 한다.

나는 의례에서 사회구조가 '재현된다'고 주장했다. 우리가 다루는 사회구조가 불안정하다면 이런 불안정성도 의례 체계에서 '재현되어야' 한다. 그러나 전통의 비호를 받는 의례란 사회조직 중에서도 가장 경직되고 보수적인 요소가 아닐까?

나는 대다수 영국 사회인류학자들이 신화를 말리노프스키가 유명한 논문 〈Myth in Primitive Psychology원시적 심성에서 신화〉[381]에 채택한 것과 동일한 시각으로 바라본다고 생각한다. 이 견해에 따르면, 신화와 전통은 의례 행위의 근거나 헌장으로 간주되어야 한다. 의례 행위는 사회구조를 반영하지만, 신화의 드라마틱한 요약이기도 하다. 따라서 신화와 의례는 상호 보완적이며, 서로 영속시키는 기능을 한다. 이 원칙에서는 한 문화의 신화들이 일관적이어야 한다는 결론이 도출되지 않지만, 말리노프스키의 다른 기능주의 이론에 집착하다 보면 그래야 한다는 결론에 도달한다. 말리노프스키의 이론에 따르면 문화의 다양한 측면은 필연적으로 통합되어 일관성 있는 총체를 이룬다. 따라서 주민의 신화 역시 일관성 있어야 한다. 한 무리의 사람들에게는 오직 하나의 문화, 하나의 구조 체계, 하나의 상호 일관된 신화군이 존재하기 때문이다.

내가 보기에는 이런 일관성을 가정할 필요가 없다. 사회인류학자들은 신화 체계에 내적 일관성이 있다고 보는 경향이 있다. 이는 그들이 신화도 일종의 역사로 바라보는 민족학자와 비슷한 생각을 하기 때문이다. 그들은 이런 편견 때문에 신화를 분석할 때 까탈을 부려 동일한 이야기의 '옳은' 버전과 '그릇된' 버전을 구분한다.

카친 신화에 내재한 모순과 불일치를 제거하는 건 불가능하다. 이는 그들 신화에 근본적인 요소다. 두 라이벌 집단이 동일한 이야기에 대해 각자 신화가 있을 때, 어떤 버전도 다른 버전보다 '옳지' 않다. 나는 이런 모순이 획일성보다 중요하다고 생각한다.

카친족은 각종 행사를 치를 때 자기 입장을 정당화하고, 사회적 관습을 승인하며, 종교적 공연에 곁들이기 위해 구전신화를 읊는다. 따라서 구연에는 목적이 있다. 이 구연은 이야기꾼의 지위나 그 이야기꾼을 고용한 개인의 지위를 입증한다. 카친 사회에서 전통적 구연은 사제나 다양한 이야기꾼(자이와, 둠사, 라이카)이 하는 전문적인 일이기 때문이다. 그런데 개인의 지위를 증명한다는 것은 거의 언제나 다른 사람의 지위가 폄하된다는 뜻이다. 이런 기본 원칙에서 우리는 다음 사항을 추론할 수 있다. 즉 모든 전통적 이야기는 여러 가지 버전으로 존재하며, 각 이야기는 개별 이해 당사자를 옹호하는 경향을 띨 것이다.

이것이 우리 논지의 핵심이다. 카친 사회에서 모든 카친인이 합의할 만한 구전신화의 '원본'은 존재하지 않는다. 대신 거의 동일한 신화적 주인공이 등장하고 동일한 구조적 상징(예를 들어 남자와 어느 신령의 딸의 혼인)이 활용되는, 그러나 화자에 따라 핵심적인 세부 사항은 달라지는 여러 가지 이야기가 존재할 뿐이다.

앞에서 소개한 질투의 신령(은수 낫)의 기원에 관한 두 이야기가 이런 변형의 좋은 예다. 카친 사회에서 정형화된 질투 관계는 형과 동생의 것이다. 카친 사회를 연구한 민족지학자 핸슨Ola Hanson 과 길호데스는 거의 동일한 신화를 기록하지만, 한 이야기가 다른 이야기의 역전된 버전이다.[382] 길호데스의 이야기에서는 맏형이 신령들의 가호를 받는 동생을 질투한다. 마지막에 형은 막냇동생을 위해 준비한 관에서 익사하며, 동생은 살아남아 부유한 추장이 된다. 핸슨의 이야기에서는 역할이 뒤바뀌어 오랫동안 형을 속인 동생이 형을 위해 준비한 관에서 익사한다.

두 이야기 중 어느 버전도 다른 버전보다 옳지 않다. 형과 동생 사이에 악감정이 존재하는 곳이라면 어느 쪽이라도 상대가 질투심을 일으켜 자신에게 불운을 끼치지 않을까 의심하고, 질투의 신령에게 공물을 바칠 수 있다. 동생이 공물을 바치는 쪽이라면 길호데스의 이야기가 신화적 정당화에 쓰이고, 형이 공물을 바치는 쪽이라면 핸슨의 이야기가 똑같은 역할을 수행할 것이다. 그리고 이야기꾼-사제(둠사)는 자신을 고용한 청중에 맞게 이야기를 변형할 것이다.

과거에 카친 민족지학자들은 이 점을 결코 인정하지 않았다. 그들은 구전신화를 잘못 기록된 역사라고 간주했다. 그들은 옛이야기에서 불일치를 발견하면 아무 거리낌 없이 가장 '진짜'처럼 보이는 버전을 선택했다. 심지어 원래 이야기에서 누락된 게 분명한 몇몇 부분을 꾸며내기도 했다.

자료에 대한 이런 접근법은 카친 사회의 기본 구조를 매우 단순한 것인 양 표현하게 한다. 실제 행위상의 혼란은 멍청한 카친인이 사회를 잘 이해하지 못하거나 규범을 제대로 준수하지 않은 탓으로 여겨진다. 예를 들어 엔리케즈Colin Enriquez는 카친 사회의 전체 구조 체계를 몇 문단으로 축소했다.

카친 부족들에 대해 유럽인 사이에 널리 퍼진 오해가 있다. 사실 카친족 사이에서는 소유권과 영토 경계의 문제를 제외하면 어떤 부족 감정도 찾아볼 수 없다. 그들이 부족보다 가문으로 나뉘었다고 생각하기 때문이다. 주요 카친 부족(마립, 라토, 라파이, 느쿰, 마란)은 귀족 가문으로서, 카친 종족의 아버지로 알려진 와크옛 와Wahkyet Wa 신의 다섯 아들의 후손이다. 서열은 위에 나열한 대로 마립족이 가장 높다. 이 부족 이름 중 하나를 가지고 태어난 사람은 귀족으로 여겨지며, 추장들은 언제나 이 부족들에 속한다. 다른 씨족들은 주요 부족의 하위 지파거나 그들과 어느 정도 관계가 있다. 카친 남자는 가문 이름이 같은 개인과 혼인하지 못한다.

모든 카친 가문은 자신이 어느 가문과 혼인할 수 있는지 정확히 안다. 다섯 귀족 가문 중 마립족은 마란족에서, 마란족은 느쿰족에서, 느쿰족은 라파이족에서, 라파이족은 라토족에서, 라토족은 마립족에서 신부를 구한다. 그러나 이것은 대략적인 설명일 뿐이다. 거의 모든 씨족의 하위 지파는 변형된 혼인 규칙이 있다. 내가 아는 한 어떤 유럽인도 이를 이해하지 못했고, 카친족도 마찬가지다. 혼인 규칙에 대한 논의는 보통 열띤 토론으로 바뀐다. 추장이 혼인이라면 이 규칙은 더 변형되는데, 현재 마립족 추장이 존재하지 않기 때문이다.[383] 개별적인 평민 가족 사이에는 자잘한 예외가 있지만, 이 규칙은 예전보다 엄격하게 적용되지 않는다.[384]

신화의 기저에 결국 동일한 종류의 역사적 사실이 존재함을 근거로 들어 신화 내의 모순을 제거한다면, 전통적 법률과 관습 내의 모순 역시 필연적으로 사라져야 한다. 그러면 남는 것은 경직되고 단순한 사회의 상像이다. 우리가 카친 신화를 일련의 역사적 사건들이나 규칙 체계의 표현이 아니라 관념 체계의 표현이라고 간주하면, 다양한 구전신화에서 내적 일관성을 찾아야 할 필요성이 사라진다. 동일한 이야기의 라이벌 버전들의 모순 역시 새로운 의미를 띠게 된다.

최초의 인간과 신령의 관계, 주요 고위 씨족 조상들의 관계를 다룬 다양한 버전의 카친 신화를 비교해보면 나의 논지는 더욱 분명해질 것이다.

이야기꾼(jaiwa)이 전해주는 '까마득한 태초부터(ahtik labau gawn)' 시작된 카친 추장의 계보는 보통 그 가계도에서 뻗어 나가는 여러 '가지' 혹은 분절 집단의 체계에 따라 여러 부분으로 나뉜다. 첫 부분은 보통 천지 창조부터 샤퐝 왕Shapawng Yawng—최초의 카친인—의 출생에 대한 이야기를 다룬다. 두 번째 부분은 샤퐝 왕에서 와크옛 와의 다섯 아들—엔리케즈의 기록에 따르면 각 씨족의 창시자인—에 대한 이야기로 이어진다. 세 번째 부분에서 이야기는 씨족 분절이 일어나는 다양한 시점과 그에 따른 각 씨족의 개별적인 운명을 따라간다.

세 번째 유형 이야기에 관한 방대한 기록을 남긴 것은 콸루 마 낭뿐이다. 앞쪽 두 이야기의 라이벌 버전은 조지E. C. T. George, 웨흘 리H. J. Wehrli, 허츠H. F. Hertz, 길호데스, 핸슨, 카라피엣W. J. S. Carrapiett, 콸루 마 낭의 저서에서 찾아볼 수 있다. 이들은 서로 자료를 인용 하지만, 그 자료들의 모순은 나의 논지를 설명하기에 충분하다.

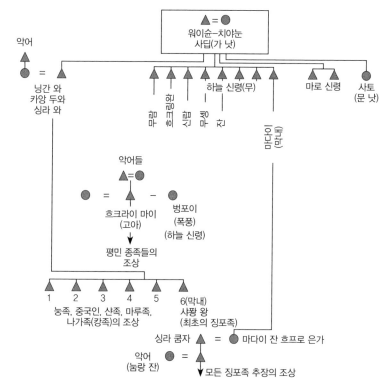

도표 5. 신들과 인간의 관계

이야기의 첫 부분은 샤딥 신령이 위대한 조물주이며, 최초의 인간은 하늘 신령(mu nat)들에게 다마, 추장들만 마다이 신령에게 다마임을 천명한다. 라이벌 버전은 두 사건 사이에 얼마나 많은 세대가 흘렀는가 하는 부분이 다를 뿐이다. 여기서 우리가 다루는 이야기의 초반부는 다음과 같이 요약할 수 있다(도표 5).

최초에 우주의 다양한 원소를 낳은 양성(여성 – 남성) 조물주가 있었다. 이 조물주는 치야눈 – 워이슌Chyanun-Woishun으로 땅과 하늘을 의인화한 존재이며, 현재는 사딥 신령(Ga Nat)—추장들이 모시는 땅의 신령—형태로 숭앙한다.

치야눈 – 워이슌 신에서 다음 존재들이 태어난다.

a. 닝간 와 : 그는 반신반인의 존재로 땅을 '빚어낸다'. 나중에 그는 좀더 인간적인 형태를 띠며, 카앙 두와(가운데 땅의 추장)라는 대단히 중국적인 칭호를 얻는다. 카앙 두와는 악어(baren)와 결혼하여 아들 여섯 명을 낳는다. 이들은 각자 눙족, 중국인, 샨족, 마루족, 나가족(캉족), 징포족의 조상이 된다. 징포족의 최초 조상은 여섯 형제 중 막내아들인 샤쾅 왕이다.

b. 무 낫 : 풍요와 부를 관장하는 하늘 신령들. 가장 중요한 무 낫은 7~9번 신령이다. 이들의 명칭은 대부분 합의되었지만, 출생 순서에는 상당한 의견 차이가 있다. 무 낫 신령의 추장은 라 은로이 마다이La N'Roi Madai로, 이 하늘 신령(Madai nat)에게는 추장들만 접근할 수 있다. 마다이 낫 신령은 무 낫 신령의 막내다.

c. 마로 : 이 존재들에 대해서는 p. 258 이하에서 설명했다.

최초 징포족인 샤팡 왕은 싱라 가(최초의 땅)를 통치한 싱라Shingra 종족의 창시자다. 이 가문의 자손 하나는 마다이 흐프로 은가(마다이 흰 물소)라는 하늘 신령의 딸과 혼인했다. 다른 후손은 지속적으로 악어(baren numraw)들과 혼인했다. 마다이 흐프로 은가의 결혼식이 카친족 최초의 축제(manau)였다. 모든 고위 징포족은 마다이 흐프로 은가의 후손이다.

굼사 사회의 거의 모든 종족은 귀족 혈통과 연관성을 주장하지만, 오늘날 카친 귀족은 평민이 선천적으로 열등하다고 주장한다. 따라서 평민이 고아(hkrai)의 후손임을 언급하는 다양한 구전신화가 존재한다. 이 고아의 후손(때로 악어의 자녀이기도 한)은 하급 하늘 신령을 모시는데, 이는 추장이 하늘 신령의 추장인 마다이 신령을 모시는 것에 상응한다.

한 이야기에서 고아인 흐크라이 마이는 무셍 신의 딸 벙포이와 결혼한다. 다른 버전에서 그는 카앙 추장의 딸과 결혼한다. 따라서 평민은 마다이 신령이 아니라 무셍 하늘 신령에게 다마가 된다. 이들은 카앙 두와의 후손 추장 가문에게도 다마가 된다.

나는 앞 장에서 추장과 인척 관계를 맺은 평민의 지위가 굼사 사회구조에서 일종의 역설이 된다고 말했다. 이런 역설은 평민이 추장이나 하급 하늘 신령에게 다마가 되는 이야기, 평민이 대홍수에서 유일하게 살아남아 어떤 추장이나 신령과도 관계없는 고아의 후손이 되는 이야기에도 존재한다.[385]

이야기의 두 번째 부분에서는 각 버전의 불일치가 더 심해진다. 이야기의 뼈대는 앞에서 인용한 엔리케즈의 글과 같다. 샤팡 왕은 와크옛 와라는 자식이 있는데, 그의 다섯 아들이 주요 씨족의 창시자가 된다. 엔리케즈도 인식했듯이, 이들의 출생 순서는 각 씨족의 서열과 관계가 있다. 그러나 각 씨족은 이 서열에 대한 견해가 서로 다르다. 다섯 씨족은—또 다른 여러 씨족은—신화적 이야기의 기본 구조를 심각하게 변형하지 않으면서 자기 씨족의 우위를 주장하는 신화를 고안할 수 있다. 먼저 모두 합의하는 부분을 살펴보자. 이는 도표 6에 나타난다.

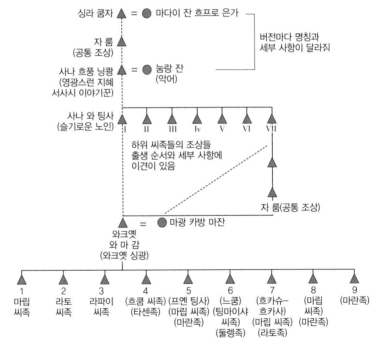

도표 6. 씨족 조상들의 서열

계보도 맨 아래 표시된 와크옛 와 마 감의 아홉 아들은 주요 씨족의 조상이다. 보통 처음 태어난 세 아들의 씨족에 대해서만 합의되었다. 그 외 아들의 숫자나 출생 순서에는 논란이 많다. 7번에 있는 흐카슈−흐카사('후손')는 허구적 씨족인데, 보통 막내아들 가문이자 최고 추장(uma) 가문으로 여겨지기 때문에 신화적으로 중요하다.

　　　　　　　　　　　　　　　　　　　　　　　　　　3부 ı 구조적 가변성

각 씨족은 싱라 쿰자와 마다이 잔 흐프로 은가 사이에서 태어난 남자들의 계보가 여러 아들의 아버지인 와크옛 와 마 감까지 이어진다는 데 합의한다. 처음 태어난 세 아들이 각각 마립족, 라토족, 라파이족의 조상이라는 점에도 동의한다. 다른 씨족은 세 형제 동생들의 후손이거나, 와크옛 와의 또 다른 조상 가문의 후손으로 여겨진다. 와크옛 와는 보통 가문의 '막내아들'로 나타난다. 콸루 마 낭의 책에는 와크옛 와가 맏이 혈통의 일원이며, 그의 정실부인인 마관 카방 잔이 '막내아들' 종족의 일원으로 나온다.

이제 각 씨족의 서로 다른 버전 신화를 살펴보자.

마립 씨족 : 와크옛 와는 아들이 일곱 명 있다. 맏이는 마립 와 쿰자로, 마립 왕가의 조상이다. 막내아들이자 최고 추장(uma)은 라 은카 흐카슈 흐카샤다. 그러나 마립족에 흡수되는 몇몇 인물을 제외하고 흐카슈 흐카사 종족은 멸절되어, 마립족이 최고 서열 씨족이다(콸루 마 낭, 1942, pp. 2~3, 7).

라토 씨족 : 와크옛 와는 아들이 일곱 명 있다. 둘째 아들이 라토족의 조상이다. 막내아들이자 최고 추장은 라 은카 흐카슈 흐카사다. 이 종족은 거의 멸망하지만 라토족의 주요 지파에 흡수된다. 와크옛 와의 둘째 아들이자 라토 와의 후손인 은고 와는 하늘 신령 무셍의 딸과 결혼한다. 여기서 마립 추장들의 주장은 거짓이다. '진짜' 마립 씨족은 오래전에 멸족했고, 오늘날 마립 추장들은 연기자일 뿐이다(엔리케즈, 1923, p. 27; 카라피엣, 1929, p. 80; 길호데스, 1922, p. 84; 핸슨, 1913, p. 14).

라파이 씨족 : 와크옛 와는 아들이 많은데, 셋째 이들이 라파이족의 조상이다. 와크옛 와는 아내도 많은데, 정실부인 마광 카방은 아들 셋을 낳았다. 따라서 셋째 아들이 진정한 최고 추장이며, 라파이족이 고위 씨족이다(이 이야기는 문헌으로 출판되지 않았고, 내가 채록한 첫 버전이다).

느쿰 씨족 : 주민은 대부분 느쿰족이 와크옛 와의 손아래 형제 중 하나 ─ 네 번째나 여섯 번째 형제 ─ 의 후손이라고 여긴다. 이는 부정확하다. 최초의 느쿰인은 도표 6의 II에 표기된 마툼 흐쿰이다. 그는 마다이 신령의 딸 마다이 잔과 결혼해서 칭쿰 투를 낳았는데, 칭쿰 투는 태양 신령(쟈 잔)의 딸과 결혼했다. 따라서 느쿰족은 와크옛 와의 후손 중 어떤 종족보다 신령 세계와 우호적인 관계다(콸루 마 낭, 1942, pp. 1~6; 핸슨, 1913, p. 14).

마란 씨족 : 와크옛 와에게는 아들이 여덟 혹은 아홉 명 있다. 그중 막내아들이자 최고 추장이 라 은킹 마란 와 킹 낭이다. 따라서 마란 씨족이 고위 씨족이다. 어떤 지역에서는 라파이족이 와크옛 와의 아들 중 몇 명만 정실부인의 자식이라고 주장하는데, 이때의 논지는 다음과 같다. 와크옛 와는 정실부인에게서 자식을 다섯 명 낳았고, 이중 막내아들이 최고 추장이며 그는 라 은탕 마란 와 닝 샤윙이다(콸루 마 낭, 1942, pp. 2~3; 핸슨, 1913, p. 14; 길호데스, 1922, p. 84).

카렝-흐포위 씨족 : 몇몇 사람은 카렝족이 귀족 혈통이 아니라고 말한다. 이는 가장 굴욕적인 평이다. 카렝족은 도표 6에서 보듯 III의 후손이다. 카렝족은 느쿰족과 비슷하게 주장한다(카라피엣, 1929, p. 2; 콸루마 낭, 1942, p. 1; 엔리케즈, 1923, p. 27).

버전이 다양한 신화는 주요 **굼사 씨족**이 고위 혈통의 정통성을 주장하는 노력을 잘 보여준다. 경쟁과 신화에 대한 상충된 해석은 씨족의 하위 분절체, 즉 같은 씨족 내 다른 종족에서도 발견된다. 다음 예를 보자.

라파이 씨족의 샤단 종족 내 아우라 지파 : 가우리와 아트시 마을의 라파이 추장들은 자신을 라파이-샤단-아우라족이라고 여긴다. 아우라족은 다시 여러 하위 집단으로 분절된다.

19세기 마탕 지역 가우리 추장들과 그 이웃인 신룸-로단 마을 군락의 불화는 7장에서 언급했다. 지금은 후자의 집단이 권력을 얻었다. 이들은 대부분 침례교도지만, 라이벌 집단은 대부분 가톨릭교도다. 따라서 침례교 선교사 핸슨이 기록한 다음 글은 신룸 버전이다.

가우리 영토가 둘로 나뉜 것은 자우파 흐쿤 와[386]가 쌍둥이 아들을 위해 두 번 춤춘 축제(hting htang manau) 직후다. 나중에 태어난 아들이 최고 추장이었다. 첫째 아들은 자기 고장을 원했기 때문에 '다른 고장(mung kaga)'으로 가서 자기 영토를 뭉 가Mung Ga라 칭했다. 반면 쌍둥이 동생의 영토는 우마 가Uma Ga라 불렸다.[387]

이 설명은 내가 p. 319에서 인용한 역사적 증거와 비교할 필요가 있다.

이 이야기는 뭉 가(몽 흐카) 지역 옛 추장들의 확고한 지위를 폄하하려고 고안한 것이다. 여담이지만 훌륭한 이 저서에서, 콸루 마낭 역시 자기 종족을 아우라 종족의 하위 지파로 여긴다. 콸루 마낭의 이야기에서 라파이족의 중요한 조상은 눔틴 라 쫑이다. 그는 아내 다섯 명과 서로 다른 라파이 종족의 조상이 된 아들이 많다. 이때 최고 추장은 아우라 종족으로, 그들은 정실부인의 다섯째 아들의 후손이다.

라이벌 집단들이 동일한 역사적 사실을 정당화하기 위해 상이한 신화를 인용하는 또 다른 예가 있다. 현재 푸타오 남쪽, 둘렝 지역의 둘렝족은 **굼라오**다. 그들과 바로 영토를 접한 남쪽 주민은 **굼사**다. 첫째 버전은 내가 둘렝족 **굼라오** 노인들에게 채록한 것이다.

> 둘렝족은 그들이 모두 와크옛 와의 여섯째 아들인 둘렝 용 낭의 맏아들, 둘렝 흐코프 굼와의 후손이라고 믿는다. 이 둘렝 흐코프 굼와에게는 둘렝 낭 둥마이라는 동생이 있었는데, 이 동생은 둘렝 지역에서 쫓겨나 후쾅 계곡에 살게 되었다. 둘렝 흐코프 굼와의 후손은 불법적으로 추장 직함을 획득했다. 한때 마주 킨지Maju Kinji와 흐피Hpyi라는 불길한 이름[388]의 추장이 있었지만, 쫓겨나고 말았다. 그 뒤로 둘렝 지역은 추장 없이 **굼라오** 체계로 운영되었다.

두 번째 버전은 콸루 마 낭의 저서에 나오는데, 분명 **굼사** 정보 제공자에게서 채록한 것이다.

와크옛 와(둘렝족의 조상)의 여섯째 아들은 팅마이샤 당 용(은당 와)이다. 그에게서 팅마이샤 혹은 은당 씨족이 유래했는데, 그 씨족에 둘렝족이 있었다.

씨족들의 서열을 결정하는 큰 축제(manau)에서 흐카슈 흐카사족이 추장 가문으로 결정되었다. 은당족은 축제가 끝나고 도착했다.

그들은 고기를 받기에는 너무 늦게 도착한 것을 알고, 고기를 요리한 대나무 조각을 모아 그 안쪽을 빨아 먹었다.

은당족은 따라서 **굼사** 주민에게 '들개'와 비슷한 계층으로 분류되었다.

오늘날도 은당족과 싸움을 하는 사람들은 "너희 은당족은 풍흐캉 상류 지역에서 대나무를 빨아 먹었지"라며 그들을 모욕하고 약올린다.[389]

이 사례에서 각 씨족은 서열 구분의 원칙에는 동의하지만, 각 씨족의 지위를 입증하는 핵심적인 신화적 사건에는 다른 의견을 보인다. 그런데 라이벌 집단이 신화의 '윤리' 자체에 이견이 있을 때는 조금 다른 갈등이 발생한다. 콸루 마 낭이 기록한 차센 씨족 내 **굼사와 굼라오** 집단의 경쟁이 그 예다.

이런 신화의 주요 특징은 6장(p. 290)에서 언급했다. 이 경우 양측은 신화의 사실에는 이견이 없지만, 공식적으로 옳은 구조적 규칙에는 의견을 달리한다. 굼사 집단은 형제역연혼으로 '취해진 과부'의 자식은 그 사실 때문에 배다른 형제보다 서열이 낮고, 후자의 후손은 전자의 후손을 평민으로 취급해도 된다고 생각한다. 하지만 굼라오 집단은 이런 서열 개념을 부인하며 형제나 배다른 형제, 그들의 모든 부계 자손은 그들의 씨족 형제와 서열이 같다고 주장한다. 굼사-굼라오 대립의 본질은 굼라오가 세습에 따른 계급 분화를 부인하는데, 굼사는 이를 칭송한다는 것이다. 굼사가 형제역연혼이나 둘째 부인의 열등한 지위를 들어 계급 차이를 승인하기 때문에, 굼라오 역시 이 점에서 굼사 체계와 충돌하는 신화로 자신들의 원칙을 입증하려 한다.

다음 사례 역시 이와 비슷하다. 굼라오는 신화의 사실에 반대하는 게 아니라 굼사가 거기서 이끌어내는 윤리적 추론에 저항한다. 결국 세습에 따른 계급적 우열의 원리를 부인하는 것이다.

프엔 팅사 마립족Pyen Tingsa Marip : 대다수 버전은 와크옛 와의 다섯째 아들의 후손이 마립족 혹은 프엔 팅사족이라고 말한다. 굼사 버전에 따르면, 와크옛 와의 맏아들 마립 와 굼자는 워이광 숨피와 결혼했다. 마립 와 굼자는 아내를 집에 두고 먼 여행길에 오른다. 그가 집에 없을 때 워이광 숨피는 와크옛 와의 다섯째 아들이자, 마립 와 굼자의 동생인 프엔 팅사 탕과 관계해서 자식을 네 명 낳는다. 이 범죄에 대한 처벌로 워이광 숨피와 프엔 팅사 탕의 후손은 마립족이긴 하나 영원히 평민이자, 진정한 마립 귀족 계층인 워이광 숨피와 마립 와 굼자 사이에서 태어난 후손의 세습 노예 신분으로 떨어진다.

　　　　　　　　　　　　　　　　　　　　3부 | 구조적 가변성

굼라오는 이 이야기를 대부분 수용하지만, 아내가 불성실한 것은 마립와 굼자의 탓이라고 말한다. 그가 오래 집을 비우지 말았어야 했다는 것이다. 카친인은 남편이 오래 집을 비우면 아내가 남편의 형제와 동침해도 무방하다고 여긴다. 따라서 프옌 팅사 하위 씨족의 조상은 자신의 열등한 지위를 수락하지 않고 **굼라오** 운동에 참여했다.[390]

이 특별한 이야기는 여러 다른 파벌 세력의 기치처럼 사용되는 것 같다. 오늘날 프옌 팅사 하위 씨족에 해당하는 집단은 은딩 종족으로 여겨지는데, 그 안에도 여러 지파가 있다. 그중 일부는 **굼라오**이며, 일부는 상당히 영향력 있는 추장을 모신다. 따라서 위에 인용된 이야기는 **굼사**와 **굼라오** 마립족의 대립을 가리킬 뿐만 아니라, 마립 씨족 내 라이벌 **굼사** 집단의 파벌을 정당화하는 데도 사용된다—즉 한편에는 은딩족이 있고, 다른 편에는 움족과 닝랑족, 루렝족의 연합이 있다.[391]

이 장에서 인용한 모든 이야기는 고전적인 의미에서 의심할 여지없이 신화라고 할 수 있다. 하지만 신화의 구조적 함의는 애매모호하며, 구연하는 주체의 이해관계에 따라 달라진다.

나는 6장에서 흐팔랑 지역의 불화와 파벌을 설명하며, 최근에 일어난 사건에 대한 구전설화가 현재 개인들의 지위를 가리는 논쟁에 어떻게 활용되는지 보였다. 이 흐팔랑 이야기들은 최근에 일어난 사건을 다루며, 주인공도 범인凡人이어서 통상적인 신화의 정의와 부합하지 않는다. 그런데도 나는 이것들을 '신화'라고 불렀다. 이 장에서 내가 소개한 이야기는 고전적 의미에서 신화다. 거기에는 신과 반신, 반신적 지위가 있는 조상이 등장하고, 그 주인공은 대부분 모든 징포족 사람들에게 널리 알려졌다.

나는 적절한 질문을 던지면 카친 고산지대의 모든 징포족 이야기꾼(jaiwa)들이 도표 5, 6(p. 373, 376)의 내용과 정확히 '동일한' 천지창조나 인류의 기원에 대한 이야기를 들려줄 거라고 생각한다. 그러나 이야기는 뼈대만 동일하고, 세부 사항은 화자의 개인적 지위를 향상하는 방향으로 다양하게 변형되었을 것이다. 다시 말해 이 장에 인용한 증거는 정통적인 신화라도 흐팔랑 이야기에서 인용한 비정통적인 신화와 정확히 동일한 방식으로, 동일한 이유로 다양하게 변형될 수 있음을 보여준다.

결론은 다음과 같다. 신화에 대한 통상적인 인류학적 정의는 카친족에 관한 한 부적절한 범주다. 카친 사회에서는 신성한 이야기 ―잘 알려진 신성한 존재에 대한 이야기―도 20년 전에 자기 지역에서 일어난 사건에 관한 이야기와 크게 다르지 않다. 두 이야기는 동일한 기능이 있다―즉 그 이야기를 하는 것은 의례적 행위(나의 용법대로)로, 그 순간에 화자의 특정한 태도를 정당화한다.

따라서 나는 합의된 서사 구조의 존재가 사회적 연대나 평형의 지표가 아니라는 결론에 도달했다. 이 견해는 대다수 인류학자들이 최근까지 유지한 견해와 상충된다. 말리노프스키 이후 신화는 사회적 행위를 재가하며, 특정 사회 체계 내 특정 개인이나 집단의 권리를 승인한다는 견해는 흔한 것이 되었다. 어떤 사회 체계라도 ―그것이 얼마나 안정되고 균형 잡혔든―대립되는 파벌을 포함하기 때문에, 서로 다른 집단의 특정한 권리를 비호하는 다양한 신화가 존재할 수밖에 없다. 말리노프스키도 이를 알았고, 다른 이들 —특히 포티스[392]와 퍼스[393]—역시 단호하게 이 점을 강조했다. 내가 정확히 이해했다면 이들의 논지는 한 사회 체계에 지역적 긴장이나 대립이 있어도 전체 구조는 어떻게든 평형을 유지하며, 한 집단의 주장은 다른 집단의 주장과 균형을 이룬다는 것이다. 예를 들어 포티스의 분석에서는 탈렌시 사회의 라이벌 집단인 나무스족 Namoos과 탈리스족Talis이 의례 표현에 공통 언어를 쓴다는 사실이 전체 체계의 총체적 안정성에 대한 증거처럼 제시된다.[394]

나의 주장은 이와 정확히 반대다. 신화와 의례는 당사자들의 권리와 지위에 대한 주장이 담긴다는 의미에서 기호의 언어지만, 이는 논쟁의 언어지 화합의 합창곡이 아니다. 의례가 때로 통합의 메커니즘이라면, 신화는 때로 분열의 메커니즘이라고도 말할 수 있다. 나는 이런 견해를 정당하게 받아들이기 위해 사회구조에 관한 현재의 인류학적 개념에 근본적 변화가 필요하다고 생각한다.

10장

결론

    1장에서 밝힌 나의 문제의식은 특정한 구조들이 어떻게 다양한 문화적 해석을 취할 수 있으며, 서로 다른 구조들이 어떻게 동일한 문화적 상징을 통해 재현될 수 있는가 하는 점이었다.

  우리가 발견한 것은 대략 다음과 같다. 카친 고산지대 주민은 문화적으로 동질적이지 않다. 이는 그곳의 다양한 생태 환경을 감안하면 충분히 예상할 수 있는 일이다. 그러나 우리는 실제적인 경제행위—말리노프스키라면 인간의 기본욕구 충족을 위한 장치라고 생각했을 모든 것—와 관련된 문화의 아주 큰 부분을 제쳐두고, 나머지 부분에 대해서 논의했다. 이 책에서 나는 그 나머지 부분을 의례 행위라는 이름으로 고찰했다. 문화의 의례적 측면에서 카친 고산지대 주민은 상대적으로 동질적이다. 카친 주민은 다른 언어를 쓰고, 다른 의복을 입고, 다른 가옥에 산다. 그러나 상대의 의례를 이해한다. 의례 행위란 사회적 지위에 대해 '뭔가 말하는' 방식이며, 이렇듯 뭔가 표현하는 '언어'는 카친 고산지대 전역에서 공통적이다.

영국보다 앞서 이 지역을 통치한 미얀마인은 이 점을 잘 이해했다. 1836년에 있었던 의례 행위에 대한 기록이 나의 논점을 잘 설명해준다. 그 이야기를 요약해보자.[395]

1836년에 후쾅 계곡은 모가웅국에 있던 미얀마 왕조의 관료가 다스렸다. 그는 카친족에게 예전 모가웅의 샨 왕이 보유한 의례적 기능을 수행했다. 이 시기에 모가웅의 불교 사원에는 운반 가능한 신당(성상?)이 세 개 있었다. 소문에 따르면 모가웅 왕족 창시자들의 신령이 모셔졌다고 한다. 그 신령들은 모가웅의 국가 신령(möng nat)이었다. 신령의 이름은 초우 피야 호 셍, 초우 수에 캅 하, 초우 삼 룽 후에 몽이다. 살았을 때 그들은 형제였고, 그 이름은 정통 샨 왕족의 것이다. 국가 의식을 치르거나 모가웅국의 통치자가 행차할 때면, 사람들은 이 신령들을 불러내 "장정들이 어깨에 걸머진 대나무로 만든 작은 사원 세 개 위에 모셨다".

1836년에 미얀마 관리가 마잉콴을 방문해 지역 샨족과 카친족 고위층의 복종 의식에 참여했다. 그 절차는 다음과 같다.

그 의식은 나무망치로 물소를 여러 번 가격해 죽이면서 시작한다. 물소의 고기는 요리를 위해 잘라내는데, 샨족과 카친족의 각 왕[396]들은 세 형제의 신령에게 자신의 검과 창을 바친다. 사람들은 쌀, 고기 등 공물을 신령들에게 바친다. 그때 맹세할 사람들은 손에 쌀 한 줌을 받고 무릎을 꿇은 자세로 머리 위에 양손을 올려 맞잡는다. 그리고 샨어와 미얀마어로 그 맹세가 낭독되는 것을 듣는다. 그후 맹세가 적힌 종이를 태워 재로 만들고 물과 섞는다. 각 왕들은 맹세를 지키겠다는 언약을 반복하고 이 물을 마셔야 한다. 이 의식은 모든 추장이 앉아 같은 접시에서 음식을 먹으며 끝난다.

이 관용의 맹세에 참석한 추장은 마잉쿤, 샨, 다이파 감,[397] 차센 징포, 판와 초부아, 라파이 징포, 윙 콩 뭉(은왕캉 낭?) 그리고 '시퉁옌' 추장, 마립 징포, 타레풍 뭉, 차센 징포, '은리멘 가양족'의 우두머리다. 이런 행위를 통해 그들은 모두 미얀마 왕조의 우월함과 자신들이 그 왕조에 복속함을 공식적으로 인정한다.

이것은 뒤르켐의 의미에서 거의 완벽한 의례의 표본이다. 물소를 죽이는 것부터 종이 태운 물을 마시는 것, 한 접시에서 음식을 먹는 것까지 모든 세부 사항이 사회적 연대 행위를 나타내는 것 같다. 여기에는 일종의 신비한 '희열'이 존재하는 듯한데, 기민하고 날카로운 관찰자 한나이조차 상당히 강렬한 인상을 받았다. 그러나 이 행사에 참석한 이들을 '한 사회' 구성원이라고 간주할 수 있을까? 일반적인 민족학의 기준에서 그렇지 않지만, 이 책의 기준으로 보면 그럴 것이다. 이런 의례가 정말 사회적 '통합' '연대' 혹은 '평등'을 나타내는가?

이 특수한 사례에 관해, 현재 우리는 다이파 감족과 타레풍 뭉족 (타리 범 낭)이 한 해 전에 불화를 일으켰음을 안다. 1~2년 뒤에 다이파 감족이 후쾅 지역 전체에서 미얀마 하위 관료와 비슷한 지위를 얻고, 5년도 되지 않아 은딩 **굼사** 집단(마립 추장들)이 **굼라오** 집단과 힘을 합쳐 고향 마을에서 다이파 감족을 완전히 몰아낸 것도 안다. 여기서는 뚜렷하고 지속적인 사회적 연대가 전혀 발견되지 않는다. 종교적 의례가 참여 집단의 사회적 연대를 재현한다는 뒤르켐의 견해를 받아들인다면, 우리는 이런 연대가 의례 행위가 벌어지는 순간에 존재할 뿐이라는 점을 분명히 이해해야 한다. 우리는 의례 행위가 끝나도 존속되는 연대감을 추론해낼 수 없다.

나의 모든 사례는 1837년 후쾅 계곡의 미얀마인, 샨족, 카친족이 의례 표현에서 공통 언어가 있었음을 보여준다. 그들은 이 공통 '언어'로 자신을 어떻게 이해시킬지 알았다. 이는 공통 '언어'에서 표현된 것이 정치적 현실에 비추어 '진실'이라는 의미가 아니다. 앞에서 인용한 의례에 대한 설명은 한때 모가웅국의 왕이 통치한 이상적이고 안정된 샨 국가가 존재했으며, 후쾅 계곡의 모든 카친족과 샨족 추장은 그의 충실한 가신이었다는 가정에 근거한다. 실제로 모가웅국의 왕이 그런 권위를 행사했다는 증거는 없다. 우리는 이 특수한 의례가 행해졌을 때, 모가웅국에서는 거의 80년간 진정한 왕이 배출되지 않았다는 사실도 안다. 즉 그 의례의 배후에는 실제 국가의 정치 구조가 아니라 이념상 국가의 '가상적' 정치 구조가 있었다. 이 '가상의' 체계는 문화적 차이 속에 뚜렷하게 표현되는 정치적 사실의 범주와 구별되어야 한다.

이 책을 쓴 나의 목적 가운데 '미얀마 북부와 같은 맥락에서는 무엇이 한 문화 혹은 한 부족을 구성하는가?'라는 질문에 관한 일반적인 민족학적 통념이 절망적일 정도로 부적절함을 드러내는 것이 있었다. 나는 이것이 완벽히 새로운 아이디어는 아니지만, 강조할 필요가 있는 중요한 이론적 문제라고 생각한다.

오늘날 많은 인류학적 현지 조사는 문화적 경계와 구조적 현상의 불일치가 뚜렷한 지역에서 행해진다. 나는 단위 문화 개념을 통상적인 방식으로 사용하면 이런 불일치의 의미가 흐려진다고 생각한다. 이제 카친 고산지대에서 멀리 떨어진 곳의 사례를 보자. 아프리카 보츠와나의 츠와나Tswana 지역은 정치적으로 10개 부족으로 나뉘었다. 전체 주민 중 절반 이상이 응와토족Ngwato과 타와나족Tawana에 속한다. 다음은 이들에 대한 기록이다.

> 응와토 부족민의 5분의 4 정도는 한때 이방인이던 자들로 구성되고, 타와나족은 그 비율이 더 높다. 게다가 같은 부족 구성원도 관습과 언어가 다르다. 예를 들어 응와토 부족에는 사르와족Sarwa이 있는데, 이들의 언어와 관습은 부시먼족Bushmen과 동일하며 반투족Bantu과는 다르다. 한편 반투족 중에서도 칼라카, 코바, 헤레로, 로츠 그리고 기타 종족은 소토 집단(이중 하위 집단이 츠와나족이다)에 속하지 않지만 자기 언어를 쓰며, 그들의 통치자와 다른 관습이 많다. 츠와나족에 속하는 크웨나, 카아, 크가틀라, 쿠루체 그리고 다른 많은 종족의 법률과 관습 역시 응와토족의 법률이나 관습과 세부 사항이 다르다.[398]

이런 경험적 상황에도 머독George Peter Murdock*은 문화 비교를 목

---

* 예일대 교수를 지낸 미국의 문화인류학자(1897~1985). 세계 각지의 사회조직을 항목별로 분류해《Human Relations Areas Files인간관계 지역 파일》이라는 방대한 자료를 남겼다.

적으로 츠와나 주민을 한 사회, 한 문화로 다룬다.[399] 나는 여기서 문화 단위라는 개념이 실제로 무엇을 의미하는지 이해하기 어렵다.

이 책에서 나는 샨족과 카친족이 별개 집단이라는 종전의 통념을 타파하는 것 외에도, 이런 문화적 차이를 가로지르는 사회과정 메커니즘의 한 유형에 대해 이야기하고 싶었다.

이런 시도는 쉬운 게 아니었다. 나도 그 구성원 중 하나인 현세대 영국 인류학자들은 사회조직의 이해는 역사와 무관하다는 주장을 자랑스럽게 펼쳐왔다. 이 주장은 역사가 실제로 (사회조직 이해와) 무관하다는 게 아니라, 이를 종이에 기술하기 어렵다는 의미다. 우리 기능주의 인류학자들은 원칙적으로 진정한 '반反역사주의'자가 아니다. 역사적 자료를 우리의 개념 틀에 어떻게 넣을지 모를 뿐이다.

영국 사회인류학계에서 확고한 평형 이론의 옹호자 중 하나인 에번스프리처드는 인류학적 분석에 역사를 활용해야 한다는 주장을 펴기도 했다.[400] 그러나 그는 아직 두 입장의 모순을 어떻게 해결할지 설명하지 않았다. 에번스프리처드의 글에 담긴 아름다운 명료성은 그가 비현실적인 상황—즉 평형 체계들의 구조—을 기술하기 때문이다. 나는 이 책에서 평형 상태에 있지 않은 한 체계의 구조를 기술했다. 방법론적으로 특정한 순간에 2~3개 '이념적 체계'를 동시에 드러내려고 했다. 그 결과가 단순하거나 명료하다고 주장할 수 없지만, 종전 학계에서 한 번도 제안된 적 없는 몇몇 시사점이 있다고 생각한다.

이 이념의 원칙 혹은 모델 체계를 좀더 살펴보자.

사회학자는 민족지학자와 반대로 **언제나** 경험적 사회가 아닌 이념적 사회를 다룬다. 이는 사회학의 초창기부터 그러했다. 예를 들어 스펜서Herbert Spencer는 처음부터 《Principles of Sociology사회학원리》 2부가 다음과 같은 내용을 포함해야 한다고 주장했다.

사회와 사회변동을 조사해서 얻어낸 구조적이며 기능적인 일반적 사실, 다시 말해 여러 사회를 비교하고 같은 사회의 연속적인 국면을 비교해서 도달한 경험적 일반화.[401]

이런 '일반적 사실'은 특정한 발전 단계에 있는 인간 사회의 이념적 모델에 부합한다고 간주되며, 특정한 국면—즉 현실에 없는 정적인 조건—에 있다고 정의된 사회를 관찰해서 얻어진다. 진화주의자들은 A 단계에 있던 사회가 B 단계로 이행했을 때 실제로 무슨 일이 일어나는지 한 번도 제대로 논의하지 않았으며, 여전히 주의를 덜 기울인다. 그들은 단순히 모든 B 단계 사회는 어떤 식으로든 A 단계 사회에서 진화했다고 주장해왔다. 진화주의자들이 경험적 민족지 자료를 논거로 활용할 때, 의도적으로 상호 의존하지 않는 '사회'를 고른 것도 이와 같은 맥락이다. 그들은 동시대 사회 가운데 공간적으로 떨어진 사회를 골랐고, 그중에서도 서로 다른 대륙의 사회를 선호했다. 인접한 사회는 동시대 자료를 사용하지 않았다. 고대 이집트인보다 고대 그리스인이 기술적 우위에 있다고 주장할 수는 있어도, 동시대 아테네와 스파르타의 정치적 구조의 연계성 문제는 인류학의 영역이 아니라는 듯이 말이다.

초기 인류학자들의 모델 체계는 문화적 용어로 표현되었든, 구조적 용어로 표현되었든—카바족, 거석문화, 모권제 시대 등과 같이—지나치게 방대하고 모호하다. 대단히 교양 있는 저자들이 지금도 과거 모계사회 주민에 관해, 어떻게 그런 사회가 작동했을지 자세한 설명도 없이 두꺼운 책을 쓴다.[402] 그러나 그들의 모델 체계는 전부 안정되고 고정된 체계, 즉 이념형이다.

현대의 사회인류학자들은 그보다 무난한 주제를 훨씬 엄밀하게 다룬다. 그러나 그들이 다루는 '사회'는 여전히 대부분 모델 체계로, 그것의 안정성은 가정이지 확립된 사실이 아니다. 하지만 처음부터 인류학자들이 언제나 '사회'라는 허구를 고립체로 다뤄왔기 때문에, 동시대적이면서 인접한 사회 체계—실제적인 관계를 맺는—를 기술할 수 있는 언어가 없다.

최근인 1938년에도 말리노프스키는 이런 상황을 개별 문화의 '접촉'이나 '영향'으로 기술했다. 1945년에 《The Analysis of Social Change 사회변동 분석》이라는 책을 쓴 윌슨Godfrey and Monica Wilson 은 이런 상호작용의 결과를 여전히 근본적으로 부도덕하며 '법률, 논리, 통념에 파괴적인' 것으로 간주한다.[403]

미국 인류학자들은 오래전에 **문화 접변**acculturation이라는 용어를 만들었다. 그러나 그들은 동시대적 과정을 다룰 수 있는 사회학적 이론을 위한 개념 틀을 전혀 개발하지 않은 것 같다. 문화 접변 연구는 대부분 특정한 역사적 기간에, 고립된 특정 문화 사이에서 일어난 몇몇 문화특질의 교환을 분석하는 정도에 머물렀다.[404]

내 생각에 사회인류학의 평형 이론은 한때 정당했지만, 이제는 과감한 수정이 필요하다. 우리는 고정된 체계의 유형학을 세우는데 만족할 수 없으며, 오늘날 인류학자들이 연구하는 사회 가운데 안정성을 향한 뚜렷한 경향을 보여주는 사회가 거의 없음을 인정해야 한다. 그와 반대로 나는 인류학자들이 포퍼Karl Popper 교수가 '역사주의'라고 옳게 경멸한 형이상학적 일반화를 피하면서, 변하는 사회 체계 분석을 가능하게 하는 방법론을 개발해야 한다고 생각한다.[405]

사회 체계가 필연적이고 자연 발생적으로 안정적이지 않음을 솔직하게 인정한다고 해서, 구조적 사고에 훈련된 사회인류학자들이 전통적 분석 테크닉을 포기할 필요는 없다. 우리는 여전히 정당하게 학문적 허구를 사용할 수 있기 때문이다.[406] 현지 조사 상황에서 인류학자는 언제나 관찰 자료를 총체적 평형의 일부인 듯 다뤄야 한다. 그렇지 않으면 인류학적 기술이 거의 불가능하다. 나는 이 평형 상태의 허구적 성격을 정직하게 인정하자는 것이다.

이 책에서 내가 기술한 **굼사, 굼라오, 샨족**의 조직 패턴 역시 대부분 **가상**의 실체에 대한 기술이다. 그것은 실제 사회보다 이념적 모델과 관계되었다. 나는 그런 **가상**의 체계가 상호작용 할 때 어떤 일이 일어날지 설득력 있는 모델을 제시하고자 한다. 사회변동 과정에 대한 사회학적 설명이 일반성을 획득하려면, 특정한 사건이 아니라 이런 모델과 관계해야 한다. 내가 보기에 이런 변동 과정을 관찰에 근거한 일차적인 민족지적 자료에서 직접 도출하는 것은 불가능하다. 따라서 인류학자는 먼저 불안정한 평형 상태에 있다고 간주되는 추상적인 전체 체계에 비춰서 민족지적 사실을 분석해야 하며, 현실의 혼란은 불안정한 이념 체계의 상호 침투에서 기인한다고 상정해야 한다.

이런 나의 방법론은 지나치게 현학적인 학문적 장치처럼 들린다. 하지만 나는 카친족과 샨족도 자기 사회를 이런 식으로 바라본다고 생각한다. 카친족은 굼사와 굼라오, 굼사와 샨 체계의 차이를 동일한 차이로 간주하는 경향이 있다. 그들은 이런 차이가 절대적이지 않다는 것도 안다―개인은 한 범주에서 다른 범주로 바뀔 수 있다. 카친족은 '굼라오가 되어버린(gumlao tai)' 혹은 '샨족이 되어버린(sam tai)' 주민에 대해 말한다. 이는 카친족이 샨족과 굼사 카친족의 차이를 이념적 차이로 인식하며, 민족지학자가 우리에게 믿도록 하려고 한 것처럼 민족적·문화적·인종적 차이로 인식하지 않음을 시사한다.

이는 굼사 신념이 있는 카친족이 확연히 다른 삶의 방식도 개념화할 수 있음을 의미한다. 굼사 의례 조직은 굼사 카친인이 자기 사회가 준거로 삼아야 한다고 상상하는 모델 사회의 이미지를 제공한다. 하지만 그는 자기 사회와 비교될 수 있는, 굼라오와 샨이라는 다른 정형화된 모델도 인식한다.

세 사회의 정형화된 버전 혹은 모델 버전은 정확하게 규정되었지만, 이 범주를 실제 커뮤니티에 적용할 때는 상당한 유연성이 뒤따른다. 이념형ideal type은 확연히 구분되더라도 실제형practical type은 중첩되는 것이다.

카친족의 추상적인 언어 표현에는 세 조직 사이에 커다란 혼동이 존재하지 않는다. 그러나 인류학자는 어떤 관점에서는 굼사로,

다른 관점에서는 **굼라오**로 여겨지는 커뮤니티를 종종 만난다. 동시에 카친 **굼사**와 샨 체계에 모두 해당하는 커뮤니티도 존재한다. 다시 말해 특정 커뮤니티가 **굼사**냐, **굼라오**냐, 샨이냐 하는 문제는 반드시 경험적 사실의 영역에서 식별 가능한 것이 아니다. 이 문제는 부분적으로 특정한 시점, 특정한 개인의 태도나 생각과 관계가 있다. 우리는 앞에서 그 행위자가 샨족이든, **굼사** 카친족이든, **굼라오** 카친족이든 동일한 의미라고 말할 수 있는 많은 '의례 행위'를 보았다. 그러나 이런 행위에서 추론한 의미는 각각 완전히 다르다는 것도 보았다.

그런 애매성이 용인할 수 없는 오해에 이르지 않는 것은 모든 의례 표현의 본질적인 모호함 때문이다. 의례와 신화는 사회구조의 이념적 버전을 '표현한다'. 이는 사람들이 자기 사회가 그런 식으로 조직되었다고 간주하는 모델이지, 그들이 도달하려고 추구하는 목적일 필요는 없다. 이는 현재 그런 것의 단순화된 표현이지, 그럴 수도 있는 것의 환상적 영역이 아니다. 그러나 의례 행위에서 표현은 모호하다. 그것은 과학적 기술이 아니며, 이 점 때문에 동일한 의례 행위가 샨족은 물론 카친족의 맥락에서도 의미 있을 수 있다.

외부 관찰자가 보기에, 경제적 측면에서 상당히 유리한 곳에 위치한 카친족의 통치 영역(mung)은 샨 국가(möng)에 합병되어 그 일부가 될 수도 있다. 몇몇 카친족은 이런 과정을 거쳐 '샨족이 될'지도 모른다. 이런 변화를 행위 당사자는 거의 감지하지 못한다. 그는 더 세련된 샨족이 되어가면서 예전에 카친의 의미만 있던 의례 행위에 샨족의 가치를 덧붙이기 시작할 뿐이다.

나는 이 책 도입부에 샨족이 된 카친족의 사례를 인용했다. 다음은 같은 화자의 다른 진술이다.

> 우리는 사실상 샨 사회에 흡수되어 점점 샨족이 되어갔다. 그 혼인의 결과 우리가 카친족보다 샨족처럼 보였기 때문이다. 샨족 불교에도 신령 숭배가 포함되어 불교로 전향하기는 쉬웠다. 그들(화자의 샨족 형제)이 우리에게서 **빼앗은** 것은 여러 차례 커다란 혈투뿐이다.[407]

외부 관찰자는 특정 집단의 문화나 구조적 조직의 변화가 충격적인 의미일 것이라고 상정하는 경향이 있다. 사회변동이 '법률, 논리, 통념에 파괴적인' 영향을 미친다고 가정하는 것은 자문화 중심주의적 인류학자의 편견이다.

단일 지역에서 문화와 사회구조의 상호 가변성이라는 대담한 주장 외에 이 책의 가장 중요한 테마는 카친족의 마유-다마 혼인 체계와 카친 사회 내 계급 구조의 관계다. 그런 관계가 존재할지도 모른다는 가설은 레비스트로스에게서 나왔다. 나는 앞서 출판한 책을 통해 공식적 관념 층위에서는 이 원리가 카친 **굼사** 사회를 이해하는 데 핵심이라는 것을 밝히려고 애썼다.[408] 레비스트로스는 더 나아가 마유-다마 식 혼인 체계는 계층화된 사회를 만들며, 그 때문에 카친 사회가 붕괴하리라는 주장을 폈다. 이 책에서 내가 수집한 자료는 부분적으로 레비스트로스의 주장을 지지한다. 그러나 내가 보기에 카친 **굼사** 조직의 불안정성은 레비스트로스가 상정한 종류는 아니다. 일반 인류학 이론 관점에서 카친족의 사례는 대단히 흥미롭다.

카친족의 패턴은 고전적인 분절적 원시사회―모건이 이로쿼이족Iroquois과 고대 그리스 사회조직에서 그 예를 찾아볼 수 있다고 말한 '부족적gentile' 조직 유형―와 여러 가지가 동일하다. 현대 영국 인류학자들의 뛰어난 연구 중 몇몇이 이런 유형을 갖춘 아프리카 사회에서 행해졌다. 현재 그 지역 종족 조직의 전형적인 원리는 잘 알려졌다. 누에르족, 탈렌시족, 티브족Tiv에 대한 여러 일반 명제는 카친족에도 적용할 수 있다. 그러나 카친 사회는 종족 체계와 연관된 계급 체계가 있다는 점이 특이하다. 앞에서 보았듯이 카친 사회의 정치체는 우리가 봉건제라고 부르는 체제와 매우 흡사한 샨족의 정치체에서 반 발짝 떨어졌을 뿐이다. 카친 유형 사회조직이 샨 유형 사회조직으로 전환되려면 같은 종족이나 인척 집단에 근거한 인간관계가 직접적인 지주―소작인 관계로 대체되어야 한다. 이 책의 증거들이 보여주듯 이런 전환은 쉽지 않다. 우리는 다른 시대의 다른 집단도 비슷한 정치적 선택의 순간에 카친족과 같은 방식으로 대응했는지 물을 수 있을 것이다.

이제 다른 문제로 눈을 돌려보자. 여러 번 강조했듯이 나의 문제의식은 단순히 카친족이 왜 샨족과 다른지 이해하는 것이 아니었다. 나는 카친족이 왜 서로 달라야 하는지―예를 들어 가우리족과 아트시족이 엎어지면 코 닿을 데 살고 동일한 친족 체계를 공유하면서 왜 완전히 다른 언어를 사용하는지―이해할 필요가 있었다.

우리는 다시 사회적 정학social statics이 아닌 사회적 동학social dynamics의 문제와 마주한다. 한 하위 범주를 다른 하위 범주와 구분하는 변별자는 고정된 것이 아니다. 아트시족은 징포족이, 가우리족은 아트시족이 될 수 있다. 왜 이런 일이 어떤 경우에는 일어나고, 다른 경우에는 일어나지 않는가?

3장에서 나는 언어라는 기준으로 이 문제를 논의했다. 어떤 카친 집단은 언어적 정체성을 쉽게 바꾸는 반면, 어떤 집단은 아둔하다고 느껴질 만큼 보수적이다. 나는 여기에 사회학적 설명이 필요하다고 주장했다. 어째서 130가구로 구성된 흐팔랑 커뮤니티는 6개 방언 집단이 있는 한편, 다른 카친 지역에서는 부록 1에 나오듯 급속도로 빠른 언어 동화 현상이 일어나는가?

나는 3장에서 개인이나 집단이 언어를 자유롭게 선택할 수 있는 상황에서는 언어를 지위 상징으로 간주해야 한다고 말했다. 여기에 근거해 안정된 **굼사** 체계나 봉건적 위계 조직에서는 언어적 동질성을 발견할 수 있으며, 이때는 통치 집단의 언어가 주민이 선호하는 언어가 되리라고 주장했다. 비슷하게 안정된 **굼라오** 체계에서는 자족적인 마을들이 서로 다른 방언을 사용하리라고 예상할 수 있을 것이다. 하지만 이 이론이 현재 **굼사와 굼라오** 커뮤니티의 실제 분포와 부합하지 않음을 보였다.

나는 현존하는 **굼라오**와 **굼사** 커뮤니티 중에서 안정적이라고 간주될 커뮤니티가 거의 없음을 밝혔다. 이 점은 나의 논지에 어떤 영향을 미치는가?

p. 74 지도 3을 참조하면 여러 언어가 뒤섞였고, 소집단이 완고

할 정도로 자기 언어에 집착하는 지역이 B와 C임을 알 수 있을 것이다(p. 63 지도 2). 그러나 A 지역에서 카친족은 거의 일률적으로 징포어를 사용한다.

나는 이 책 후반부에서 다음 두 상황에 정치적 안정성이 존재한다고 말했다.

a. 논이 있는 샨족의 모든 평원에서는 봉건제적 사회구조가 지속되었다. 미얀마 도시와 가까운 지역에서 최근 미얀마어로 전환이 일어난 것을 제외하면 이 지역의 언어는 거의 타이어다.

b. 굼라오 유형 조직은 B와 C의 거의 모든 북부 지역에서 존속한 것으로 보인다(지도 2, 흐토고와 남 타마이 지역). 여기서는 방언(마루어와 눙어)이 몇 킬로미터 단위로 달라지며, 거의 마을 단위로 바뀐다.

이 사실은 우리가 3장에서 개진한 이론에 부합한다.

그러나 내가 보기에 카친 고산지대의 나머지 전 지역에서는 만성적으로 정치적 불안정성이 나타난다. 왜 그런가? 앞에서 나는 B 지역 대부분과 C 지역의 남부(지도 2, 싱프로 지역)는 상대적으로 건조한 기후와 높은 인구밀도 탓에 고산 마을의 경제가 본질적으로 불균형을 이룬다고 말했다. 이때 일시적 안정성은 오직 정치적·군사적 처방에 따라 성취된다. B와 C의 굼사와 굼라오 지역에서 유일하게 지속되는 정치 구조 단위는 마을이다. 그보다 규모가 큰 모든 정치적 연합체는 끊임없이 변한다. 이런 상황에서는 언어적 고유성이 빠르게 변하는 외부 정치 세계의 권력 구도에서 마을 커뮤니티의 지속적인 통합을 유지하는 기제가 될 것이다.

작은 마을 단위에서 언어적 고유성에 완고하게 집착하는 것은 이런 상황이다. 이는 심지어 굼사 정치 조직 체계에서도 마찬가지다.

하지만 A 지역에서는 자원의 압박이 훨씬 덜하고, 경제가 훨씬 안정되었다. 그래서 각 마을 집단이 정치적 변화에 맞서 영토적 정체성을 유지할 필요가 훨씬 덜하다. 여기서는 경제적 조건이 좀더 풍요롭기 때문에 정치적 실험을 하는 것도 조금 덜 위험하다. 파벌주의는 조금 다른 형태를 띤다. 우리는 영토를 기반으로 경쟁하는 마을 대신 굼사와 굼라오, 우마 두(막내아들 추장)와 마 감(맏이 귀족)의 라이벌 구도를 목격할 수 있다. 이런 상황에서 언어는 유용한 사회적 연대의 표시가 아닌데, 개인의 집단 구성이 지역성보다 친족 중심이기 때문이다. 이 모든 사실은 A 지역에서 징포어라는 주요 카친어만 발견되며, 외래 집단은 빠르게 징포어 체계에 동화된다는 사실과도 맥을 같이한다.

이것이 문제의 전부가 아닐지 몰라도 최소한 내가 처음 한 질문에 부분적인 답변은 되었다고 본다.

마지막으로 내가 이 책에서 시도한 분석 유형이 카친 고산지대 이외 맥락에도 유효할지 모른다고 조심스럽게 언급하고 싶다. 앞에서 기술했듯 카친 고산지대의 정치적 상황은 혼란스럽고, 사람을 혼란스럽게 한다. 그러나 예외적이지는 않다. 나는 '정상적인'

민족지적 상황이라면 인류학자가 지도에 질서 있게 배치된, 경계가 뚜렷한 개별 '부족'을 만날 수 있다는 가정을 거의 학문적 허구라고 생각한다. 물론 여러 민족지가 자주 이런 주장을 펼친다는 것을 안다. 그러나 사실이 이를 입증하는가? 내가 보기에 민족지학자는 어떻게 해서든 '한 부족'의 존재를 식별하려고 애쓰는 데 불과하다. 그런 문화적 실체가 당연히 존재해야 한다고 믿기 때문이다. 그런 많은 부족은 어떤 의미에서 민족지적 허구다.

카친 고산지대 서부에 위치한 나가와 친 고산지대 관련 문헌에서도 그런 사례를 볼 수 있다(지도 1 참조). 이 지역의 민족지는 다양한 저자들이 탁월한 저서에서 철저하게 기술했다. 그중에서도 허턴, 밀스, 패리Nevill Edward Parry의 저작이 우수하다. 이 모든 책에서 자명하게 간주되는 명제는 개별 언어나 방언을 사용하는 집단은 그 정의상 개별 부족이거나 개별 하위 부족이라는 것이다. 이런 하위 부족들은 개별 역사와 통시적 연속성이 있는 개별적인 문화적·민족지학적 실체로 취급된다.

예를 들어 세마 나가 같은 부족[409]은 이 책에서 기술한 **굼사** 조직과 사회조직이 거의 다르지 않다. 앙가미 나가족[410] 같은 다른 부족은 나의 **굼라오** 패턴과 매우 유사하다. 하지만 종전 저자들의 가정에 따르면 그런 부족은 독립된 범주를 구성한다. 세마족과 앙가미족은 지리적으로 인접하지만 집단 차원에서 상호작용 하지 않는 듯 묘사된다. 내가 보기에 이런 모든 접근법은 그릇된 전제를 기반으로 한다.

나도 친-나가 지역에 매우 다양한 문화가 존재함을 부인하지 않지만, 그것이 안정화된 다양성의 예라고 생각하지 않는다. 특정한 시간 주기에서 친—나가 전역의 경제적·정치적 권력은 한 지리적 거점에서 다른 거점으로 옮겨 가며, 그에 상응하여 모든 층위집단 상호 관계의 전체 네트워크가 재조정을 겪기 때문이다.

이런 상황에서 정형화된 민족학적 변이형을 모두 기록하는 것은 무의미하다고 생각한다. 그 숫자가 너무 많기 때문이다. 성실한 민족지학자라면 수많은 다른 '부족'을 식별할 수 있으리라.

밀스가 아오 나가족Ao Naga에 대해 기록한 것이 그 예다. 거기에서 아오족의 부족 범주는 세 개 하위 부족이나 지파—총글리족, 몽센족, 창키족—로 구성된다. 밀스에 따르면 이 하위 지파는 "의심할 여지없이 개별 방언을 사용하는 서로 다른 이주민의 유입을 나타낸다".[411] 아오 지역 커뮤니티는 여러 지구(khel)로 나뉘는데, 이것은 나의 카친 사회 분석에서 마을(kahtawng)과 상응하는 개념이다. 아오 지역 커뮤니티의 지구는 보통 하위 부족(총글리족, 몽센족, 창키족) 하나에 속하는데, 항상 그런 것은 아니다. 몇몇 커뮤니티에는 주민이 섞여 산다. 이런 복합적 커뮤니티에서는 다른 지구에 속하는 주민이 모두 같은 방언을 사용한다. 그러나 다른 경우에는 단일 커뮤니티 내 인접한 지구의 주민이라도 개별 방언과 사회적 관습을 유지한다. 다시 말해 총글리족, 몽센족, 창키족이라는 범주의 차이는 카친 고산지대의 징포족, 아트시족, 마루족의 차이와 유사하다.

밀스는 방언 차이를 핵심적인 문화적 변별 기준으로 사용하기 어렵다는 점을 인정하면서도, 총글리족과 몽센족, 창기족을 별개의 민족학적 실체로 간주하는 것이 옳다고 본다. 그의 책에는 몽센족의 사회조직이 총글리족과 창키족(그리고 역으로도)의 사회조직에 상호 의존한다는 어떤 암시도 없다.

나는 이런 분석법이 실제 사실과 긴밀히 상응한다고 믿을 수 없다. 이웃한 커뮤니티가 뚜렷한 경제적 · 정치적 · 군사적 관계를 맺은 지역에서는 문화적 경계를 넘어서 유효한 사회학적 분석의 장이 있어야 한다고 본다.

나는 카친 문화의 여러 변이형을 어떤 '부족체tribal entity'의 특질로도 간주하지 않으려 했다. 흔히 민족지 기술에서 그렇듯 이 문화적 변이형을 정통적인 기본형에서 파생된 일탈형으로 간주하지도 않으려 했다. 나의 관심사는 **평균적인** 카친족의 행위가 아니다. 실제 카친족의 행위와 이념적인 카친족의 행위의 관계에 관심이 있을 뿐이다. 이를 염두에 두고, 나는 카친족의 문화적 변이형을 상충되는 두 윤리 체계의 서로 다른 타협으로 설명했다.

나는 이런 분석법이 추후 상당히 발전될 수 있으며, 많은 민족학적 연구 현장에서 유용하리라 믿는다. 여기서 언급한 친－나가 고산지대는 한 사례일 뿐이다.

부록

언어 변화에 관한 몇몇 문헌 사례

1. 징포어에서 샨어로 변화

—

1828년 월콕스가 유럽인 가운데 처음으로 흐캄티 롱(푸타오)을 방문했다. 그는 샨 지역에 대해 "노동인구는 대부분 카폭족 출신으로, 그들의 방언은 싱포어와 밀접하게 연관되었다"는 기록을 남겼다. 이 지역에 살던 다른 비非샨족 주민은 남 랑Nam Lang 지역 여러 마을에 살던 카랑족Kha-lang으로, "이들의 언어는 남 티상 지역에 사는 노그뭉족Nogmung의 언어보다 싱포어와 훨씬 닮았다".

흐캄티 샨어에서 접두사 '카Kha-'는 노예를 의미한다. '폭phok'은 마루족과 흐캄티 샨족이 징포족을 지칭하는 용어다. 따라서 카폭은 '노예 징포족'을 말한다.

1925년에 바너드도 흐캄티 롱에 대한 기록을 남겼다. 그는 샨족 인구 중에 노예 계급(lok hka)이 상당히 많으며, 이들이 다양한 '부족'으로 나뉜다고 적었다. 그는 이들이 티베트에서 온 것으로 보인다고 썼지만, 다음과 같은 언급도 남겼다. "나는 이들의 극소수 토착 어휘조차 수집할 수 없었다. 이들이 샨족에 동화되어 샨족의 언어와 의복 문화를 완벽히 받아들였기 때문이다." 바너드가 말한 노예 계급에는 분명 윌콕스가 기록한 카폭족과 카랑족의 후손이 포함되었을 것이다. '남 랑 지역 마을' 거주민은 현재 샨어를 사용한다. 하지만 말리 흐카 강 반대편의 징포어 사용자—그들은 자신을 둘렝족이라고 부른다—도 자신이 남 랑 지역의 '샨족'과 관계있다고 주장한다.

바너드는 노그뭉족에 대해 기록했다. "(그들은) 점차 샨족에 흡수되고 있다. 그들은 샨족의 의복을 받아들였고, 집에서는 거의 모두 샨어를 사용한다." 그러나 일부 노그뭉족은 1925년에도 여러 가지 징포어 방언을 사용했다. 이들은 자신을 삼−흐펜Sam-hpyen이라 불렀는데, 이는 '샨족 군인'으로 복무한 징포족을 말한다. 추정하건대 그들은 일찍이 자신의 샨 군주에게 용병 지위를 인정받은 듯하다.

이런 봉건제적 의무는 영국의 식민 통치가 시작되면서 깨졌고, 1940년에는 징포족 학교가 노그뭉 지역에 설립되었다. 따라서 지역 주민이 샨족으로 동화된 경향은 아마 반대가 되었을 것이다. 노그뭉 주민은 지금은 징포족으로 변해갈 것이다.

참고 문헌

Wilcox(1832); Barnard(1925, 1934).

2. 아삼어에서 징포어로 변화

—

영국 정부가 아삼 지역과 후쾅 계곡의 징포족과 처음 접촉한

1824~1837년, 징포족이 상당히 많은 아삼 주민을 노예로 삼고, 후쾅 계곡을 통해 이들을 미얀마 전역으로 공급했다는 기록이 반복해서 나온다. 노예 중 일부는 샨족과 미얀마족에게 거래되기도 했고, 일부는 후쾅 계곡에 그대로 구류되었다. 베이필드George T. Bayfield와 한나이가 후쾅 계곡을 방문한 1835년에 아삼 노예는 여전히 아삼어를 사용한 듯하다.

아삼 노예의 후손은 19세기 내내 후쾅 지역 경제에 핵심적인 역할을 했다. 그들은 '노예'로 남았지만, 언어와 관습 면에서 징포족이었다. 아삼 노예는 1925년에 강제로 해방되었다. 해방된 노예는 3466명으로, 당시 전체 노예 인구는 7903명으로 추산된다. 징포어를 사용한 이 해방 노예 중 2051명이 아삼족 출신이라고 주장했다.

참고 문헌

Selections of Papers(1873), 특히 Bayfield와 Hannay. Barnard(1930)

3. 나가어에서 징포어로 변화

—

다음은 디워의 저서(1931)에서 인용한 것이다.

남푹Namhpuk 강, 타나이Tanai 강 북부와 동부에 위치한 고산지대에 거주하는 판고 나가족Pangaw Naga과 프옌구 나가족Pyengoo Naga은 남푹 강 상류에 있던 조상의 고향을 처음 떠난 주민이다. 그들은 대략 10세대 전에 카친족의 허락을 받고 현재 거주지로 이주했다. 카친족의 관습에 따르면 나가족이 카친족에게 선물을 바쳤다고 한다. 판고 나가족은 카친족과 자유롭게 혼인했지만 외모, 의복, 습관, 관습 등이 카친족과 실질적으로 동일한 몇몇 가족을 제외하면 절멸한 씨족으로 추정된다. 프옌구 나가족은 주로 남자들이 카친 의복 문화를 거의 전적으로 받아들였다. 그런데도 그들은 조상의 많은 관습을 간직한다. 프옌구 나가족이 현재의 고산지대에 오래 거주했다는 것은 그들의 외모와 능숙한 카친어, 달루 계곡에 사는 이웃인 샨족과 카친족의 증언에서 충분히 확인된다.

여기 언급된 프옌구 나가족의 주인이던 라존Lajawn 지역의 카친족 추장은 말했다. "우리는 4~5세대 전부터 그들의 주인이었다. 나는 우리가 어떻게 그들의 주인이 되었는지 모른다. 그 일은 호생족(샨족)이 이 지역을 전부 통치한 모가웅 와(모가웅국의 소왕) 시기에 일어났다."

'프옌구 나가족'에 대한 디워의 다른 민족지적 기록도 이들이 현재 문화적으로 다른 카친족과 구분되지 않는다는 견해를 뒷받침한다.

참고 문헌

Dewar(1931), pp. 268, 277~279.

4. 샨어에서 징포어로 변화, 아삼어에서 징포어 그리고 샨어로 변화

—

1824년 영국이 아삼 지역을 점령했을 때, 사디야와 레도 근처에 여러 샨족 집단이 살았다. 이중에 당대 저자들이 파켈족Phakeal이라고 기록한 집단이 있다. 기록에 따르면 미얀마 왕조의 알롬프라Alompra 왕이 모가웅 지역을 점령한 18세기 중반, 모가웅국의 소왕이던 초 타 쿠엔 멩이 후쾅 계곡 서부의 타룽 강기슭에 샨족 거주지를 세웠다. 그 위치는 오늘날의 닝브옌 근처인 듯하다. '파켈' 샨족은 거기 도착해서 차센 씨족 출신 징포족과 동맹 관계를 구축한 것으로 보인다. 그 뒤 아삼 지역에 새로운 하위 거주지가 설립되었다. 아삼의 파켈족은 뭉콩 탓(몽 캉 탓)에 거주했고, 그들의 징포족 동맹은 가까운 닝루Ningroo 지역에 거주했다. 두 집단 모두 아삼 노예를 상당수 거느렸다.

1824년부터 아삼에서 영국 식민 정책은 샨족과 징포족 추장들이 거느린 노예를 해방하는 것이었다. 이런 '박해'를 피하기 위해 '파켈' 샨족과 징포족 동맹 세력은 대부분 전에 살던 후쾅 계곡의 타룽 강기슭으로 돌아갔다. 이번에 그들은 닝브옌의 징포족 추장과 동맹을 맺었다. 그들 중 일부는 닝브옌에 머물렀지만, 일부는 더 남쪽인 친드윈으로 내려가서 오늘날 싱칼링 흐캄티국으로 알려진 샨 국가의 통치권을 일으키거나 빼앗는 데 참여했다. 이때 그들은 아삼 노예 일부를 데려간 것으로 보인다. 이 아삼 노예의 후손 중 일부는 카친족이나 샨족 주인들과 혼인하여 마욱칼라욱(친드윈 강) 지역에 정착했다. 이들에 대한 최근의 기록은 다음과 같다.

이 마을에 거주하는 주민은 현재 카친어를 쓰며 카친 의복을 입고 카친족이라 불린다. 그러나 그들은 샨 언어를 배웠고 현재와 같은 과정이 계속 진행된다면 의심할 여지없이 언젠가 샨족, 더 나아가 미얀마인이 '될' 것이다. 그러나 그들이 샨족 출신임을 알아보는 사람이 있을 것이다. 실제로 그들은 카친족이 아니다. 그들의 우두머리에 따르면 그들은 닝브옌 근처에서 왔다. 그들은 한동안 거기 살면서 카친족의 언어와 관습을 받아들였다. 그러나 사실 그들의 아버지 세대가 아이일 때 아삼 지역에서 닝브옌 근처로 간 것이다. 아삼에서 그들은 흰 의복을 입었고, 지금은 완전히 잊어버린 다른 언어를 사용했다.(그랜트 브라운)

여기서 우리는 징포족이 되었다가 다시 샨족이 된 아삼 노예의 사례를 볼 수 있다.

현재 닝브옌에는 여전히 샨족이라 불리는 주민이 거주한다. 그들은 닝브옌 징포족 추장의 통치를 받는다. 추정하건대 그들은 자신을 '파켈' 샨족의 후손이라고 여길 것이다. 그들은 징포어를 사용한다.

참고 문헌

Hannay(1847), ii; Kawlu Ma Nawng(1942), pp. 31~32, 42; Grant Brown(1925), 2장; *Selections of Papers*(1873); Butler(1846)와 같은 초기 문헌에서 다양한 세부 사항을 참조.

5. 징포어로 변한 여러 '카친 언어'

—

1825년에 아삼 '싱포족'은 두 주요 집단으로 구성되었다. 하나는 차센–징포족인데, 당시 아삼 지역 통치자 무턱 고하인Muttuck Gohain의 지배를 받았다. 다른 하나는 더 잡다한 집단으로 구성되었으며, 사디야 지역의 흐캄티 샨국 소왕에게 종속되었다. 이 '싱포족' 중 다수는 동쪽 푸타오 지역(지도 4)에서 샨족 주인과 함께 아삼으로 온 듯하다. 당시 증거에 따르면 그들이 사용한 언어는 다른 징포족이 이해할 수 없었다. 이 사디야–텡가 파니 지역에서 온 싱포족 마을 우두머리의 이름을 보면 그 집단에는 리수족, 북부 눙족, 둘렝족이 포함된 듯하다.

영국이 아삼 지역을 통치한 뒤에 아삼의 차 재배 산업이 발전하면서, 이 지역 흐캄티 샨족은 정치적 지위와 토지를 잃었다. 생존자는 싱포족과 뒤섞여 살았다. 이 공동 집단의 주요 언어는 차센–징포어로 보인다. 모든 아삼 지역의 '싱포족'은 현재 같은 언어를 사용한다.

참고 문헌

증거가 상당히 흩어져 있지만 특히 Neufville(1828); Wilcox(1832); Butler(1846); *Selections of Papers*(1873); Michell(1883); Mackenzie(1884); Needham(1889); Kawlu Ma Nawng(1942)을 참조할 것.

부록 2

흐팔랑 불화에 대한 공식 기록

다음은 〈1899~1900년 버마 식민청 공식 보고서(버마 북동부 국경 지역)〉(랑군, 1900)에서 발췌한 것이다.

12월 6일, (영국령 미얀마 식민지 행정관) 라에Rae 씨는 바모를 떠나 신룸으로 향했다. 라탄Latan에서 그는 시마 지역(taungok)의 원주민 담당 공무원을 만났다. 그 남자는 아우라가통(아우라 카퉁)과 호톤 남부의 가우리족, 흐코나, 흐파쿰, 사돈, 판룸의 아트시족이 오래전에 그의 주민과 마란족에게 쫓겨난 흐팔랑의 아트시 추장을 재추대하려는 의도가 있다고 전했다. 즉시 각 추장에게 명령이 하달되었다. 치안을 위해 마을 우두머리에게도 연락했다. 12월 8일, 라에 씨는 호위를 담당한 파운스Faunce 씨를 비롯해 호위대 50명과 합류하고, 식민 부청장을 만나 아트시족과 마란족의 불화를 해결하러 흐팔랑으로 떠났다.

1월 17일, 식민 부청장은 라에 씨의 도움을 받아 흐팔랑의 마란족과 아트시 추장들의 불화를 철저히 조사했다. 그리고 아트시 추장에게 숨늣가통(숨늣 카퉁), 즉 흐팔랑에 있는 순수한 아트시족 마을의 추장으로 복귀할 수 있는 권한을 부여했다. 그와 동시에 불화 때문에 오랜 기간 경작되지 않던 산기슭 지역의 논을 분배했다. 마란족은 이 처사에 조금 불만스러운 듯했지만, 몇 년 안에 다 잊어버릴 것이다. 최소한 20년 이상 지속된 악명 높은 불화를 해결한 것은 대단한 일이다. 이 불화 덕분에 아트시족과 마란족은 자유롭게 곡식을 경작할 수도 없고, 늘 불안정한 상태였다. 이제 그들은 대부분 우리(영국)의 새로운 가신이다. 어느 쪽도 흡족한 기색은 없었지만, 양측이 이 결정에 찬성했다는 건 기록할 가치가 있다.

이 순진하고 낙관적인 어조는 기쁨에 차 있다. 이 판결에서 중요한 원인은 다음과 같다. 첫째, 영국 정부가 아트시 추장의 아트시족과 가우리족 친척의 말을 먼저 참조했다는 점. 둘째, 숨늣 마을 주민이 (아트시어를 사용하는) '순수한 아트시족'으로 여겨졌다는 점, 다시 말해 아트시족과 마란족이 별개의 '부족'이라고 간주되었다는 점이다.

/

카친 '노예제'의 성격

다음은 J. H. 그린의 〈The Tribes of Upper Burma North of 24° Latitude and their Classification 북위 24도 이북 지역의 버마 부족과 그들의 분류〉에서 발췌한 것이다. 주석은 내가 덧붙였다.

p. 86

징포어 '마얌mayam'의 번역어로 지금까지 '노예slave'라는 단어가 사용되었다는 점은 애석하다. 흐카쿠[412]의 노예 시스템은 어떤 의미로도 보통 slave라는 단어에서 연상되는 개념과 비교할 수 없기 때문이다. 그러나 이 시스템은 많은 측면에서 영국에 있던 하인serf 시스템이나 친족 사회에 있는 '보이boi' 시스템과 유사하다.

미얀마 트라이앵글 지역에서 볼 수 있는 마얌은 자기 운명에 상당히 만족하며, 전반적으로 주인과 사이좋게 지낸다.

마얌에는 은공 마얌ngong mayam과 티눙 마얌tinung mayam[413]이 있다. 그러나 티눙 마얌에는 여러 등급이 있고, 그중 일부는 노예라고 불릴 수 있다.

은공 마얌은 주인과 따로 거주하는 마얌이다. 그는 많은 면에서 영국의 하인과 비슷하다. 자기 가옥과 재산이 있으며, 마얌 마을에 살 때는 다른 사람들과 공동으로 토지를 소유한다. 그들이 주인에게 내는 지대는 상당하며, 무엇보다 송아지가 새로 태어날 때 두 번 중 한 번, 각 나무의 첫 열매 송이, 신부대의 절반, 그 밖에 여러 노역 등을 바쳐야 한다. 주인과 관계에서 그들은 아무 권리도 없지만, 억압적인 주인은 거의 없다. 마얌은 귀한 존재라서 마얌이 많으면 주인에게 도움이 되기 때문이다. 그들 중 몇몇은 자진해서 마얌이 되어 토지와 주인의 보호를 받는 대가로 지대를 지불한다.

티눙 마얌은 주인과 함께 거주하는 마얌이다. 그들은 주인과 관계에서 아무 권리나 소유권도 없다. 결혼하지 않은 자녀 역시 아버지와 관계에서 아무 권리도 없다는 점이 흥미롭다. 그러나 실제로 그들은 주인의 보살핌을 받으며, 주인의 자녀와도 거의 차별받지 않는다. 그들은 대체로 자신에게 주어지는 음식, 의복, 음료, 아편에 만족한다. 그들에게는 아내가 주어지며, 아플 때는 주인이 그들을 대신하여 희생 공물도 바친다. 실제로 마얌과 마 감ma gam(추장 가옥에 사는 일반 구성원)은 거의 차이가 없다. 그러나 마얌은 사회적으로 열등한 존재로서, 현재 여러 세대를 거쳐온 마얌은 무기력하고 열등하며 지위에 대한 콤플렉스에 시달린다.

티눙 마얌에는 여러 등급이 있다. 모든 이에게 괴로움을 당하는 천한 마얌이 있는가 하면, 주인의 오른팔이 되어 신뢰받으며 은밀한 조언자 역할을 하는 마얌도 있다. 나는 실제로 흐카쿠 추장이 노예해방을 위해 받은 돈을 자기 노예에게 쓰라고 주는 것을 본 적이 있다.

마얌은 종종 매매 대상이 된다. 가장 훌륭한 마얌 — 젊고 튼튼한 소녀 — 은 200루피 정도다. 노예제가 금지되어 노예가 영국 식민 법원에 곧잘 항소하는 영국의 통치 관할 지역에서는 값이 조금 낮아진다. 물건으로 치면 물소 3마리, 요리용 삼발이, 징, 총, 담요, 카우야(잡다한 작은 물건) 정도다.

티눙 마얌의 등급은 그들이 취득된 방식에 따라 차이가 난다. 그중 일부는 구매되고 일부는 사로잡힌 노예다. 일부는 남자 마얌에게 주는 시녀나 아내로 구입한 것이다. 그러나 대부분 세습 마얌이거나 마얌으로 태어났다.

미혼 마얌 여자는 대부분 사생아 한두 명을 낳는다. 아이들 아버지는 종종 다르며, 통치 계급 남자도 있다. 그러나 후사에서 태어난 아이도 마얌 계급이 되며, 이들은 수랑surawng이라 불린다. 자유로운 평민 여자가 마얌 남자와 관계하여 사생아를 낳는 일도 드물지 않다. 이경우 보통 다른 결혼에서 아이가 있는 평민 여자가 크게 손가락질 당한다. 엄밀히 말해 마얌 남자와 관계한 평민 여자는 마얌이 되지만, 이 규칙이 언제나 지켜지는 것은 아니다. 그러나 그 사이에서 태어난 자식은 마얌이다.[414]

관습적으로 추장 가문의 여자가 부모에게 시녀 노예를 주기 위해 (신분이 낮은 남자와) 결혼하기도 한다. 이 시녀 노예는 추장 가문 남자들의 아내가 갑자기 죽거나 불임일 때를 대비한 여자이기도 하다.

몇몇 마얌은 빚을 갚거나 아내와 음식을 얻기 위해 자발적으로 마얌이 된다. 그렇게 마얌 여자를 취해 자신의 자유를 박탈하고, 그 여자의 주인의 소유물이 되는 것이다.[415] 이런 마얌은 타도 쿠키스족Thado Kukis[416]의 쇼sho와 쳉차chengcha 계급, 루샤이족Lushai의 보이[417] 계급과 비교할 수 있다. 미얀마 트라이앵글 지역의 노예는 해방 이후 계속 고산지대에 살았으며, 옛 주인을 떠난 노예는 극소수라는 점이 흥미롭다.[418]

보통 마얌은 주인의 씨족 이름을 취한다. 이런 일반적인 흐카쿠족의 명칭에 출생 순서에 따라 샤Sha 혹은 마이Mai라는 명칭이 붙는다.[419] 맏아들은 쿰 마이Kum Mai 혹은 쿰 샤Kum Sha, 맏딸은 코 샤Kaw Sha라고 하는 식이다. 그들에게는 종종 모욕적인 별명이 붙는데, 여자는 신체적 특징이나 습관을 지칭하는 무례한 용어가 붙는다. 마얌을 만드는 의식에는 당사자의 머리를 모두 밀고 주인이 될 사람의 난로에서 퍼 온 재를 뿌리는 과정이 포함된다.

미얀마 트라이앵글 지역과 인근에서 해방된 노예에 관한 다음 수치를 분석하면 흐카쿠족의 마얌 시스템을 잘 이해할 수 있다.

주인 없는 노예는 종종 은공 마얌인데, 주인이 죽은 뒤 독립을 선언할 정도로 강력한 이들이다. 그러나 자유로워져도 사회적 등급은 마

평민 인구 추정치	8만 11[420]
총 노예 수 : 남자 1798 / 여자 2191	3989[421]
태생적 노예	2367
신부 지참금 일부로 취득	480
구입(아내로서 구입한 것도 포함)	916
자발적 노예 전향	55
무력으로 포획	5
빚 청산 과정에서 취득	16
세습 노예	12[422]
주인 없는 노예	126

얌이다.

　마얌이 절대적 자유를 취득하려면 의식을 통해 자신을 진정한 종족 구성원으로 받아들이는 씨족에 편입되어야 한다.

　그 의식의 일부로 마얌은 그 씨족의 신령들에게 공물을 바쳐야 한다. 그러나 씨족의 첫 세대를 제외하면 그런 사건은 거의 일어나지 않는다.

이런 설명을 보면 남자 마얌의 지위가 주인의 소유물이라기보다 '반영구적인 채무자'에 가깝다는 게 분명해진다. 주인과 마얌의 관계가 추장과 입양아나 비합법적 아들, 부유한 남자와 가난한 사위의 관계와 닮았음도 분명해진다. 이는 스티븐슨[423]이 기술한 친족의 테파 시스템과도 매우 유사해 보인다.

　여자 마얌의 지위는 조금 다르다. 카친족은 이들을 흐파가(p. 217)로 분류해서 일종의 소유물로 취급한다. 그들은 하녀나 첩으로 사용할 수 있는 가치재이며, 주인의 기분에 따라 혼인 교환에서 다른 부畐로 전환이 가능하다. 그린이 제시한 통계 수치는 아쉽게도 이 점을 충분히 분석하기에 적합하지 않다. 그 '해방된 노예'는 분명 다음 범주에 속했을 것이다.

A. 은공 마얌

ⅰ. 채무자의 지위가 있는 독립된 남자 가구주

　그의 아내

　그의 아들딸

주인은 은공 마얌의 딸들이 받은 신부대 일부를 공유할 권한 외에, 이 집단 여자들에게는 거의 권한이 없던 것으로 보인다.

B. 티눙 마얌

ⅰ. 주인의 가옥에 거주하는 남자 마얌

그의 아내

그의 아들딸

소유물에 가장 가깝게 취급된 존재는 이 집단의 미혼 여자다.

ⅱ. 신부 지참금(dowry)이나 구입을 통해 취득한 첩. 이런 여자는 보통 **눔 살라이** 의식을 치르지 않으며, 정식 '아내'라고 할 수 없다. 그 자녀의 지위도 변변찮아서 개인이 요령껏 주장하는 수밖에 없다. 이 범주 아이를 칭하는 **수랑**이라는 용어는 '자랑스러운 신령이 깃든 아이'를 의미하는 듯하다.

그린은 여자 노예들이 추장 딸의 신부 지참금 일부라고 강조했으나, 그들은 종종 추장 딸의 신부대 일부가 되기도 한다. 내 일반적 분석에 따르면, 노예가 신부 지참금 일부가 되는 곳에서 신부 아버지의 지위는 신랑 아버지의 지위보다 훨씬 높고, 노예가 신부대 일부가 되는 곳에서는 여자 교환을 통해 신랑과 장인이 동등한 지위를 누린다고 가정할 수 있다. 그러나 이를 증명할 결정적 증거는 없다.

일부 **마얌**은 단순히 **마얌**의 부모가 주인이 될 사람에게 빌린 '빚'을 청산하기 위한 **흐파가**의 담보물이라는 점은 그린이 다루지 않은 카친 **마얌** 체계의 한 측면이다. 아래 인용한 프리처드(1914)의 글이 그 분명한 증거다.

이번 여정에서 자신이 페셰 라구족Peshe Lagu이라고 소개한 남자가 프리처드 선장과 동행했다. 그는 열여섯 살이고, 카친 지역에서 2년간 노예 생활을 했다. 그곳 사람들은 처음에 외투 한 벌과 냄비를 받고 그를 팔았다. 그는 자신의 카친족 주인을 칭찬했다. 곧 그가 대단히 유용한 친구임이 드러났다. 자기 종족과 떨어져 지낸 2년이 그의 정신적 지평을 넓혀주었기 때문일 것이다. 프리처드는 왜 카친족 주인에게서 도망치지 않았는지 물었다. 그는 아주 좋은 대접을 받았기 때문에 그럴 마음이 없었고, 자신을 카친족에게 판 종족이 조만간 그를 되사서 데려올 거라고 말했기 때문이라고 했다.

징포족의 친족 용어

징포족 친족 용어의 논리에 관한 자세한 분석은 나의 지난 논문(Leach, 1945)에 있다. 여기서는 해당 논문에 실린 도표 두 개를 참조하려고 한다.

표 1. 상호 지칭 용어

오른쪽 두 열의 용어는 왼쪽 두 열의 용어와 상응하는 것이다.

연장자		연소자	
남자	여자	남자	여자
Wa	Nu	Sha	Sha
Ji	Woi	Shu	Shu
Hpu	Na	Nau	Nau
Tsa	Ni	Hkri	Hkri
	Rat	Rat	
Gu	Moi	Nam	Nam
	Ning		Ning
Hkau		Hkau	

니-흐크리ni-hkri 관계에서는 흐크리가 남자다. 트사-흐크리 관계에서 흐크리는 남자나 여자인데, 여자인 경우 그녀와는 혼인이 불가능하다.

표 2에 대한 설명은 다음과 같다.

AA, A, B, C, CC 칸에서 왼쪽 단어는 여자를, 오른쪽 단어는 남자를 나타낸다. 세로 열 내의 각 가로 칸은 형제자매 집단을 나타낸다. 따라서 B칸에서 NA, HPU, NAU는 EGO의 형제자매다. NA와 HPU는 EGO보다 나이가 많고, NAU는 EGO보다 나이가 적다. 비슷하게 MOI와 WA는 EGO에게 각각 '아버지들' '아버지의 여자 형제'가 되며, MOI와 JI는 '아버지의 아버지들' '아버지의 아버지의 여자 형제'가 된다. 각 칸에서 남자들은 오른쪽 칸의 여자들과 결혼했거나 결혼할 것이다. 한편 이 남자들은 왼쪽 칸에 있는 여자들의 남자 형제(hpu-nau)가 된다. 그들은 정확히 한 세대 위 남자들의 아들(sha)이 되고, 같은 열 바로 한 세대 아래 남자와 여자들의 아버지(wa)가 된다. 중앙에 있는 B 집단의 남자를 'EGO', 그의 여자 형제를 'ego'로 나타냈다. 이 표에서 개인은 'EGO'가 사용하는 친족 용어는 대문자로, 'ego'가 사용하는 그에 상응하는 친족 용어는 그 아래 소문자로 표기했다. 따라서 $^{RAT}_{ning}$가 된다. 제일 위쪽의 A, B, C열에 적힌 DAMA, HPU—NAU, MAYU는 'EGO'와 'ego'가 사용하는 이런 종족 집단 구성을 위한 징포족의 용어다. 마두 와Madu wa와 마두 잔Madu jan은 각각 '남편'과 '아내'를 의미한다.

인척 관계를 나타내는 용어 역시 같은 방식으로 사용된다. 그 혼인이 이상적 체계에서 상정하는 결혼이든 아니든 상관없이 말이다. 따라서 EGO의 장인은 EGO의 어머니와 혈연관계가 아닌데도 트사tsa, EGO의 장인의 여자 형제는 누nu, EGO의 처제의 남편은 와wa 등으로 불린다. 이런 혼합적 관계 때문에 카친 현지에 처음 발을 디뎠을 때 그들의 친족 용어 체계가 무척 복잡해 보인다.

426

표 2

AA (SHU)		A DAMA		B HPU-NAU (그룹이 있다)		C MAYU		CC (JI)	
여자	남자	여자	남자	여자	남자	여자	남자	여자	남자
			GU gu	MOI moi	JI ji	WOI woi	JI ji	WOI woi	JI ji
	SHU hkri	HKRI ning	GU gu	MOI moi	WA wa	NU nu	TSA tsa	NI ning	JI ji
SHU ning	SHU hkri	HKRI ning	HKAU gu	NA na	HPU hpu	RAT ning	HKAU tsa	NI ning	JI ji
			(madu wa)	ego	EGO	(MADU JAN)			
SHU ning	SHU hkti	HKRI ning	HKAU rat	NAU nau	NAU nau	NAM ning	HKAU tsa	NI ning	JI ji
SHU ning	SHU hkri	HKRI sha	HKRI sha	SHA nam	SHA nam	NAM ning	NAM tsa	NI ning	JI ji
SHU shu	SHU shu	SHU shu	SHU shu	SHU nam	SHU nam	NAM ning	NAM tsa		

이 표를 읽을 때 동성 형제자매는 언제나 동일한 용어로 표현하며, 형제자매의 동성 자녀 역시 형제자매로 대우된다는 점을 기억해야 한다. 따라서 어머니의 여자 형제는 누, 어머니의 여자 형제의 남편은 와, 어머니의 여자 형제의 아들(화자보다 나이가 많은)은 흐푸hpu라고 한다.

표 2에서 가로 칸은 연령집단이나 세대로 간주할 수 있다. 이 구분은 자의적인데, 화자의 부계 집단은 예외다. 거기서는 생물학적 세대에 따라 명확하게 계층화되기 때문이다. 지역 집단을 벗어나면 상황이 다르다. 나이 든 남자는 젊은 여자를 두 번째 아내로 맞을 수 있다. 이때 남편은 그녀의 아버지와 나이가 비슷하거나 많을

때도 있다. 여기서 흐카우hkau와 트사의 구분은 불분명해진다.

현실에서는 실제 부모와 유별적 부모(classificatory parents)가 구분된다. 그 용법은 지역마다 다르다. 길호데스(1922)는 가우리 지역에서 이를 구별하는 소사小辭*의 긴 목록을 기록했다. 일반적으로 쓰이는 용어는 다음과 같다.

> 실제 아버지보다 나이가 많은 남자는 wa di라 한다.
>
> 실제 아버지보다 나이가 적은 남자는 wa doi라 한다.
>
> 실제 어머니보다 나이가 많은 여자는 nu tung이라 한다.
>
> 실제 어머니보다 나이가 적은 여자는 nu doi라 한다.

요약하면 이 특수 전치사는 단독으로 쓰이기도 한다. 따라서 몇몇 저자들은 tung을 어머니의 언니로, n'doi를 어머니의 여동생으로 기록하기도 했다. 핸슨(1906)은 ji나 woi와 쓰이는 비슷한 소사를 기록했다. 다음 변이형은 조금 다른 범주에 속한다.

(a) 미치나 지구의 일부 지역에서

jum   아버지의 아버지

ji   아버지의 아버지의 아버지

(b) 바모와 북부 샨 국가 지역에서

ji hkai   아버지의 아버지

* 부사, 전치사, 접속사, 감탄사 중 어형이 변하지 않는 부분.

ji ke	아버지의 아버지의 아버지
ji dwi	어머니의 아버지
ji ke dwi	어머니의 아버지의 아버지
woi hkai	아버지의 어머니
woi ke	아버지의 아버지의 어머니
woi dwi	어머니의 어머니
woi ke dwi	어머니의 아버지의 어머니

길호데스(1922)는 위와 다른 가우리족의 친족 용어 예를 든다.

hkai ji	어머니의 아버지
hkai woi	어머니의 어머니
ji	아버지의 아버지
woi	아버지의 어머니

이 모든 구절에서 핵심 친족 용어는 ji(남자)와 woi(여자)다. 다른 소사는 단순히 이 계층의 하위 범주를 지시하며, 축약형으로 단독 사용이 가능하더라도 그 자체가 친족 용어로 간주되어서는 안 된다. 차센족은 내가 마유-다마라고 한 관계를 마유-샤이mayu-shayi로 표기한다. 그 외에도 여러 방언 변이형이 있다.

등급이 같은 두 친척을 구별하기 위해서는 흐푸 감Hpu Gam, 흐푸 노Hpu Naw와 같이 개인 이름을 덧붙인다. 자신과 세대가 같거나 높은 이들을 부를 때는 개인 이름 대신 관계 명칭을 사용한다. 따라서 'Hpu E'라고 하지 'Gam E'라고 하지 않는다. 반면 부모가 자식을 부를 때는 모두 샤sha라고 하지 않고, 개인 이름이나 별명을 부른다. 남편과 아내는 보통 상대를 개인 명칭으로 부른다. 아내가 남편을 마두 와라고 하는 경우도 있으나, 이는 공식적인 것이다. 이에 상응하는 마두 잔 역시 지칭어(term of reference)*로 쓴다. 맏형과 맏누이는 통상적으로 흐푸 바Hpu ba, 나 바na ba라고 부른다.

완전한 이방인은 정감이 크게 실리지 않은 친족 용어를 써서 부른다. 다음은 통상적인 표현이다.

EGO(남자)가 말할 때 : 나이 든 남자는 wa di, 동년배 남자는 hkau, 아이는 sha, 나이 든 여자는 woi, 동년배 여자나 그보다 어린 여자는 hkri

ego(여자)가 말할 때 : 동년배 남자는 tsa, 훨씬 어린 남자는 shu, 아이는 shu, 다른 여자는 ning

4~5장에서 설명했듯이 여기에는 암묵적인 연장자 서열이 존재한다. B 집단 구성원보다 A 집단 구성원이 서열이 낮으며, AA 집단은 A 집단보다 낮다. 비슷하게 C 집단은 B 집단보다, CC 집단은 C 집단보다 서열이 높다. 남자 EGO에게 AA 집단은 모두 shu('손자'), CC 집단은 모두 ji('할아버지')라는 사실도 이에 부합한다.

---

* 호칭어(term of address)는 다른 사람을 직접 부를 때 사용하고, 지칭어는 그 사람을 가리키며 자신과 관계를 나타낼 때 쓴다. 예를 들어 아내가 남편을 부를 때 호칭어는 '당신'이나 '여보', 지칭어는 '○○ 아빠' '우리 남편' 등이다.

남자에게는 다음에 속하는 여자들과 관계는 이론적으로 근친상
간으로 간주됨을 강조할 필요가 있다.

nu(어머니)   woi(할머니)   moi(고모)   ni(외숙모)   na(누나)

rat(형수)   hkri(고종 사촌)   nau(여동생)   sha(딸)   shu(손녀)

남자와 다음 관계에 있는 여자와 혼인은 적절한 것으로 여겨
진다.

nam(이종 사촌)

그러나 실제로 양자가 가깝지 않은 이상 이론적인 족외혼 규칙에
는 거의 신경 쓰지 않는다. 혼인이 금지될 정도로 가까운 여자와 혼
인은 지역 친족 집단의 **마유-다마** 관계를 불안정하게 만들기 때문에
금지된다. 그러나 양자 관계가 멀다면(lawu lahta)[424] 근친상간 금기는
중요하지 않다. 남자는 엄밀히 말하면 **여동생, 외숙모, 고종 사촌, 손녀**
로 분류될 수 있는 여자와도 자주 혼인하는 것으로 보인다.

내가 아는 한, 아트시족의 용어 체계는 의미 범위가 동일한 징
포어로 단어 대 단어 번역이 가능하다. 그러나 기타 마루족 언어나
리수어와는 이것이 불가능한 것 같다. 늉어도 징포어 체계와 같이
마유-다마를 구별하나, 그 외에는 징포어와 구조적 동일성이 없다
(Banard, 1934, p. 47 참조).

부록 5

카친 고산지대의 '샨족'과 '카친족' 인구

(추정치)

Data derived from *Census* (1931); *Command Paper* (1947); *Linguistic Survey* (1917); unpublished Census data supplied by J. L. Leyden, Esq.

Region Map 2	Census Area	Valley People Shans, Burmese, Chinese	Jinghpaw	Atsi	Maru	Lashi	Nung	Lisu	Kachin Total
ASSAM		2,000* Hkamti Shan	1,500 (Singpho)	—	—	—	—	—	1,500
PUTAO		6,500 Hkamti Shan	3,000 (Duleng)	—	—	—	9,000	3,500	15,500
NAM TAMAI		1,000? Hkamti Shan	7,500 (partly Tsasen)	—	—	—	—	—	7,500
HUKAWNG	Sumprabum Triangle	—	54,500	—	2,500	—	—	—	} 66,000
	Myitkyina Hill Tracts	300? Shan							
HKAHKU		—	9,000	—	—	—	—	—	28,000
HTAWGAW		{ 36,000 Burmese	17,500 (Kamaing Hill Tracts)	—	11,500	11,500	—	5,000	} 33,500
JADE MINES } HTINGNAI	Kamaing and Mogaung Townships	{ 36,000 Shan	16,000 (Mogaung Hill Tracts)	—	—	—	—	—	
HTINGNAI			8,000 (Sadon)	3,000	6,000	3,000	—	—	20,000
SINPRAW	Myitkyina Township	38,000 mostly Shan	50,500 (including Gauri)	2,000	500	500	—	500	54,000
	Bhamo	75,000 50% Shan	39,000 [110,000 Palaung]	8,000	12,000	6,000	—	6,000	71,000†
	Northern Shan States (Burma)	300,000 Shan	20,000?	—	} 10,000?		—	?	30,000?†
	Chinese Shan States	100,000? Shan							

Estimated Total Valley Population in Kachin Hills Area: 594,800

Estimated Total Kachins: 327,000*†

* Excludes Assamese.

* Excludes all Palaung.

† Excludes all Lisu groups resident in China.

카친 고산지대의 연간 강수량

이 자료는 출간된 기상 보고서와 J. L. 레이든 씨가 제공한 수치를 기반으로 한다.

단위 : mm

고산 지역	평균 강수량	기록상 최대 강수량
푸타오	3937	4369
숨프라붐	3785	4445
후쾅	3810	–
사돈	3099	3353
흐토고	2464	–
신룸	(2794?)	–
모곡	2667	–
북부 샨 국가(라시오)	1397	–
계곡 지역	평균 강수량	기록상 최대 강수량
미치나–모가웅	2159	2438
카마잉	2667	2946
모닌	1829	2337
바모	1829	–

일반적으로 계곡 지역은 산맥 서부 경사면보다 강수량이 적다. 강수량은 북쪽에서 남쪽으로 갈수록, 서쪽에서 동쪽으로 갈수록

적어진다.

식생과 인간 생태는 지리적 원인뿐만 아니라 강수량에도 영향을 받는다. 더 자세한 내용은 스탬프L. D. Stamp(1924)의 저서를 참조하라.

지은이의 현지 조사 소개

　　이 책의 형태와 주제는 자연스럽게 나의 특별한 경험에 큰 영향을 받았다. 이를 소개하는 것이 도움이 되리라 생각한다.

　1939년에 나는 고 말리노프스키 교수의 지도 아래 인류학 박사 과정을 밟고 있었다. 1년 정도 현지 조사를 한 다음, 단일 커뮤니티를 대상으로 한 기능주의적 연구 논문을 제출할 계획을 품고 미얀마로 떠났다. 나는 흐팔랑을 현지 조사지로 선택했다. 역시 말리노프스키 교수의 지도 아래 공부했고, 미얀마 신룸의 식민청 경관으로 있던 H. N. C. 스티븐슨의 조언 덕분이다. 현지 조사하러 간 시기는 그리 좋지 못했다. 나는 2차 세계대전이 발발하기 4일 전에 미얀마에 도착했다. 그 뒤 1년 중 7개월을 흐팔랑 지역에 머물렀다. 나는 아주 이른 시기에 통역이 필요 없게 되었다. 그 나름의 불이익도 있었겠지만, 이는 내가 징포어를 빨리 배웠음을 뜻한다.

　1940년 가을부터 1945년 여름까지 나는 미얀마 군대에서 장교로 복무했다. 이 기간 동안 많은 시간을 카친족과 보냈지만, 상세한 인류학 연구 기회는 없었다. 그러나 장교직에도 이점이 있어서 나는 카친 고산지대 전역을 두루 여행했다. 인력을 충원하기 위해 북부 샨 국가들, 시마와 사돈 고산지대, 흐토고 지역, 카마잉, 미지나 북부 지역을 두루 돌아다닌 것이다. 1942년에는 북부 샨 국가 지역에서 복무했고, 조금 불미스런 일을 겪으며 미얀마를 떠났다. 나는 유럽인에게 거의 알려지지 않은 카친 지역의 샛길을 지나왔다. 그 과정에서 중국계 샨 국가들의 실상을 조금이나마 엿볼 수 있었다. 1942년 8월 말, 나는 아삼에서 다시 미얀마로 들어가 카친 비정규군 모집에 참여했다. 이번에는 내가 속한 작전기지가 북부 트라이앵글 지역의 숨프라붐, 푸타오에 있었다. 1943년에는 정치적 작전을 수행하기 위해 남 타마이 지역에 있는 눙족 마을을 방문했다. 카친 고산지대에서 내가 직접 가보지 못한 지역은 후쾅 계곡과 비취 광산 지역뿐이다. 나처럼 카친 문화의 총체성을 일별할 기회가 많았던 유럽인은 거의 없을 것이다.

흐팔랑에서 내가 작성한 필드 노트와 사진은 적군의 공습 때문에 모두 소실되었다. 그러나 1941년에 그간 모아둔 자료를 참조해 흐팔랑 커뮤니티에 대한 기능주의적 경제 연구 형태로 글을 쓸 시간이 있었다. 이 원고 역시 소실되었지만, 그 노력이 헛된 것은 아니었다. 이 초안을 쓰면서 그런 기회가 없었다면 상당히 혼동되었을 여러 세부 사항이 내 뇌리에 각인된 것이다. 1942년 인도에 도착한 나는 기억을 되살려 흐팔랑 지역에 대한 초고를 다시 썼다. 일부 이름과 수치는 혼동했을 수 있지만, 그 세부 사항은 상당히 정확했다고 생각한다. 나는 이 초고를 1942~1943년 군에 복무할 때 계속 들고 다녔고, 끝내 지켜냈다. 1944~1945년에는 카친 고산지대를 떠나 있었다. 그때 카친 고산지대 서쪽에 있는 나가 고산지대에 대해 조금 더 알았다.

1946년에 나는 자유의 몸이 되었다. 그해 런던대학교의 허가를 받아 카친 고산지대의 역사적 자료를 기반으로 한 학위논문을 준비했다. 논문을 쓰면서 카친 지역에 관한 정부 기록과 기타 출판물을 철저하게 조사했다. 이 자료는 주로 인도 식민청 도서관에 보관되었다. 내가 입수할 수 없는 한두 개 문헌도 있었지만, 일반적으로 선교사들이 그때그때 발행한 간행물 외에는 지난 130년간 카친 고산지대에 관해 영어, 프랑스어, 독일어로 출판된 거의 모든 자료를 참조했다고 생각한다.

1947년부터 나는 런던정치경제대학교에서 강의를 시작했다. 이 책의 여러 사회학적 개념을 구상한 것도 이 시기다.

주 석

1   *Journal of the Royal Anthropological Institute*, vol. LXXV, 1945, pp. 59~72.

2   Max Gluckman, *Order and Rebellion in Tribal Africa*, (London, 1963), p. 35.

3   앞의 책, p. 37.

4   M. Fortes, 'The Political System of the Tallensi of the Northern Territories of the Gold Coast' in *African Political Systems*, eds. M. Fortes and E. E. Evans-Prichard, (London, 1940), p. 271.

5   A new edition, *The Mind and Society*, ed. Arthur Livingston, was published in 1963 by Dover Publication, New York.

6   예를 들어 M. Fortes, 'Time and Social Structure: An Ashanti Case Study', in *Social Structure: Studies presented to A. R. Radcliff-Brown*, (Oxford, 1949); Fortes' Introduction to *The Development Cycle in Domestic Groups*, ed. J. R. Goody, Cambridge Papers in Social Anthropology No. 1, 1958.

7   *Essays on the Ritual of the Social Relations*, ed. Max Gluckman (Manchester University Press, 1962), pp. 20~23.

8   E. Gellner, 'Time and Theory in Social Anthropology', *Mind*, Vol. 67 N.S., No. 266, April 1958.

9   F. K. Lehman, *The Structure of Chin Society*, (University Illinois Press, 1963).

1장

10   예를 들어 Malcom(1837); Eickstedt(1944).

11   Harvey and Barton(1930), p. 81.

12   예를 들어 Hanson(1913), p. 13.

13   Carrapiett(1929); Gilhodes(1922); Hanson(1913); Wehrli(1904).

14 부록 5 참조.

15 Fortes(1949), pp. 54~60.

16 Lévi-Strauss(1949), 18장.

17 Evans-Pritchard(1940).

18 Fortes(1949), pp. 54~55.

19 Radcliffe-Brown(1940).

20 Nadel(1951), p. 187.

21 예를 들어 Malinowski(1945); G. and M. Wilson(1945); Herskovits(1949).

22 Homans(1951), pp. 336 f.

23 특별한 언급이 없을 경우 이 책에서 사용하는 모든 현지 언어는 징포어로, Hanson이 고안한 로마자 체계에 따라 표기한다. Hanson(1906) 참조.

24 Leach(1952), pp. 40~45.

25 Lévi-Strauss(1949), p. 325.

26 여기 사용된 '사회적 개인(social person)'이라는 용어에 대해서는 특히 Radcliffe-Brown(1940), p. 5 참조.

27 Malinowski(1944); Parsons(1949); Parsons and Shils(1951), Pt. II.

28 Malinowski(1948), p. 67.

29 Mauss(1947), p. 207.

30 Malinowski in Hogbin(1934), p. xxvi.

31 Wittgenstein(1922), p. 421.

32 Durkheim(1925), p. 53.

33 Merton(1951)이 manifest와 latent 기능을 구분한 것 참조.

34 Bateson(1936)이 제안한 에이도스(eidos) 개념은 이 부분에 대한 나의 논지와 관련이 있다.

35 Russell(1948), p. 479.

36 개인에게 의례 참여는 카타르시스적인 효과 같은 또 다른 기능이 있다. 그러나 내가 보기에 이는 사회인류학자의 연구 범위 밖에 있는 것이다.

37 이 책은 영국뿐 아니라 미국 인류학자도 읽을 수 있으므로, 여기서 내가 사용하는 문화라는 용어는 미국 문화인류학에서 규정하는 대로 모든 것을 포괄하는 범주의 문화가 아님을 밝혀둔다. 나는 사회인류학자이며 나의 연구 주제는 카친 사회의 사회구조다. 내게 문화와 사회는 다른 개념이다. "사회를 사회적 관계들의 집합(aggregate)으로 간주할 수 있다면, 문화는 이 관계들의 내용(content)이다. 사회는 인간 요소, 사람들의 집단과 그들의 관계를 강조한다. 문화는 사람들이 전승·채택·변형·추가·전달하는 축적된 자원—물질적 혹은 비물질적인—을 강조한다"(Firth, 1951, p. 27). 현재 미국 인류학자 중에서도 조금 다른 의미로 문화라는 용어를 사용하는 경우에 대해서는 Kroeber(1952), Kroeber와 Kluckhohn(1952)을 참조하라.

2장

38 Stevenson(1944) 참조.

39 Stamp(1924) (a)와 (b).

40 Stevenson(1943).

41 Hutton(1921) (a).

42 예를 들어 1926년 이전 후쾅(Hukwang) 계곡에서 샨족과 카친족의 관계. p. 242.

43 예를 들어 19세기 가우리족 추장들의 지위. pp. 224 이하 참조.

44 예를 들어 아삼 지방의 포사(posa) 체계. Butler(1846), pp. 213~217. Hamilton, A.(1912), pp. 36~39 참조.

45 지금까지 알려진 바에 따르면 고산지대 부족이 미얀마 군과 샨 추장의 군대에 인력을 제공했다. pp. 186, 240 참조.

46 Spate(1945), p. 527.

47 카친족은 보통 휴한기의 연수를 세지 않는다. 이차림의 상태를 보고 그 땅이 다시 사용하기 적합한지 판단할 뿐이다. 그러나 농학자들에 따르면 미얀마 북부의 몬순기후에서 적절한 휴한기는 12~15년이라고 한다. 그보다 짧으면 잡초가 많아지고, 그보다 길면 이차림의 줄기와 뿌리가 제거하기 불편한 만큼 자라기 때문이다.

48 예를 들어 흐팅난(Htingnan) 근처, 북부 트라이앵글(North Triangle) 지역이 그렇다(지도 4, p. 76).

49 Wilcox(1832)와 Bayfield(1873)는 10여 개 카친족 마을의 규모를 기술하는데, 각 마을은 20가구를 넘지 않는다. 후쾅 계곡 지역 최고 추장 다이파 감(Daipha Gam)의 마을은 1837년에 두 방어 구역(stockade, 즉 작은 마을)으로 구성되었는데, 각각 15가구와 6가구였다. Bayfield는 가구당 평균 구성원을 9~10명으로 잡았으나, 현재는 4~5명이다. Bayfield가 추측한 것으로 보인다. 한편 Michell(1883)의 저서 (pp. 132 이하)에 보면 30개 싱포족 마을의 자세한 목록이 있다. 그의 기록에서 가장 큰 마을은 40가구이며, 평균적으로 마을당 12가구에 가구당 구성원이 7명이라고 가정했다.

50 Stevenson(1943). 초지 타웅야의 세부 사항은 Scott과 Hardiman(1901), 1부, 2권, pp. 355~356 참조.

51 황 리엔은 중국에서 약재로 쓰이며, 학명은 *coptis teeta*다. 남 타마이(Nam Tamai), 아크양(Ahkyang), 타롱(Tarong) 지역의 주요 작물이며 현지에서는 눔린(numrin)이라 불린다.

52 Milne(1924), Scott과 Hardiman pp. 356 이하 참조.

53 Ward(1921), p. 106.

54 예를 들어 Smith(1925), p. 159.

55 이런 내용은 Hutton(1921a, p. 72)도 입증한다. Leach(1949)도 참조할 것.

56 지도 2(p. 63) 참조.

3장

57　p. 91 참조.

58　인도차이나 반도에는 불교도가 아닌 '블랙 타이족(Black Tai)'이라고 알려진 집단
　　이 있다. 그렇지만 이 책에서 나는 카친 고산지대의 샨족만 다룬다.

59　Milne(1924); Cameron(1911); Lowis(1906).

60　이 표현은 현재의 바모와 미치나 지구에만 적용된다. Bennison(1933), p. 189
　　참조.

61　Imbault-Huart(1878) 참조. 멩 콩＝모가웅, 멩 양＝몬인.

62　그 외에도 칸티(Kanti), 칸시(Kansi), 캄프티(Khampti), 캄티(Khamti) 등 다양한
　　철자로 표기된다.

63　Barnard(1925); MacGregor(1894).

64　Kawlu Ma Nawng(1942), p. 41.

65　*Shan States and Karenni*, pp. 75~76.

66　Dalton(1872), p. 6.

67　특히 Pemberton(1835); Mackenzie(1884), Michell(1883)을 참조할 것.

68　Hertz(1912).

69　미얀마 식민청 공식 보고서(미얀마 북동부 국경 지역[이하 R.N.E.F., 1899), p. 3.

70　Scott과 Hardiman(1900~1901).

71　이 주제에 대해서는 방대한 문헌 기록이 있다. 예를 들어 Enriquez(1933);
　　Hanson(1913); Lowis(1919); Eickstedt(1944)를 참조할 것. 비판적 입장에서
　　Green(1933; 1934)은 미얀마 북동부 주민의 신체적 유형 차이가 언어적 분포와
　　전혀 일치하지 않는다고 지적했다. 이 지적은 모든 언어 역사학적 주장의 논지를
　　무효화한다.

72　Eickstedt(1944).

73　이와 관련된 샨족의 구전설화에는 말할 필요도 없이 군사적 정복의 테마가 들어
　　있다(Elias, 1876 참조). 그렇지만 이 이야기에 역사적 가치는 없다.

74　Davies(1909), pp. 37~38. 몽 카는 사돈에서 텡구예로 이어지는 교역로의 기착지
　　였다.

75　Wilcox(1832), p. 445.

76　Barnard(1934), p. vii. pp. 222, 238 참조.

77　Barnard(1925), p. 139.

78　Hannay(1837); Burney(1837); Richardson(1837); Malcom(1839).

79　*Selection of Papers*(1873); Wilcox(1832); Pemberton(1835).

80　'카쿠' 지역에 대해 직접적으로 알려진 것은 없다. 그러나 아삼 지역에는 리수,
　　눙, 둘렝 마을이 있고 후쾅에는 마루 거주지가 있었다. 카쿠라는 용어─즉 흐카
　　흐쿠─는 징포어로 '강 상류(에 사는 사람들)'이며, 흐카 남('강 하류')의 반대말
　　이다. 지금 우리가 논의하는 지역은 p. 76 지도 4에 있다.

81   Malcom, ii. 243.

82   Hannay(1847).

83   Burney(1842), p. 340 또한 '카크엔 혹은 싱포'라고 두 단어를 같이 쓴다.

84   George(1891).

85   R.N.E.F.(1893), 부록; R.N.E.F.(1894), p. 3.

86   Lowis(1903), pp. 117~118.

87   Taylor(1923).

88   Lowis(1919).

89   Enriquez(1933).

90   Hanson(1906).

91   Hanson(1913), 1~2장

92   Enriquez(1933), p. 56.

93   1895년 카친 고산 부족령, 개정령 1898, 1902, 1910, 1921, 1922, 1938년.

94   따라서 문헌상으로 나잉보(Naingvaw)라 불리는 집단이 북 마루족 혹은 블랙 마
     루족으로 묘사된다. 그러나 나잉보는 마루어로 '나잉족(눙족)'을 의미하며, 남부
     마루족이 눙족을 지칭할 때 쓰는 말이있다. 예를 들어 Pritchard(1914)를 참조할
     것. 눙족에 대한 뛰어난 설명은 Barnard(1934)를 참조할 것.

95   Grant Brown(1925), 2장과 8장; Dewar(1933).

96   여기에 대한 증거는 부록 1을 참조할 것.

97   Grant Brown(1925), 2장; Green(1933), p. 245.

98   Davies(1909), 느슨한 어휘들.

99   Enriquez(1933), p. 46.

100 Shakespear(1914)는 여전히 이 흩어져 사는 씨족을 개별 영토에 거주하는 개별
     부족처럼 쓴다.

4장

101 이 장과 다음 장에서 거론되는 많은 개인은 여전히 생존한다. 부록 7에서 설명한
     이유 때문에, 어떤 경우에는 내가 그들의 이름을 부정확하게 기록했을 수도 있
     다. 가끔 의도적으로 가명을 사용했다. 이것이 일반 독자에게는 별 차이가 없으
     리라 생각한다. 말하자면 내가 에든버러 출신 리처드 로(Richard Roe)를 런던 출
     신 존 도(John Doe)로 바꿔 쓰는 식이기 때문이다.

102 지도 5, 6a, 6b 참조.

103 뭉(mung)은 샨어 몽(möng)의 징포족 용어다. 미얀마어로 바꾸면 마잉(maing)이
     된다. 여기에 언급한 개념은 5장에서 자세히 논의할 것이다.

104 샨어 포몽(pawmöng)에서 유래했다(Hanson, 1913, p. 63). 미얀마어로 포마잉

(pawmaing)인 이 용어는 카친 고산지대에 관한 19세기 문헌에 빈번히 등장한다. 포민(pawmine)이라고도 표기된다. pp. 189, 271 이하와 비교할 것.

105 Enriquez(1923), pp. 108~117.

106 Leach(1952); Lévi-Strauss(1949) 참조. 부록 4도 참조할 것.

107 Gilhodes(1922), pp. 221 이하.

108 Gilhodes는 p. 224에서 이와 반대되는 이야기를 전한다.

109 대다수 가정은 이보다 규모가 작다. 평균적으로 한 가구당 아이는 셋이 넘지 않는다.

110 이는 신부대를 대신하는 것으로, 카친 사회에서 인정된 절차다. Carrapiett(1929), p. 35을 인용한 Barnard를 참조할 것.

111 Lévi-Strauss(1949), p. 325.

112 숨늣 마을의 우두머리는 과거 미얀마 군의 선임하사였는데, 표면적으로 열렬한 기독교도였다. 앞에서 언급했듯이 그는 자신의 꼭두각시인 무능한 라파이 추장에게 충성을 바쳤다. 그는 라파이 추장이 비기독교도로 남도록 신경 썼다. 라파이족(아트시어 사용자) 마을이 명목상 대부분 기독교도(침례교도와 가톨릭)지만, 해마다 비기독교식 농업 의례에 참여할 구실을 만들기 위해서였다!

113 이 이야기가 떠도는 소문이라면 나도 그 증거를 의심했을 것이다. 그러나 두 파벌 집단 모두 그 사건을 담당한 영국 식민지 행정관의 서명이 담긴 양해 각서 사본을 가지고 있다. 이 사건은 꽤 중요한 것으로, 당시 R.N.E.F.에도 기록되었다. p. 190과 부록 2 참조.

114 Leach(1952). 성(sex)과 친족에 관한 한 카친족은 정교한 말재간을 보여준다. 따라서 미얀마 북부 카친인이 사용하는 핵심 어휘인 마유-다마, 여기에 상응하는 마유-샤이라는 어휘를 살펴볼 필요가 있다. 마유는 여러 의미가 있다.

a. '목구멍' '삼키다'. 그러므로 mayu ni는 신부대를 '삼키다'라는 뜻이다.

b. 주술과 관계된 개념. 여기에 대해서는 p. 261에서 다루었다.

c. '일상적인'. 따라서 mayu ni는 '일상적인' 인척을 말한다.

d. '어떤 일을 해야 할지 말아야 할지 결정하다'라는 뜻에서 '선택하다'라는 의미. 따라서 혼인할 때 결정하는 쪽은 마유 니다. 속담 'mayu hpu tsun ma ai; dama ni bau gun ma ai'는 '마유 니가 신부대를 결정하고, 다마 니가 (신부대로서) 징을 운반한다'는 의미다.

e. '물려받다'. 마유 니는 다마 니보다 '높으며', 결혼에서 마유 니는 '물려받는 사람들'이다. 이상적으로 마유 니는 산꼭대기에 살고, 다마 니는 언덕 제일 아래 거주하며, 둘은 강을 통해(흐카[hka], 다시 말해 '빚'을 통해. p. 214 참조) 이어진다. 강물(nam)은 산에서 아래로 다마(nam은 남자가 결혼하는 여자의 친척을 말한다. 부록 4 참조)와 합류하기 위해 내려온다. 남자가 통상적인 관례를 깨뜨리고 장인의 집으로 거주하러 간다면, 다마가 '언덕을 올랐다(dama lung)'고 말한다.

f. '벼가 자라는 논' '벼가 익기 전의 푸른 논'. 이 용법에서 마유 니는 논이 벼의 잠재적인 어머니인 것처럼, 자녀들의 잠재적인 어머니가 된다.

다마는 '영구적인 자손'을 의미한다. 이는 마유 – 다마 관계가 많은 면에서 아버지 – 아들 관계와 닮았음을 의미한다. 이는 마유에 비해 다마의 지위가 열등함을 강조하기도 한다.

한편 미얀마 북부 카친인은 다마 대신 샤이(shayi)라는 용어를 쓰는데, 이는 단순히 '여자들'을 의미한다. 샤이 니(shayi ni)는 결혼한 '우리 집단' 여자들이 머무는 가정을 말한다. '추수된 논'을 의미하는 샤리(shari)라는 말과 관련된 언어유희도 있다. 이때 샤리는 '벼가 자라는 논'으로 마유와 상반된 상징이다(위의 f 참조).

115　굼사 카친족은 보통 막내아들의 가문이 서열상 우위에 있다고 본다. 이 문제는 나중에 자세히 논의할 것이다.

116　Hanson(1906), p. 103 참조. p. 30, n. 14 위와 비교.

117　Leach(1945). 부록 4 참조.

118　p. 129 참조.

119　Durkheim(1947), p. 177.

120　여기서 '전쟁'이라고 번역된 징포어 majan은 '연가(love song)'를 의미하기도 한다. 문자 그대로 의미는 '여자의 일'인 듯하다.

121　카친족의 사회 이론에서 이것은 근친상간(jaiwawng)이다. p. 205 참조.

122　p. 206 참조.

123　가장 믿을 만한 저자인 Kawlu Ma Nawng과 Leyden은 벙글랏의 네 범주를 구분한다. (a) 의도적 살인 (b) 우발적 살인 (c) 출산 중인 처녀의 사망(ndang bunglat) (d) 추장에게 상해를 가하거나 우발적 가해(hkrung bunglat : 산 자의 불화). Hertz는 정당하지 않은 노예 만들기 역시 hkrung bunglat의 이유라고 언급한다. Kawlu Ma Nawng(1942), pp. 53, 67. Hertz(1943), p. 153.

124　Kawlu Ma Nawng(1942), p. 54, Hertz(1943), p. 153. "추장의 벙글랏에는 100흐파가를 보상해야 하며, 평민에게는 50흐파가를 보상해야 한다". 흐파가(hpaga)라는 용어의 의미는 5장, pp. 214 이하 참조.

125　불행하게도 나는 흐푸콘족 버전 이야기는 수집하지 못했다. 흐푸콘족은 이 지역에서 언어 집단과 혈연집단이 중첩되는 놀라운 사례를 보여준다. 1940년에 라가 마을에 거주하던 흐푸콘족 가구(p. 136)는 징포어를 썼고, 라가 마을에서 마란 씨족으로 간주되었지만 마루족 출신이라는 말도 있었다. 이웃한 후쾅 산마루 지역에 거주하던 그들의 친척은 종종 추장(duni)이라 불렸는데, 그 직함이 진짜였는지는 모른다. 흐푸콘족은 카친 지역의 여러 저자들이 언급한다. George(1891)는 흐푸콘족을 아트시 종족의 일원, Hanson(1906)은 마란 종족, Enriquez(1933)는 중국계 아트시족의 일원이라고 썼다. 흐팔랑에서 숨늣족은 그들을 아트시족, 흐파유족은 마루족, 마란족은 마란족이라고 주장했는데 이런 주장이 반드시 모순

되는 것은 아니다.

126 Hertz(1943), p. 229 참조.

127 Kawlu Ma Nawng(1942), p. 58.

128 같은 책, p. 158 참조.

129 5장, p. 229 참조.

130 p. 124 참조.

131 *Burma Gazetteer, Bhamo District*, vol. B, 1913년판.

132 같은 책, 1925년판.

133 Carrapiett(1929), p. 107.

134 *Burma Gazetteer*, 1913년판.

135 마을 우두머리들은 영국 식민 정부가 수여한 직위 증서를 받았는데, 카친족은 이 증서에 중요성을 부여했다. 1940년에 라가족 우두머리의 증서에는 그가 마란 마을 늠웨 추장에 복속된다고 적혔다. 그러나 굼즈예족 우두머리의 증서에는 그런 구절이 없다.

136 내가 언급한 다양한 늠샹의 위치는 p. 118 지도 6a에 표기되었다.

5장

137 Kawlu Ma Nawng(1942).

138 Hodson(1925), Granet(1939).

139 Morgan(1877), 2부, 2장. "인류의 경험이 발전하면서 두 통치 체계가 등장했는데… 첫 번째이자 가장 고대의 체계는 씨족 집단과 부족에 근거한 사회조직이다. 두 번째이자 시기적으로 최근에 등장한 체계는 정치조직으로서 영토와 소유권을 기반으로 한다."

140 Harvey와 Barton(1930), 여러 곳.

141 Thomas(1950), p. 20.

142 Anderson(1871), p. 122.

143 Carrapiett(1929), p. 13.

144 Neufville(1828), p. 341; pp. 231, 364 참조.

145 Milne과 Cochrane(1910), p. 99.

146 Carrapiett(1929), 1장; p. 289와 9장 이하도 참조.

147 Scott과 Hardiman(1900), 1부, 2권, p. 154. "왕궁은 므예난(myenan)이라 불리는데, 메루 산처럼 땅에 처음 나타난 네 섬의 중심부에 있기 때문이다. 그것은 보디빈 스웨팔린(Bawdibin Shwepalin), 즉 붓다의 출생지를 상징한다."

148 Enriquez(1923), p. 129, Kawlu Ma Nawng(1942), p. 39.

149 예를 들어 Scott과 Hardiman(1900), 1부, 2권, p. 355.

150 이 용어는 샨어에서 유래했으며, 샨어로 'hai'라고 한다.

151 이 역시 샨어다.

152 Scott과 Hardiman(1900), 2부, 2권, p. 559.

153 이 용어는 어원이 불확실한데, (직함의) '정식 보유자(standard bearer)'를 의미하는 것으로 보인다. 의례 시 추장이 등장하기 전에 그의 살랑 중 한 명이 창을 들고 나온다.

154 Anderson(1871), p. 383 참조.

155 Carrapiett(1929), p. 98 참조.

156 Milne과 Cochrane(1910), pp. 121~124.

157 특히 Stevenson(1943) 참조.

158 Carrapiett(1929)의 문헌에 인용된 Leonard 참조. p. 14.

159 마나우 축제의 상징성은 분명 나의 연구와 큰 관련이 있다. 그러나 불행하게도 나는 실제 마나우 축제를 한 번도 보지 못했다. 내가 참관한 마나우 축제는 영국 식민 정부 인사들을 위해 볼거리로 개최한 극도로 축소된 행사다. 그 외에 마나우 축제에 관한 기록(예를 들어 Carrapiett, 1929)도 별 쓸모가 없다.

160 Green(1934)은 이 구조물의 디자인이 불교노인 샨족의 탑과 관련이 있다고 언급한다. 나도 이 의견에 동의한다.

161 Anderson(1871), p. 383에는 후퉁(Hutung)이 회톤(Hoetone)으로 표기되었다.

162 Enriquez(1923), p. 128. Green(1934)은 탑 형태의 돌무덤에 관해 기록했다.

163 여러 문헌에는 몇몇 마을에서 과거에 성행한 것으로 보이는 남근 형태 석조 구조물에 대한 파편적 기록이 있다. 그것이 하늘 신령인 마다이 낫과 관계가 있을지 모르지만, 내게는 그런 구조물에 대한 신뢰할 만한 자료가 없다. 이 남근석은 특정 추장 가문에서 소유한 듯한데, 북부 트라이앵글 지역의 느쿰-은갈랑 추장들이 그런 돌을 가지고 있었다고 한다. 그 돌은 추장 가족에게 재난이 닥칠 때 스스로 움직이는 능력이 있었다. 이런 남근석에 대한 기록이 Green(1934)의 책에도 나온다.

164 R.N.E.F.(1908), 17. "미치나와 바모 지역에는 마을 군락마다 추장이 한 명 있고, (추장이 거주하지 않는) 하위 마을에는 아크이와(akyiwa)라는 우두머리가 있다. 이것이 미얀마의 이와추기(ywathugyi) 체계다. 추장은 이와추기, 아크이와는 이와가웅(ywagaung)이다. 카타에서는 각 지역(tract)을 다잉(daing : 원)이라 하는데, 그 지역 지도자는 다잉 추기(daing thugyi) 혹은 미요 추기(myo thugyi)로 불리며, 각 마을의 지도자는 이와추기라 한다. 이것이 미얀마의 미요추기(myothugyi) 체계. 카타 지역에서 각 마을의 우두머리는 두와 혹은 추기, 마을 군락의 지도자는 고위 추장 혹은 미요추기다."

165 두 단어는 다양한 철자로 나타난다.

166 특히 Williams(1863) 참조. Sladen(1868); Anderson(1871, 1876); Strettell(1876).

167 카친족에 대한 초기 문헌에는 여자들이 결혼을 통해 소속 씨족을 바꾼다는 주장

이 나온다. 이는 잘못된 내용이지만 다른 문헌에도 인용되었다. 예를 들어 은두 카이(N'du Kai)라는 여자가 흐팅난 탕(Htingnan Tang)이라는 남자와 결혼하면 흐팅난 잔(Mrs. 흐팅난)이 되지만, 은두 카이라는 이름이 사라지는 것은 아니다.

168 이런 계보들이 역사적 시간보다 구조적 거리(structural distance)를 나타낸다는 지적은, 내가 알기로 Evans-Pritchard(1939)에서 처음 나왔다.

169 Enriquez(1923), p. 240.

170 마립, 라파이, 라토, 느쿰, 마란, 카렝, 흐파우위, 차센 등이 보통 사용되는 씨족명 이다. 앞의 다섯 개 씨족은 우월한 씨족으로 여겨지며, 카친 고산지대 전역에서 인정받는다. 나머지 씨족의 이름과 지위에 대한 견해는 다양하다. 이 책에서 나 는 느쿰(N'hkum)을 Nhkum으로 표기한다.

171 Kawlu Ma Nawng(1942), p. 3.

172 Hannay(1847); Mackenzie(1884), p. 62.

173 Kawlu Ma Nawng(1942).

174 9장 참조.

175 이 절차는 트라이앵글 지역의 고위 추장이 내게 알려준 것이다. Gilhodes(1922), pp. 280~282에도 가우리족 정보 제공자가 알려준 비슷한 내용이 있다. 분명 정형 화된 공식 절차가 존재한 것 같다.

176 Leach(1952), p. 41.

177 예를 들어 아오족. Mills(1926) 참조.

178 Milne과 Cochrane(1910), pp. 54, 66. 두 관습 모두 오늘날은 예전만큼 시행하지 않는다. 미얀마족의 관습 역시 이와 비슷하다.

179 T'ien(1949) 참조.

180 Leach(1945, 1952).

181 부록 4 참조.

182 pp. 260 이하 참조.

183 pp. 214 이하 참조.

184 p. 129 참조.

185 Hanson(1906), p. xxvii.

186 금지된 대상(흐크리)과 연애라는 카친 사회의 낭만적 이상을 중세 유럽의 '궁중 식 연애'라는 이상과 비교할 수 있다. 두 경우 모두 사랑받는 대상은 다른 남자의 아내다. Lewis(1936), 1장 참조.

187 p. 147 참조.

188 세마 나가족(Sema Naga)의 이론도 이와 비슷하다. Hutton(1921), (b) p. 131 참조.

189 p. 174 참조.

190 Firth(1936), pp. 222 이하.

191 루의 여러 의미 중에서 '마시다'가 제일 중요한 것으로 보인다. 내가 무엇을 마신 다면, 나는 그것을 즐기고 '가진다'는 뜻이다. 내가 어떤 행위를 한다면, 나는 그

것을 할 수 있거나 해야 한다는 뜻이다. 내가 무엇을 지나치게 마시면, 나는 그 것을 '소진하고' '망가뜨리고' '훔치는' 것이다. 역설적으로 우 루 아이 와(u lu ai wa)는 '닭을 가진 남자'지만, 우 루 루 아이 와(u lu lu ai wa)는 '닭을 훔친 남자'다. 뭔가 물리적으로 소유하거나 그것을 '마시는(lu)' 사람은 절대적인 의미에서 그 것을 소유(madu)할 수도 있지만, 이런 경우는 흔치 않다. 비록 카친족이 발음상 루('마시다')와 우('가지다')를 구분하지만, 나는 이것이 서로 다른 개념이라고 생 각하지 않는다.

192 Scott과 Hardiman, 1부, II권, p. 89. "이 여자들은 왕이 할당한 소도시나 마을에 따라 미요사 혹은 이와사 미부야(즉 소도시를 먹는 혹은 마을을 먹는 왕비들)로 불린다." 민돈 왕에게는 그런 왕비가 최소한 45명 있었는데, "실제는 그보다 많았 을지도 모른다".

193 카친족은 므잇 마두 쿰파(myit madu kumhpa : 정신을 통치하는 선물)와 라타 마 두 쿰파(lata madu kumhpa : 손을 통치하는 선물)를 구분한다. 전자는 경제적으 로 쓸모가 없지만, 받은 자를 준 자의 의무 아래 묶어놓는 물건을 말한다.

194 훨씬 북쪽 눙(nung) 지역에서는 물소 대신 황소가 쓰이기도 한다. 남부 지역에서 는 사람이 타고 다니는 작은 조랑말도 성동 의례적 귀중품(hpaga)으로 여기지만, 제물로 잡지는 않는다.

195 Kawlu Ma Nawng(1942), p. 62.

196 중국 의학에서 사용하는 황련(coptis teeta)의 뿌리.

197 Kawlu Ma Nawng(1942), pp. iv, 68.

198 특정 소송에서 적합한 흐파가는 지역에 따라 다르다.

199 Hertz(1943), p. 154.

200 Kawlu Ma Nawng(1942), pp. 55~57.

201 자기보다 계급이 높은 여자와 결혼하는 남자는 일반적인 경우보다 많은 신부대 를 지불해야 한다. 그러나 여자와 같은 계급 남자가 지불해야 하는 액수보다는 적다.

202 B 결혼에서 합의된 신부대는 가축 2마리, 은괴 1개, 아편 1뭉치, 총 2자루다. 내게 정보를 제공한 사람에 따르면 실제 거래는 아편으로 했다고 한다.

203 Wilson(1945), p. 26n 참조.

204 Kawlu Ma Nawng(1942), p. 58.

205 Neufville(1828)에 따르면 아삼 싱포족 사이에서는 가문의 권한이 맏이로 이어지 며, 막내아들은 동산만 물려받는다. 후대의 학자(예를 들어 Dalton, 1872)도 이 진술을 반복한다. Green(1934) 역시 북부 트라이앵글 지역 카친족에 대해 비슷한 언급을 한다. 여기에 대해서는 이 책 p. 364 참조.

206 Kawlu Ma Nawng(1942), p. 55.

207 Kawlu Ma Nawng(1942), p. 58.

208 Kawlu Ma Nawng(1942), p. 57~58. 이 칼은 원래 종족에게서 토지(혹은 신부대?)

를 '잘라내는' 것을 상징하며, 창은 새로운 소유주가 자기 토지(혹은 신부대?)에 폭력을 행사할 권리가 있음을 의미한다. 하지만 이 경우에도 상징은 다중적이다. 창은 남근을 상징해 신랑의 남자 후손이 태어남을 의미한다. 그러나 창(ri)은 끈 (ri)과 발음이 같아서, 마유와 다마를 연결하는 우애의 끈을 의미할 수도 있다.

209 p. 146; Kawlu Ma Nawng(1942), p. 58 참조.

210 Fortes와 Evans-Pritchard(1940), 서론. 남부 반투 종족은 종종 서열화된다. Hilda Kuper의 *An African Aristocracy*(1947) 참조.

211 Firth(1939), 6장.

212 Barnard(1930), p. 182.

213 가장 자세한 설명은 Green(1934), pp. 86~91에 나온다. 나는 그린에게 허락을 받고 그 내용을 부록 3에 실었다.

214 Stevenson(1943), pp. 176 이하.

215 Parry(1932), pp. 223 이하.

216 Hutton(1921b), 부록 IV; Shakespear(1912), pp. 46 이하.

217 Hutton(1921b), pp. 145 이하.

218 Sangermano(1893), pp. 156, 261 이하; Richardson(1912); Lasker(1950).

219 Anderson(1871).

220 Grant Brown(1925), p. 16.

221 Barnard(1930), p. 182.

222 Neufville(1828), p. 240. 이것이 굼라오라는 용어에 대한 첫 기록이다.

223 Carrapiett(1929), p. 99에 인용한 Barnard. 나는 카친인이 이 용어를 쓰는 것은 보지 못했다. 아마 노예제가 폐지되면서 쓰이지 않은 것으로 보인다. Green(1934)은 수랑이 보통 주인이자 귀족인 남자와 여자 노예 사이에서 태어난 사생아 (n-gyi)라는 흥미로운 지적을 한다. 의심할 여지없이 이들의 후손은 귀족으로 인정받는다.

224 평민 종족이 추장 종족과 연관성을 주장할 수 있는지는 대부분 그 종족 이름에 달렸다. 비슷하게 영국의 문장원(College of Heralds)에서도 지원자 이름이 호워스, 호와스, 하워드 같은 사람에게는 가계도를 제공할 수 있지만, 스미스라면 그러기 힘들 것이다. 나는 진정으로 영향력 있는 평민 가족이라면, 그 입지를 오랫동안 유지하는 한 언제든 추장 혈통(du baw)으로 인정받으리라고 생각한다. 사제의 지위에 대해서는 p. 273 참조.

225 포티스가 연구한 탈렌시(Tallensi) 종족 체계에서는 일반적인 종족 분열 형태가 정실부인의 후손이 후처의 후손에게서 떨어져 나가는 식이어서 꽤 흥미롭다. 따라서 그들의 부계 사회에서 한 종족의 결정적인 창시자는 보통 여자가 된다. 이는 때로 카친 사회에서도 일어나는 일이다. 종족 창시자의 어머니가 혼인할 경우 지위에 따라 종족 서열이 결정되기 때문이다. 그 여러 사례를 Kawlu Ma Nawng(1942), pp. 2~10에서 볼 수 있다. Fortes(1945), pp. 198~199 참조.

226 Hanson(1906), p. 103. "과거에는 다시족이 라토 씨족의 추장들이었다. 그러나 시간이 흐르자 그런 계급을 잃었다."

227 Gilhodes(1922). p. 54. 이 이야기의 또 다른 버전은 이 책 p. 370에 나온다.

228 부록 3 참조. Green은 은공 마얌(ngong mayam)이라고 썼다.

229 p. 236 참조.

230 이런 논지는 기독교로 완전 혹은 부분적으로 개종한 마을에는 적용되지 않는다.

231 Gilhodes(1922)와 Hertz(1943)가 언급한 의례 역시 이 유형에 속한다.

232 축제 마지막에는 이 장 서론에서 언급한 대로 잡은 닭의 숫자를 보여주기 위해 닭 바구니가 달린 '장대'를 늄상에 세운다.

233 여러 신령의 신성함에 따른 등급은 행사를 집전하는 사제의 의복 종류, 사제가 외우는 주문의 길이 등 다른 방식으로도 드러난다.

234 4장 참조.

235 Carrapiett(1929), pp. 79~80 참조. 카라피엣은 라토 씨족 모두 이 신령들을 공유한다고 말하는데, 이는 틀린 주장이다.

236 나는 카도족의 우마 신령들에 대한 신화 자료를 잃어버렸다. 그 신령 가운데 한 둘은 여자 하늘 신령과 결혼한다.

237 Gilhodes(1922), pp. 56 이하.

238 Gilhodes(1922), p. 59.

239 Gilhodes(1922), p. 66에 마로는 미친 노예의 시신을 파먹는 구더기의 자손으로 나온다. 다른 설화를 보면 이 책 p. 373 도표 5처럼 마로는 그 자체로 고유한 신령의 지위가 있다. 마로(maraw)라는 용어는 눔로(numraw : 괴물)의 변형으로 보인다. 눔로는 길호데스의 책 pp. 112, 200에 언급되는 반신화적인 괴물 바렌(baren : 악어-용)의 별칭이다. 마로에 대한 카친족의 태도는 대단히 양가적인 듯하다. 이들은 마로를 경멸하고 겁내는 동시에 존경한다.

240 Van Gennep(1909).

241 Hanson(1906), p. 434에 보면 마로에게는 절대 가축을 바치지 않는다. Carrapiett(1929)은 반대 의견을 내놓았는데, 내가 보기에 그가 틀린 것 같다.

242 마로 은가를 포함하는 벌금의 사례는 Hertz(1943), pp. 154~155; Kawlu Ma Nawng(1942), pp. 59~60, 63; Carrapiett(1929), pp. 116~117 등을 참조.

243 Gilhodes(1922), pp. 293~294; Carrapiett(1929), p. 79; Hanson(1913), p. 145 이하.

244 Gilhodes(1922), p. 295; Hanson(1913), p. 147.

245 샨 사회에서 흐피는 미얀마인이나 징포족의 신령과 비슷한 의미다.

246 '불운'은 유박(yubak)이라고 하며, '죄에 대한 징벌'이라는 의미가 있다. 문자 그대로 해석하면 '쥐(yu)로 가득 차다'라는 뜻이다. 유(yu)는 마술(witchcraft)을 상징한다.

247 Gilhodes(1922), p. 296.

248 Hanson(1913), pp. 183~184.

249 아노미적 자살에 대한 뒤르켐의 논지를 참조할 것. Durkheim(1951), 5장.

250 예를 들어 amu chyeyang ai wa; tara agyi wa. 아무(amu : 소송)와 타라(tara : 법
     률) 모두 미얀마어에서 차용한 것이다.

251 Evans-Pritchard in Fortes and Evans-Pritchard(1940), p. 278.

252 Kawlu Ma Nawng(1942), p. 55.

253 불교도인 샨족은 원칙적으로 가축을 죽이지 않는다. 영국 식민 정부는 샨족 마을
     이 카친 추장의 보호에 의존하는 것을 금지했다. 하지만 문헌 기록을 보면 샨족
     마을과 카친 최고 추장의 관계는 카친 마을과 카친 최고 추장의 관계와 그리 다
     르지 않았다. R.N.E.F.(1898~1900), Scott과 Hardiman(1900) 참조.

254 그 사례로 특히 Anderson(1871, 1876)의 포민(pawmine 혹은 bawmung)에 대한
     언급을 참조할 것.

255 공양을 위해 잡은 동물은 정교한 방식으로 절단한다. Stevenson(1943)이 쓴 친족
     (Chin)에 대한 책에 그 절차가 나온다. 의례를 수행하는 세 사제는 모두 신분에
     따른 특권이 있다. 중요한 공양 의례를 수행한 경우, 사제는 고기 외에 상당한 흐
     파가를 받는다.

256 Hanson(1913), p. 153.

257 Hanson(1913), p. 137 참조.

258 이는 중국인에게서 차용한 듯하다. Doolittle(1876), p. 153 참조. Green(1934)은
     카친 영매가 칼날 위에 오르는 장면을 보았다고 기록했다.

259 미얀마에서는 보통 영매(nat gadaw)가 여자다. 그러나 이 경우 영매는 여성 가계
     를 통해 계승된다.

260 카친족은 중국인과 마찬가지로 위신이나 '체면'에 큰 의미를 부여한다. '체면을
     잃다(myi man sum)'는 중국적 관념과 정확히 일치하며, 동등한 중요성이 있다.

6장

261 Stevenson(1943).

262 Hutton(1921b), p. 121; (1929) pp. 28, 42.

263 Dewar(1931).

264 Walker(1892), p. 164. 이는 굼사/굼라오 대립 체계를 분명히 기술한 첫 문헌이다.
     Sandeman(1882)의 보고서 p. 257에도 비슷한 내용이 나오지만 오류로 가득하다.

265 Carrapiett, pp. 81~82. 여기 인용한 글은 1929년 영국 식민 정부가 출판한 핸드북
     에 실린 것으로, '신참 행정관에게 주는 충고'라는 장에 포함된다. 상황이 이러니
     굼라오 체계의 진가를 제대로 조사한 행정관이 없었다는 건 그리 놀랍지 않다.

266 Kawlu Ma Nawng(1942), p. 30.

267 Kawlu Ma Nawng(1942), pp. 11~13, 20 참조.

268 여기서는 첫 결혼이 으라 리 그빵의 것인지, 그 아내의 것인지 드러나지 않는다.

269 Kawlu Ma Nawng(1942), pp. 10, 20.

270 이 내용은 마루어 사용자에게 적용되지 않는다. 더 정확히 말하면 교차 사촌혼에 대한 금기가 없는 굼라오 마루족에게 그렇다. 비슷하게 나가와 친 고산지대에서도 굼라오 유형 정치 체계를 유지하는 집단은 '카친 유형' 혼인 규칙을 지키지 않는다.

271 Kawlu Ma Nawng(1942), p. 30.

272 Hannay(1847)의 저서에는 은둡 둠사가 은둡툰 사(Undooptun Sah)로 표기되었다.

273 Walker(1892); Scott과 Hardiman(1901), 1권, 1부, p. 370.

274 Scott과 Hardiman(1901), 1권, 1부, p. 414.

275 R.N.E.F.(1915~1916), p. 15. 이 날짜는 중요한데, 굼사 형태로 돌아가려는 경향이 영국 식민청의 압력에 따른 것이 아님을 보여주기 때문이다.

276 킨두양('킨두 평원')은 북부 카친 신화 연구로 유명한 지역이다. 둘렝의 많은 지역에서 킨두족은 지역 신령(mung nat)을 모신다. 아삼 시역의 피사(Pyisa) 마을 추장이 1828년 뇌프빌에게 자기 종족은 "21세대 전 스리 로힛(Sri Lohit : 이라와디) 강의 지류인 킨두양에서 왔다"고 말했다는 사실이 흥미롭다(Neufville, 1828, p. 340). 오늘날 현존한다고 알려진 유일한 킨두 가족(Kindu Ga)은 둘렝 지역 남서부 굼사 영토에 있다.

277 Gray(1894).

278 Geis(1911), p. 152; Fraser(1922), pp. ix, 65.

279 용어 목록은 *Census*(1911)와 Clerk(1911), p. 51에 나온다.

280 Barnard(1934), pp. 47, 114~115.

281 Cameron(1911).

282 여기에 대한 증거자료는 Lévi-Strauss(1949), 17장 참조.

7장

283 이론적으로 샨족의 재산상속은 다마탓(damathat)에 명시된 미얀마 불교 관례에 따른다. 재산상속 규정은 Richardson(1912), pp. 227 이하와 Lahiri(1951)를 참조할 것.

284 Scott과 Hardiman(1901), 1권, 2부, pp. 434 이하. 영국 통치 이전의 미얀마 토지 소유권에 대한 설명이 나온다.

285 Harvey과 Barton(1930), p. 29.

286 중국계-샨 커뮤니티에서 연령과 지위의 연관성에 대한 논의는 T'ien(1949)을 참

조할 것.

287 Harvey과 Barton(1930), p. 68에는 포 룬(Paw Lun)이라는 샨족 남자의 진술이 나온다. "나는 부유한 귀족 가문 출신입니다. 지금 나는 늙고 가난합니다. 나는 흐쿤(Hkun)이라고 불릴 자격이 있는데, 아무도 그렇게 부르지 않습니다."

288 미얀마와 샨 국가들은 왕궁 외에서 일부다처제가 드물다.

289 Stuart(1910), pp. 157 이하.

290 Shan States and Karenni(1943), p. 58.

291 Harvey와 Barton(1930).

292 p. 35에서 말한 대로 몽 마오국 왕이 '흐캄 씨족의 일원'이었음을 보여준다.

293 Harvey와 Barton(1930). p. 98 n.

294 Milne(1910), p. 78.

295 Scott과 Hardiman(1901), 1권, 2부, p. 89. 이런 아내는 정실 왕비지만 꼭 대를 이을 왕자의 어머니는 아니었다.

296 Shan States and Karenni(1943).

297 Harvey와 Barton(1930). p. 98.

298 Stuart(1910), pp. 157 이하.

299 Harvey와 Barton(1930).

300 Harvey와 Barton(1930), p. 97.

301 Shan States and Karenni(1943), pp. 6 이하.

302 Milne(1924), pp. 23~24 참조. 이는 팔라웅족이 아니라 샨족에 대한 기록으로 간주되어야 한다(같은 책, p. 18).

303 Kawlu Ma Nawng(1943), p. 40.

304 Bayfield(1873), p. 193. Hannay(1837), pp. 97 이하, 280 n. 참조.

305 Harvey와 Barton(1930), pp. 81, 99, 111.

306 칸시족의 계보에 대해서는 Hertz(1912) 참조. (칸시족에게) 마유가 되는 동일한 샨족 집단과 결혼은 그때부터 계속되었다. 후쾅 계곡의 호 흐셍 샨족의 지위에 대해서는 콸루 마 낭(1943), pp. 15, 41 참조.

307 Harvey와 Barton(1930), p. 81.

308 Harvey와 Barton(1930), p. 81.

309 카친인은 캉(Khang)이라는 용어의 경멸적인 뉘앙스를 인지하고, 이 용어를 자신들이 다스리는 친드윈 강 상류 지역과 팟코이 지역의 나가족에게 사용한다. 캉은 흐캉(Hkang), 캉(Kang)으로도 표기된다.

310 Anderson(1871), p. 381.

311 Kawlu Ma Nawng(1943), p. 40, Anderson(1871), p. 231.

312 여기에 대한 자료는 Leach(1946), 6장을 참조할 것.

313 여기에 대한 자료는 Leach(1946), 6장을 참조할 것.

314 Hannay(1837), p. 97.

315 Anderson(1871), p. 383.

316 Enriquez(1923), p. 128.

317 Hanson(1906), p. 273 이하 참조.

318 Carrapiett(1929), p. 115.

319 Kawlu Ma Nawng(1942), p. 63.

320 Shan States and Karenni(1943), p. 65, Scott과 Hardiman, Vol. 2. Entry: Möng Si.

8장

321 Anderson(1871).

322 예를 들어 Stevenson(1944b), Hanson(1913)은 카친족의 고향이 "몽골 고산지대 나 티베트 동부와 쓰촨(四川) 성 서부의 경계 지역"이라고 썼다. 열대우림기후에 적응하지 못하고 온 길을 거슬러 고비사막 근처로 돌아가는 카친족을 한번 상상 해보라! 참고로 Luce(1940)도 "학자들은 일반적으로 티베트-미얀마어 사용자의 고향이 고비사막과 티베트 북동부 사이 간쑤(甘肅) 같은 중국 북서부라는 데 의 견을 같이한다"고 썼다.

323 카친족은 이런 추장들의 실질적인 지위가 그들의 부 때문이 아니라 그들이 각 추 장 가문의 우두머리거나 인척이기 때문이라는 식으로 합리화한다. 현재 각 종족 의 관계는 다음과 같다.

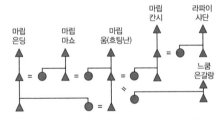

도표 7. 미얀마 트라이앵글. 후쾅 계곡과 비취 광산 지역 주요 추장 가문의 마유-다마 관계

이 도표는 추장 가문이 (1) 샤단 (2) 칸시와 은갈랑 (3) 움(흐팅난), 마쇼, 은딩 순임을 보여준다. 이는 내가 아는 사실과도 일치한다. 그러나 시간에 따른 마유- 다마 관계의 변화는 각 가문의 서열 변화에도 반영된다. 50년 전에 칸시족은 은 딩족과 샤단족에게 다마였지만, 은딩족과는 심각한 불화 후 관계가 단절되었다. 당시 왈라붐족(은딩) 추장의 영향력은 막강했다(R.N.E.F., 1900~1901).

324 2.6제곱킬로미터에 5~7명. *Census*, 1931, 2권, 2부, pp. 268 이하.

325 *Burma Gazetteer*(버마 관보), 미치나 지구. Vol. B, No. 29. 연도에 따른 인구조사 자료를 비교해서는 의미 있는 추론을 끌어낼 수 없다. 1911~1941년 인구조사마

다 행정구역의 경계가 크게 변했기 때문이다.

326 Scott(1925), p. 494.

327 Harvey와 Barton(1930), p. 111.

328 아삼 지역의 나가족 중에 '민주적' 앙가미족과 '귀족적' 세마족이 모두 계단식 밭을 경작한다. 나가 고산지대의 계단식 밭 경작 마을은 카친 지역의 마을보다 훨씬 크다.

329 여기 인용된 증거는 주로 Luce와 Pe Maung Tin(1939)에서 발췌한 것이다.

330 Wilcox(1832).

331 Siguret(1937), p. 122.

332 Pelliot(1904). 당시 이 지역에 사람들의 거주지가 있었다는 뜻은 아니다.

333 Gait(1906), p. 22.

334 앞의 책, p. 74. 이 시기에 남조 왕국은 몽골에 항복했다. 당시 샨족의 군사력이 확대된 것도 몽골 왕조의 정책인 듯하다.

335 Luce와 Pe Maung Tin(1939), p. 273.

336 Howorth(1876), p. 212. 남조 왕국은 전쟁 없이 항복했다. 그래서 대량 살육도 없었다.

337 당시 몽골의 수도는 1267년부터 베이징에 있었다. 하지만 몽골이 중국 전역을 통치하기 시작한 것은 1278년부터다.

338 Scott과 Hardiman(1901), 2권, 2부, p. 346.

339 Harvey(1925), p. 165.

340 p. 118 지도 5 참조.

341 카친족은 모가웅-후쾅 계곡에 사는 샨족을 호 흐셍(Hkawseng) 샨족이라 부른다. 이는 모가웅 왕조부터 세습된 칭호인 듯하다. Kawlu Ma Nawng(1942), p. 41 참조.

342 여기 인용된 사실은 Scott과 Hardiman(1901)에서 미치나, 모가웅, 모닌, 몰라잉, 몽 밋에 대한 기록을 참조한 것이다.

343 Scott과 Hardiman(1901).

344 R.N.E.F.(1893).

345 Hertz(1912), p. 42; R.N.E.F.(1890). 이는 당시 막대한 벌금을 징수하러 다니던 영국 토벌대의 일상적 행위였다. 고집스런 추장에게 벌금 2500루피를 매기고, 이를 갚지 않으면 그 추장의 마을을 전부 불태우는 일도 흔했다. 영국 식민청은 그만한 현금을 마련하기 어렵다는 항의도 구차한 변명으로 취급했다.

346 R.N.E.F.(1892).

347 1951년 현재, 25년 전 해방된 노예들이 버린 후쾅 계곡의 땅을 북 흐셍위의 카친족이 되찾으려는 움직임이 있다고 한다.

348 선교사들은 카친족이 처음부터 지위가 높은 하늘 신령에 대한 관념이 있다고 보았고, '카라이 카상'이 그 신령의 이름이라고 생각했다. 하지만 이 신령은 관련된

신화도 없고, 그 명칭 역시 이해 불가능하다. 내 생각에 이 명칭은 '크리스천'을 잘못 받음한 것 같다. Gilhodes(1922), 3상 참조.

349 Liang Chi-chao(1930), 3, 4, 7장.

350 Smith(1925), 6장. 헨리 밸푸어(Henry Balfour), 허턴(J. H. Hutton), 찰스 호스 (Charles Hose) 같은 권위자들도 비슷한 의미로 쓴다.

351 하이네겔데른(Robert von Heine-Geldern)은 인도네시아 종족들의 이주를 가정하며 이런 논지를 편다. Embree와 Dotson(1950), pp. 21~22 참조.

352 Luce와 Pe Maung Tin(1939)에서 인용. 주로 865년경 발간된 Fan Ch'o의 *Man-shu*에서 인용.

353 Barnard(1925, 1934); Wilcox(1832). pp. 222, 239 참조.

354 Kawlu Ma Nawng(1942), p. 15.

355 Hutton(1921); Mills(1922).

356 Lévi-Strauss(1949), XXIII, XXVIII장.

357 Anderson(1871), p. 111.

358 Luce와 Pe Maung Tin(1939), p. 270.

359 Nogmung(Sam-hpyen); Kha-lang; N'tit; Pangsu.

360 Kang, Langhka, Nokkyo, Yoya, Tawhawng.

361 Barnard(1925), p. 139.

362 Wilcox(1832)는 흐캄티 롱 추장들이 은세공 전문가라고 썼다. Anderson(1871)도 산다 계곡 지역에서 은세공은 샨 승려들의 직업이라고 기록했다.

363 Gilhodes(1922), p. 14 참조.

364 p. 103 참조.

365 흐쿰만은 북 아삼족에 속하는 미슈미족을 말한다.

366 Kawlu Ma Nawng (1942), p. 13.

367 Kawlu Ma Nawng(1942), p. 15에 뭉 콤 왕은 흐코생 왕에게 충성을 바쳤다고 나온다. 이때 흐코생 왕이란 직함은 모가웅 왕을 뜻한다. 우리는 카친족이 도착하기 전에 후쾅 계곡의 샨족에게 '나가족(흐쿰만, 캉족)' 추종자가 있었음을 알 수 있다.

368 Kawlu Ma Nawng(1942), p. 41.

369 Kawlu Ma Nawng(1942), p. 12. p. 200 참조.

370 이 모든 이론은 Leach(1952)에 상세히 설명되었다.

371 Scott과 Hardiman(1901), 모가웅국에 대한 설명 참조. 모가웅(몽 쾅)과 모닌(몽 양)은 장소는 달라도 동일한 정치체의 일부였던 것 같다. 1527~1543년 미얀마 아바 왕국의 토한브와 왕은 모닌 왕의 아들이다. Harvey(1925), pp. 107, 165, 323 참조.

372 앙가미 나가족이 좋은 예다. Hutton(1921), pp. 135 이하 참조.

373 Frazer(1918), I권, 2장.

374 Frazer(1918), p. 481.

375 Neufville (1828), p. 341. 이 책 pp. 171, 231 참조.

376 Neufville(1828); Hannay(1847), p. 10; Kawlu Ma Nawng(1942).

377 Kawlu Ma Nawng(1942), p. 37.

378 Hannay(1847), p. 10,

379 Green(1934), p. 110.

380 참(tsam)은 고전적인 인류학 개념인 마나(mana)와 비슷하다.

9장

381 Malinowski(1926).

382 Gilhodes, 52~54, Hanson 126~128. 전체 이야기는 길다. 핸슨 버전에서 모든 사건은 길호데스 버전에서 역전되어 나타나지만, 후자에는 전자에 빠진 몇몇 요소가 더 있다. p. 245 참조.

383 바모 지역 카친족 사이에서는 그렇다고 여겨지나, 이 문장은 사실이 아니다.

384 Enriquez(1923), pp. 26~27.

385 내 설명은 주로 다음 문헌에 근거한다. Carrapiett(1929), pp. 12, 75~76, 79; Gilhodes(1922), pp. 9~10, 13, 44, 51, 70~75, 79~83, 126; George(1891); Hanson(1913), pp. 110, 121, 165; Hertz(1943), pp. 135, 156; Anderson(1876), 부록; Kawlu Ma Nawng(1942), pp. 1 이하; Bayfield(1873), p. 223.

이 다양한 버전에는 처음 생각한 것보다 훨씬 많은 일관성이 존재한다. 예를 들어 어떤 이야기에는 악어(baren) 대신 눔랑족 여자들이 나온다. 그렇지만 악어는 종종 baren numraw(괴물 같은 악어)로 기술되며, 각 이야기는 사실 동일한 것이다. p. 258에서 언급했듯이 baren numraw와 마로의 신화학적 개념은 밀접히 연관되었고, baren은 중국의 '용(lung)' 개념과 흡사하다.

386 자우파 흐쿤 와(Jauhpa Hkun Wa, Saohpa Hkun)는 명백한 샨족의 칭호다. p. 118 지도 5의 가우리 지역 위치를 참조할 것.

387 Hanson(1906), p. 46 참조. 또 가우리 추장들과 아트시 추장들, 흐풍간 추장들을 연계시키는 신화를 참조할 것(Scott and Hardiman, 1901, I권, 1부, p. 378). 여기에도 여러 라이벌 버전이 있다.

388 마주 킨지는 '불운한 사제의 지팡이', 흐피는 '마녀'라는 뜻이다.

389 Kawlu Ma Nawng(1942), pp. 2, 7.

390 Kawlu Ma Nawng(1942), pp. 4, 5, 13.

391 Kawlu Ma Nawng(1942), pp. 6, 8 참조.

392 Fortes(1945).

393 Firth(1932).

394 Fortes(1945). 특히 pp. 24~25.

395 Hannay(1837, 1847). 역시 본실적으로 동일한 내용이지만, 전자와 후자의 기록 모두 몇몇 세부 사항을 빠뜨렸다.

396 한나이는 왕(Tsobua, saohpa)이라는 명칭을 샨족과 카친족에 모두 사용한다.

397 의례에 참석한 미얀마 관료는 얼마 안 있어 사망했고, 이듬해 다이파 감 추장이 그 미망인과 결혼했다(p. 311 참조).

398 Schapera(1952) p. v.

399 Murdock(1949), pp. x, 353, 374.

400 Evans-Pritchard(1951).

401 Rumney(1934)에 인용된 Spencer(1858).

402 Thomson(1949). 저자는 아삼 지역의 카시족이 모계사회의 구체적 예를 보여준다고 가정한다. 그러나 카시족은 현재 모계사회가 아니다. 과거에 정말 그랬나 하는 문제는 추측에 불과하다.

403 Wilson(1945), p. 133. 같은 저자의 단정적 주장을 들어보자. "사회관계의 모든 객관적 분석은 그 관계들이 일관된 체계를 이루며, 특정한 장내에서 서로 정확히 지탱·결정한다는 가정에 근거한다."

404 Herskovits(1948), 6부; Tax(1952).

405 Popper(1945).

406 Vaihinger(1924).

407 Harvey와 Barton(1930), p. 81n.

408 Lévi-Strauss(1949); Leach(1952).

409 Hutton(1921b).

410 Hutton(1921a).

411 Mills(1926), p. 2.

부록

412 그린은 대략적으로 미치나 북부와 흐팅나이의 징포어를 쓰는 카친족을 흐카쿠라고 칭한다. p. 63 지도 2 참조.

413 나는 은공과 티눙이라는 용어의 의미를 분명하게 알 수 없다.

414 나는 그린이 이 규칙을 오해한다고 생각한다. 평민 여자에게 사생아를 낳게 한 노예 남자는 통상적인 벌금(숨라이 흐카)을 지불해야 한다. 노예의 주인이 숨라이 흐카를 대신 지불해준다면, 그는 사생아를 노예로 얻을 수 있다.

415 남편은 실제적으로 아내의 주인에게 다마가 된다.

416 Shaw(1929), p. 63.

417 Shakespear(1912), pp. 46~50.

418　내가 보기에 트라이앵글 지역보다 1년 앞서 해방된 후쾅 계곡 노예는 옛 주인과 함께 머무르는 것이 금지된 것 같다.

419　샤(Sha)=아이, 마이(Mai)=고아.

420　이 범주의 노예가 '태생적 노예'와 어떻게 다른지 분명히 밝혀지지 않았다.

421　국제연맹에 제출된 공식 보고서(1928)를 보면, 1925~1926년 후쾅 계곡에서 노예 3445명이, 1926~1927년 트라이앵글 지역에서 3989명이, 1927~1928년 트라이앵글 지역에서 1028명과 인근 지역에서 370명이 해방되었다. 해방된 노예는 총 8832명에 달한다. Barnard(1930), p. 185 참조.

422　그린이 이 수치를 어떻게 계산했는지, 정확히 어떤 지리적 영역을 대상으로 했는지는 불분명하다. 부록 5 참조.

423　Stevenson(1943), pp. 176 이하.

424　p. 129 참조.

참 고 문 헌

카친 고산지대와 관련해서 가장 좋은 참고 문헌인 Embree와 Dotson(1950), Wehrli (1904)를 인용했다. Leach(1946)는 이 두 문헌에서 누락된 많은 참고 자료를 포함한다.

다음 참고 문헌들은 이 책 본문에서 인용한 것들이다.

Anderson, J. 1871. *A Report on the expedition to Western Yunnan via Bhamo* (Calcutta).

——— 1876. *Mandalay to Momien* (London).

Barnard, J. T. O. 1925. 'The History of Putao', *J. Bur. Res. Soc.*, XV.

——— 1930. 'The Frontier of Burma', *J. Roy. Cen. As. Soc.*, XVII.

——— 1934. *A Handbook of the Rawang Dialect of the Nung Language* (Rangoon).

Bateson, G. 1936. *Naven* (Cambridge).

Bayfield, G. T. 1873. 'Narrative of a Journey from Ava to the Frontiers of Assam and back, performed between December 1836 and May 1837 under the orders of Col. Burney….' (see *Selection of Papers*, 1873).

Bennison, J. J. 1933. See *Census* , 1931, XI, Report.

Burney, H. 1837. 'Some account of the Wars between Burma and China together with Journals and Route of the different Embassies sent to Pekin by the King of Ava; taken from Burmese Documents', *J. As. Soc. Bengal*, VI.

——— 1842. 'On the Population of the Burman Empire', *J. Stat. Soc.* (London), IV (cf. *F. Bur. Res. Soc.* XXXI[1941]).

Butler, J. 1846. *A Sketch of Assam….* by an *Officer in the Hon. East India Company's Bengal Native Infantry* (London).

Cameron, A. A. 1911. 'A Note on the Palaungs of the Kodaung Hill Tracts of the Momeik State', *Census*, 1911, IX Report, App.

Carrapiett, W. J. S. 1929. *The Kachin Tribes of Burma* (Rangoon).

Census. Burma Census data relating to the years 1891, 1901, 1911, 1921, 1931 were published as part of the Census of India. In most cases the Burma volume is in two parts. Part 1, Report. Part 2, Tables. For 1941, only incomplete data were published; see *Command Paper* (1947).

Command Paper. 1947. 'Burma Frontier Areas: Committee of Enquiry', *Parliamentary Command Paper* No. 7138, June 1947.

Clerk, F. V. 1911. *A Manual of the Lawngwaw or Maru Language* (Rangoon).

Dalton, E. T. 1872. *Descriptive Ethnology of Bengal* (Calcutta).

Davies, H. R. 1909. *Yunnan* (Cambridge).

Dewar, T. P. 1931. 'Naga Tribes and their Customs. A general Description of the Naga Tribes inhabiting the Burma Side of the Patkoi Range', *Census,* 1931, XI, Report, App.

Doolittle, J. 1876. *Social Life of the Chinese,* 2 vols. in one (New York).

Durkheim, E. 1925. *Les Formes élémentaires de la vie religieuse* (2nd Edn.) (paris).

—— 1947. *The Division of Labour in Society* (trans. G. Simpson), (Glencoe, Illinois).

—— 1951. *Suicide* (trans. J. A. Spaulding and G. Simpson), (Glencoe, Illinois).

Eickstedt, E. Fr. von. 1944. *Rassendynamik von Ostasian* (Berlin).

Elias, Ney. 1876. *Introductory Sketch of the History of the Shans of Upper Burma and West Yunnan* (Calcutta).

Embree, J. F., and Dotson, L. O. 1950. *Bibliography of the Peoples and Cultures of Mainland South East Asia* (New Haven).

Enriquez, C. M. 1923. *A Burmese Arcady* (London).

—— 1933. *The Races of Burma* (Handboocks for the Indian Army) (Calcutta).

Evans-Pritchard, E. E. 1939. 'Nuer Time Reckoning', *Africa,* IX.

—— 1940. *The Nuer* (London).

—— 1951. *Social Anthropology* (London).

Firth, R. 1936. *We, the Tikopia* (London).

—— 1932. 'Totemism in Polynesia', *Oceania,* 1.

—— 1939. *Primitive Polynesia Economy* (London).

—— 1951. *Elements of Social Organization* (London).

Fortes, M. 1945. *The Dynamics of Clanship among the Tallensi* (London).

—— 1949. 'Time and Social Structure: an Ashanti Case Study', in *Social Structure: Studies presented to A. R. Radcliffe-Brown* (Fortes, M., Editor), (Oxford).

Fortes, M., and Evans-Pritchard, E. E. (Eds.). 1940. *African Political Systems* (London).

Fraser, J. O. 1922. *Handbook of the Lisu (Yawyin) Language* (Rangoon).

Frazer, J. G. 1918. *Folklore in the Old Testament,* 3 vols. (London).

Gait, E. A. 1906. *A Hi tory of Assam* (Calcutta).

Geis, G. J. 1911. Cited in *Cesnus*, 1911, IX, Report, p. 152.

George, E. C. T. 1891. 'Memorandum on the Enumeration of the Tribes inhabiting the Kachin Hills'; 'Memorandum on the Kachins of our Frontier'. *Census*. 1891. IX. App.

Gilhodes, C. 1922. *The Kachins; Religion and Customs* (Calcutta).

Granet, M. 1939. 'Catégories matrimoniales et ralations de proximité dans la Chine ancienne', *Ann. Soc.*, Ser. B., Fasc. 1~3.

Grant Brown, R. 1925. *Bruma as I saw it* (London).

Gray, Errol. 1894, 'Diary of a Journey to the Borkhamti and the Sources of the Irrawaddy, 1893', *Govt of India Foreign Affairs Proceedings*, May 1894, Nos. 7-15 (published in abstract in *Geo. J.*, III[1894], pp. 221~228).

Green, J. H. 1933. 'A Note on the Indigenous Races of Burma', *Census*, 1931, XI, Report, App.

—— 1934. *The Tribes of Upper Burma North of 24° Latitude and their Classification* (Typescript dissertation, Haddon Library, Cambridge).

Hamilton, A 1912. *In Abor Jungles* (London).

Hannay, S. F. (otherwise Hannah, S. F.). 1837. 'Abstract of the Journal of a Route travelled by Captain S. F. Hannay in 1835~1836 from the Capital of Ava to the Amber Mines of the Hukawng Valley on the South Eastern Frontier of Assam' by Captain R. Boileau Pemberton. *Trans. As. Soc. Bengal*, VI, April 1837 (also in *Selection of Papers* (1873).

—— 1847. (*a*) *Sketch of the Singphos or Kakhyens of Burma*.... (Calcutta).

—— 1847. (*b*) *The Shan or Tai Nation* (Calcutta), (follows previous item without change of paginaton).

—— 1848. *Continuation of Notes on the Shans*, Part II, Shans of Assam (Calcutta), (forms supplement to previous item).

Hanson, O. 1906. *A Dictionary of the Kachin Language* (Rangoon).

—— 1913. *The Kachins: their Customs and Traditions* (Rangoon).

Harvey, G. E. 1925. *History of Burma* (London).

Harvey, G. E., and Barton, G. E. 1930. *Mengmao Succession* (Burma Secretariat file; Imprint No. 99 H.P.D. 29.10.30), (Rangoon).

[My citations from this most important scarce source are made by permission of Mr. G. E. Harvey. A popular account of some of the event to which it refers will be found in Metford(1935).]

Hertz, H. F. 1943. *A Practical Handbook of the Kachin or Chingpaw Language*.... (Calcutta), (identical with the 1902 Edition published Rangoon).

Hertz, W. A. 1912. *Burma Gazetteer*, Myitkyina District, Vol. A. (Rangoon).

Herskovits, M. J. 1948. *Man and His Works* (New York).

Hodson, T. C. 1925. 'The Marriage of Cousins in India' *Man in India, V.*

Hogbin, H. I. 1934. *Law and Order in Polynesia* (Introduction by Malinowski B.), (London).

Homans, G. C. 1951. *The Human Group* (London).

Howorth, H. H. 1876. *History of the Mongols,* Part I (London).

Hutton, J. H. 1921. (*a*) *The Angami Nagas* (London).

――― 1921. (*b*) *The Sema Nagas* (London).

――― 1929. 'Diaries of two tours in the unadministered area east of the Naga Hills.' *Mem. As. Soc. Bengal,* XI, No. 1, pp. 1~71.

Imbault-Huart, M. C. 1878. *Histoire de la conquéte de la Birmanie par les Chinois sous le règne de Tç'ienn Long (Khien Long)* (trans. form the Chinese), (reprinted from Journal Asiatique).

Kachin Hill-tribe Regulation. 1895 (Rangoon). Amended 1898, 1902, 1910, 1921, 1922, 1938. Cf. also *The Hill Tracts Regulation, 1942* (Govt. of Burma, Simla).

Kawlu Ma Nawng. 1942. *The History of the Kachins of the Hukawng Vally* (translation and notes by J. L. Leyden) (Bombay) (privately printed). [There exists also a later edition of this work with different pagination.]

Kroeber, A. L. 1952. *The Nature of Culture* (Chicago).

Kroeber, A. L., and Kluckhohn, Clyde. 1952. *Culture* (Peabody Museum Papers, Vol. XLVII, No. 1).

Lahiri, S. C. 1951. *Principles of Modern Burmese Buddhist Law* (Calcutta).

Lasker, B. 1950. *Human Bondage in Southeast Asia* (Chapel Hill).

Leach, E. R. 1945. 'Jinghpaw Kinship Terminology', *J.R.A.I.,* LXXV.

――― 1946. *Cultural Change with special Reference to the Hill Tribes of Burma and Assam* (Ph.D. Dissertation, London University; typescript.)

――― 1949. 'Some Aspect of Dry Rice Cultivation in North Burma and British Borneo', *The Advancement of Science*, VI, No. 21, pp. 26~28.

――― 1952. 'The Structural Implications of Matrilateral Cross-Cousin Marriage', *J.R.A.I.,* LXXXI.

League of Nations. 1928. Slavery Convention. 'Memorandum on Measures for the Abolition of Slavery in Burma', *Publications of the League of Nations, VI B,* Slavery, 1928, VI, B.2.

Lévi-Strauss, C. 1949. *Les Structures élémentaires de la parenté* (Paris).

Lewis, C. S. 1936. *The Allegory of Love* (London).

Liang Chi Chao. 1930. *History of Chinese Political Thought during the early Tsin Period* (London).

Linguistic Survey. 1917. *Linguistic Survey of Burma: Preparatory Stage of Linguistic Census* (Rangoon).

Lowis, C. C. 1903. In *Census,* 1901, XII, Report.

—— 1906. *A Note on the Palaungs of Hsipaw and Tawngpeng* (Ethnographical Survey of India: Burma, No. 1), (Rangoon).

—— 1919. *The Tribes of Burma* (Ethnographical Survey of India: Burma, No. 4), (Rangoon).

Luce, G. H. 1940. 'Economic Life of the Early Burman', *J. Bur. Res. Soc.,* XXX.

Luce, G. H., and Pe Maung Tin. 1939. 'Burma down to the Fall of Pagan', *J. Bur. Res. Soc.,* XXIX.

Mackenzie, A. 1884. *History of the Relations of the Government with the Hills Tribes of the North Eastern Frontier of Bengal* (Calcutta).

MacGregor, C. R. 1887. 'Journal of the Expedition under Colonel Woodthorpe, R. E., from Upper Assam to the Irrawadi, etc', *Proc. R.G.S.,* IX.

—— 1894. 'Rough Notes on the Traditions, Customs, etc., of the Singphos and Khamptis', Babylonian and Oriental Record, VII, pp. 172~176.

Malcom, H. 1839. *Travels in South Eastern Asia....,* 2 vols. (Boston).

Malinowski, B. 1926. *Myth in Primitive Psychology* (London).

—— 1944. *A Scientific Theory of Culture and Other Essays* (University of North Carolina).

—— 1945. *The Dynamics of Culture Change* (New Haven).

Martin, R. M. 1838. *The History, Antiquities, Topography and Statistics of Eastern India: collated from the Original Documents,* 3 vols. (London).

Mauss, M. 1947. *Manuel d'Ethnographie* (Paris).

Metford, B. 1935, *Where China meets Burma* (London).

Merton, R. K. 1951. *Social Theory and Social Structure* (Glencoe, Illinois).

Michell, St. J. F. 1883. *Report (Topographical, Political, and Military) on the North-East Frontier of India.* Confidential (Calcutta). [This important work has not been mentioned in earlier Kachin bibliographies. Like Mackenzie (1884) and *Selection of Papers* (1873) it is compiled from earlier sources but contains many details not reported elsewhere.]

Mills, J. P. 1922. *The Lhota Nagas* (London).

—— 1926. *The Ao Nagas* (London).

Milne, L. 1924. *The Home of an Eastern Clan* (Oxford).

Milne, L., and Cochrane, W. W. 1910. *Shans at Home* (London).

Morgan, L. H. 1877. *Ancient Society* (London).

Murdock, G. P. 1949. *Social Structure* (New York).

Nadel, S. F. 1951. *The Foundations of Social Anthropology* (London).

Needham, J. F. *Outline Grammar of the Singpho Language as spoken by the Singphos, Dowanniyas, and others residing in the neighbourhood of Sadiya* (Shillong).

Neufville, J. B. 1828. 'On the Geography and Population of Assam', *As. Res., XVI.*

Parry, N. E. 1932. *The Lakhers* (London).

Parsons, Talcott. 1949. *Essays in Sociological Theory: Pure and Applied* (Cambridge, Mass.).

Parsons, Talcott and Shils, E. A. (Eds.). 1951. *Toward a General Theory of Action* (Cambridge, Mass.).

Pemberton, R. B. 1835. *Report on the Eastern Frontier of India* (Calcutta).

Pelliot, P. 1904. 'Deux itinéraires de Chine en Inde à la fin du VIIIme. siècle', *Bull. Ec. Franc. Extr. Orient.* (Hanoi).

Popper, K. R. 1945. *The Open Society and its Enemies* (London).

Pritchard, B. E. A. 1914. 'A Journey from Myitkyina to Sadiya via the N'Mai Hka and Hkamti Long', *Geo. J., XLVIII.*

Radcliffe-Brown, A. R. 1940. 'On Social Structure', *J.R.A.I., LXX.*

Radcliffe-Brown, A. R., and Forde, D. (Eds.). 1950. *African Systems of Kinship and Marriage* (London).

Richardson, D. 1837. 'Copy of papers relating to the route of Captain W. C. McCleod from Moulmein to the Frontiers of China and to the route of Dr. Richardson on his fourth mission to the Shan Provinces of Burma (1837), or extracts from the same', – *Parliamentary Papers 1868~1869*, XLVI. See also *J. As. Soc. Bengal*, VI (1837).

—— 1912. *The Damathat or the Laws of Menoo* (trans. from the Burmese), (Rangoon). (1st Edition dates from 1847.)

R.N.E.F. *Report on the North-East Frontier.* Annually from 1892~1923. (*Report on the Administration of the Shan States* [same dates] contains related material.)

Rumney, J. 1934. *Herbert Spencer's Sociology* (London).

Russel, B. 1948. *Human Knowledge* (London).

Sandman, J. E. 1882. 'The River Irrawadi and its Sources', *Proc. R. G. S.,* IV, p. 257.

Sangermano, V. 1893. *The Burmese Empire a Hundred Years Ago as described by Father Sangermano.* Introduction and Notes by John Jardine (London).

Schapera, I. 1952. *The Ethnic Composition of Tswana Tribes* (London).

Scott, J. G. n.d. [1925]. *Burma: a Handbook of Practical Information* (London).

Scott, J. G., and Hardiman, J. P. 1900~1901. *Gazetteer of Upper Burma and the Shan States,* Part 1, 2 vols.; Part 2, 3 vols. (Rangoon).

Selection of Papers. 1873. *Selection of Papers regarding the Hill Tracts between Assam and*

Burma and on the Upper Brahmaputra (Calcutta).

Shakespear, J. 1912. *The Lushei Kuki Clans* (London).

Shakespear, L. W. 1914. *History of Upper Burma, Upper Assam and North Eastern Frontier* (London).

Shan States and Karenni. 1943. *Shan States and Karenni: List of Chiefs and Leading Families* (corrected up to 1939). (Confidential). (Simla).

Shaw, W. 1929. *Notes on the Thadou Kukis* (Calcutta). (Reprinted from *J. As. Soc. Bengal*).

Siguret, J. 1937. *Territoires et Population des Confins du Yunnan* (Peiping) (trans, from various Chinese sources).

Sladen, E. B. 1868. 'Official Narrative of the Expedition to explore the Trade Route to China via Bhamo', *Parliamentary Papers*, 1867~1868, L1.

Smith, W. C. 1925. *The Ao Naga Tribe of Assam* (London)

Spate, O. H. K. 1945. 'The Burmese Village', *Geo. Rev.*, XXXV.

Spencer, H. 1858. 'Prospectus of a System of Philosophy' (in Rumney, 1934).

Stamp, L. D. 1924. (*a*) 'Notes on the Vegetation of Burma' *Geo. J.*, LXIV.

—— 1924. (*b*) *The Vegetation of Burma from an Ecological Standpoint* (Rangoon).

Stevenson, H. N. C. n.d. [1943]. *The Economics of the Central Chin Tribes* (Bombay).

Stevenson, H. N. C. 1944. *The Hill Peoples of Burma* (Burma Pamphlets, No. 6), (Calcutta).

Strettel, G. W. 1876. *The Ficus Elastica in Burma Proper, or a Narrative of my Journey in Search of it....* (Rangoon).

Stuart, J. 1910. *Burma through the Centuries* (London).

Tax, Sol and others. 1952. *Heritage of Conquest* (Glencoe, Illinois).

Taylor, L. F. 1923. 'Indigenous Languages and Races (of Burma)', *Census*, 1921, X, Report, App.

T'ien Ju-K'ang. 1949. 'Pai Cults and Social Age in the Tai Tribes of the Yunnan Burma Frontier' *Am. Anth.* LI.

Thomas, W. L. 1950. *Ethnic Groups of Northern South East Asia* (New Haven).

Thomson, G. 1949. *Studies in Ancient Greek Society. The Prehistoric Aegean* (London).

Vaihinger, H. 1924. *The Philosophy of 'As If'* (London).

Van Gennep, A. 1909. *Les Rites de Passages* (Paris).

Walker, J. J. 1892. 'Expeditions among the Kachin Tribes of the North East Frontier of Upper Burma compiled by General J. J. Walker from the reports of Lieut. Elliot, Assistant Commissioner', *Proc. R.G.S.*, XIV.

Ward, F. Kingdon. 1921. *In Farthest Burma* (London).

Wehrli, H. J. 1904. *Beitrag zur Ethnologie der Chingpaw (Kachin) von Ober Burma.* Supplement to *Int. Archiv. f. Ethnog.*, XVI.

Wilcox, R. 1832. 'Memoir of a survey of Assam and the Neighbouring Countries executed in 1825~1828', *As. Res.* XVII (also in *Selection of Papers*, 1873).

Wilson, G. and M. 1945. *The Analysis of Social Change* (Cambridge).

Williams, C. 1863. *Through Burma to Western China* (London).

Wittgenstein, L. 1922. *Tractatus Logico-Philosophicus* (London).

찾 아 보 기

차

카

옮긴이 후기

서울대 인류학과 이길호 선배를 통해 우연히 이 책을 알게 되었다.¯그 후 2015년 봄여름 내내 방에 틀어박혀 리치의 문장과 씨름했다.

지금 내 머리에는 끈끈한 친족 네트워크와 화전 경작에 발목 잡힌 채, 모래시계 속 모래처럼 끊임없이 쌓였다가 허물어지며 굼라오-굼사 체계 사이를 진동하는 카친족과 그들이 내내 동경한 샨족의 모습이 떠오른다. 그것이 리치의 상상 속 카친족이라 해도 (어쩌면 상상된 카친족이기 때문에) 이 책은 소설처럼 재미있다. 버마 고산지대의 사회적 천태만상을 담아내는 리치의 모델은 수학적일 만큼 매혹적이어서, 이 책을 읽은 사람은 한번쯤 리치의 이론적 조작을 통해 사회를 바라보고 싶은 유혹에 시달릴 것이라고 생각한다.

이 책을 번역하면서 많은 분들에게 도움을 받았다. 무엇보다 귀중한 추천사를 써주신 권헌익 교수님께 감사드린다. 그분은 일면식도 없는 학생의 부탁에 사회인류학사의 맥락에서 이 책의 가치와 의의를 꿰뚫듯이 조망하는 글을 써주셨다.

이 책을 처음 번역한다고 했을 때 진심으로 격려하고 번역 원고도 성심껏 검토해주신 나의 지도 교수 정향진 선생님께 감사드린다. 인류학 저작의 우리말 번역이 갖는 의미를 강조하며 애정으로 잔소리해준 이길호 선배에게도 감사한다. 선배는 번역 원고를 꼼꼼히 읽고, 내가 일상어 차원에서 번역한 어휘들의 사회과학적 쓰임을 설명하며 어설픈 부분을 많이 고쳐주었다.

번역을 가장 꼼꼼한 독서라고 할 때, 이 책을 여러 번 정독할 기회를 주고 학업을 계속할 수 있도록 배려해주신 도서출판 황소걸음 정우진 대표님께도 감사드린다. 이 모든 도움에도 이 책 곳곳에 있을지 모르는 오류는 모두 옮긴이의 책임이다.

2016년 봄, 낙성대에서
강대훈

지은이

에드먼드 리치Edmund Leach

영국이 낳은 독창적인 사회인류학자. 원래 공학을 공부했으나 후에 런던정경대학에서 인류학으로 박사 학위를 받았다. 스리랑카와 미얀마에서 현지 조사를 실시했으며, 친족과 사회조직, 미학, 의례, 신화와 성서 연구 등 다방면의 인류학적 업적을 남겼다. 당대에는 기인으로 불린 지식인으로서, 영국 구조 기능주의의 전통 아래 성장했으나 이를 넘어서는 독특한 과정주의적 · 역동적 접근법을 보여주었다. 케임브리지대학교 킹스칼리지 학장과 왕립인류학연구소 소장을 역임했으며, 1975년 기사 작위를 받았다.

주요 저서로 《버마 고산지대의 정치 체계 : 카친족의 사회구소 연구》(1954), 《Pul Eliya : a village in Ceylon스리랑카, 풀 엘리야 마을》(1961), 《Levi-Strauss레비스트로스》(1970), 《Culture and communication문화와 커뮤니케이션》(1976) 등이 있다.

옮긴이

강대훈

서울대학교에서 해양학을, 같은 학교 대학원에서 인류학을 공부했다. 지은 책으로 《세상에 이상한 사람들은 없어》《바다 박사가 될래요!》《타마르 타마르 바다거북 : 바다거북의 진화와 생활사 이야기》가 있고, '태평양 도서국 총서' 《마이크로네시아 연방국》《통가》《피지》《마샬 제도》를 공저했다. 《아주 특별한 바다 여행》《홀릭 : 기묘하고 재미있는 수 이야기》《바람이 불어오는 길》을 우리말로 옮겼다.

추천인

권헌익

한국이 낳은 세계적인 인류학자. 영국 케임브리지대학교에서 사회인류학을 전공했
으며, 현재 케임브리지대학교 트리니티칼리지의 석좌교수로 있다. 런던정경대학 교
수와 서울대학교 초빙교수를 역임했다.
주요 저서로 《학살, 그 이후》(2006), 《Ghosts of War in Vietnam베트남전쟁의 영혼》
(2013), 《또 하나의 냉전》(2013), 《극장국가 북한》(공저, 2013) 등이 있다. 2007년에
《학살, 그 이후》로 '인류학의 노벨상'으로 불리는 '기어츠 상'을, 2009년에는 《베트남
전쟁의 영혼》으로 '조지 카린 상'을 수상했다.

레이먼드 퍼스Raymond Firth

뉴질랜드 출신의 영국 사회인류학자. 런던정경대학 사회인류학과 교수를 역임했으
며, 태평양 폴리네시아와 티코피아 섬에서 현지 조사를 수행했다. 주요 저서로 《We,
the Tikopia우리 티코피아인》(1936)이 있다.

버마 고산지대의 정치 체계 : 카친족의 사회구조 연구
Political Systems of Highland Burma : a Study of Kachin Social Structure

펴낸날 2016년 5월 25일 초판 1쇄
지은이 에드먼드 리치
옮긴이 강대훈
만들어 펴낸이 정우진 강진영 김지영
꾸민이 Moon&Park(dacida@hanmail.net)
펴낸곳 04091) 서울 마포구 토정로 222 한국출판콘텐츠센터 420호 도서출판 황소걸음
편집부 (02) 3272-8863
영업부 (02) 3272-8865
팩 스 (02) 717-7725
이메일 bullsbook@hanmail.net / bullsbook@naver.com
등 록 제22-243호(2000년 9월 18일)
ISBN 979-11-86821-05-3 93340

정성을 다해 만든 책입니다. 읽고 주위에 권해주시길…
잘못된 책은 바꿔드립니다. 값은 뒤표지에 있습니다.

이 도서의 국립중앙도서관 출판시도서목록(CIP)은 서지정보유통지원시스템 홈페이지(http://seoji.nl.go.kr)와 국가자료공동목록시스템(http://www.nl.go.kr/kolisnet)에서 이용하실 수 있습니다.
(CIP제어번호 : CIP2016011175)